U0102581

"十一五"国家重点图书出版规划项目

北京市社会科学理论著作出版基金重点资助项目

启功全集

（修 订 版）

第十七卷

赠友人

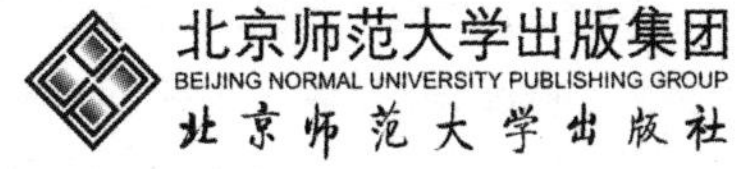

北京师范大学出版集团
BEIJING NORMAL UNIVERSITY PUBLISHING GROUP
北京师范大学出版社

图书在版编目（CIP）数据

启功全集（修订版）．第17卷，赠友人 / 启功著．—北京：北京师范大学出版社，2012.9
ISBN 978-7-303-14712-0

Ⅰ．①启… Ⅱ．①启… Ⅲ．①启功（1912—2005）—文集 ②汉字—法书—作品集—中国—现代 ③中国画—作品集—中国—现代 Ⅳ．①C53 ②J222.7

中国版本图书馆CIP数据核字（2012）第180892号

营 销 中 心 电 话	010-58802181 58805532
北师大出版社高等教育分社网	http://gaojiao.bnup.com.cn
电 子 信 箱	beishida168@126.com

QIGONG　　QUANJI

出版发行：北京师范大学出版社　www.bnup.com.cn
　　　　　北京新街口外大街19号
　　　　　邮政编码：100875

印　　刷：北京盛通印刷股份有限公司
经　　销：全国新华书店
开　　本：170 mm×260 mm
印　　张：372.5
字　　数：5021千字
版　　次：2012年9月第1版
印　　次：2012年9月第1次印刷
总 定 价：2680.00元（全二十卷）

策划编辑：李　强	责任编辑：李　强
美术编辑：毛　佳	装帧设计：李　强
责任校对：李　菡	责任印制：李　啸

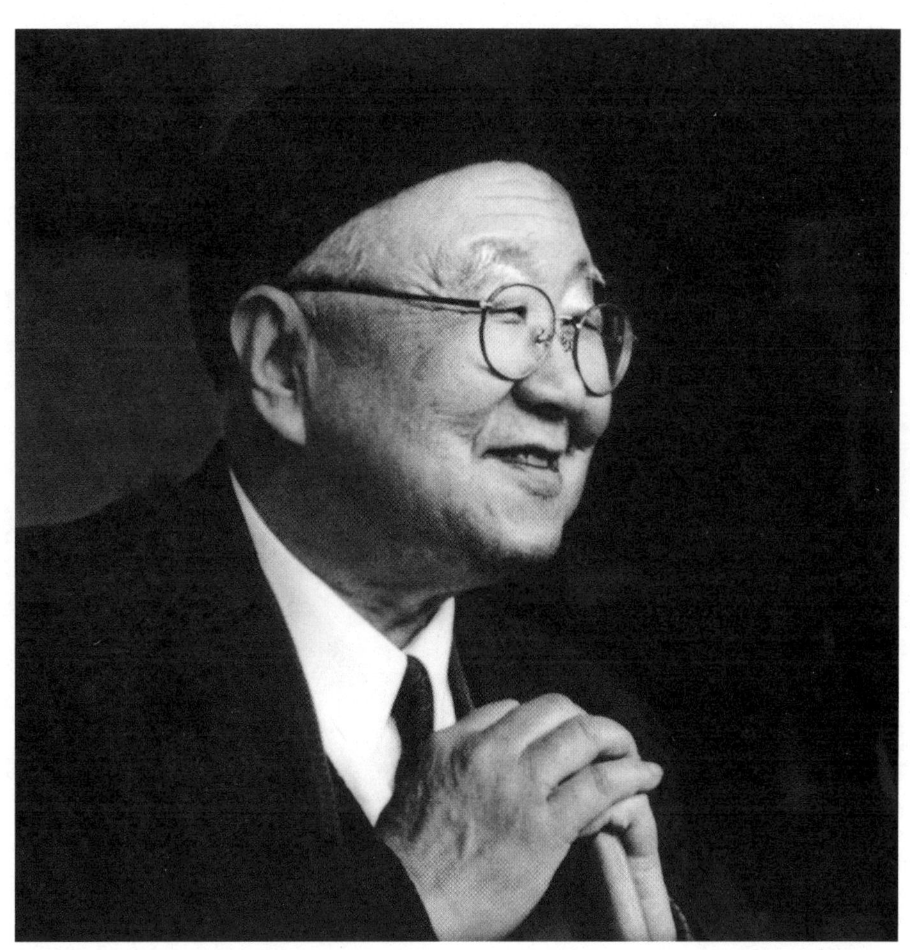

启功先生像

目 录

13

芾頓首啓襄老人所示蒙芾留日躄釋
謝憲大夫于詩其情文欽向、晴和起居
何如想撿已了來日修屈早飯芾頓首再

尺豪吾弟正臨 己丑三月 元白啓功時居鑒市寄廬

芾頓首
一九四九年作　水墨紙本　個人收藏

贈友人

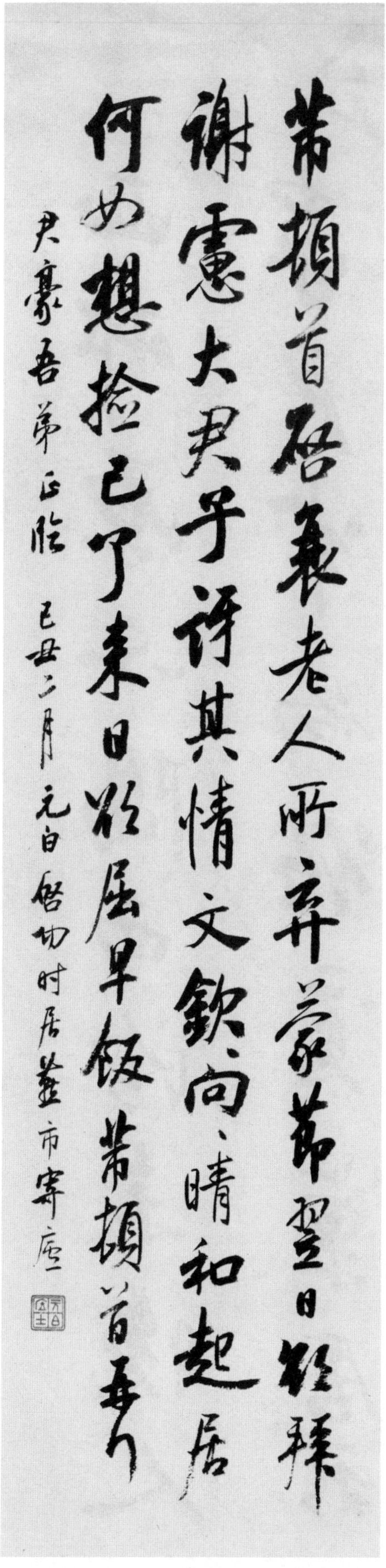

启功全集　第十七卷

2

西邨原不隔西泠未晚人東戶半扃松竟業居然閑雲却徑烟雨喚樵青迺和先生正　啓功

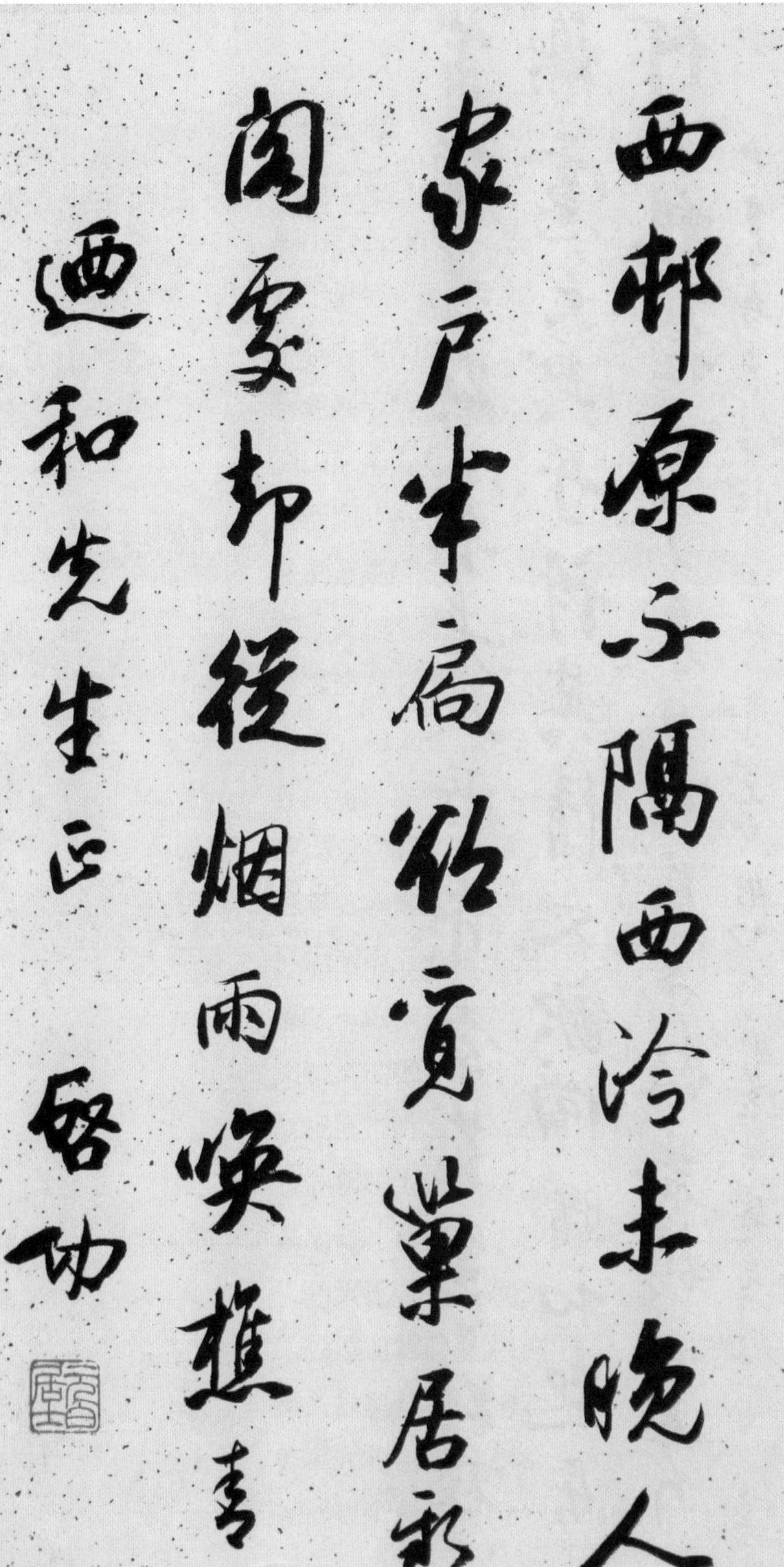

西村原不隔西泠

二十世纪四十年代作　水墨纸本　个人收藏

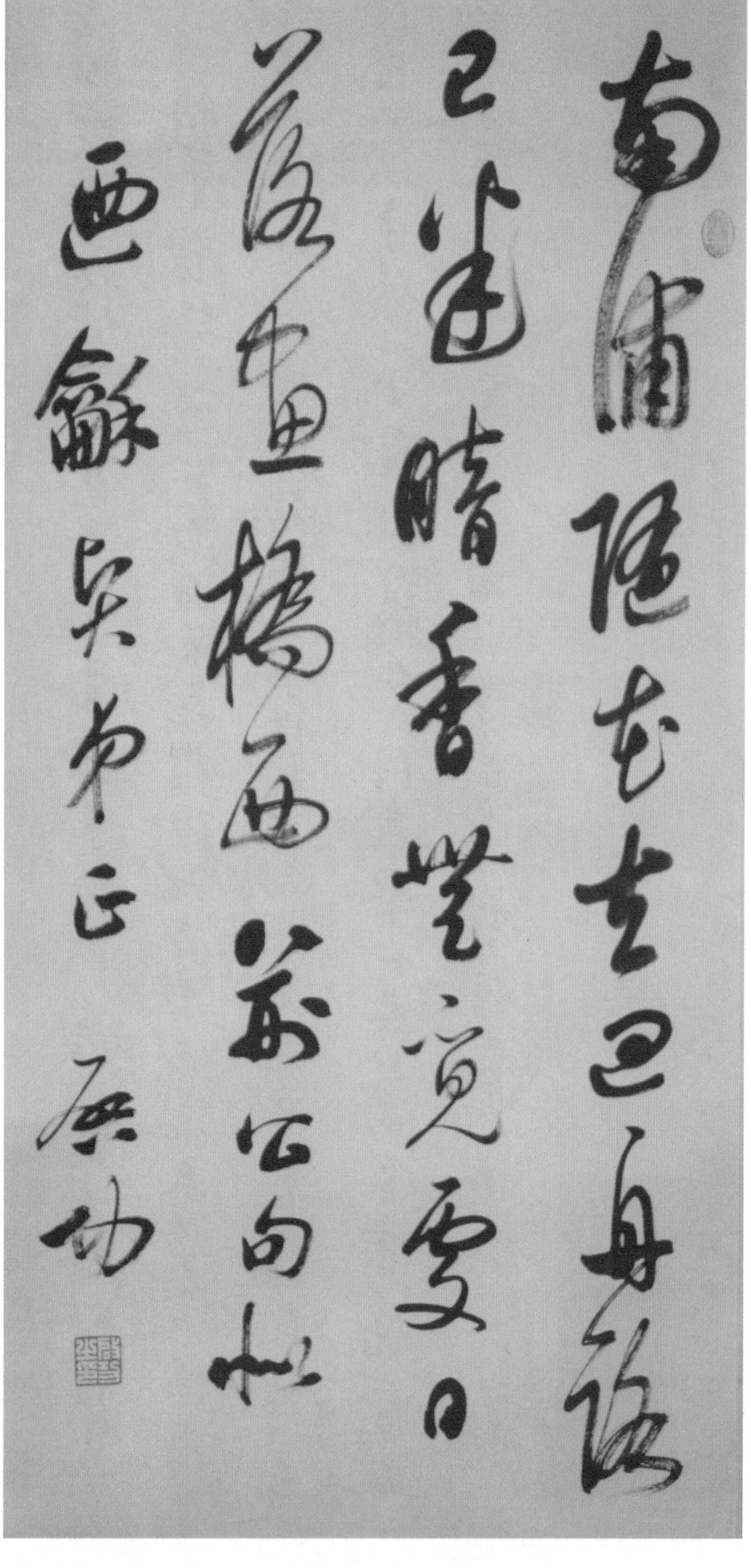

南浦随花去（一）

二十世纪四十年代作　水墨纸本　62cm×30cm　个人收藏

颜鲁公受笔法于张长史

二十世纪四十年代作　水墨纸本　86.5cm×32cm　个人收藏

颜鲁公受笔法于张长史尝睹锥画沙印之泥之喻又谓之屋漏痕鉴其碑帖严整纤匾如鼠尾即不复锥沙印泥屋漏痕云之意也独此碑落笔与放笔云和缓遒劲兼之予临写之次恍然有悟鲁公曰自锺王至虞陆皆口传手授以至褚郡张长史后乃鲁公长史两家书不相似于颜斩吾枉学意乃善学张颠者

予衡先生方家正腕　元白启功

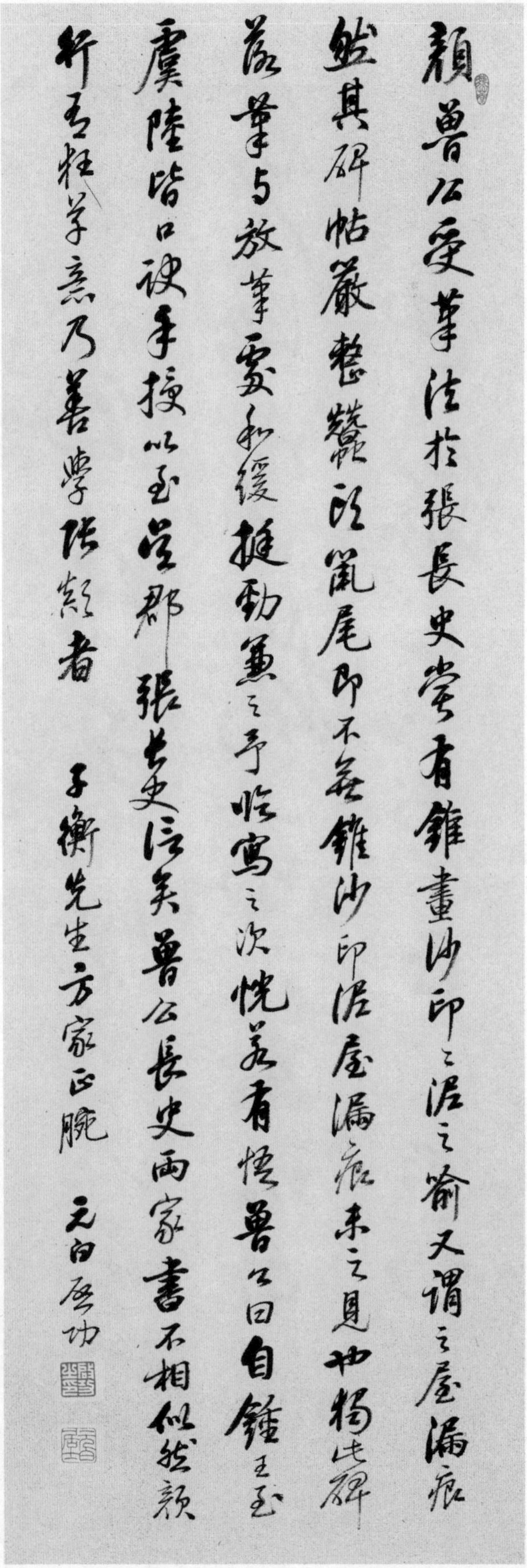

钟山风雨起苍黄，百万雄师过大江。虎踞龙盘今胜昔，天翻地覆慨而慷。宜将剩勇追穷寇，不可沽名学霸王。天若有情天亦老，人间正道是沧桑。

一山飞峙大江边，跃上葱茏四百旋。冷眼向洋看世界，热风吹雨洒江天。云横九派浮黄鹤，浪下三吴起白烟。陶令不知何处去，桃花源里可耕田。

一九七二年　启功

书毛泽东诗

一九七二年作　水墨纸本　135cm×66cm　个人收藏

赠友人

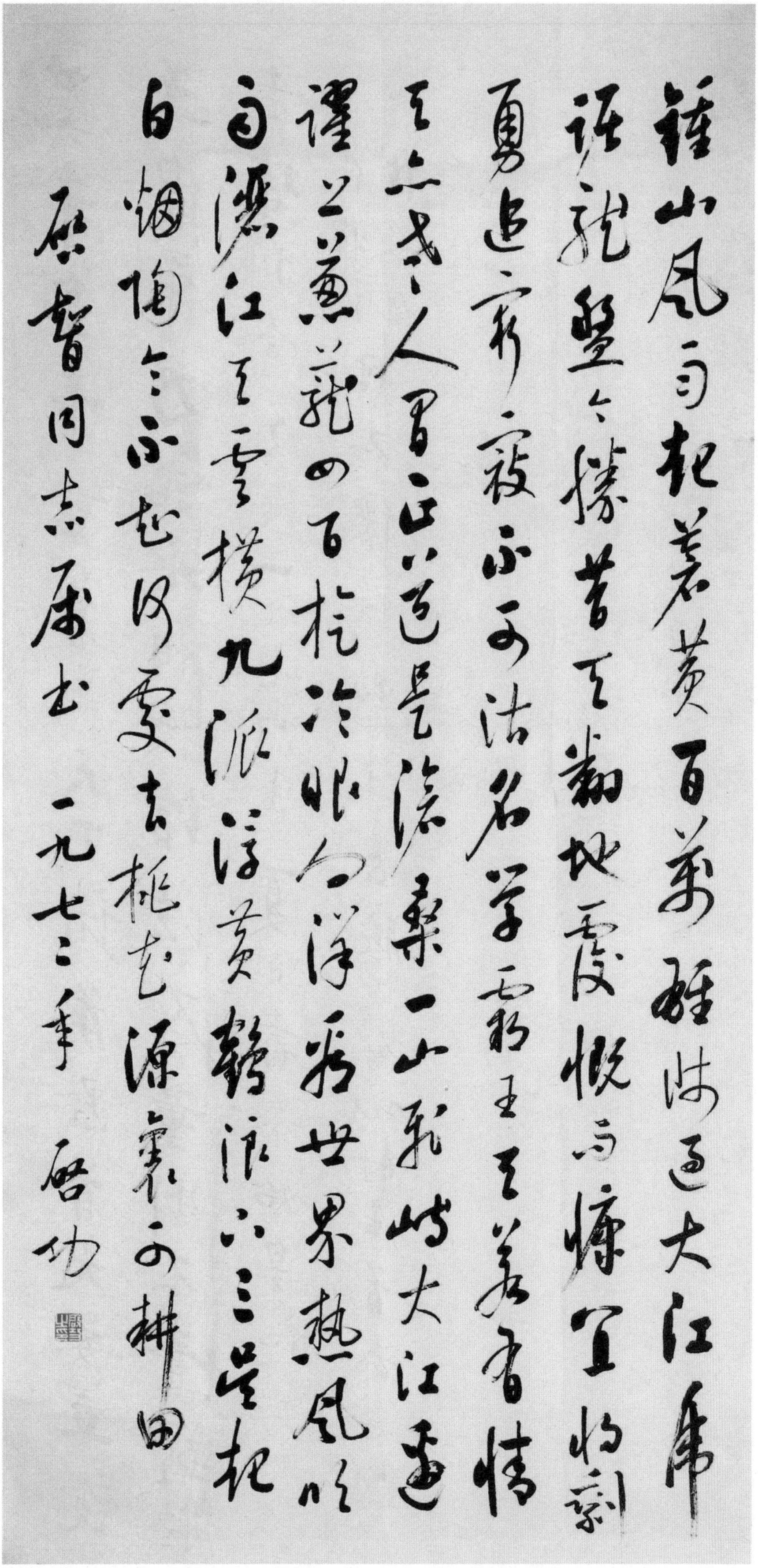

廿六年皇帝盡并兼天下諸侯黔首大安立號為皇帝乃詔丞相狀綰法度量則不壹歉疑者皆明壹之

一九七四年夏日書秦始皇詔

佟雅玲

陳硯智

同志儷鑒

於本正腕

啟功時居首都

廿六年皇帝盡并兼天下諸侯

一九七四年作　水墨紙本　117cm×32cm　個人收藏

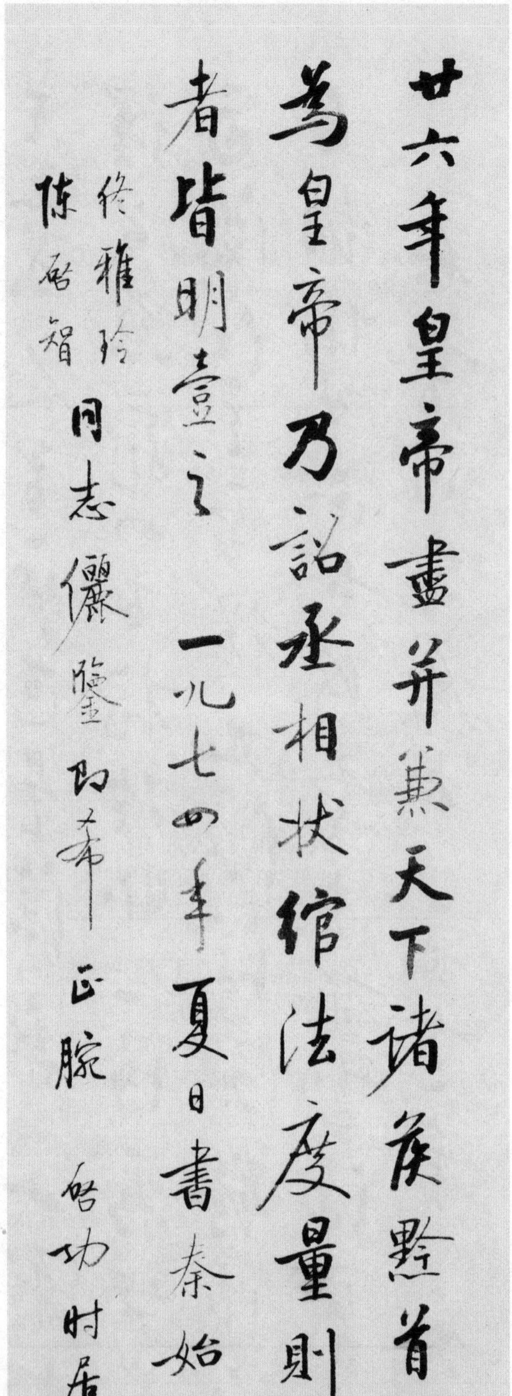

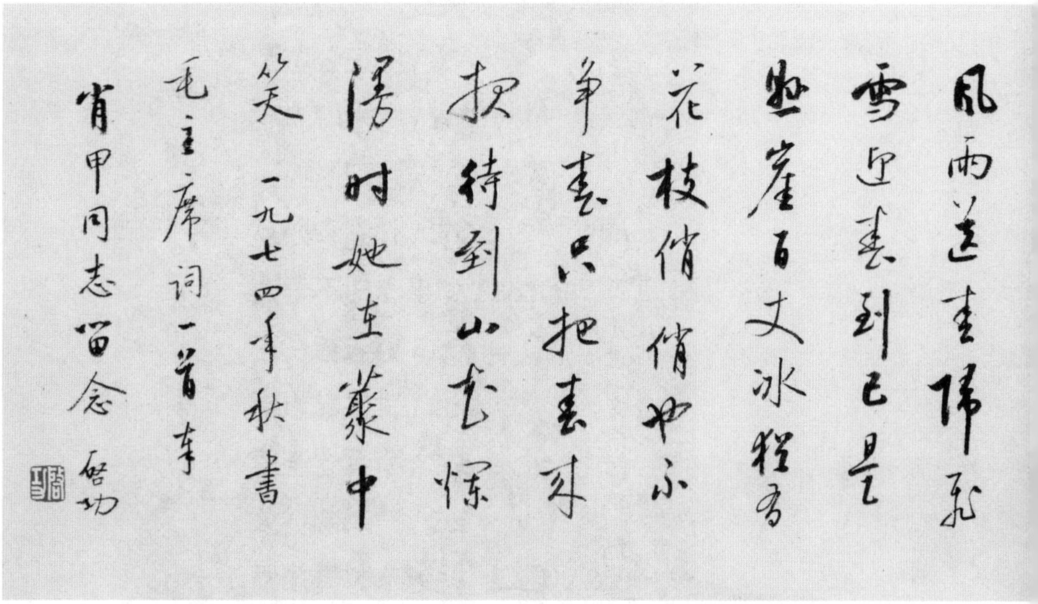

风雨送春归（一）

一九七四年作　水墨纸本　24cm×45cm　个人收藏

飞来山上千寻塔，闻说鸡鸣见日升。不畏浮云遮望眼，自缘身在最高层。

墙角数枝梅，凌寒独自开。遥知不是雪，为有暗香来。

茅檐长扫净无苔，花木成畦手自栽。一水护田将绿绕，两山排闼送青来。

京口瓜洲一水间，钟山只隔数重山。春风又绿江南岸，明月何时照我还。

王介甫诗　启功　一九七五年六月

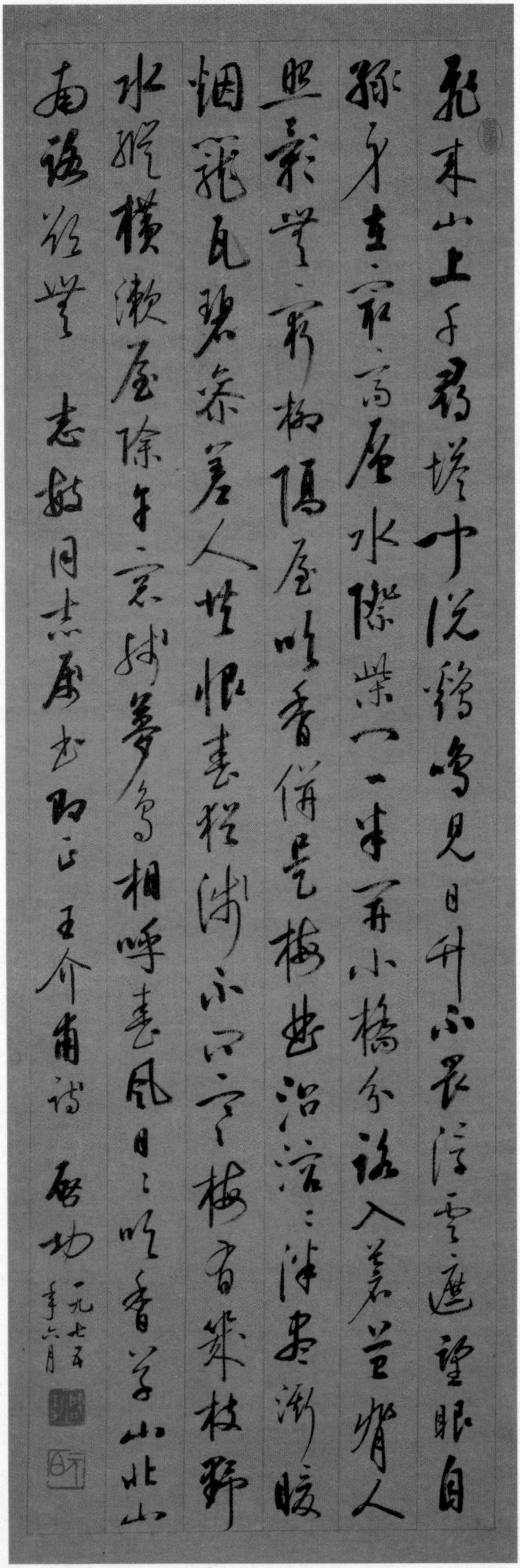

飞来山上千寻塔（诗四首）

一九七五年作　水墨纸本　116cm×40cm　个人收藏

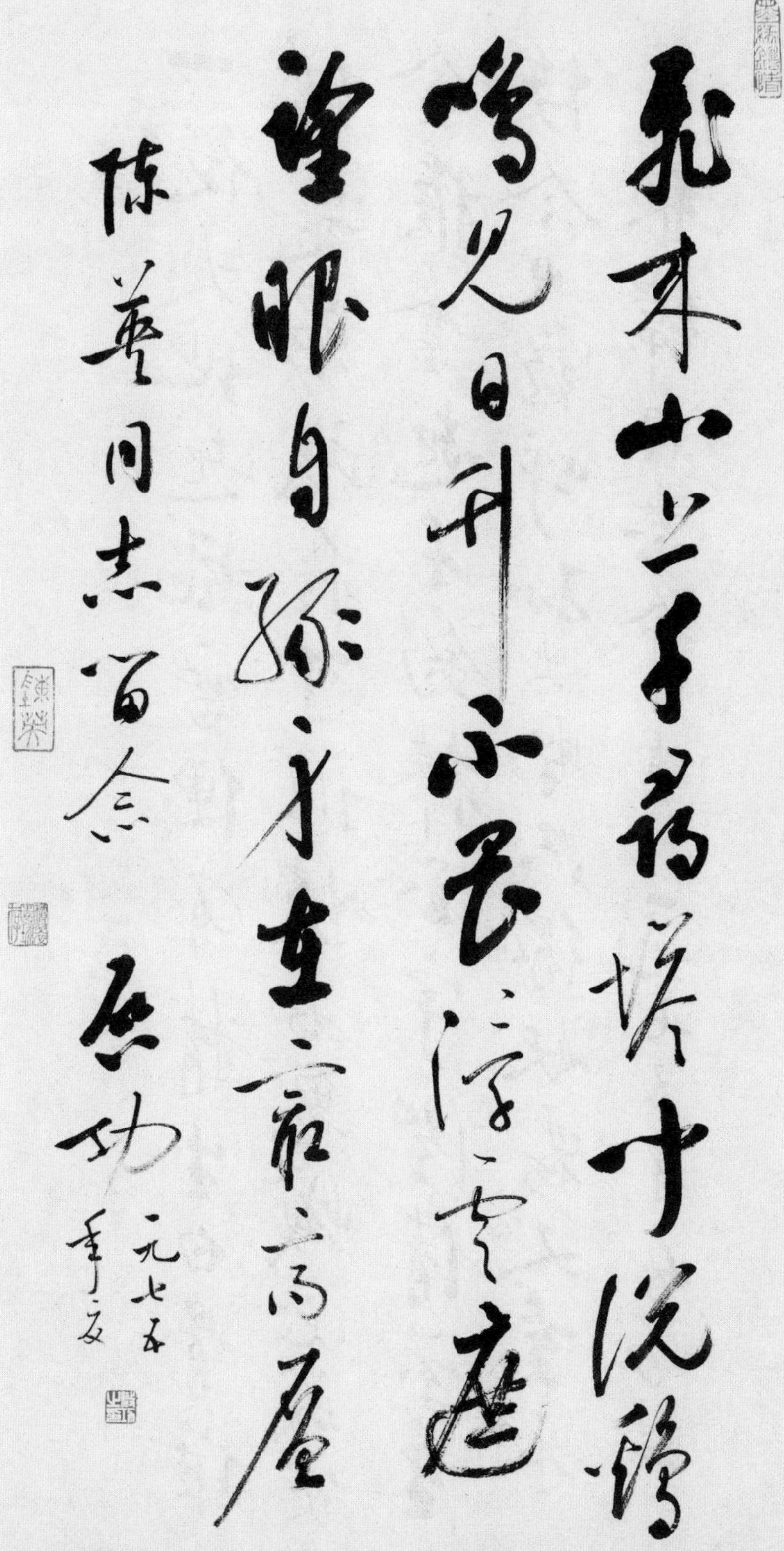

飞来山上千寻塔

一九七五年作　水墨纸本　90cm×43cm　个人收藏

赠友人

一从大地起风雷便有精生白骨堆
僧是愚氓犹可训妖为鬼蜮必成灾
金猴奋起千钧棒玉宇澄清万里埃
今日欢呼孙大圣只缘妖雾又重来

张玮同志命书　一九七五年　启功

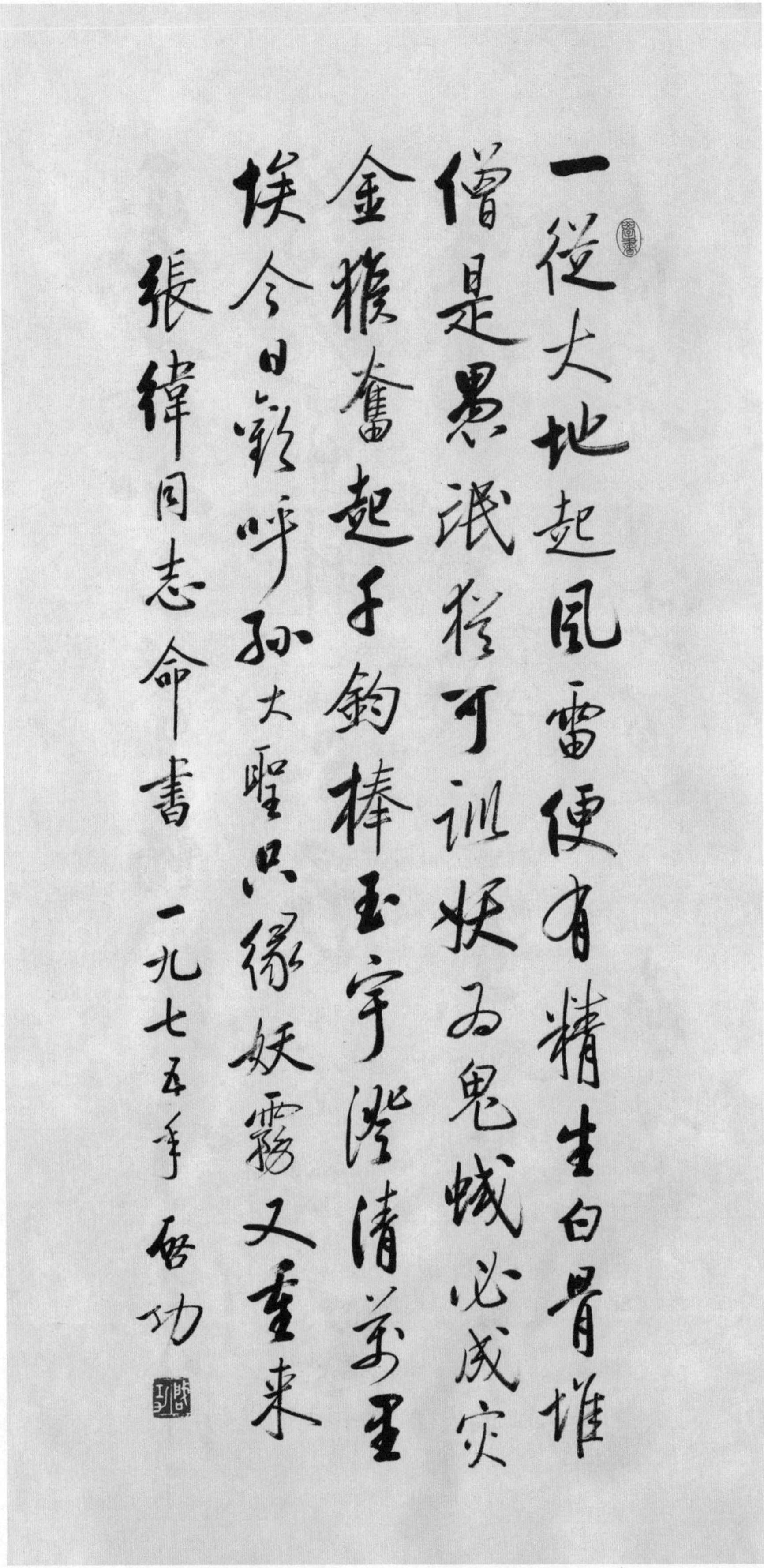

一从大地起风雷

一九七五年作　水墨纸本　127cm×60cm　个人收藏

枯杉倒桧霜天老 松烟麝煤

阴雨寒我亦生来有书癖

囤入寺一面看　李建中题杨凝式书句

荣据同志猎正　一九七六年一月廿九日　启功

枯杉倒桧霜天老（一）

一九七六年作　水墨纸本　94cm×32cm　个人收藏

赠友人

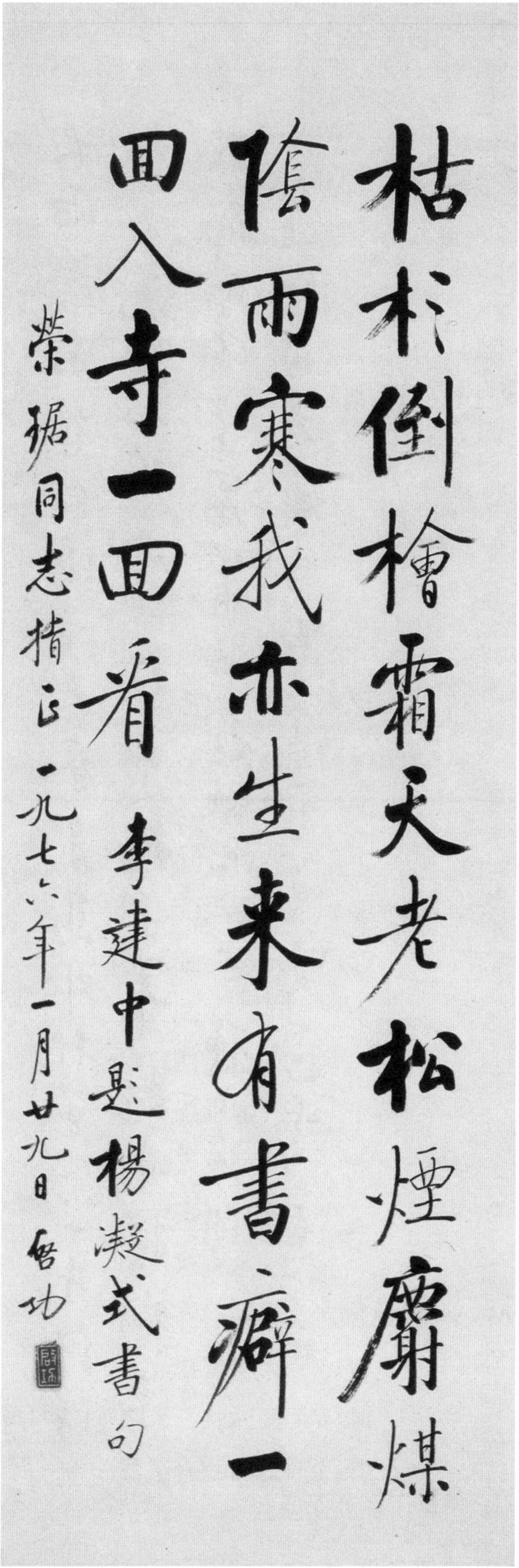

大雨落幽燕白浪滔天秦皇島外打魚船一片汪洋
都不見知向誰邊往事越千年魏武揮鞭東
臨碣石有遺篇蕭瑟秋風今又是換了人間
運輝同志屬書昌黎正字一九七六年
啓功

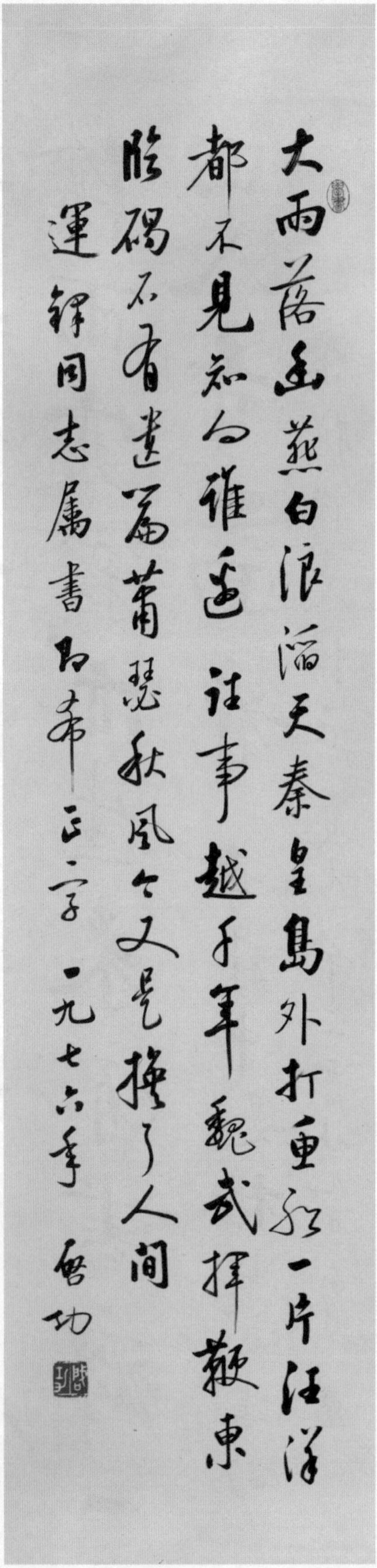

大雨落幽燕

一九七六年作　水墨纸本　68cm×34.5cm　个人收藏

我失骄杨君失柳，杨柳轻飏直上重霄九。问讯吴刚何所有，吴刚捧出桂花酒。寂寞嫦娥舒广袖，万里长空且为忠魂舞。忽报人间曾伏虎，泪飞顿作倾盆雨。

夜淮同志属　书此乞正字　一九七六年　启功

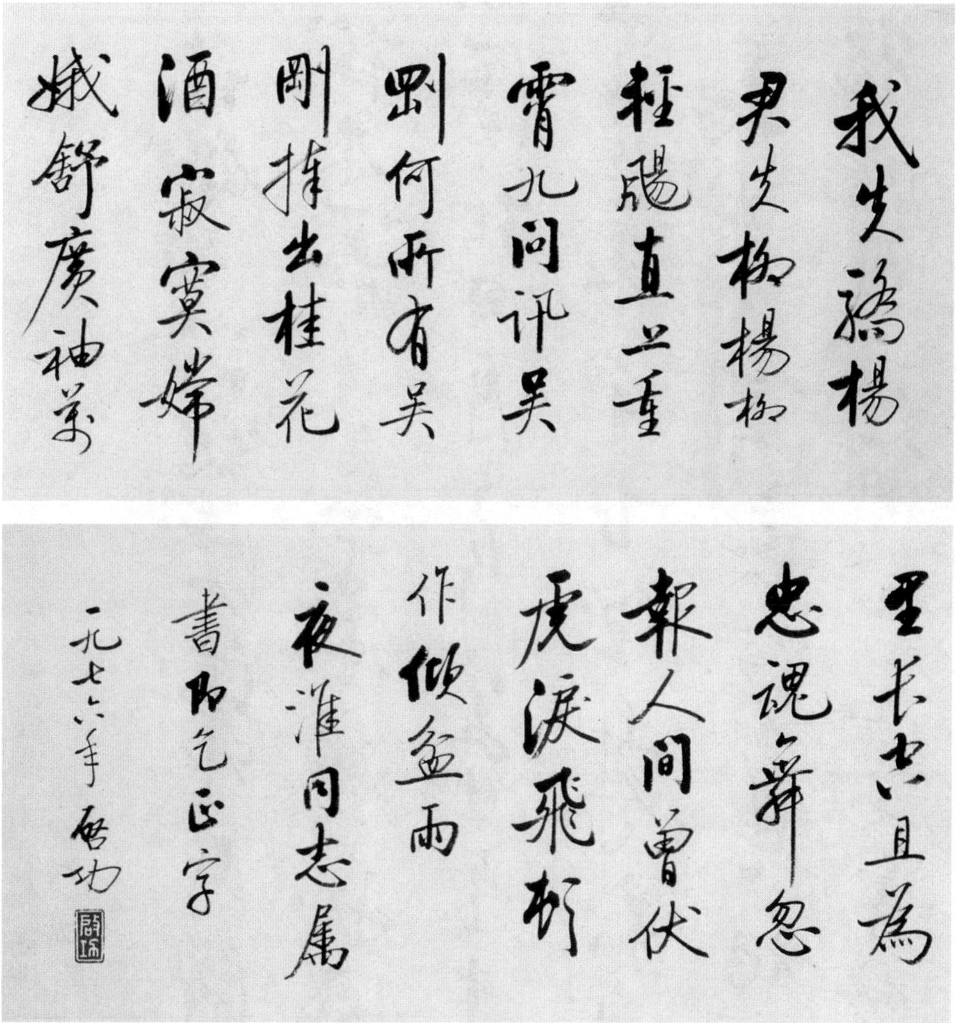

我失骄杨君失柳

一九七六年作　水墨纸本　24cm×97cm　个人收藏

东临碣石以观沧海水何澹澹山岛竦峙树木丛生百草丰茂秋风萧瑟洪波涌起日月之行若出其中星汉灿烂若出其里幸甚至哉歌以咏志

观沧海一程书奉

杨鸿同志留念一九七七季因菣苘启功

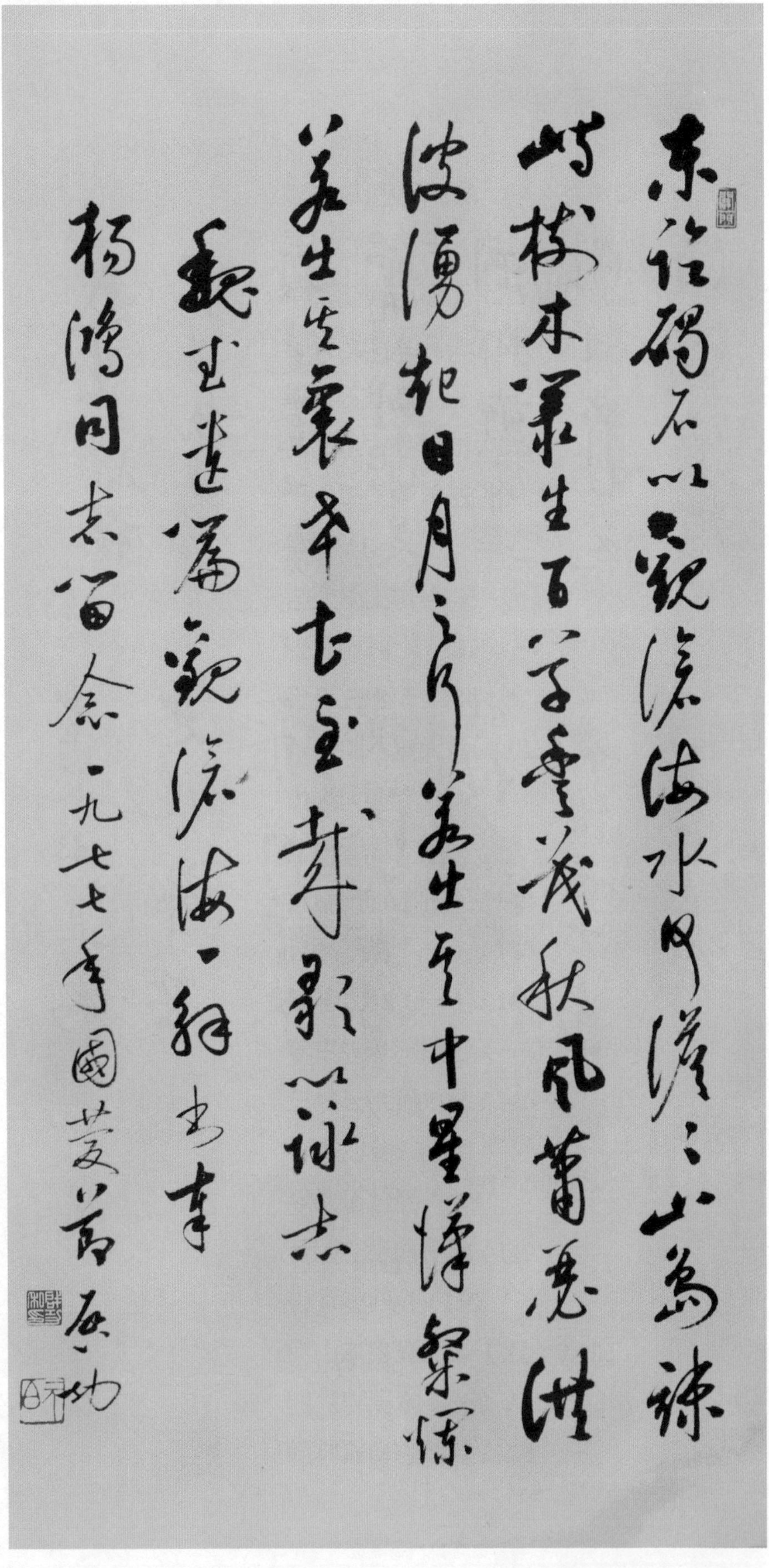

东临碣石　以观沧海

一九七七年作　水墨纸本　51cm×100cm　个人收藏

朝辞白帝彩云间
江陵一千里

朝辞白帝彩云间，千里江陵一日还。两岸猿声啼不住，轻舟已过万重山。东陵白杰正 一九七七年季夏 启功

朝辞白帝彩云边

一九七七年作　水墨纸本　34cm×76.7cm　个人收藏

赠友人

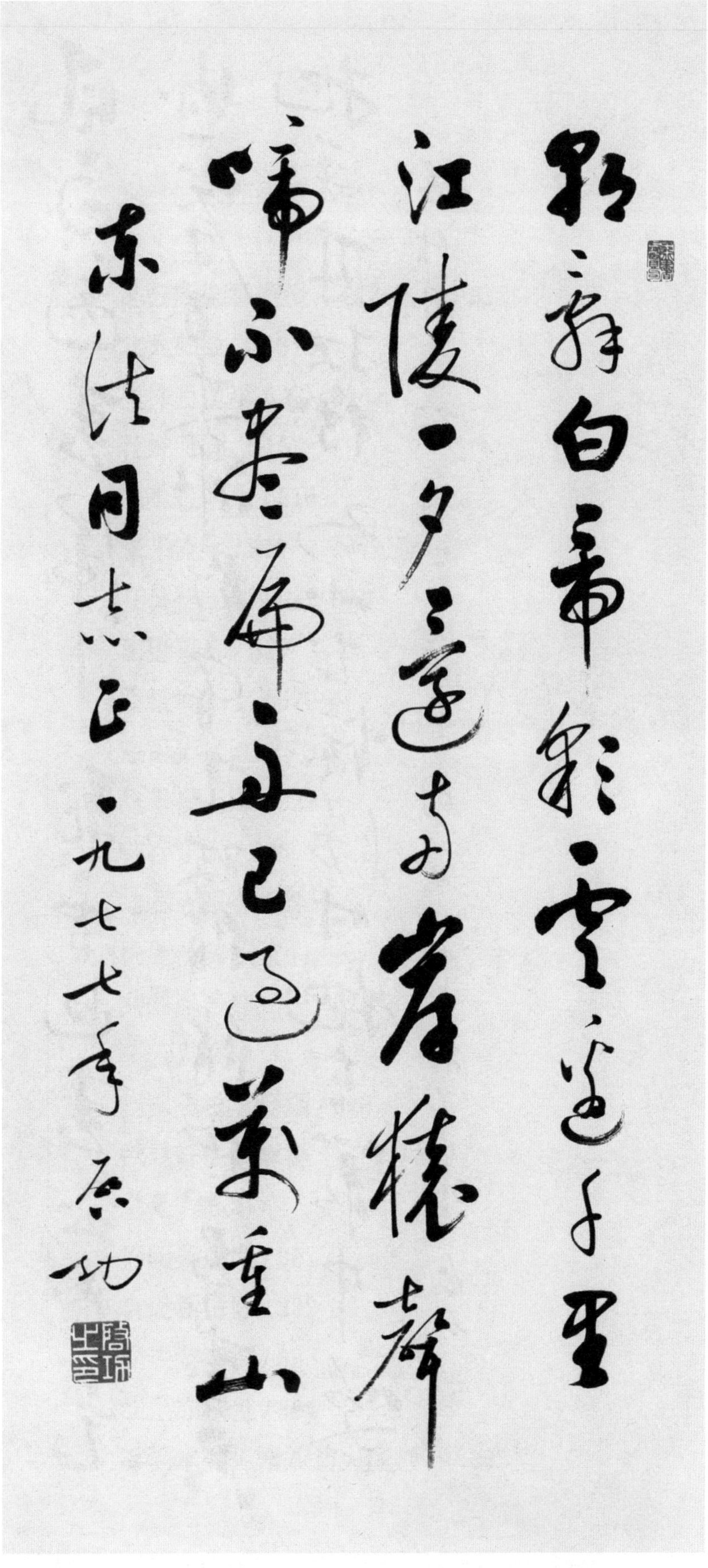

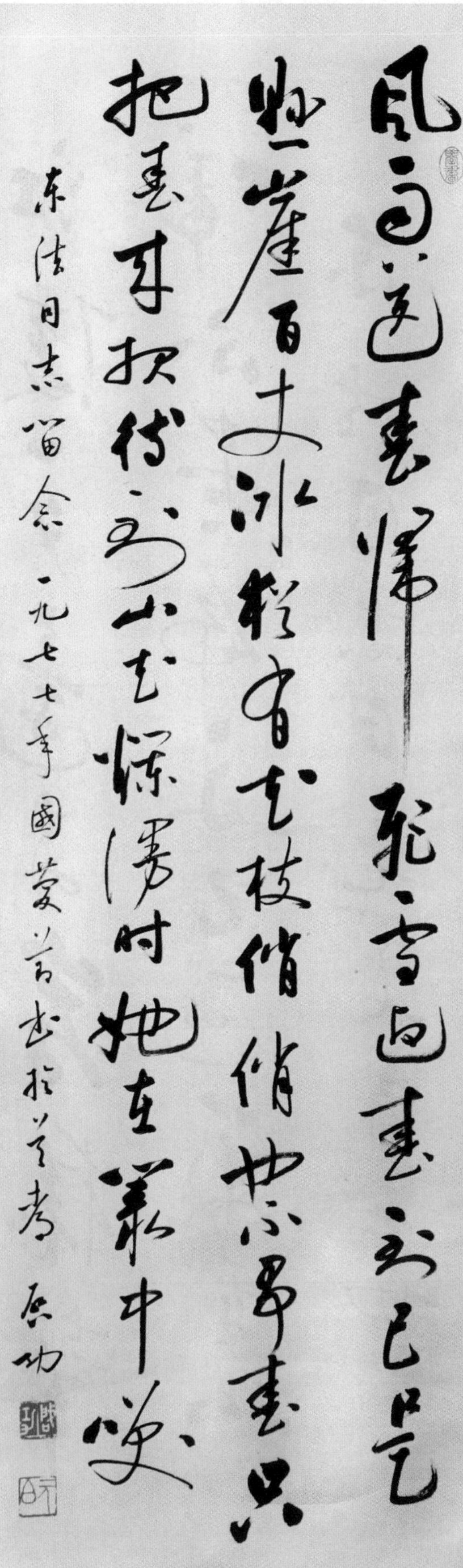

风雨送春归（二）

一九七七年作　水墨纸本　33.7cm×103cm　个人收藏

红军不怕远征难，万水千山只等闲。五岭逶迤腾细浪，乌蒙磅礴走泥丸。金沙水拍云崖暖，大渡桥横铁索寒。更喜岷山千里雪，三军过后尽开颜。

一九七七年国庆日书录 福顺同志正字 启功书于首都 时年六十五岁

红军不怕远征难

一九七七年作　水墨纸本　32.7cm×100cm　个人收藏

赠友人

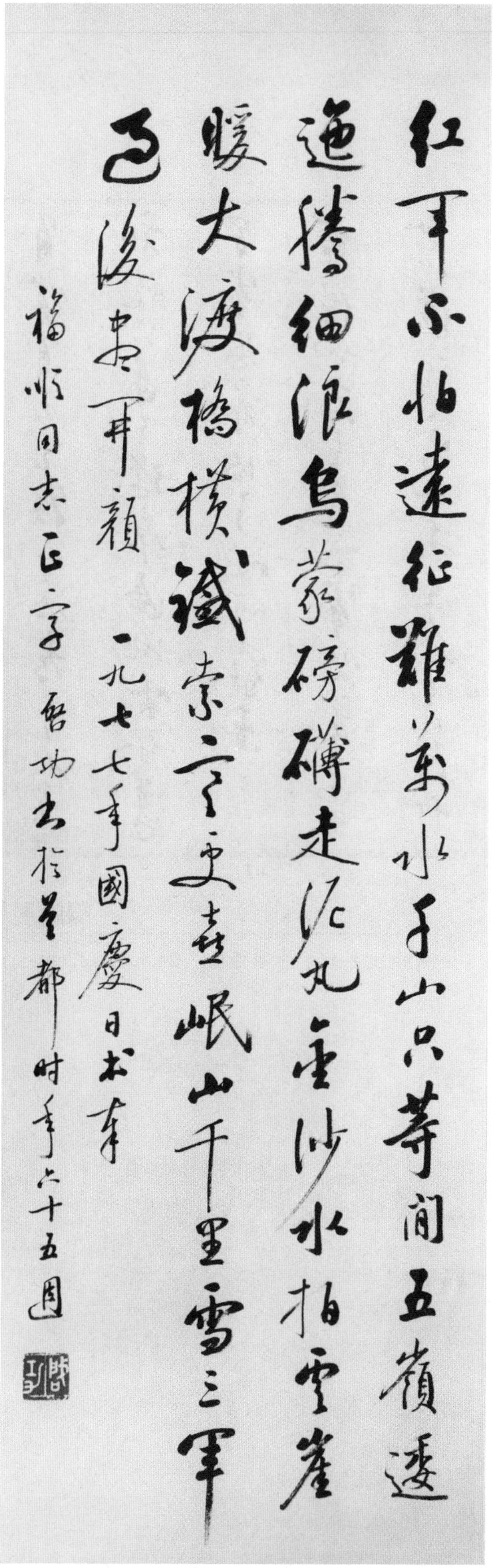

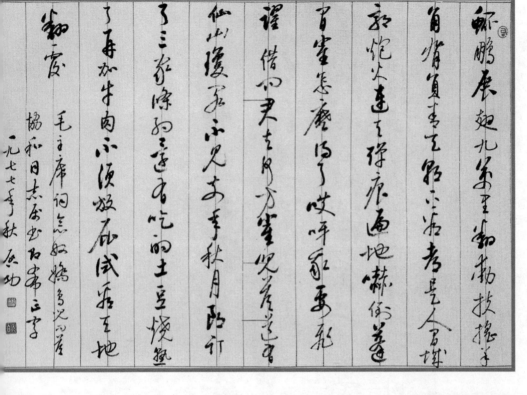

鲲鹏展翅九万里

一九七七年作　水墨纸本　24.5cm×35cm　个人收藏

是非當日已分明

是非當日已分明，創業奇勳久策成。一事元戎猶有恨，未能親見捷江青。

書陳毅元帥梅嶺詩後一首 紹武會林同志兩正 一九七八年二月 啓功

是非当日已分明

一九七八年作　水墨纸本　101cm×34cm　个人收藏

赠友人

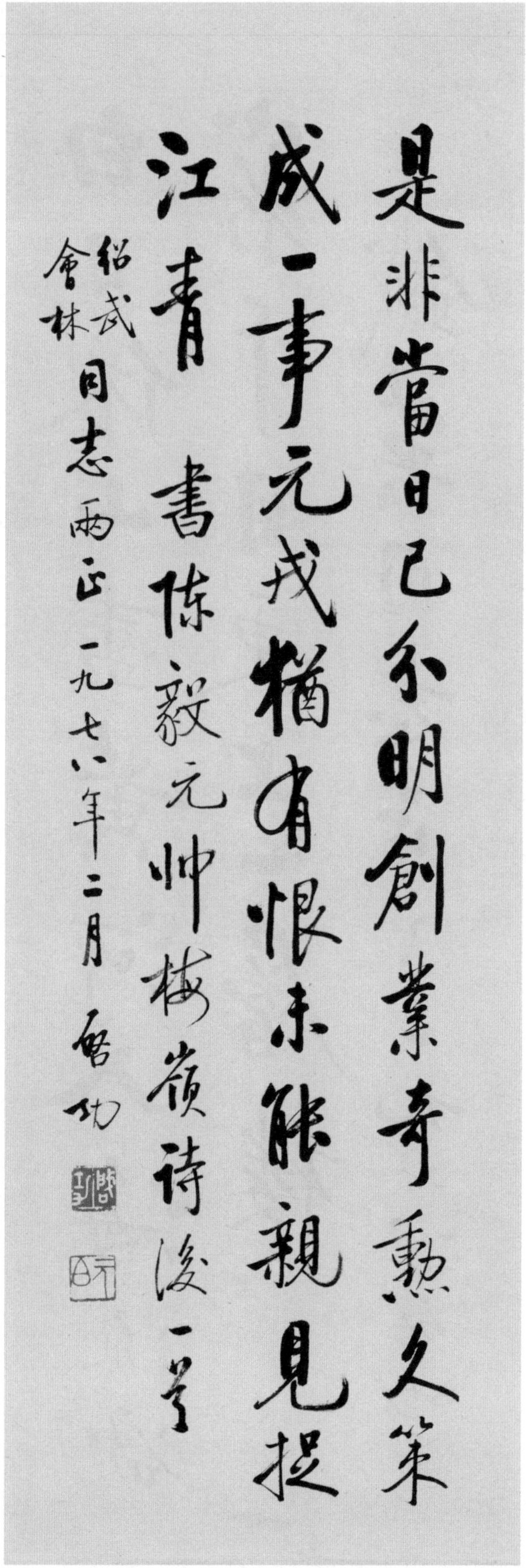

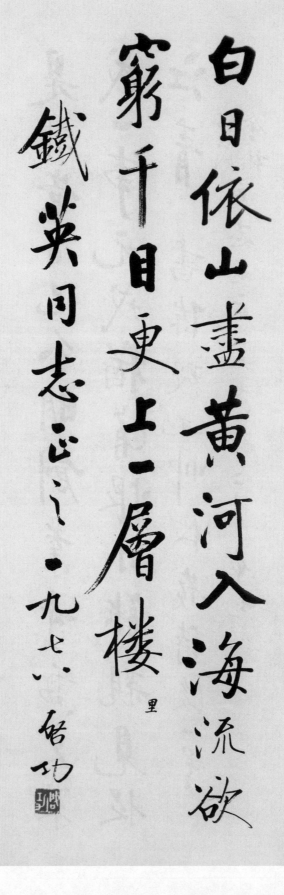

白日依山盡（一）

一九七八年作　水墨纸本　102cm×34.5cm　个人收藏

破的穿杨射艺精

破的穿杨射艺精

荣据同志属书即正

一九七八年九月十五日 启功

一九七八年作　水墨纸本　98cm×32cm　个人收藏

赠友人

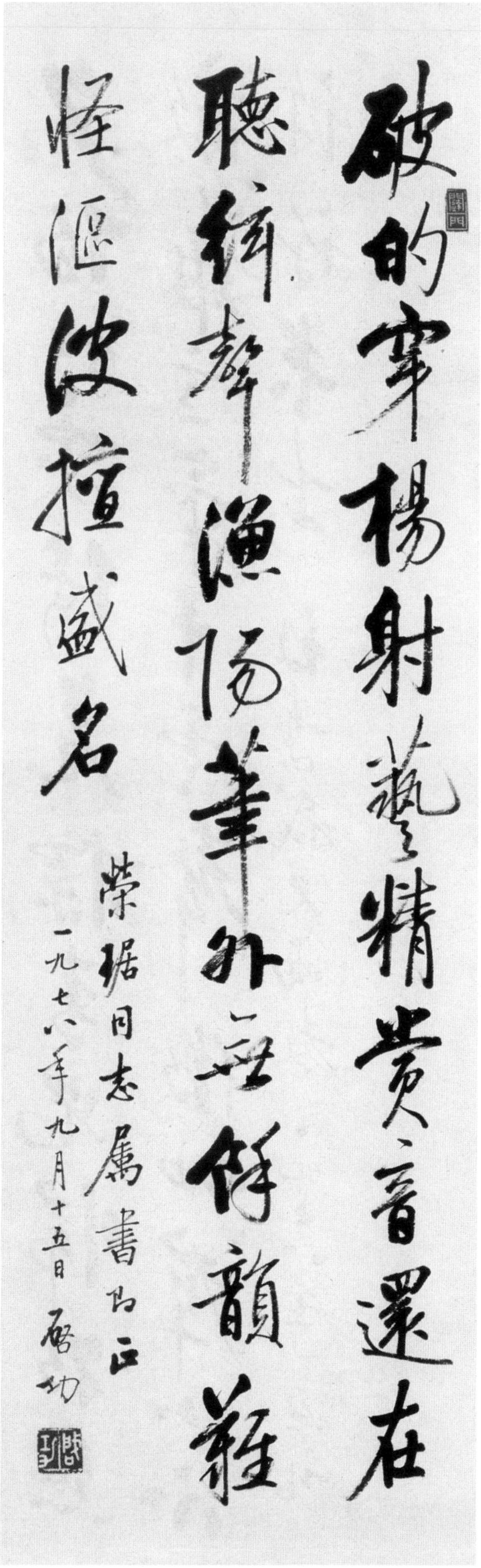

夕阳孤客倚危栏暮色苍茫欲静喧敌雏声气干云声微撼地摩山许谁长安

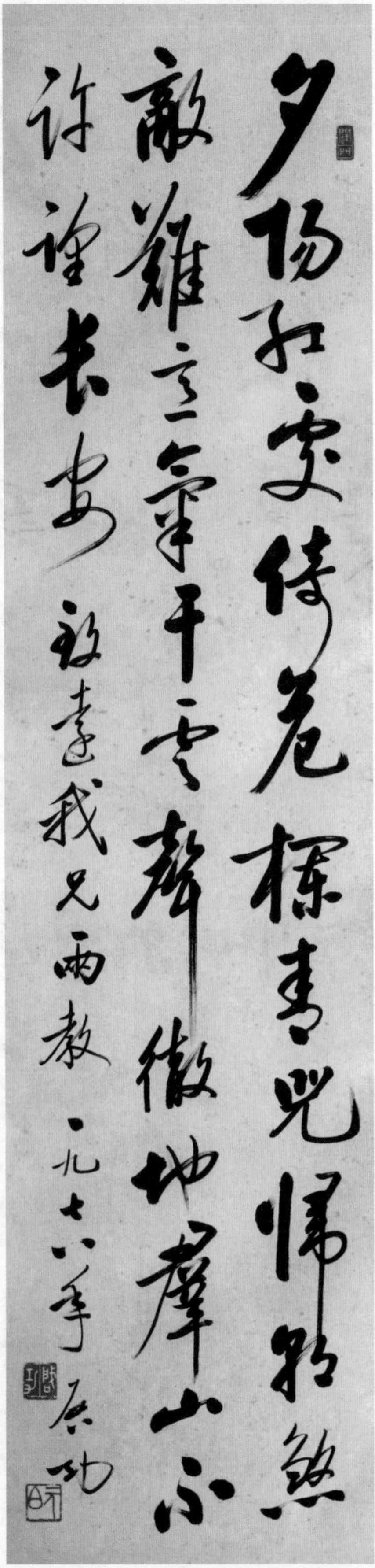

夕阳红处倚危栏

一九七八年作 水墨纸本 31.4cm×126cm 个人收藏

奇峯刺碧天綠水峯红帆翠竹臨江岸遊人醉忘還

禁琚同志遊漓江詩句屬爲錄之 一九七九年春 啟功

奇峰刺碧天

一九七九年作　水墨紙本　29.5cm×96cm　个人收藏

贈友人

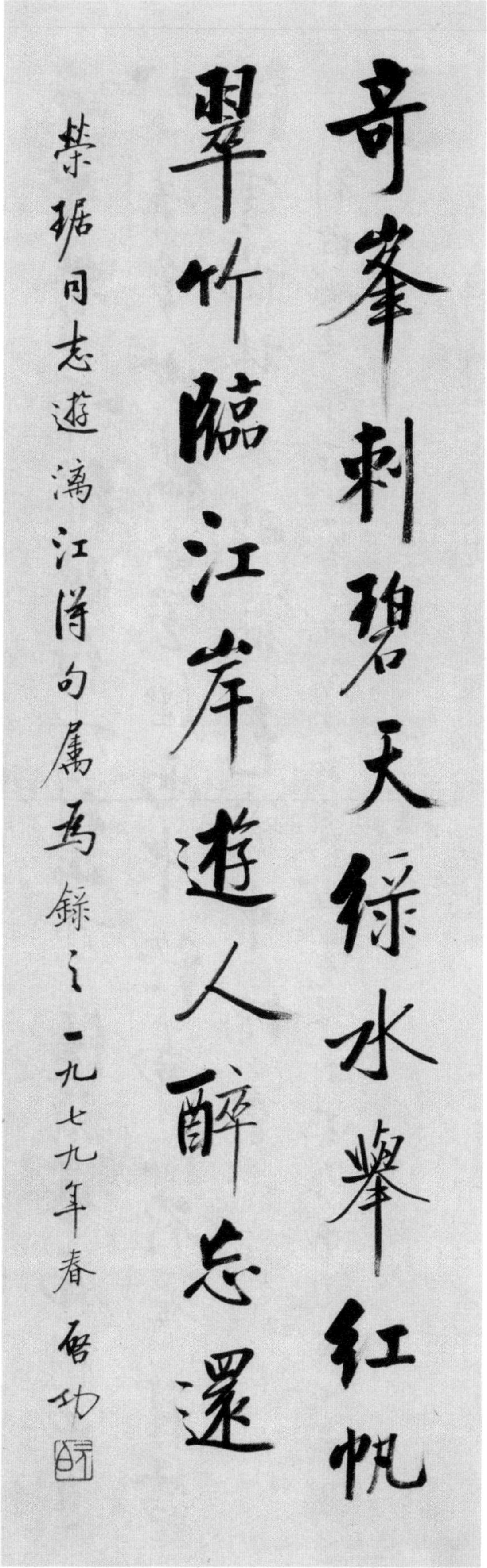

千里莺啼绿映红，水村山郭酒旗风。南朝四百八十寺，多少楼台烟雨中。

终南阴岭秀，积雪浮云端。林表明霁色，城中增暮寒。

刘坡女士雅正 一九七九年五月书唐人诗于首都 启功

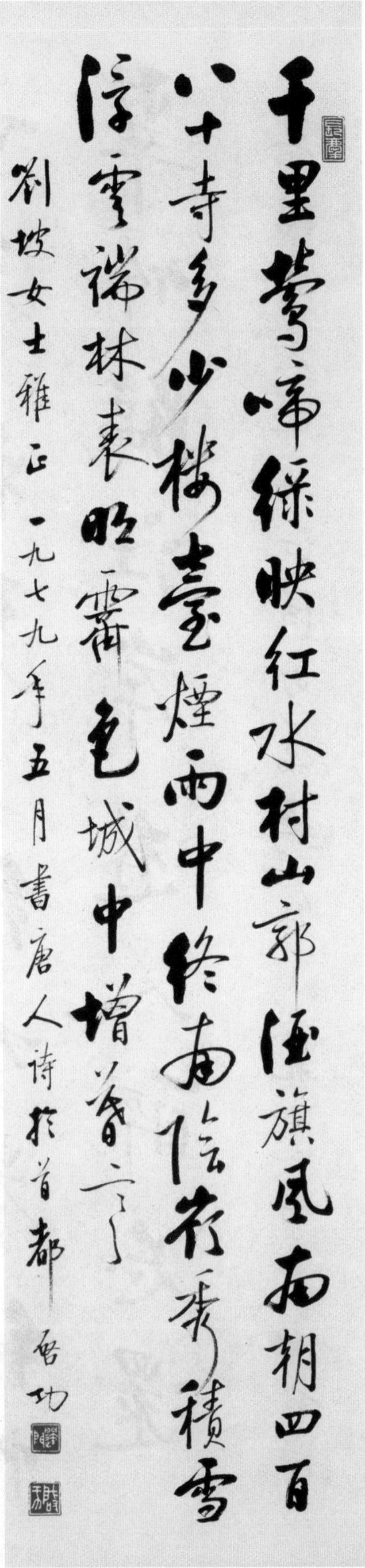

千里莺啼绿映红（诗两首）
一九七九年作 水墨纸本 个人收藏

横扫千军笔一枝，巧妙文词无处觅[?]

横扫千军笔一枝，巧妙文词谁可敌，口数他家，霞岸失安尝[?]自知

勇新同志正之 一九七九 启功

横扫千军笔一枝

一九七九年作　水墨纸本　64.5cm×32cm　个人收藏

赠友人

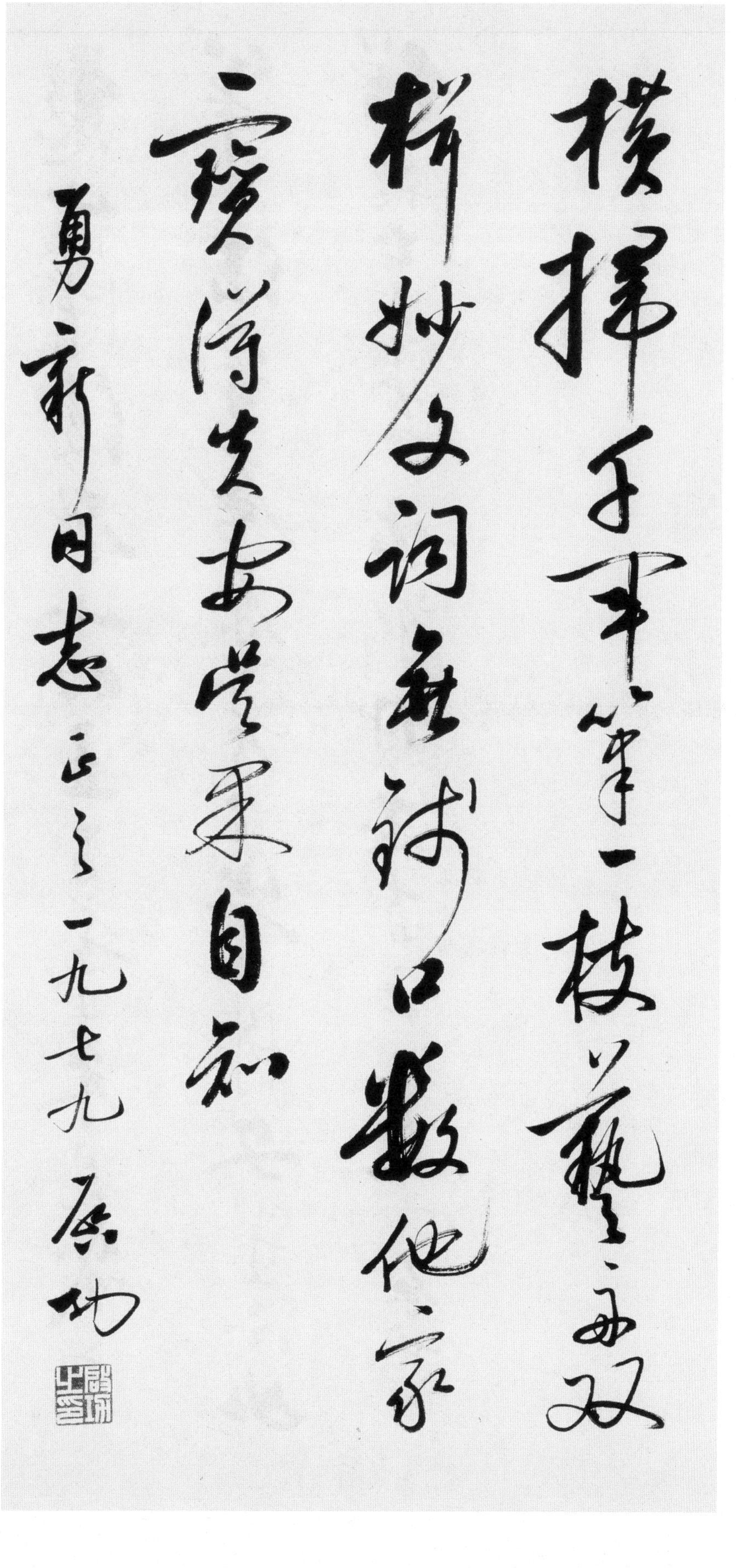

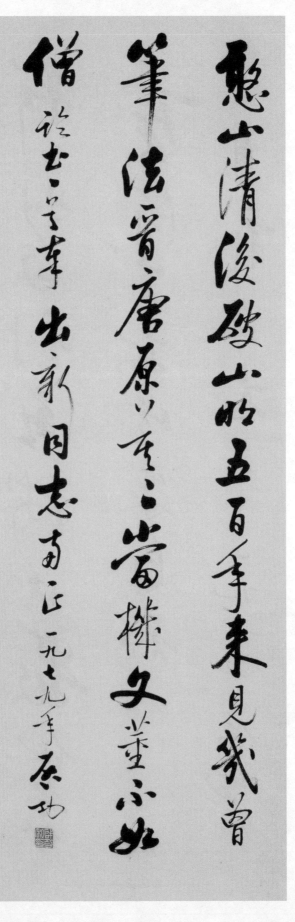

憨山清后破山明

一九七九年作　水墨纸本　110cm×38.5cm　个人收藏

八十毋勞論廢興長征接力有
来人導師創業垂千古儔輩
追隨愧望塵億萬愚公齊砹立五
衝權霸共沈淪老夫畫作黃昏頌
滿目青山夕照明

葉帥八十書懷一章一九七九年
英夫同志屬錄 啟功

八十毋劳论废兴

一九七九年作　水墨纸本　138.5cm×70cm　个人收藏

赠友人

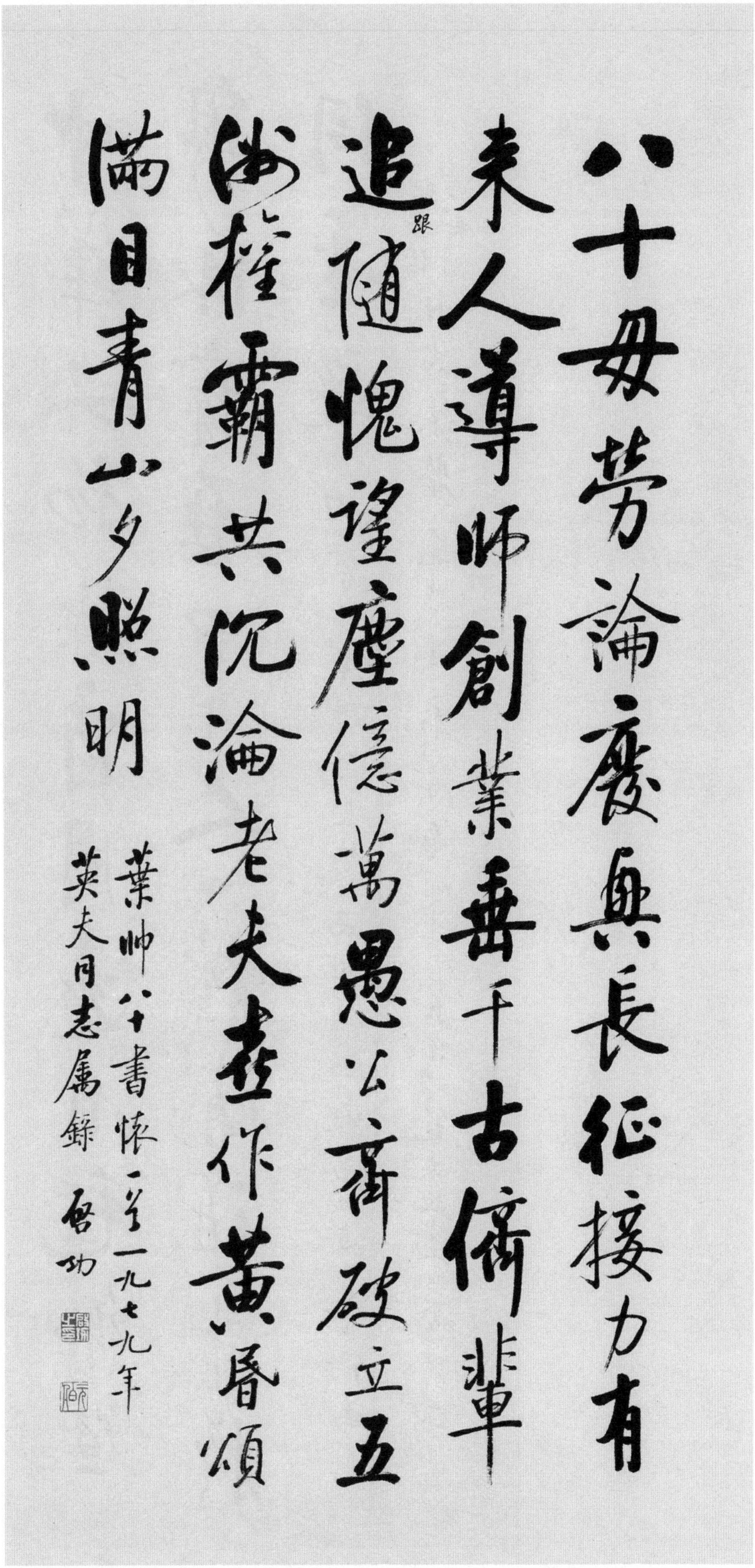

中华文物灿商周

一九七九年作　水墨纸本　103cm×33cm　个人收藏

中华文物灿商周遠自邰鄉晉，粤徕寶歷四千人一體有誰斗膽伺筆觑。

白蒙古哲里木盟出土西周銅器，觀後口占一聿錄焉。

榮保鄭喆同志儀鑒，一九七九年新春啟功書於北京師範大學宿舍。

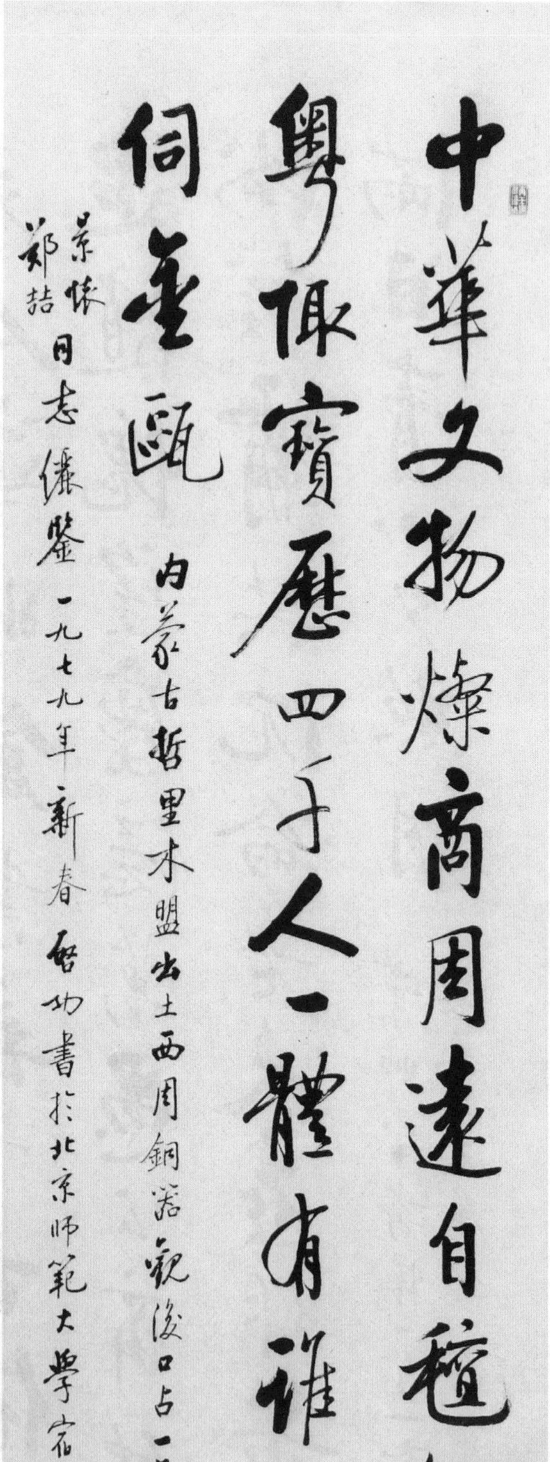

暝色高楼听玉箫一稱太白蹇喷蘯于年万燈絓变继响縁有

苦崇寒詞成側艷無雕飾繡吹音中律自齐誰識傷心温助教

勇行征鴻一聲江畫水向東流命世才人踞上游束路降王非

不幸兩篇絶調冠千秋新月平林鵲踏枝风行水上按歌时郭

中唱出吾能解不必謹穆自雪詞詞人不世最堪哀衡宇當许際

遥乘藏二清昭羣吊柳仁宗怕死妓憐才潮来萬里有情风浩瀚通明

毫长公吾輩数新聲傳妙緒不洗鐵板大江東

汉宽馨兄相别三十年矣一九七九年秋重晤書此请正 启功

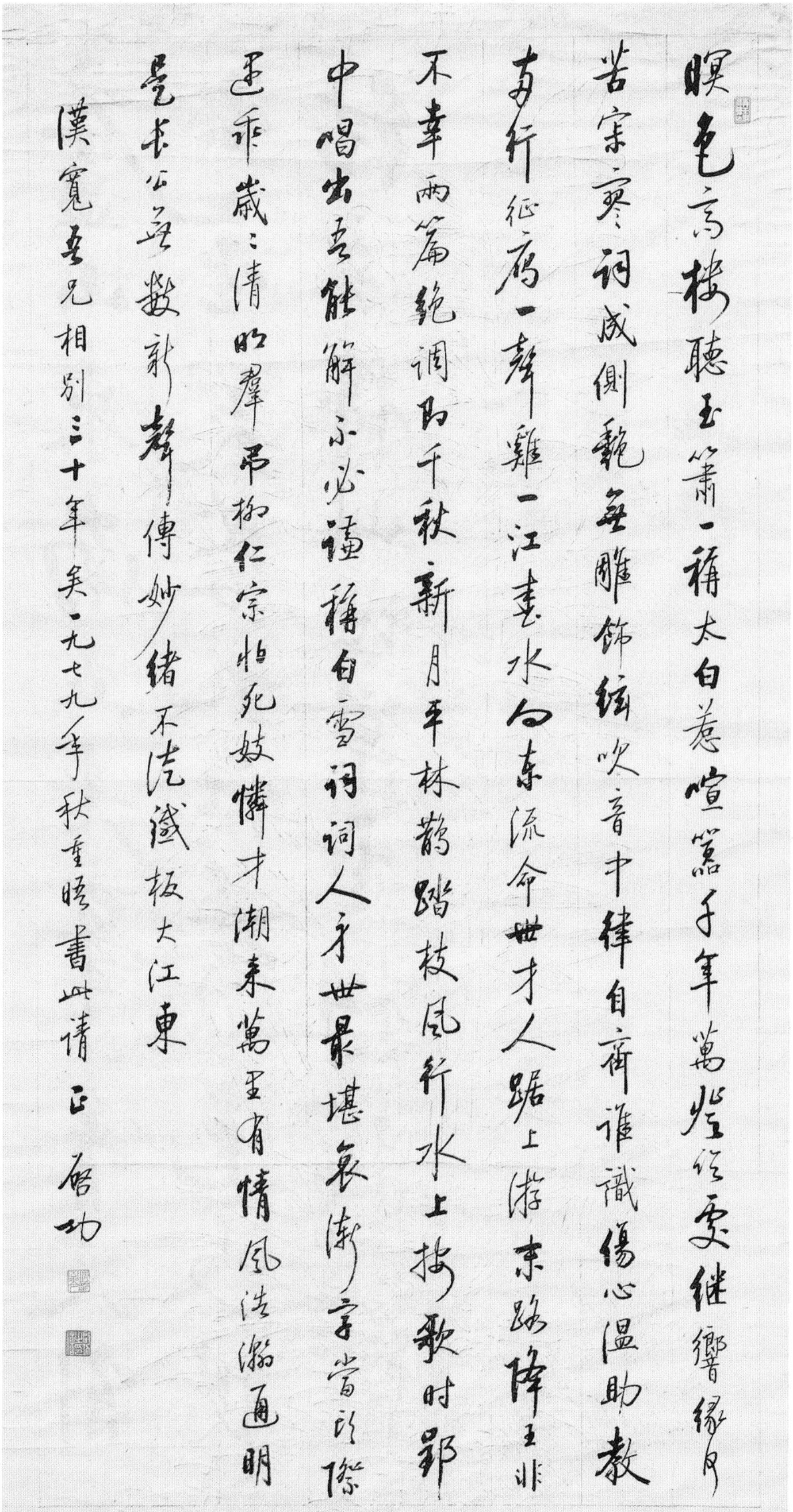

暝色高楼听玉箫（诗六首）

一九七九年作　水墨纸本　113cm×60cm　个人收藏

庐山东南五老峰
出云笑芙蓉
九江秀
色可于揽
结五将此地
巢云松

锡桂同志正
一九七九年 启功

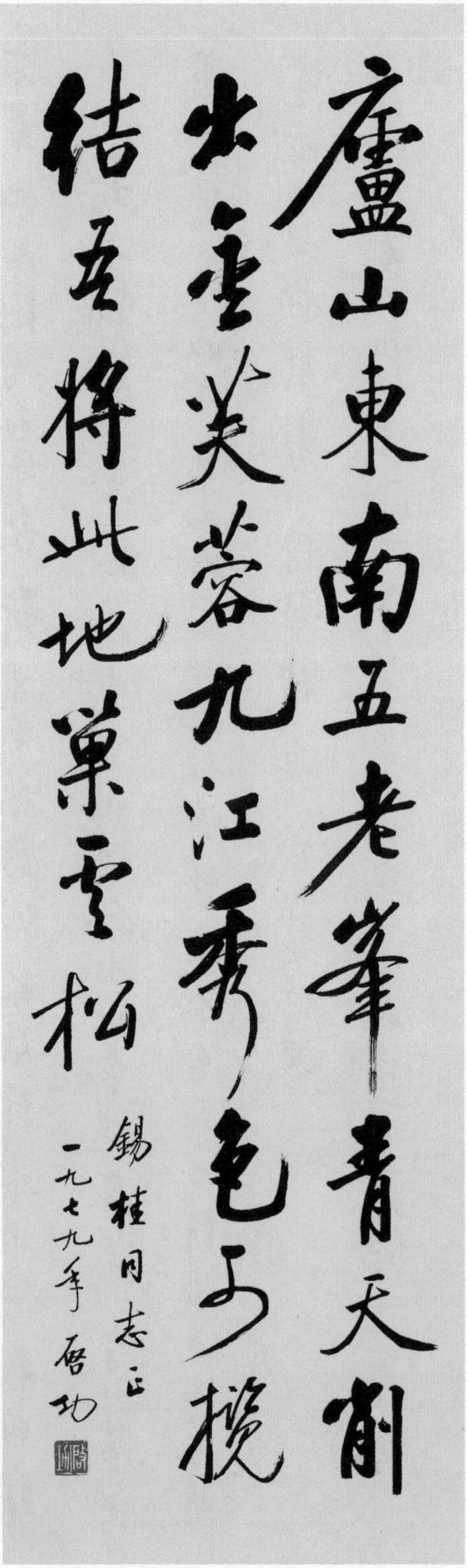

庐山东南五老峰（一）

一九七九年作　水墨纸本　131cm×40.5cm　个人收藏

菖蒲翻叶柳交枝

不知更著无花最深处玉楼金

殿彩若差

唐人卢允言诗之中有画不独王摩诘也

大兴刘晖同志俨鉴 一九七九年五月 启功书于小乘巷菜寮

菖蒲翻叶柳交枝（一）

一九七九年作　水墨纸本　100cm×32cm　个人收藏

赠友人

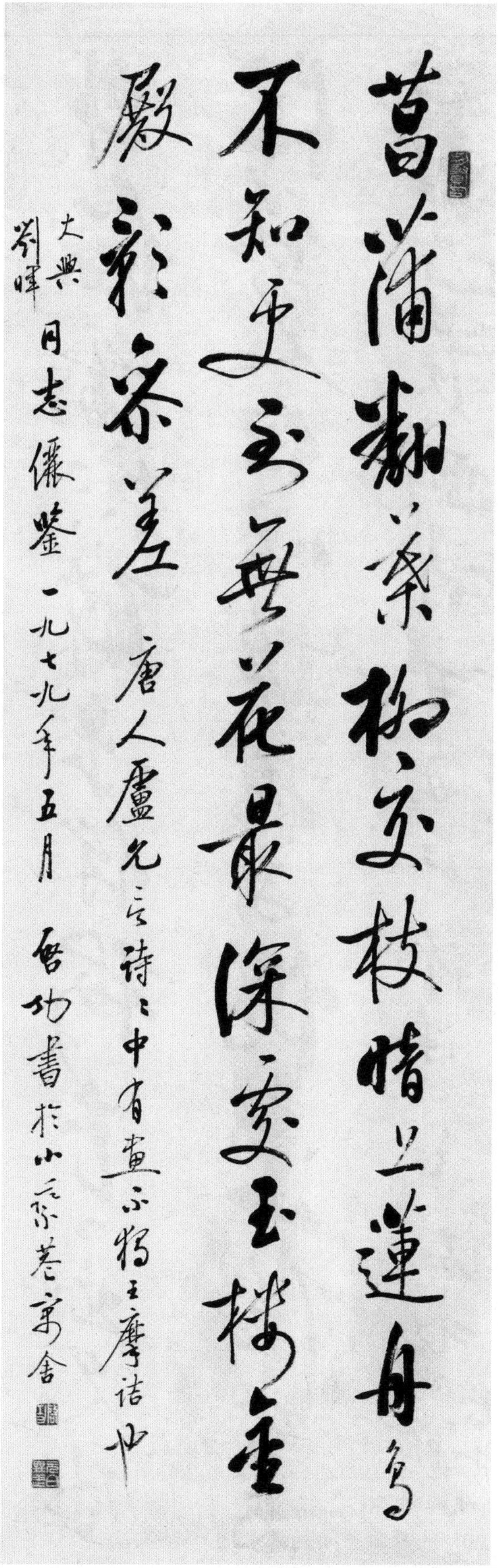

斗酒雷颠醉未休
深谙人但唱黄梅
子愧煞山阴贺老

崔刘同志属正
论讨一哂 启功

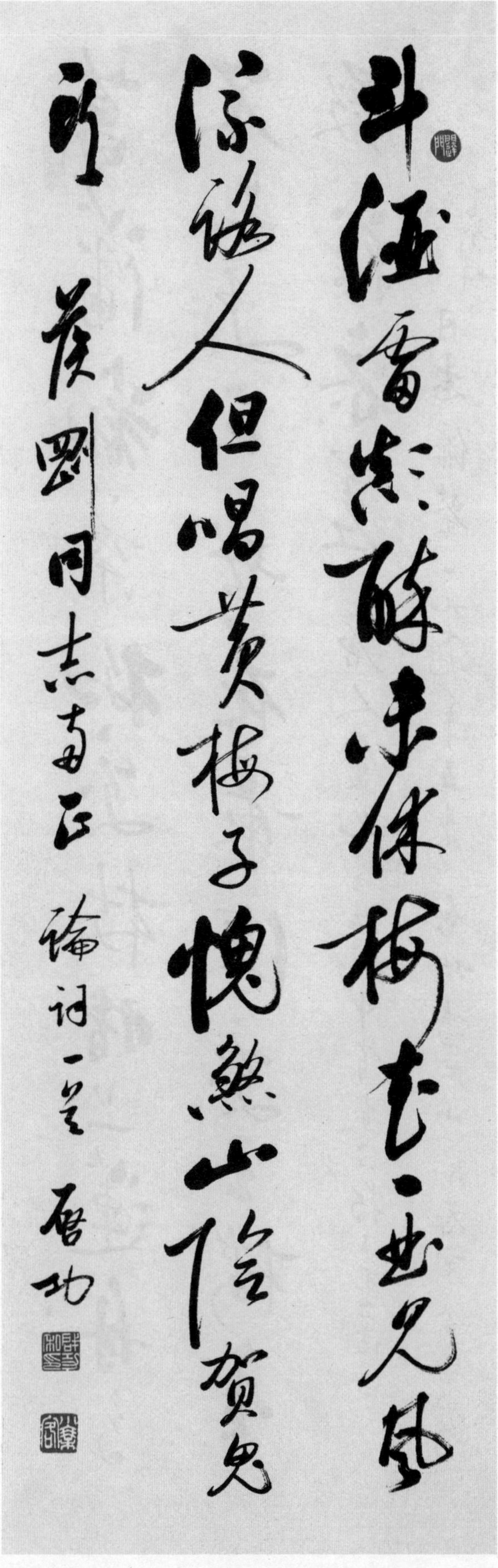

斗酒雷颠醉未休

二十世纪七十年代作 水墨纸本 99cm×32.5cm 个人收藏

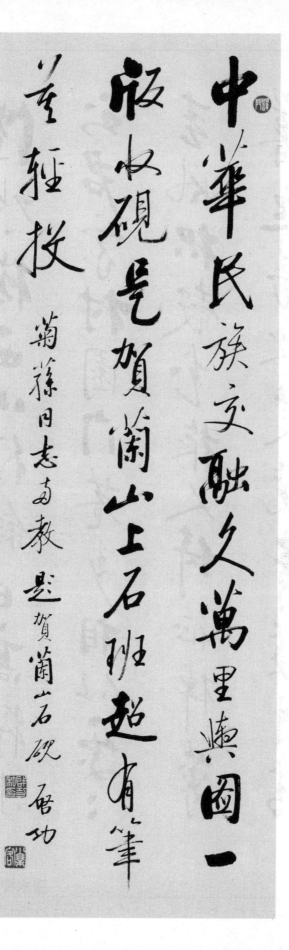

中华民族交融久

二十世纪七十年代作　水墨纸本　98cm×32cm　个人收藏

澧水桥西小径斜，日高犹未到君家。村园门巷多相似，处处春风枳壳花。长振人倚征棹薄，暮起劳歌笑揽青溪月清。辉不厌多

锡桂同志正之　启功

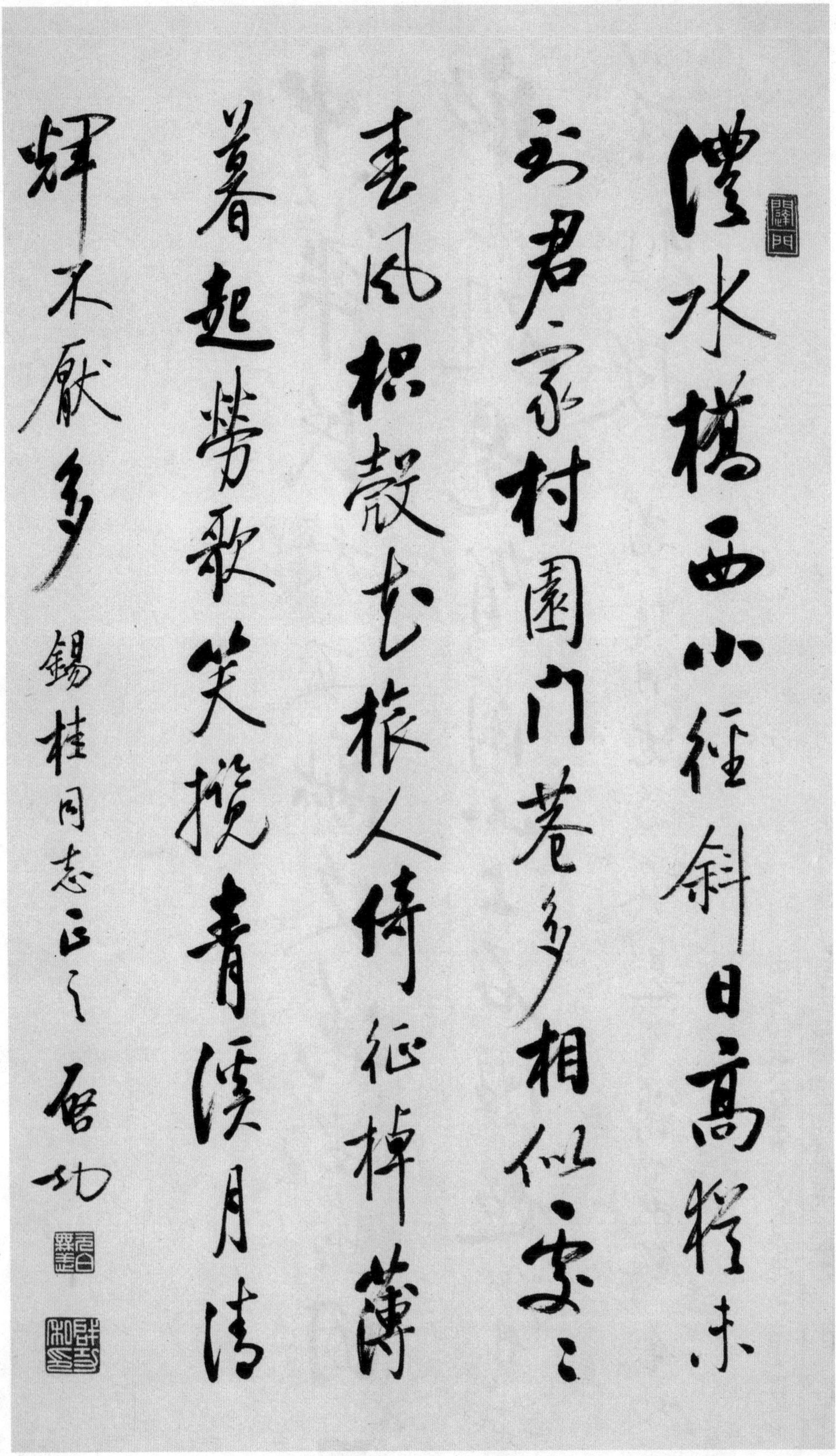

澧水桥西小径斜

二十世纪七十年代作　水墨纸本　64cm×39.5cm　个人收藏

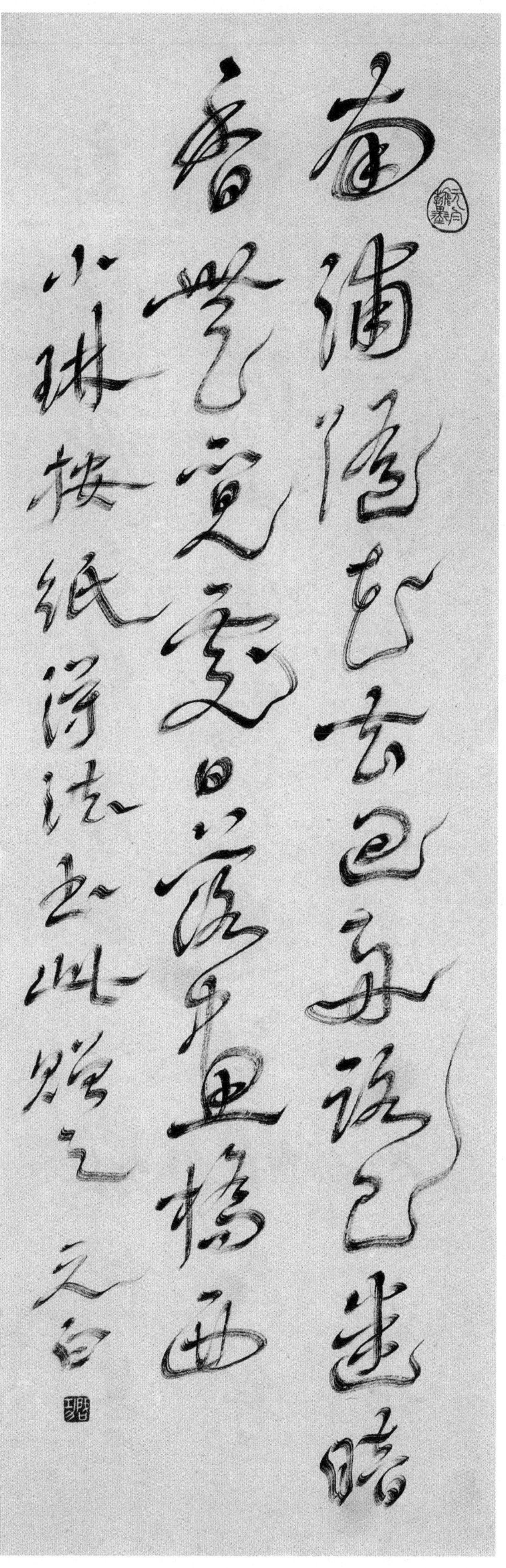

南浦随花去（二）

二十世纪七十年代作　水墨纸本　63.5cm×21cm　个人收藏

赠友人

却从尘外望尘中

烟雨濛濛水照人迷

孤塔禅西东　庆炳同志正　启功

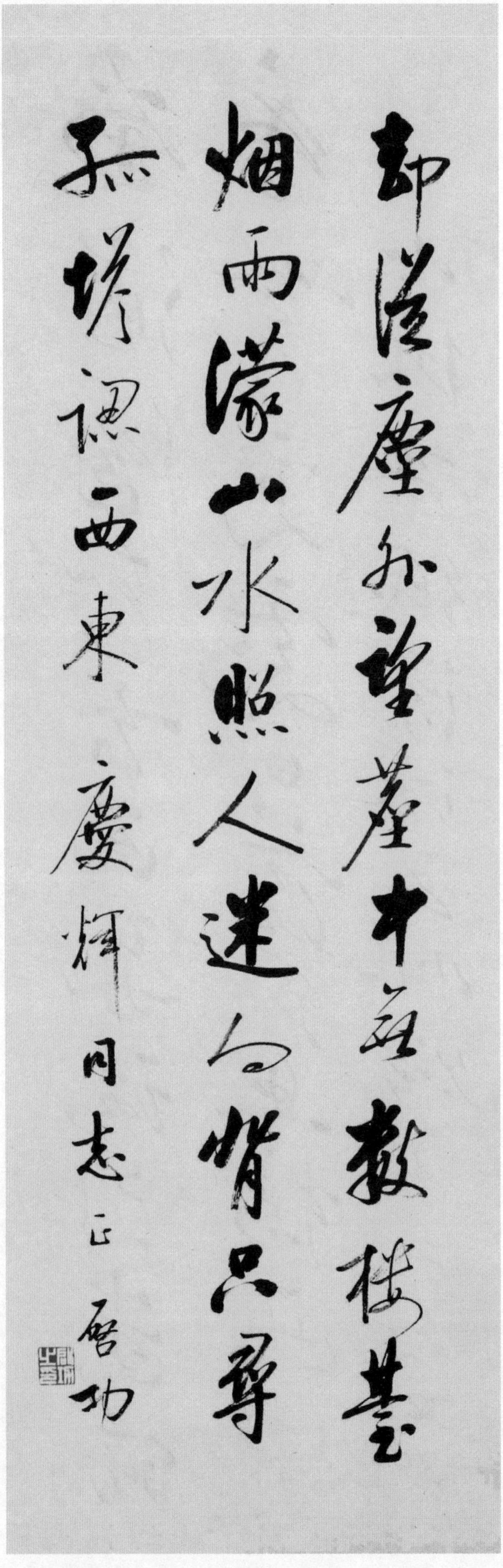

却从尘外望尘中

二十世纪七十年代作　水墨纸本　34cm×100cm　个人收藏

庐山东南五老峰　青天削出
金芙蓉九江秀色可揽结
吾将此地巢云松

太白此诗写出庐阜精神
太白若香山论诗之必了此

楚翁老先生　家在松中　秀色
色　乡敬为书此以教　启功

庐山东南五老峰（二）

二十世纪七十年代作　水墨纸本　132.5cm×67cm　个人收藏

赠友人

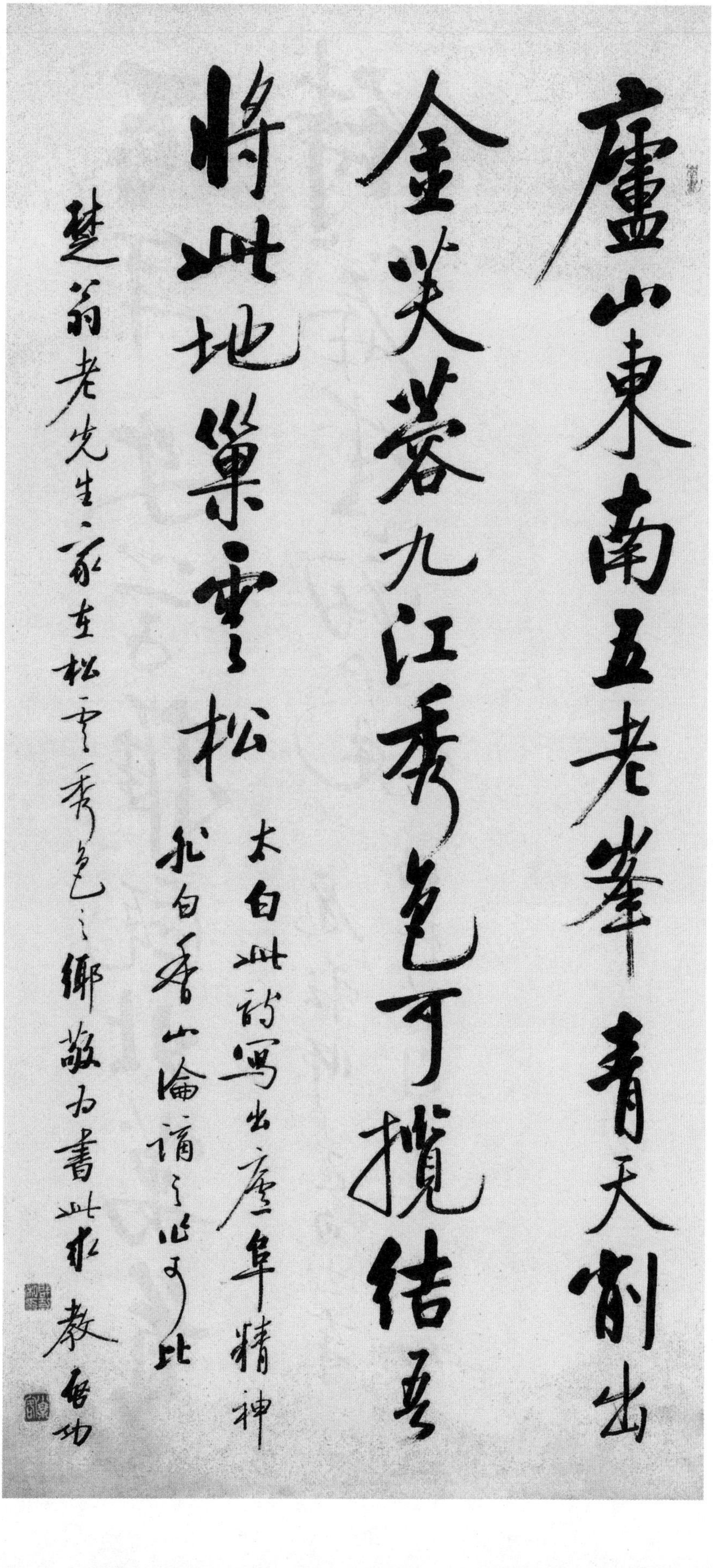

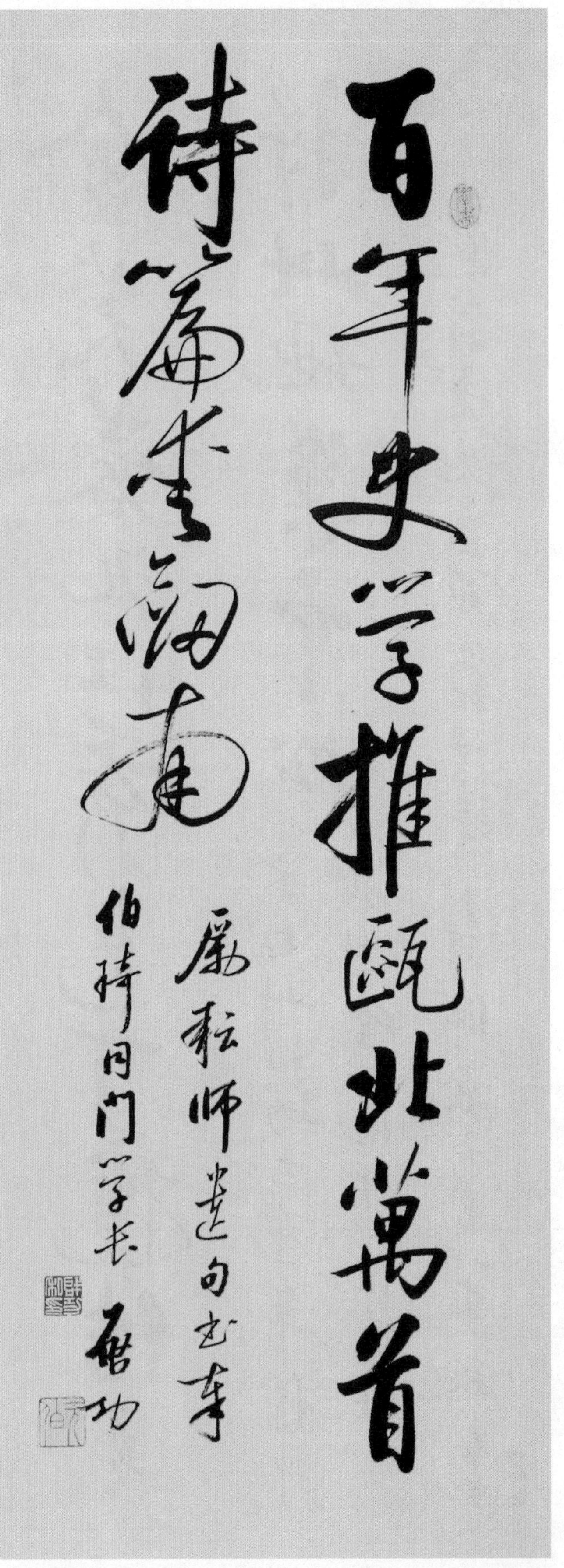

百年史学推瓯北

二十世纪七十年代作　水墨纸本　92cm×32cm　个人收藏

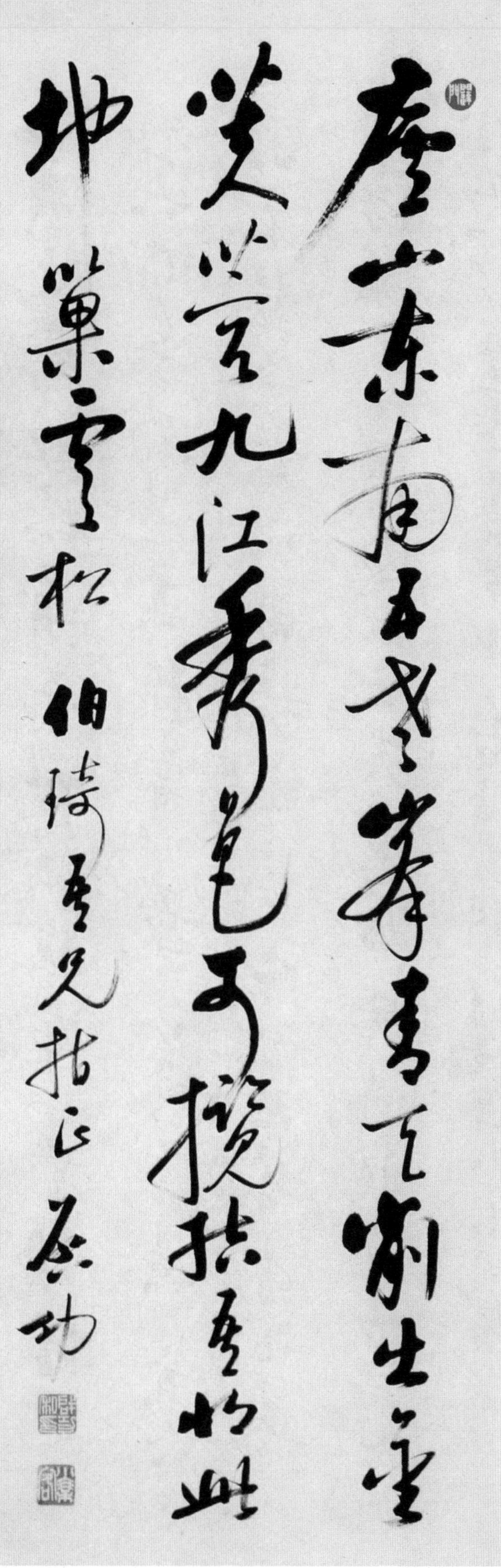

庐山东南五老峰（三）

二十世纪七十年代作　水墨纸本　94.5cm×32cm　个人收藏

羲之书如未有奇殊不胜庾翼郗愔情遒其末年乃造其极尝以章草答庾亮而翼深叹以示翼之欲服因与羲之书云吾昔有伯英章草十纸过江亡失常痛妙迹永绝忽见足下家兄书焕若神明顿还旧观

大光同志属书丙辰教之　启功

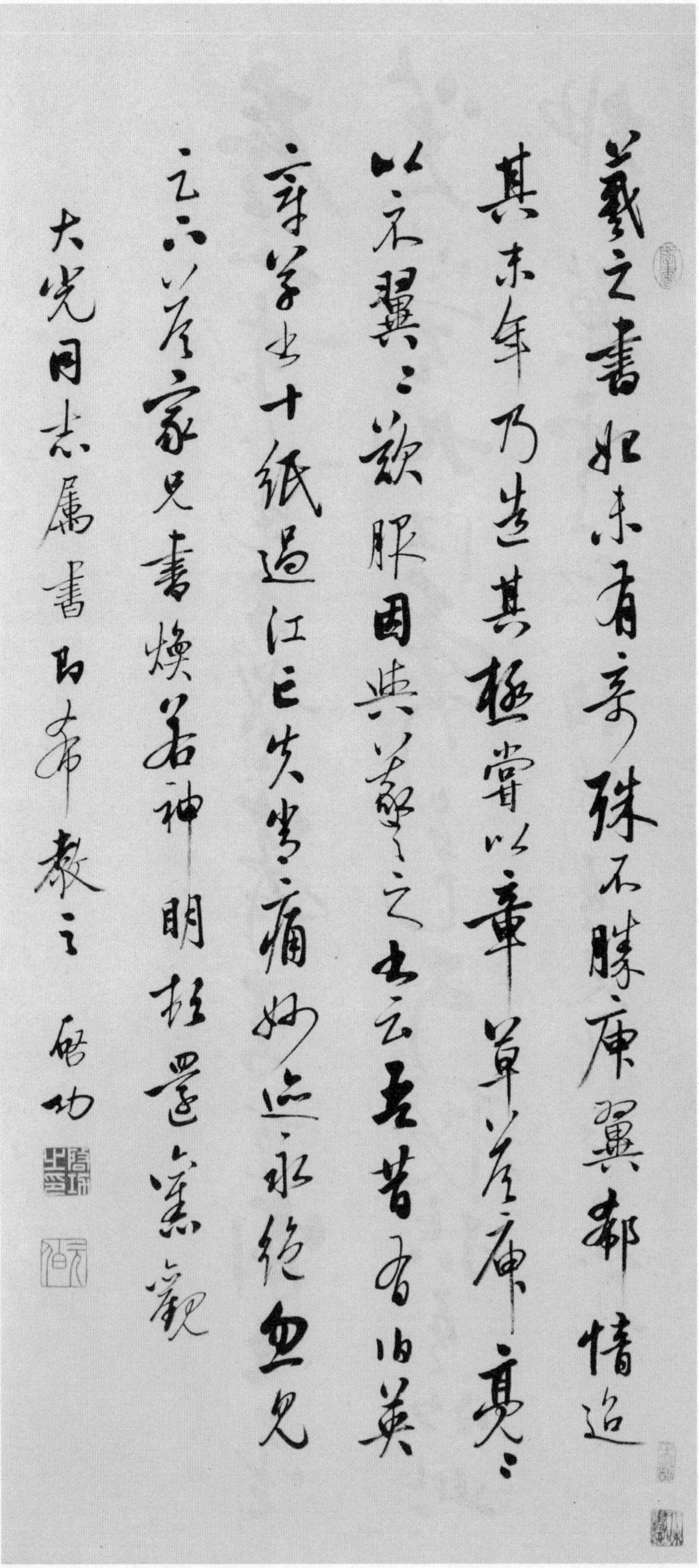

羲之书始未有奇

二十世纪七十年代作　水墨纸本　97cm×45cm　个人收藏

山快马加鞭未下鞍，惊回首，离天三尺三。山，倒海翻江卷巨澜。奔腾急，万马战犹酣。山，刺破青天锷未残。天欲堕，赖以拄其间。十六字令三首

毛主席词 孔方同志属书 启功

山快马加鞭未下鞍

二十世纪七十年代作　水墨纸本　132.5cm×40cm　个人收藏

赠友人

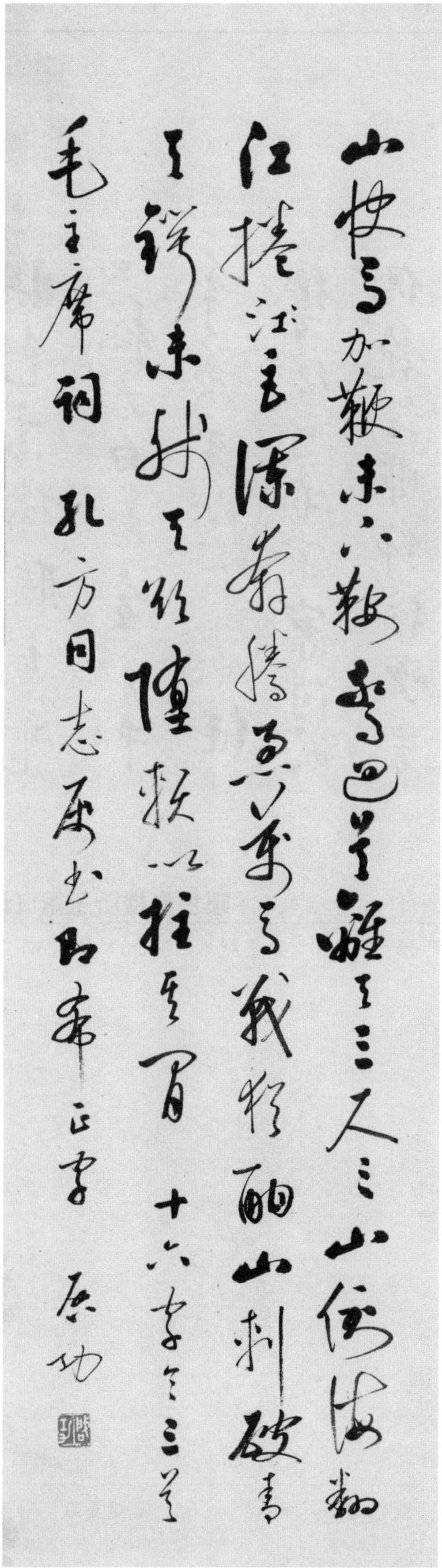

暝色高楼聽玉箫
一聲太白慈喧黛干
手萼里烂诗变继
響緣卟卷宗寮词成
側龜言雕飾絃吹音
中律自齊谁識傷心
温助教兩川征痛一聲
難論词窗作二首
新夏老兄两正　啓功

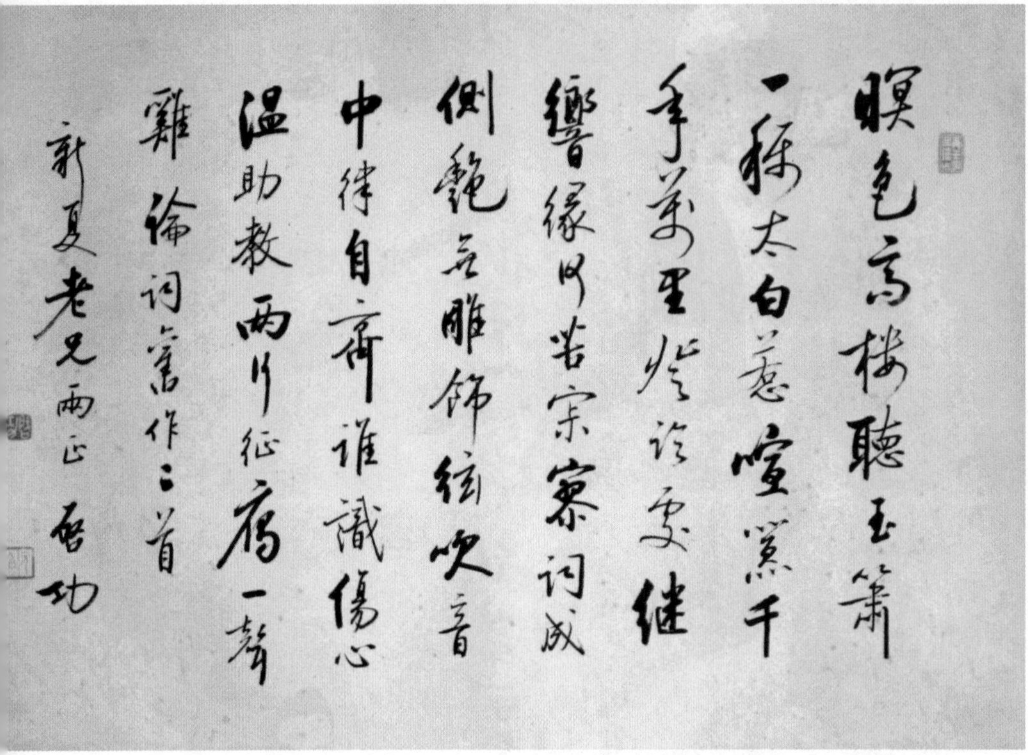

暝色高楼听玉箫（诗两首）

二十世纪七十年代作　水墨纸本　32cm×45.5cm　个人收藏

古剎初题大报恩

一九八〇年作　水墨纸本　96cm×34cm　个人收藏

赠友人

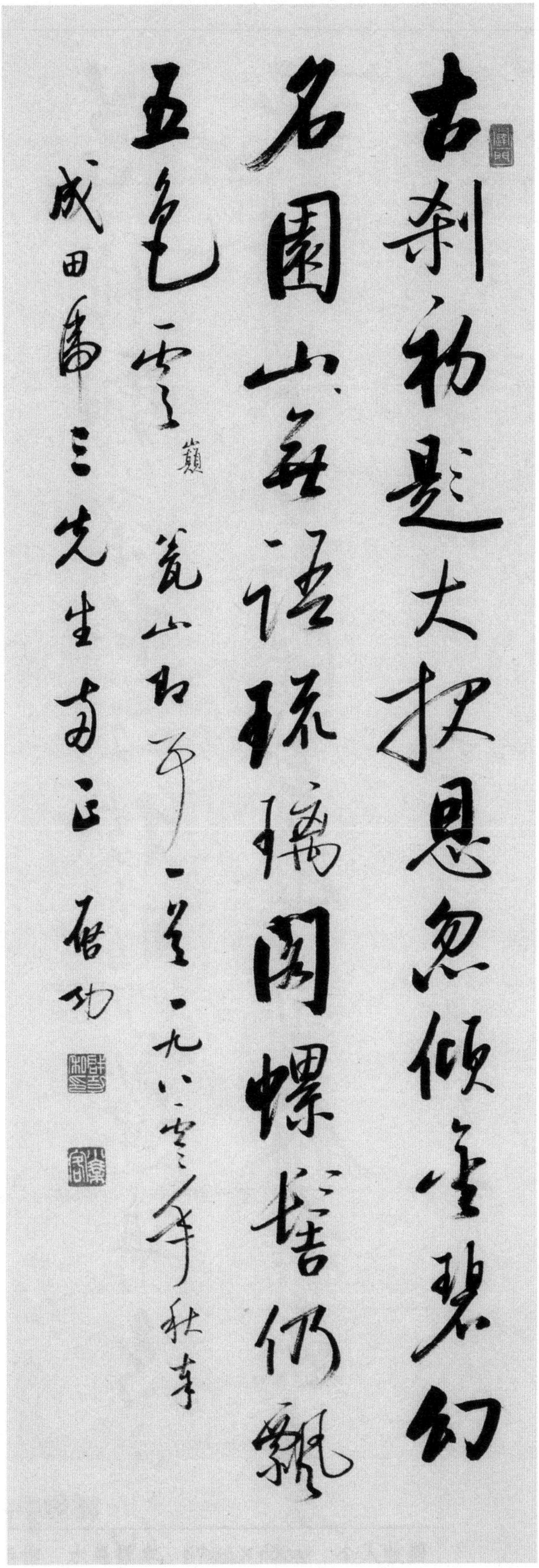

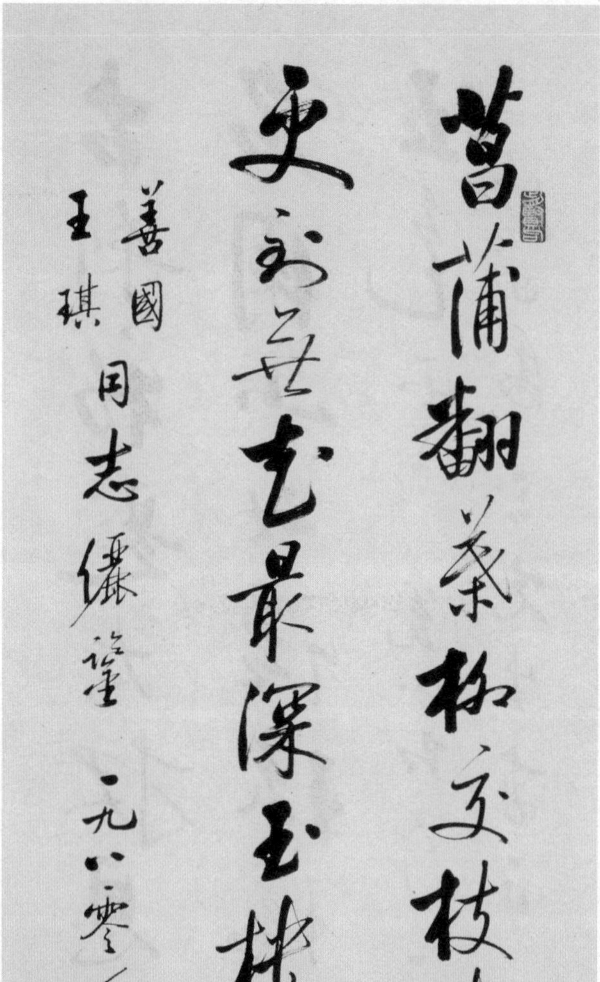

菖蒲翻叶柳交枝晴上莲舟鸟不知更觉天光最深玉楼金殿影参差

善国王琪同志俪鉴 一九八〇年一月 启功

菖蒲翻叶柳交枝（二）

一九七九年作　水墨纸本　100cm×32cm　个人收藏

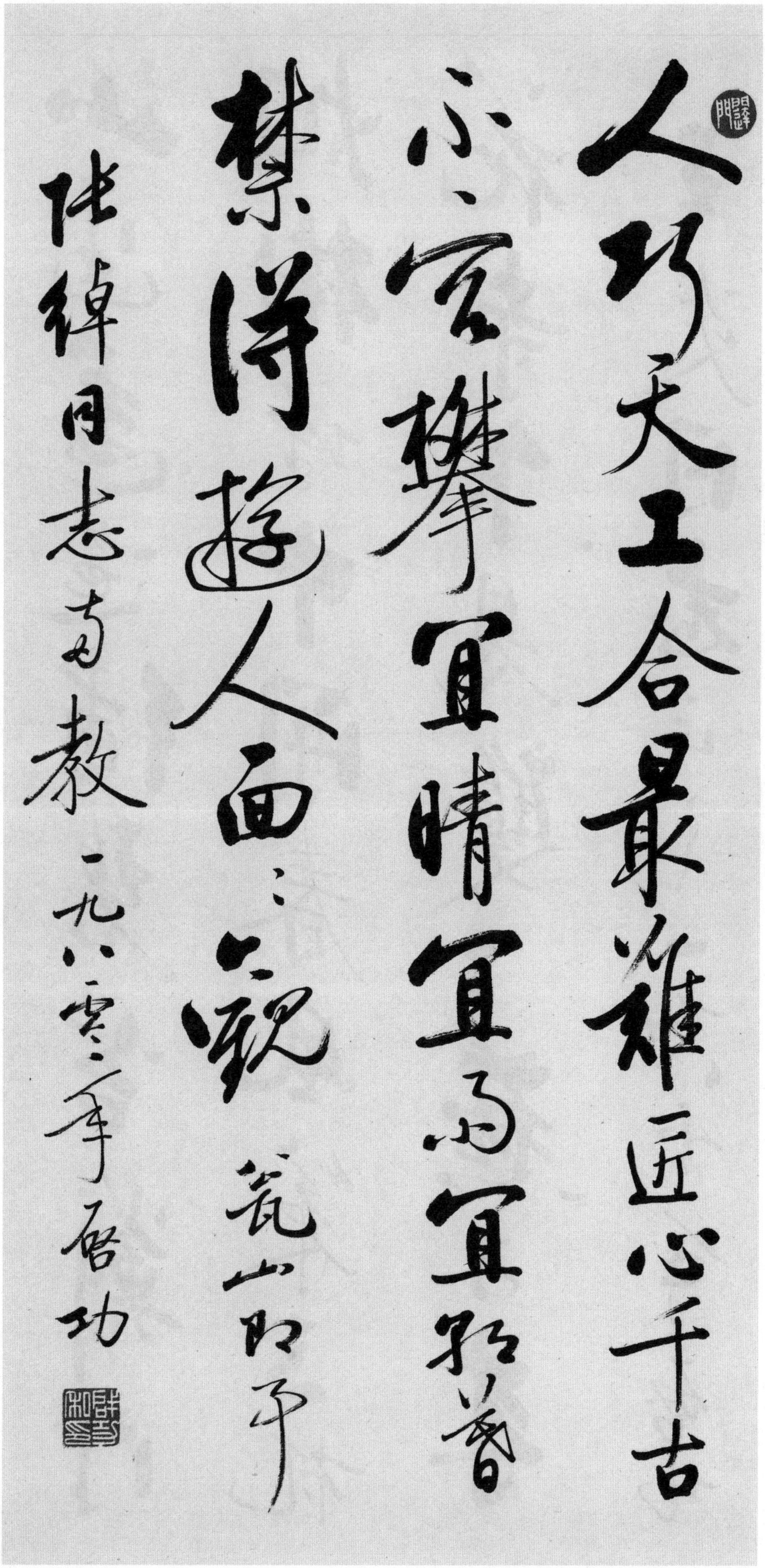

人巧天工合最难
不宜攀宜晴宜雨
禁得起人画入观

人巧天工合最难匠心千古
不宜攀宜晴宜雨宜彩著
禁得起人画入观

陆绰同志雅教 一九八〇年 荒山时予 启功

人巧天工合最难

一九八〇年作　水墨纸本　34cm×68cm　个人收藏

赠友人

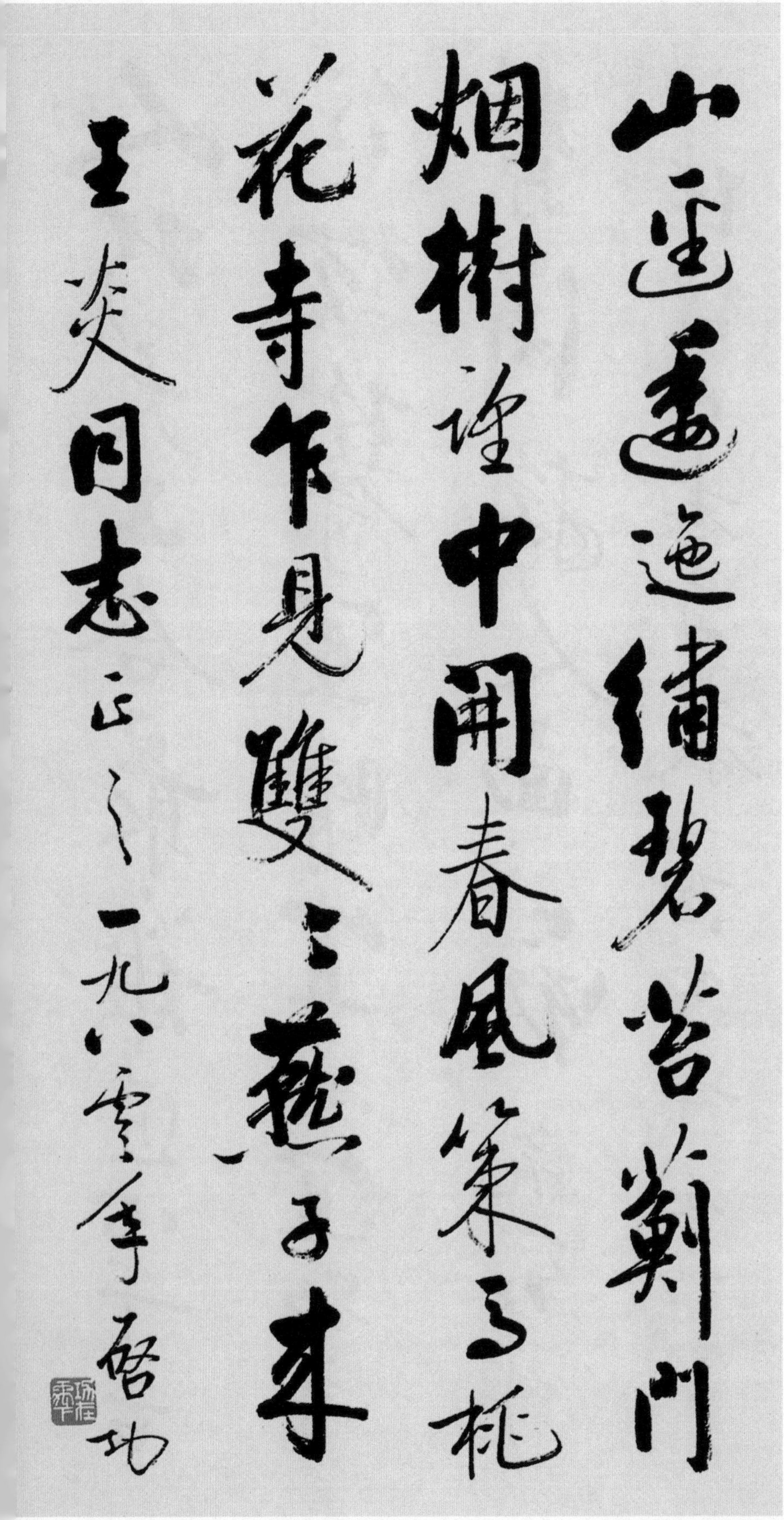

山迢迢迤绣碧苔劂门
烟树望中用春风策马桃
花寺下见双三燕子才

王炎同志正之一九八〇年启功

山径逶迤绣碧苔

一九八〇年作　水墨纸本　87cm×46cm　个人收藏

涛头寂寞打城还

一九八〇年作　水墨纸本　93cm×43cm　个人收藏

庆辉同志正之　一九八〇　启功

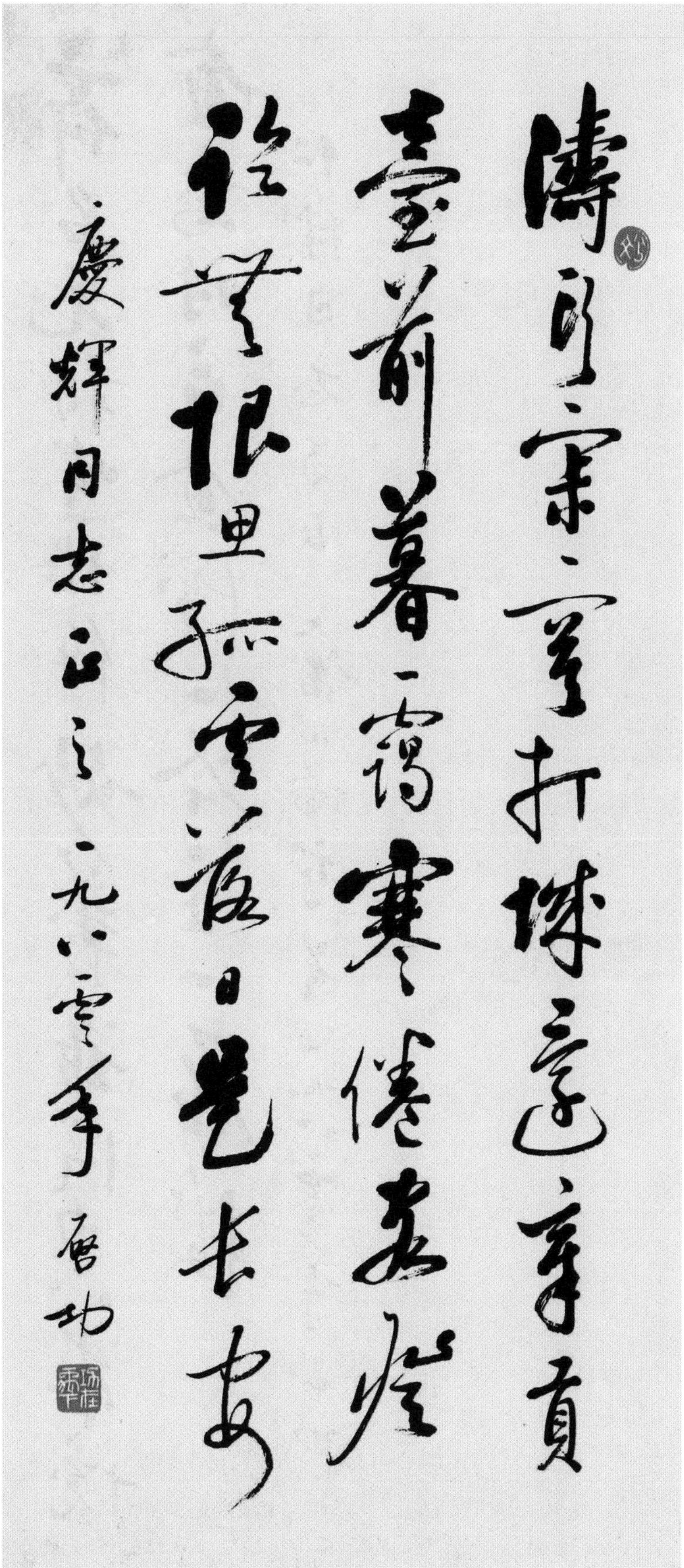

齐名元相岂堪侪

齐名元相岂堪侪妙句义难侪憼思求境
食高时岂食残一哈二上二屋楼

仁琏日志商正 萧心论书一卷 一九八〇雲 启功

一九八〇年作　水墨纸本　134cm×33cm　个人收藏

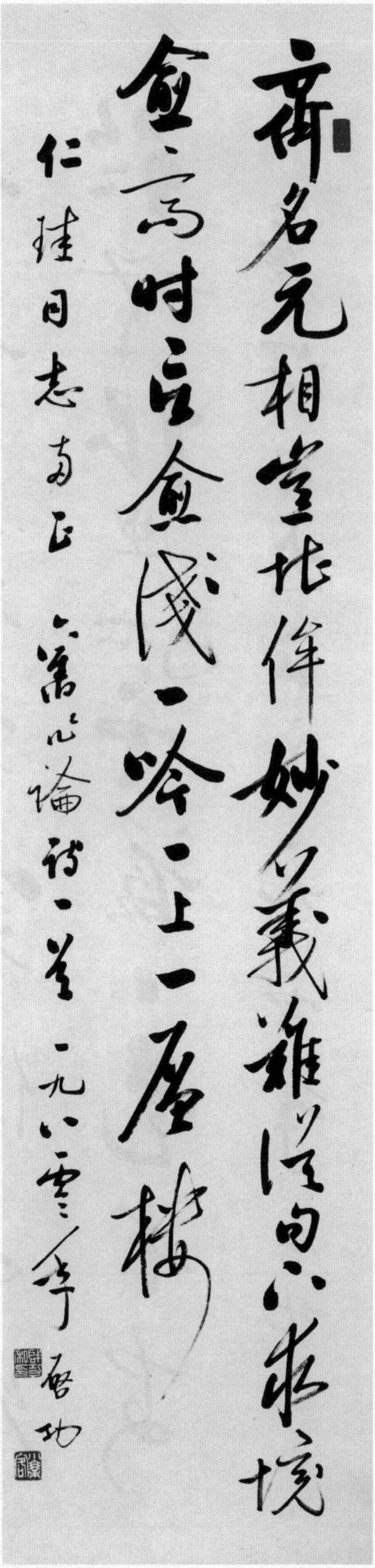

朝辞白帝彩云间，千里江陵一日还。两岸猿声啼不住，轻舟已过万重山。

古武同志正之 一九八○年 启功

朝辞白帝彩云间（一）

一九八○年作　水墨纸本　66cm×32.5cm　个人收藏

赠友人

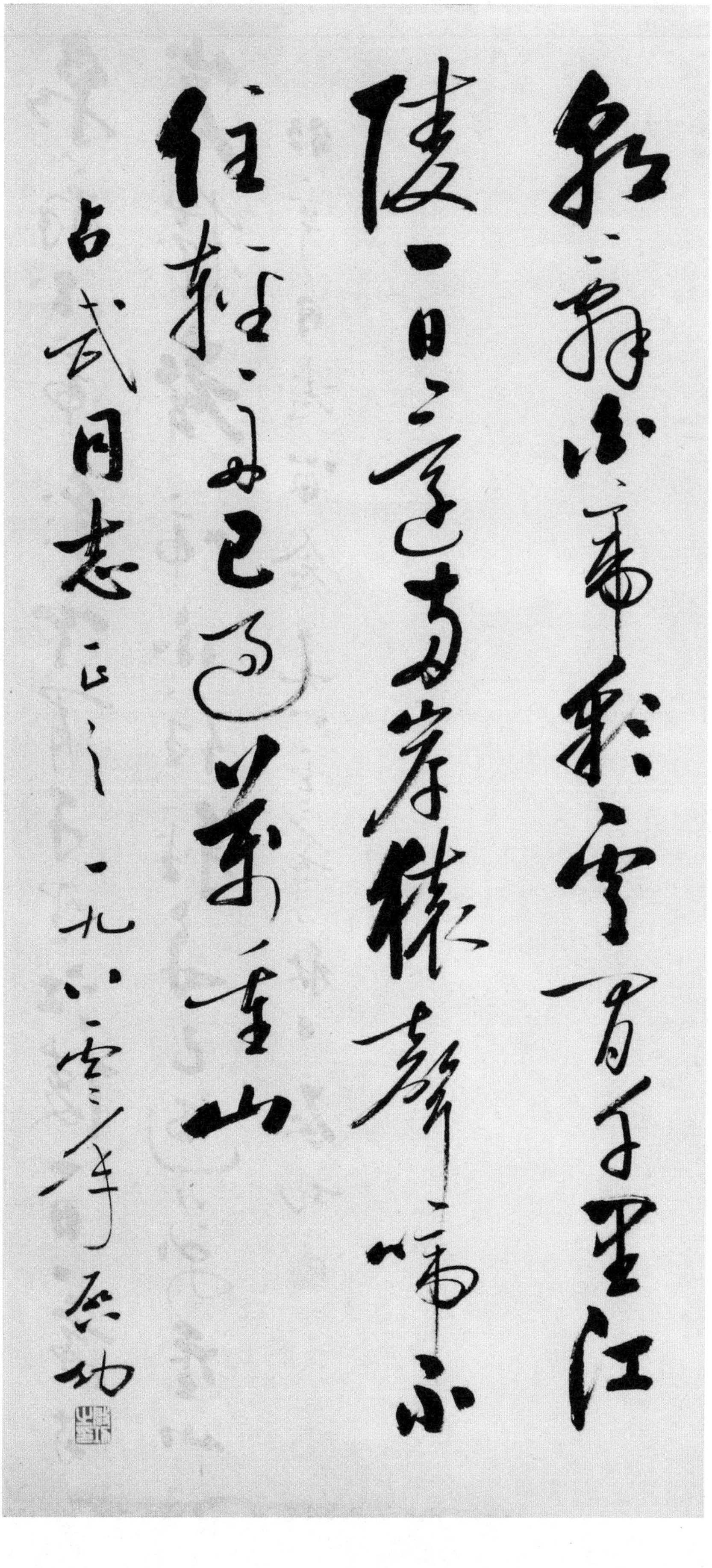

朝辞白帝彩云间千里江陵一日还两岸猿声啼不住轻舟已过万重山

昭亭同志留念　一九八零年秋日　启功

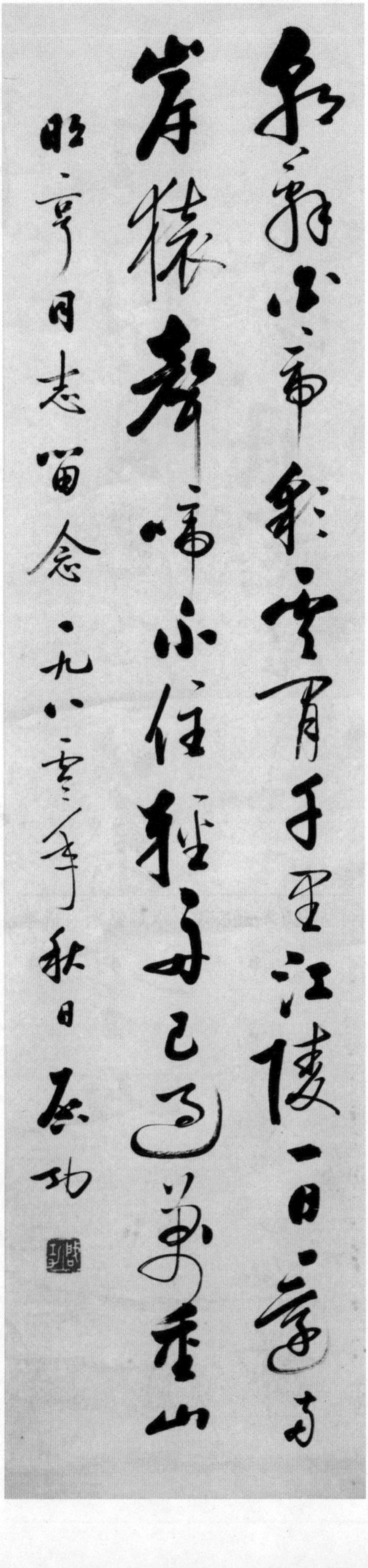

朝辞白帝彩云间（二）

一九八〇年作　水墨纸本　30cm×122cm　个人收藏

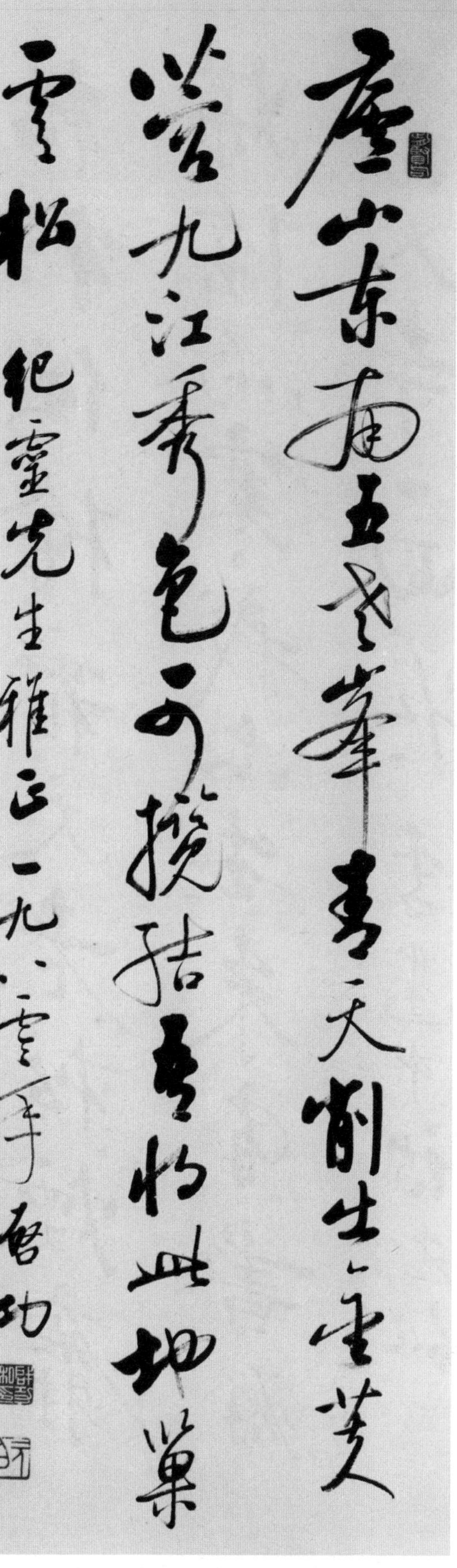

庐山东南五老峰 书法

庐山东南五老峰，青天削出金芙蓉。九江秀色可揽结，吾将此地巢云松。纪堂先生雅正 一九八〇年启功

庐山东南五老峰（四）

一九八〇年作 水墨纸本 30.7cm×91.6cm 个人收藏

赠友人

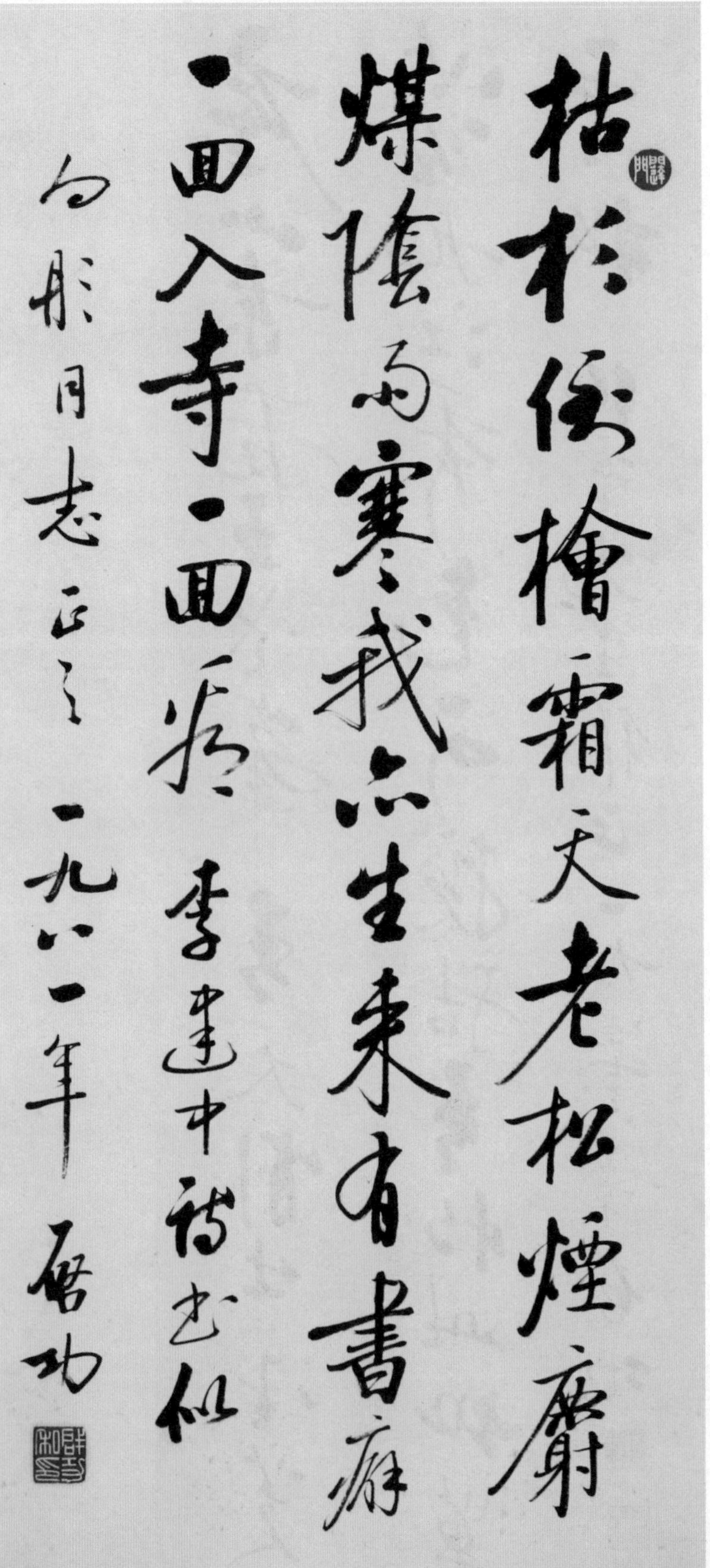

枯杉倒桧霜天老（二）

一九八一年作 水墨纸本 94cm×32cm 个人收藏

慈爱仁寿

慈爱仁寿

一九八一年作　水墨纸本　92cm×45cm　个人收藏

赠友人

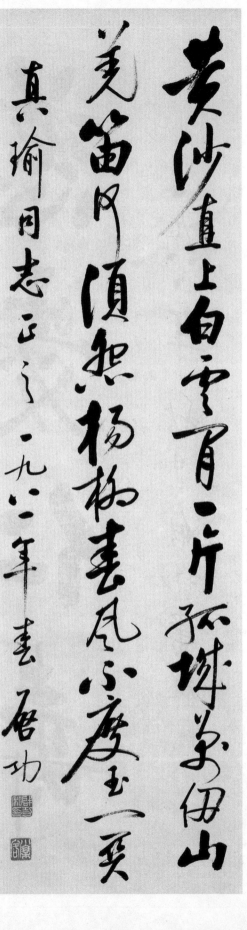

黄沙直上白云间 黄沙直上白云间（一）

真瑜同志正之 一九八一年作 水墨纸本 101cm×30cm 个人收藏

一九八一年 启功

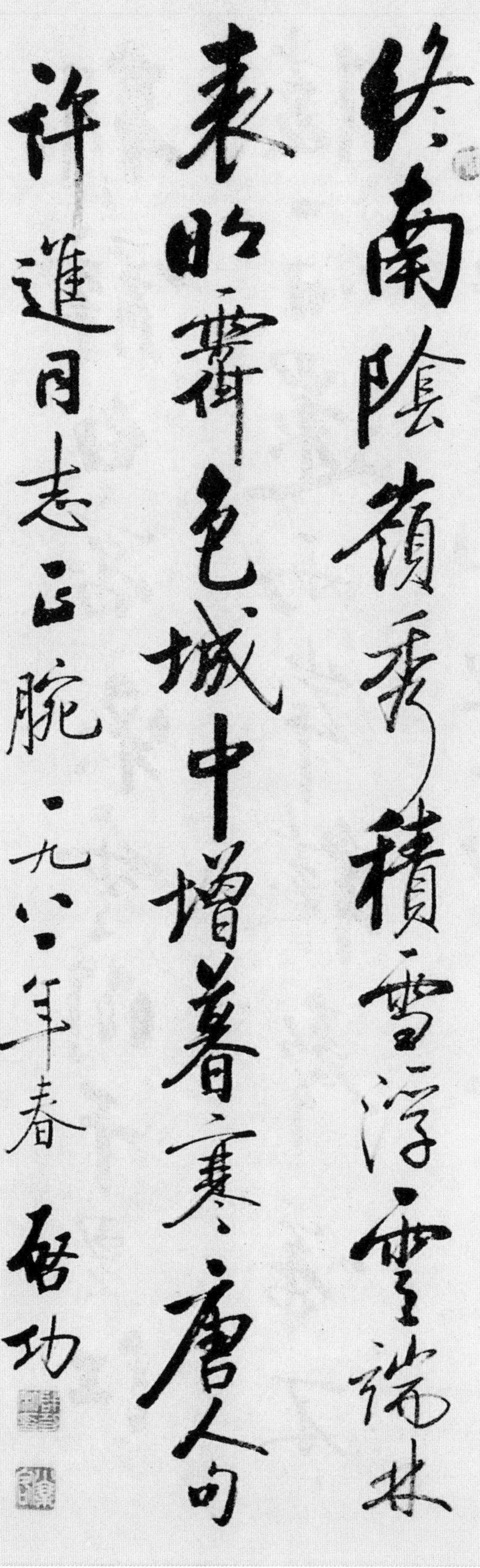

终南阴岭秀（一）

一九八一年作　水墨纸本　87cm×30cm　个人收藏

赠友人

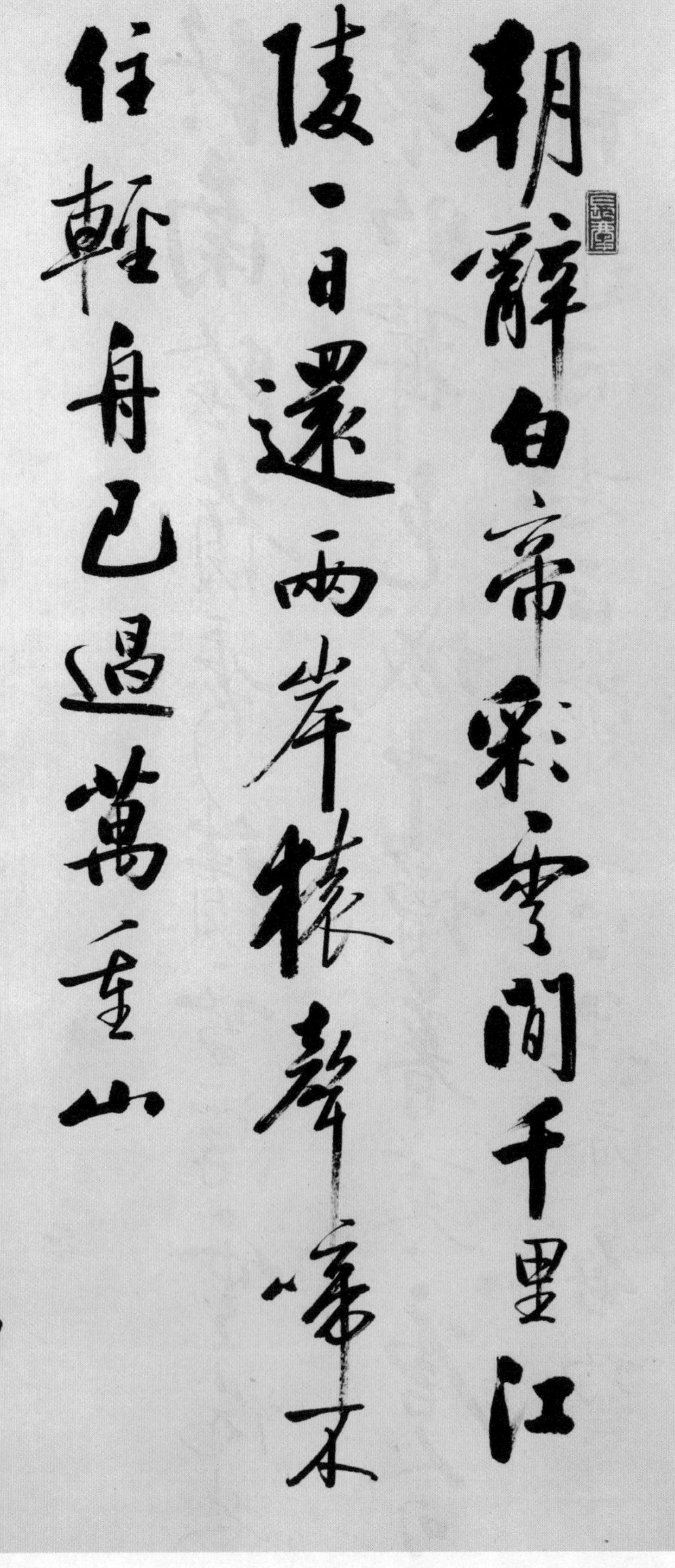

朝辞白帝彩云间

一九八一年作　水墨纸本　60cm×115.5cm　个人收藏

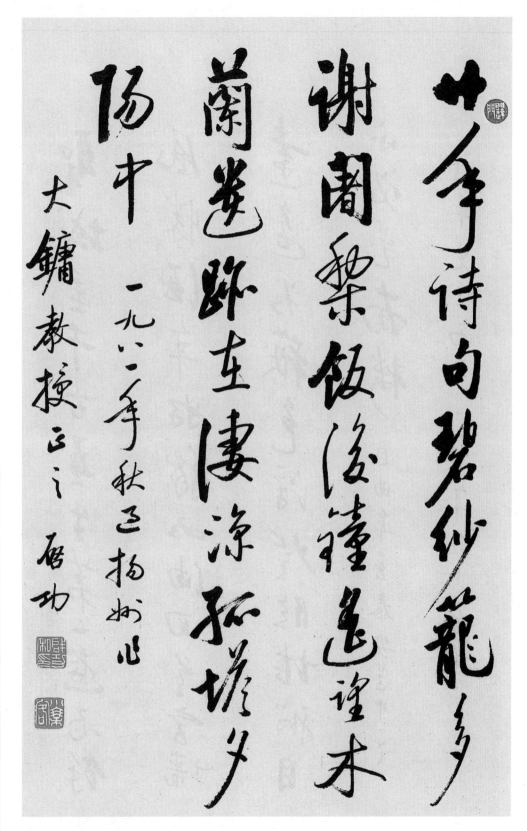

廿年诗句碧纱笼

谢圃粱饭后谨逢迎谨求

兰苑跡车凄凉孤塘少

汤中

一九六二年秋已扬州作

大镛教授正之 启功

廿年诗句碧纱笼

一九八一年作　水墨纸本　64cm×45cm　个人收藏

聖城垂千古蓋生第一遊而餘

風滕逼年好稼如油田羊宫墙

遠逾若藏色浮烂胜姓腴目

不必兕南楼 自曲阜至泰安至十一

禮平先生兩正 一九八一年秋日 启功

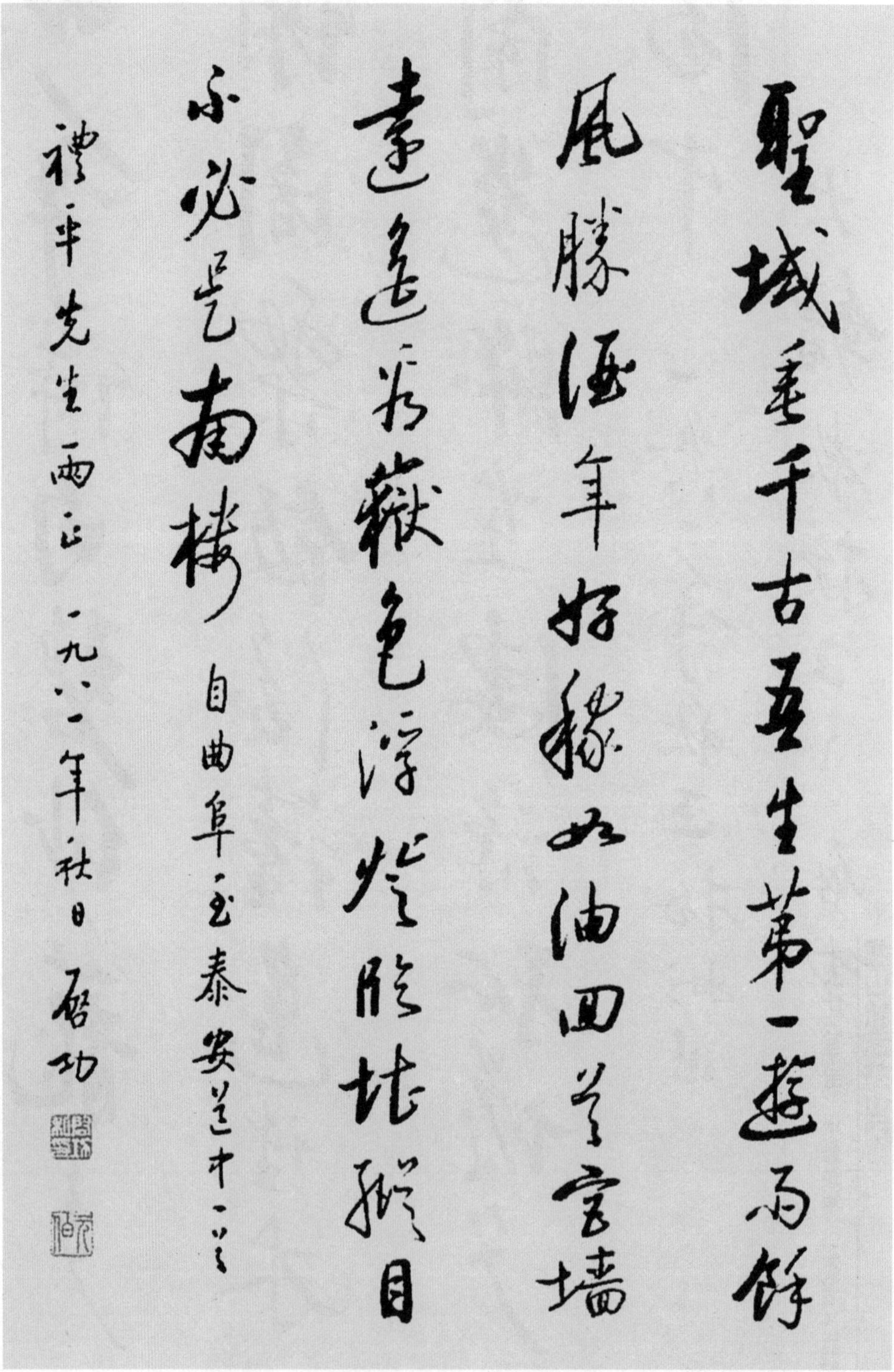

圣城垂千古

一九八一年作　水墨纸本　26cm×18cm　个人收藏

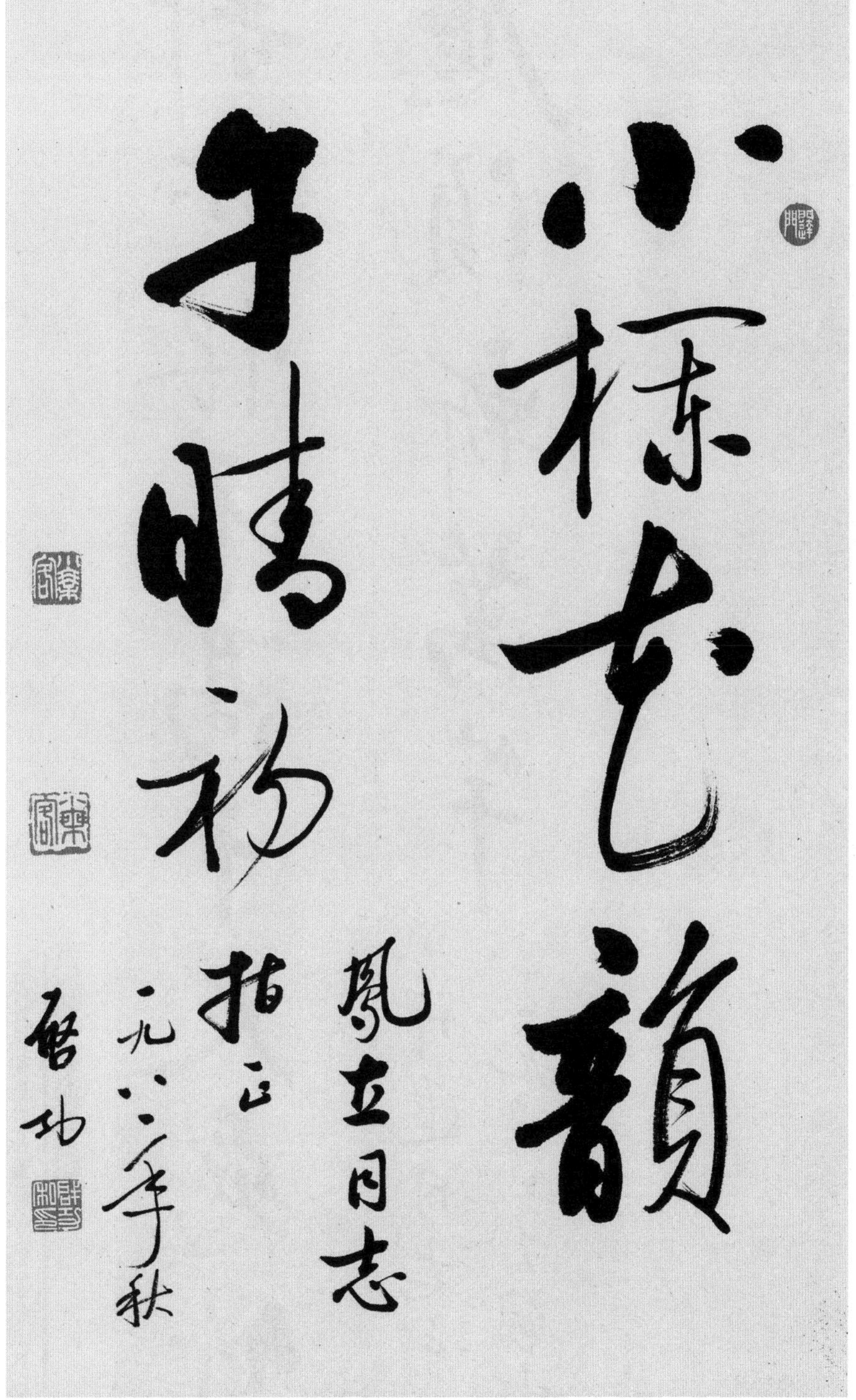

小栏花韵午晴初

一九八一年作　水墨纸本　67cm×42cm　个人收藏

赠友人

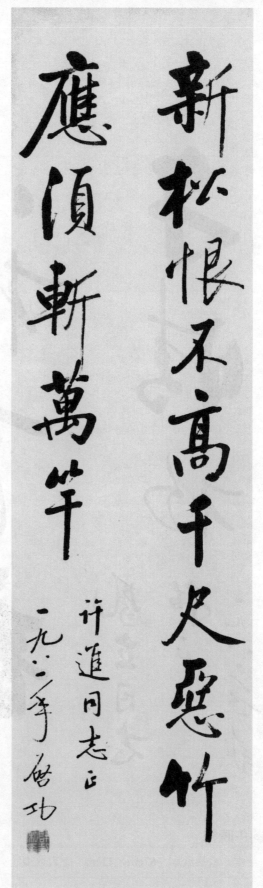

新松恨不高千尺

一九八一年作　水墨纸本　93.5cm×30cm　个人收藏

坦白胸襟品最高神寒骨

垩墨萧疏朱文印小人千古

二十年前萧板桥

盖华同志正 一九八八年 启功

坦白胸襟品最高

一九八一年作 水墨纸本 个人收藏

赠友人

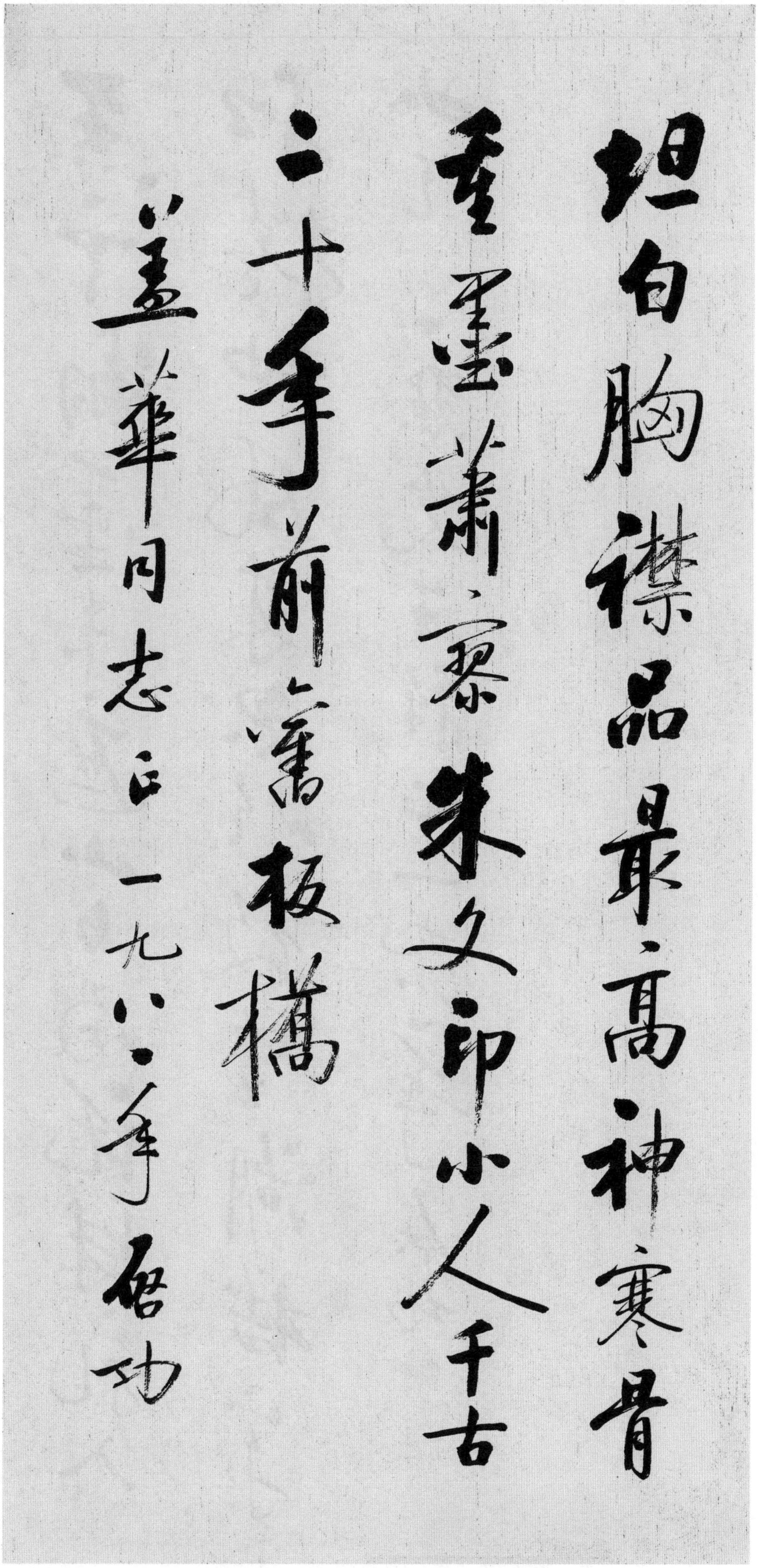

黑云翻墨未遮山白雨跳珠乱入
卷地风来忽吹散望湖楼下水
如天　一熊先生雅正　一九八二年　启功

黑云翻墨未遮山（一）

一九八一年作　水墨纸本　100cm×34cm　个人收藏

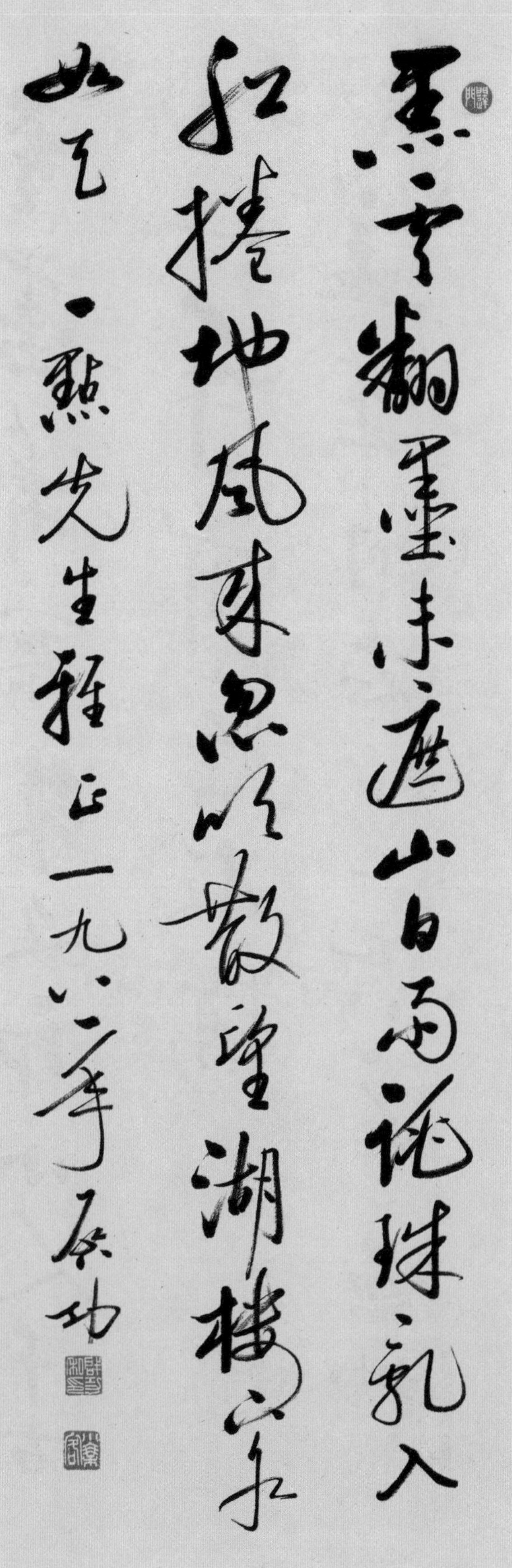

仰觀宇宙之大
察品類之盛

雨辰老首長長批判 一九六一年啟功

仰观宇宙之大

一九八一年作　水墨纸本　个人收藏

赠友人

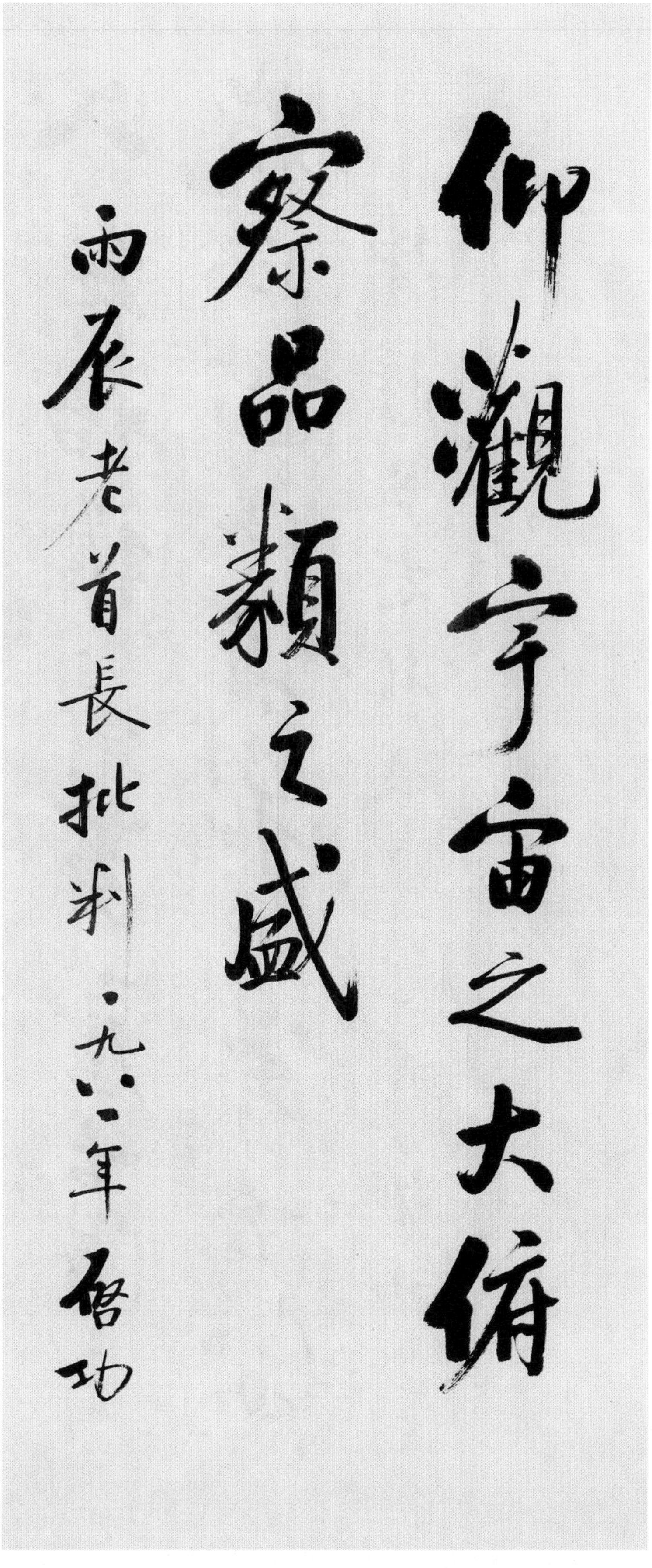

入夜始维舟黄芦古渡所眠鸥兔让求飞色参差半渚

伟娇日志拈正一九八一年启功

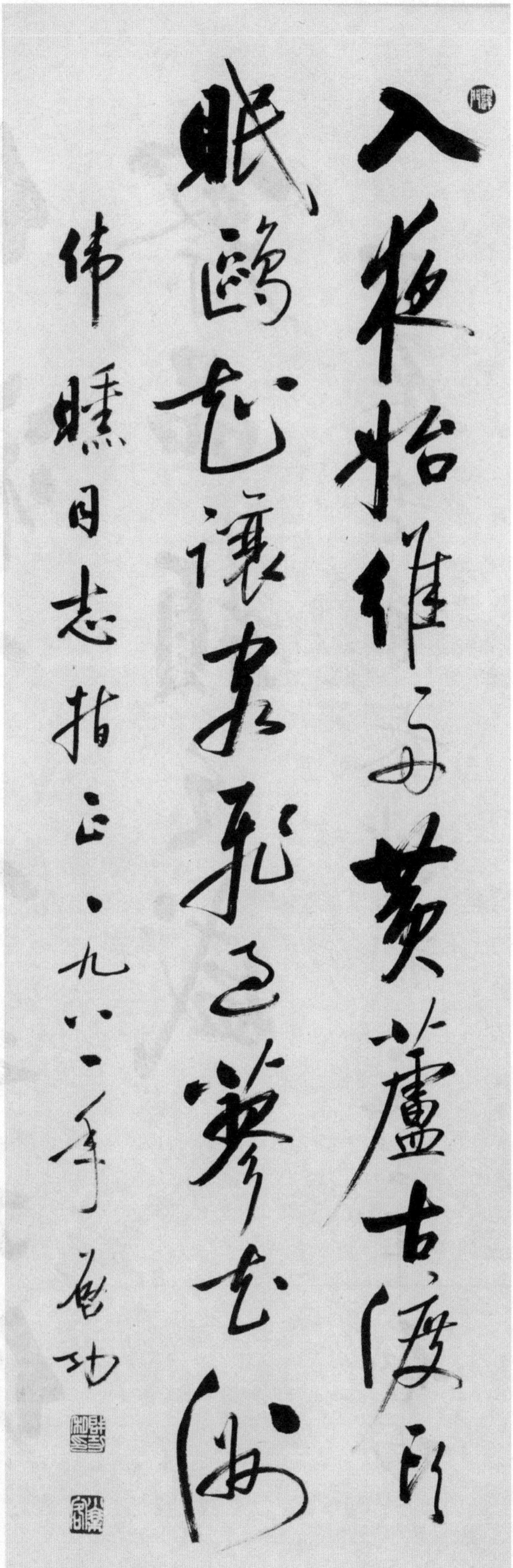

入夜始维舟

一九八一年作　水墨纸本　33cm×108cm　个人收藏

天涯倦客此宵同銀燭湘簾五夜風殘
月空堂鎖拒垂早湘江岸唱玲瓏紫芝
上巳連秋社絲竹中年或謝公昭裴白沙
街上棹橘林楓葉而濛濛 澳洋人詩

晚暉同志 命書因奉正 辛酉年夏日 啟功

天涯倦客此宵同

一九八一年作　水墨紙本　57.8cm×120cm　個人收藏

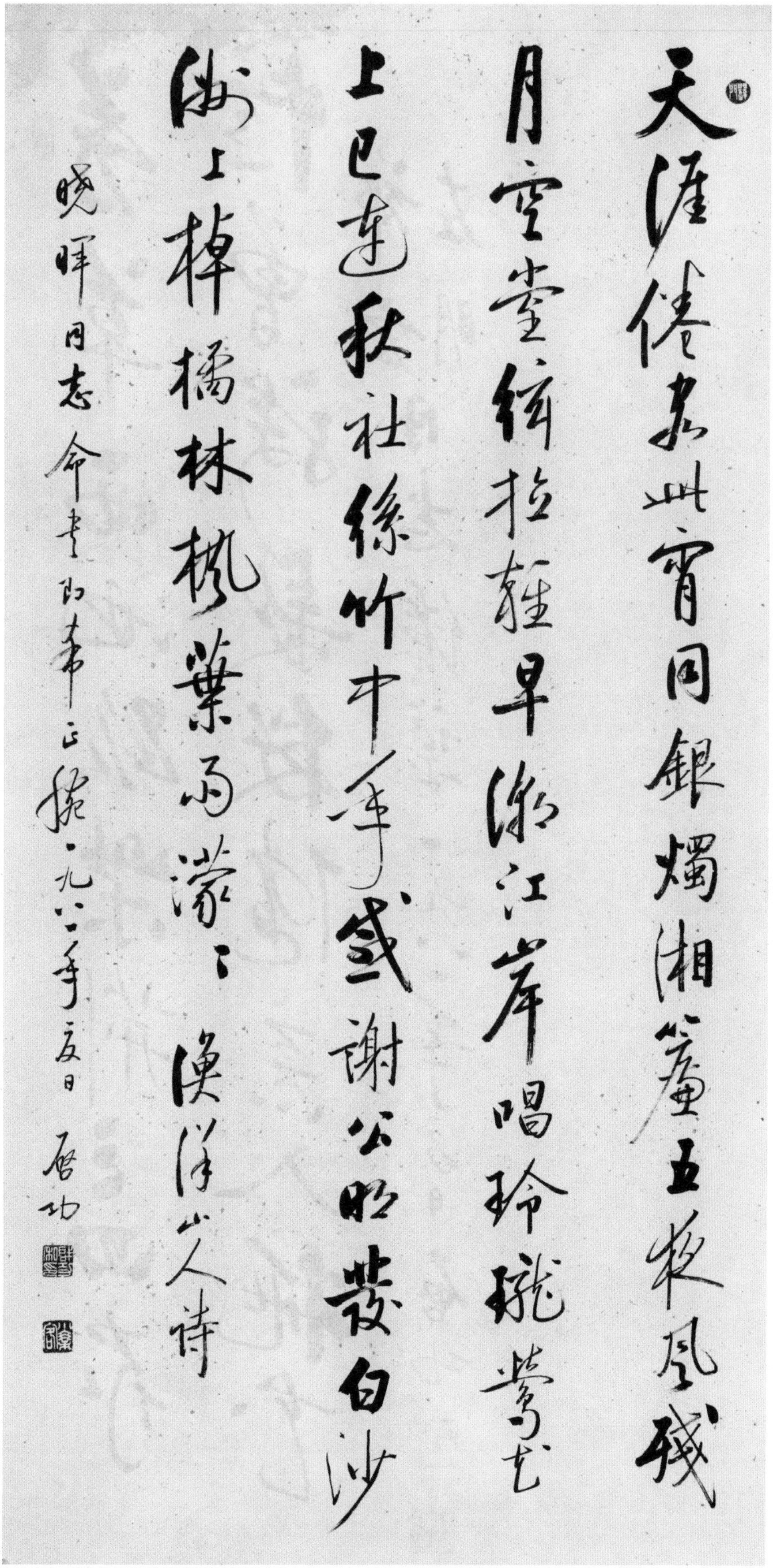

芳草西池路，曾惊四散三四家。曾惊孤馆难成梦，曾倚危阑一望赊。

邻窗明月志俨篆一九八一年夏日　启功

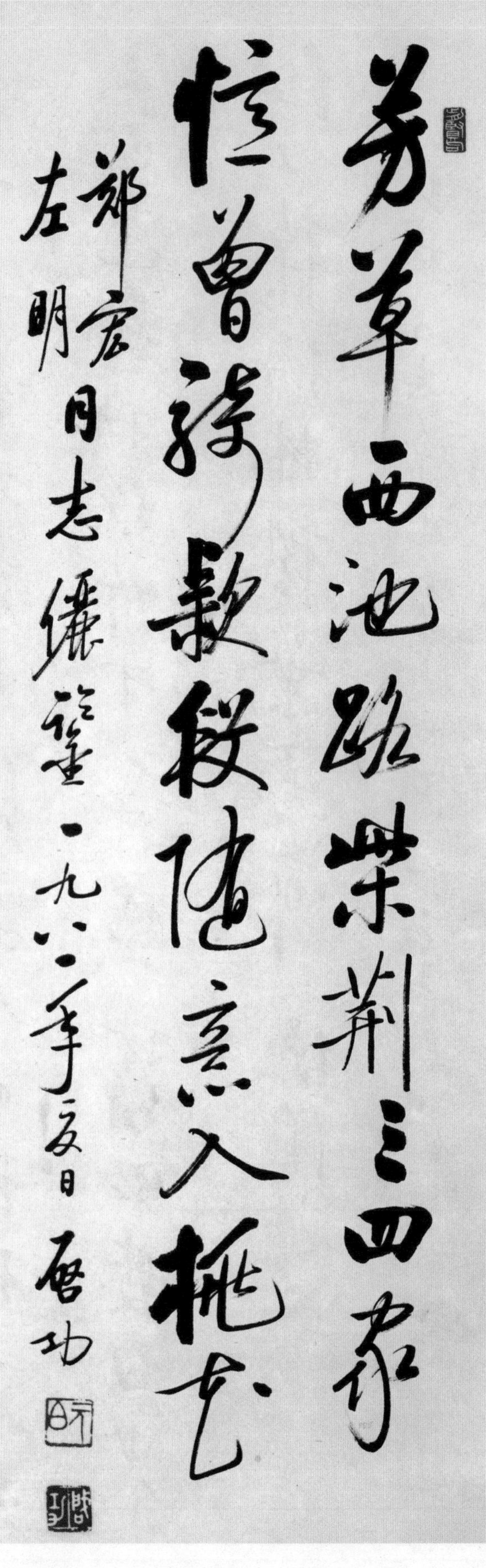

芳草西池路（一）

一九八一年作　水墨纸本　34.5cm×98cm　个人收藏

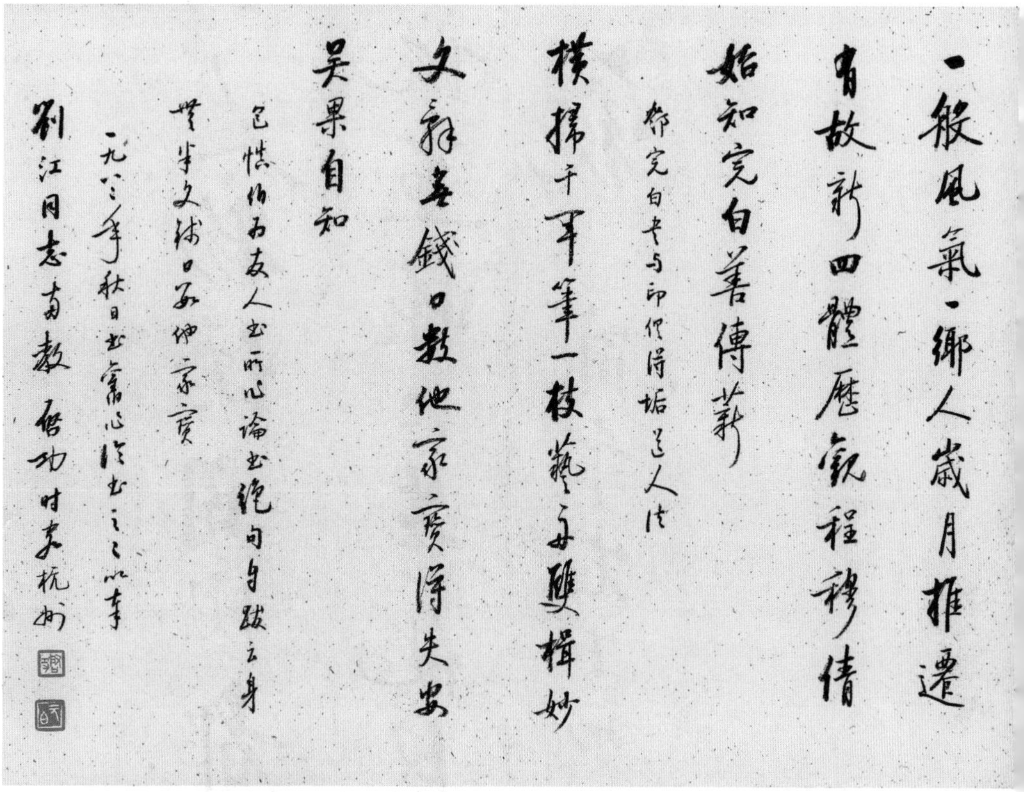

一般風氣一鄉人（贈劉江）

一九八二年作　水墨紙本　28cm×38cm　个人收藏

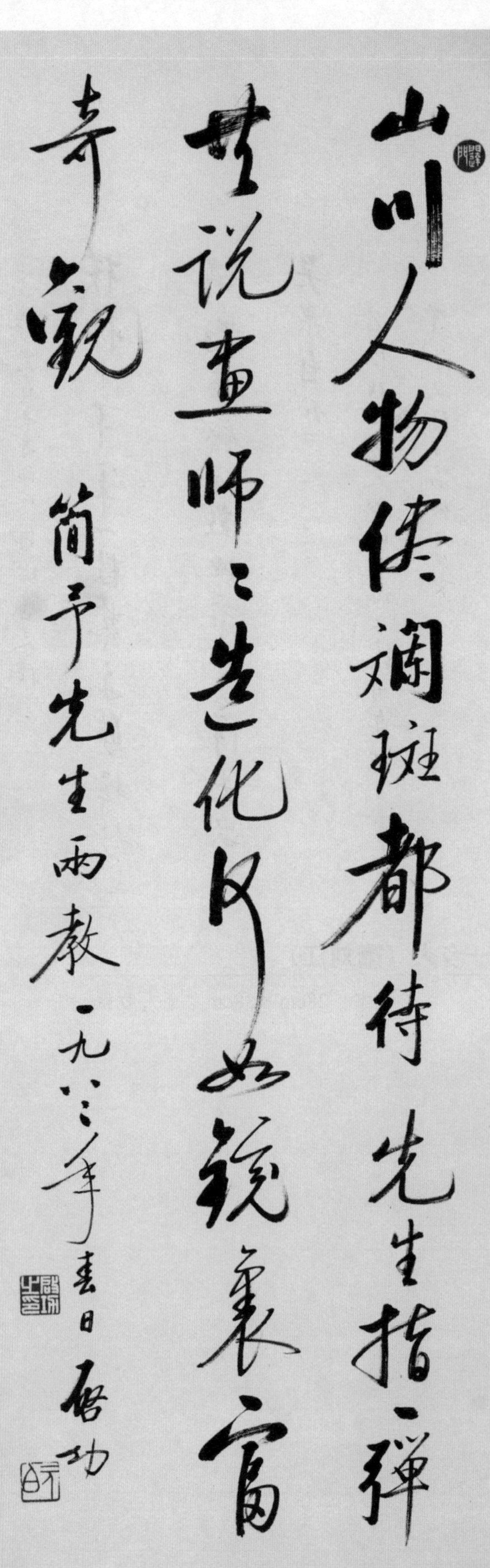

山川人物俟斓斑 都待先生指一弹

休说画师造化权 如镜裹富

寿观

简予先生两教 一九八二年春日 启功

山川人物尽斓斑

一九八二年作　水墨纸本　31.6cm×93.8cm　个人收藏

鹅

一九八二年作　水墨纸本　143.5cm×72cm　个人收藏

赠友人

绝代天姿学力深吴兴字

粉掭精毫纤毫深漏每

宽宽但觉徽行生好心

箬心论书之一任君应流布书以赠

巧玲小姐存念书此希指正壬戌春　启功

绝代天姿学力深

一九八二年作　水墨纸本　80cm×44cm　个人收藏

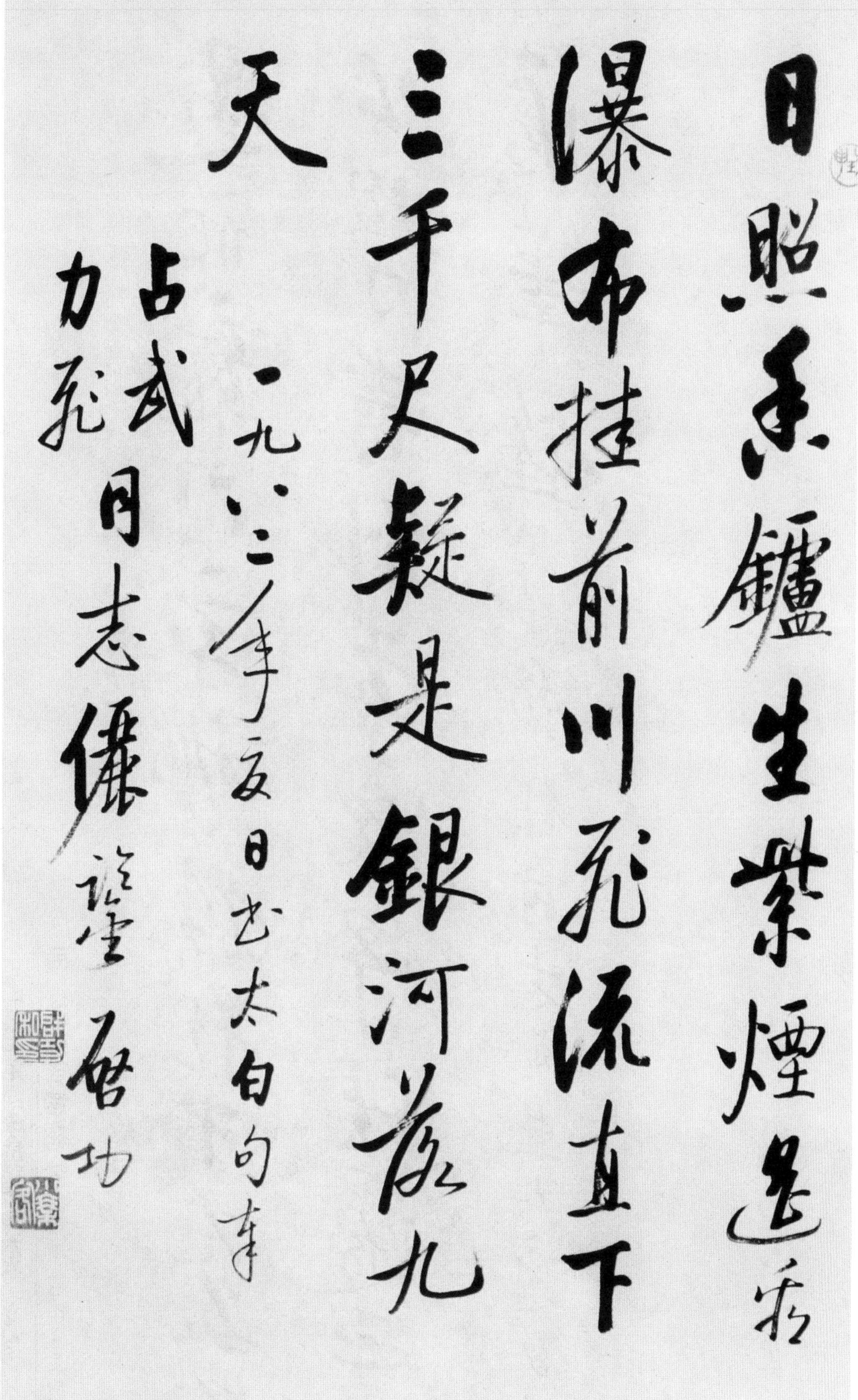

日照香炉生紫烟

瀑布挂前川飞流直下

三千尺疑是银河落九

天

一九八二年夏日书太白句李

占武志俨正启功

日照香炉生紫烟

一九八二年作　水墨纸本　93cm×58.5cm　个人收藏

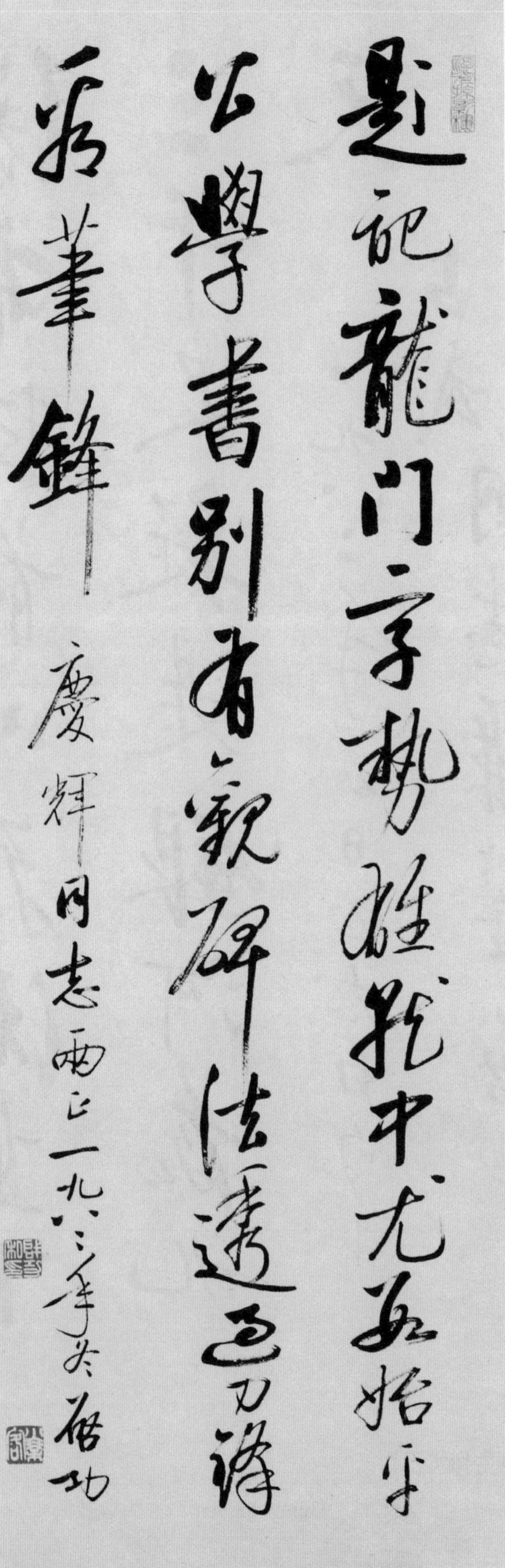

题记龙门字势雄

一九八二年作 水墨纸本 99.5cm×33.5cm 个人收藏

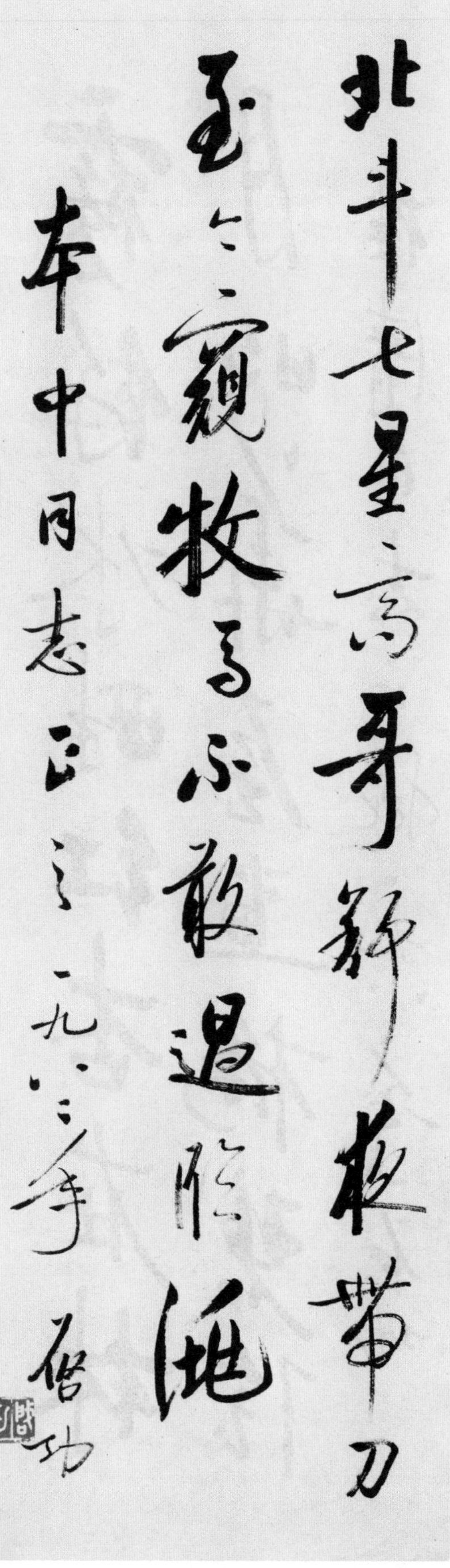

北斗七星高

一九八二年作　水墨纸本　31cm×98.5cm　个人收藏

雾馀水畔红杏在林 月明如鲜屋画桥碧阴

桂清同志正挽一九八二年启功

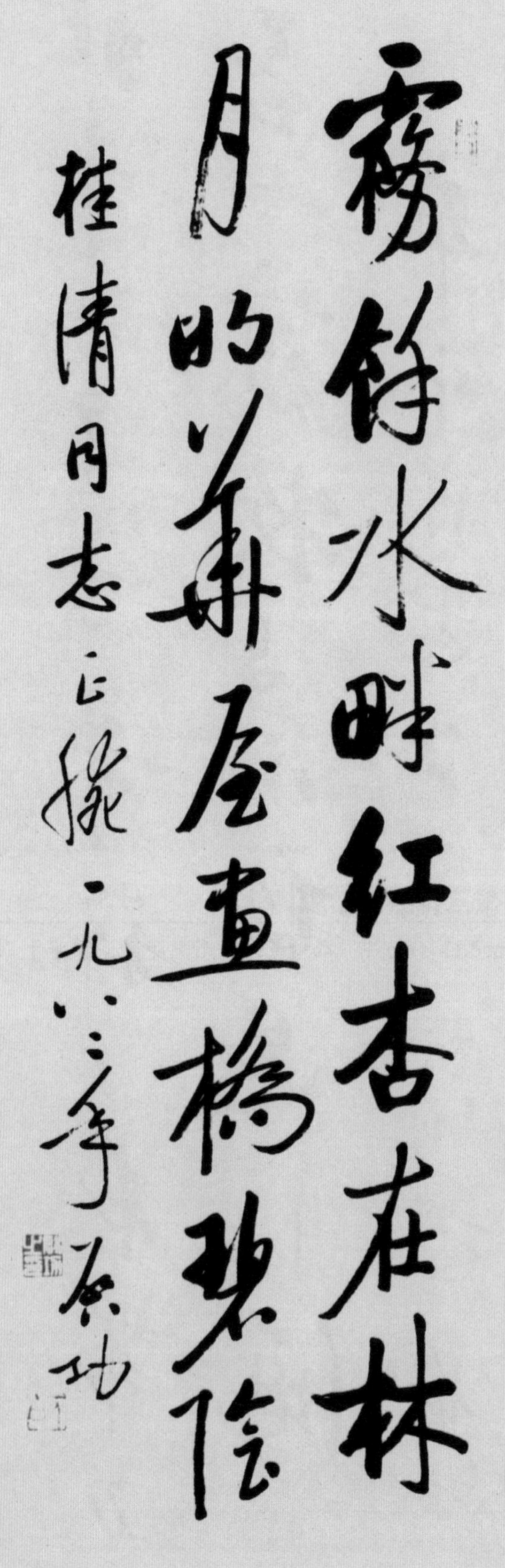

雾馀水畔（赠桂清）

一九八二年作 水墨纸本 95cm×32cm 个人收藏

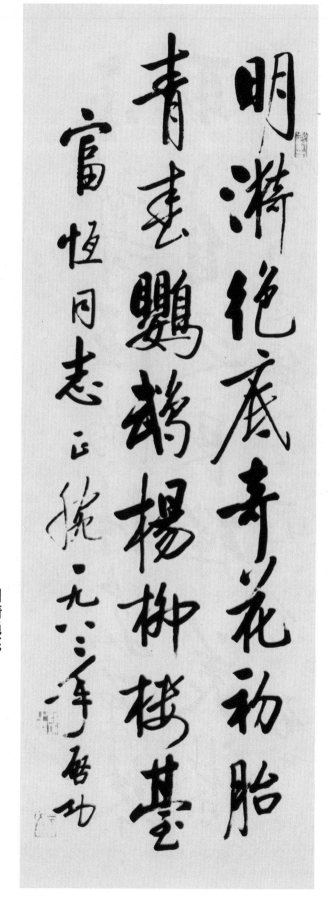

明漪绝底

青青翠竹著花初胎
青青翠竹鸚鵡楊柳樓臺
富恆同志正傀一九六三年啟功

明漪绝底

一九八二年作　水墨纸本　95cm×32cm　个人收藏

赠友人

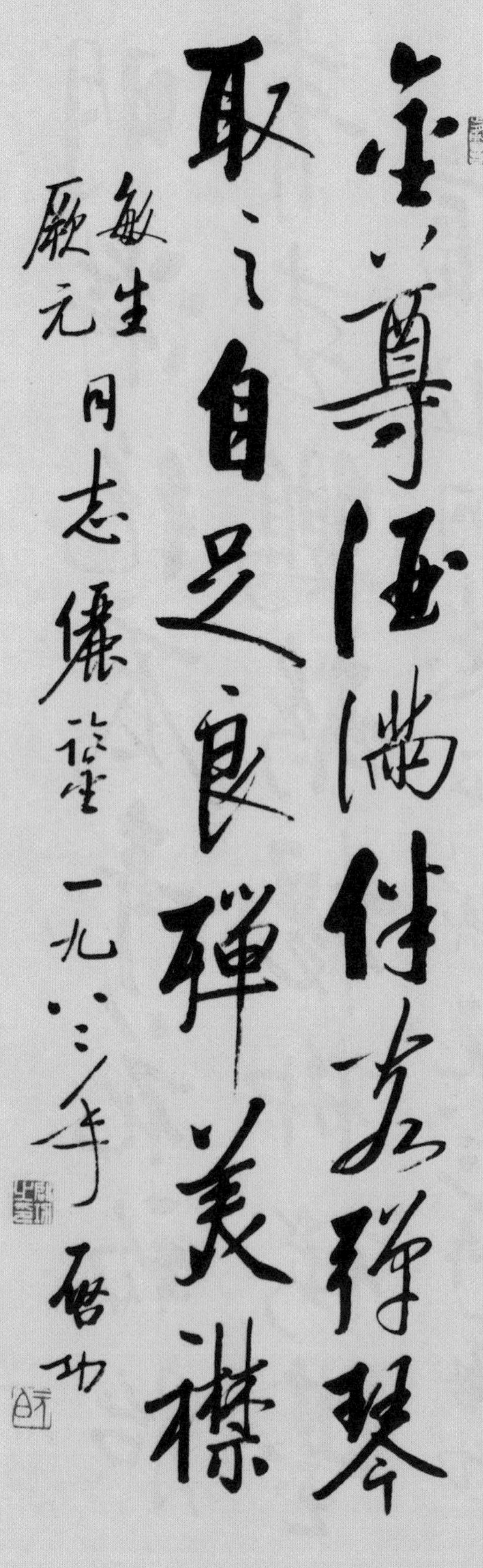

金尊酒满

一九八二年作　水墨纸本　95cm×32cm　个人收藏

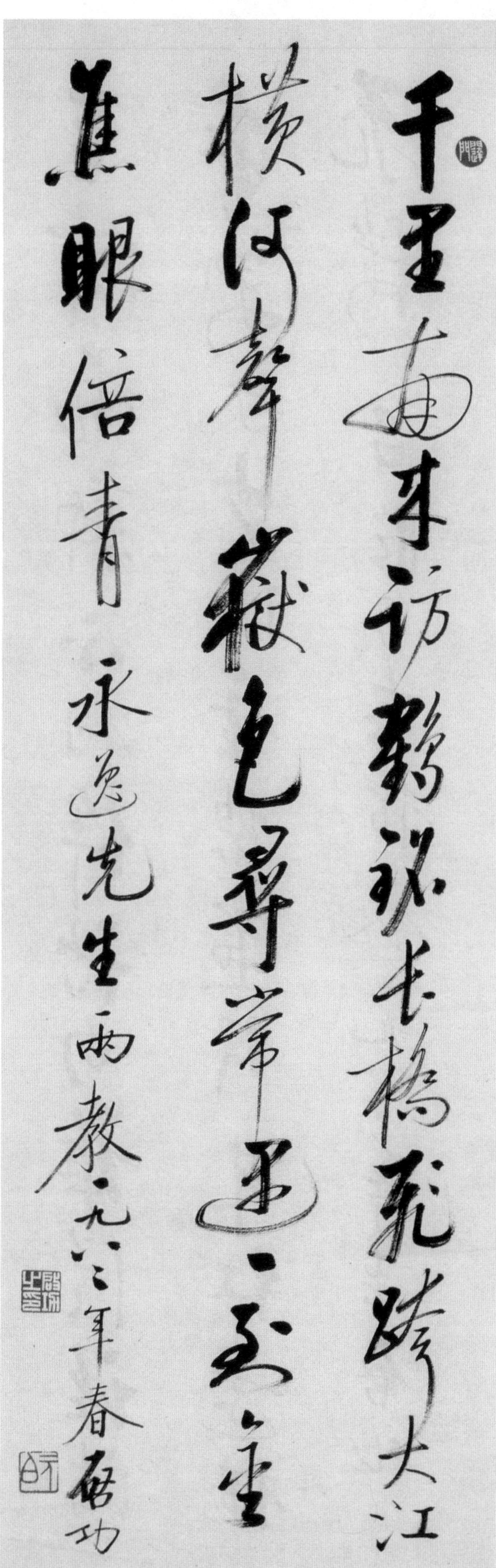

千里南来访鹤铭

一九八二年作　水墨纸本　93cm×30.5cm　个人收藏

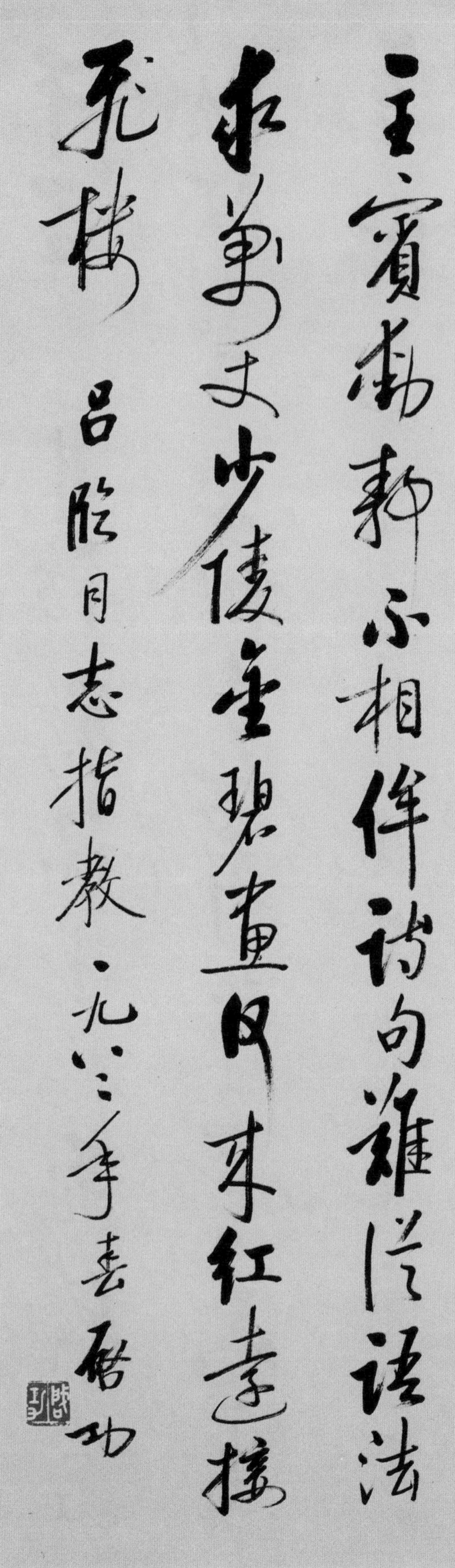

主宾动静不相伴

一九八二年作 水墨纸本 103cm×34cm 个人收藏

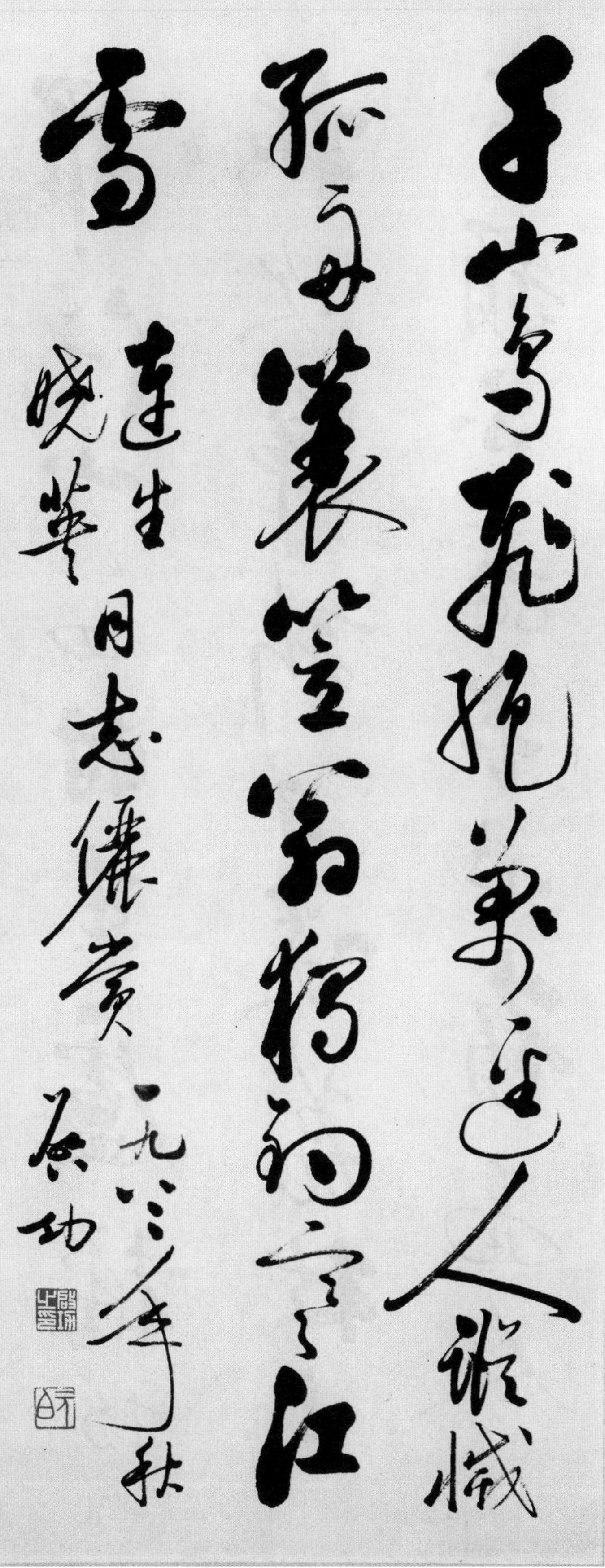

千山鸟飞绝（一）

一九八二年作　水墨纸本　93cm×38cm　个人收藏

罗浮山下四时春

百颗匀圆不择长止嶺南人

梅次第新日啖荔荶枝三

罗浮山四时春卢橘杨

康子苦造长元雅正　启功

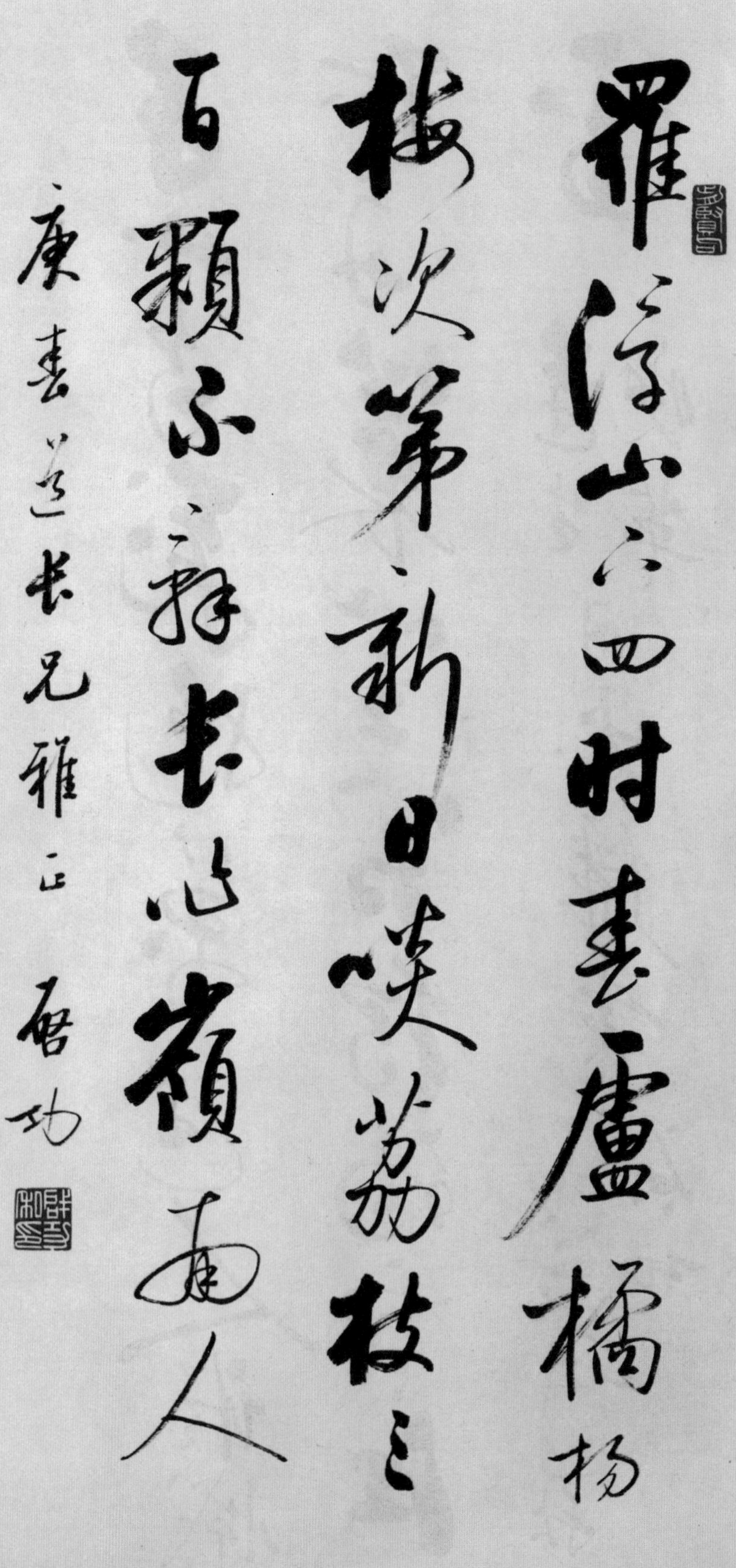

罗浮山下四时春

一九八二年作　水墨纸本　68cm×34.5cm　个人收藏

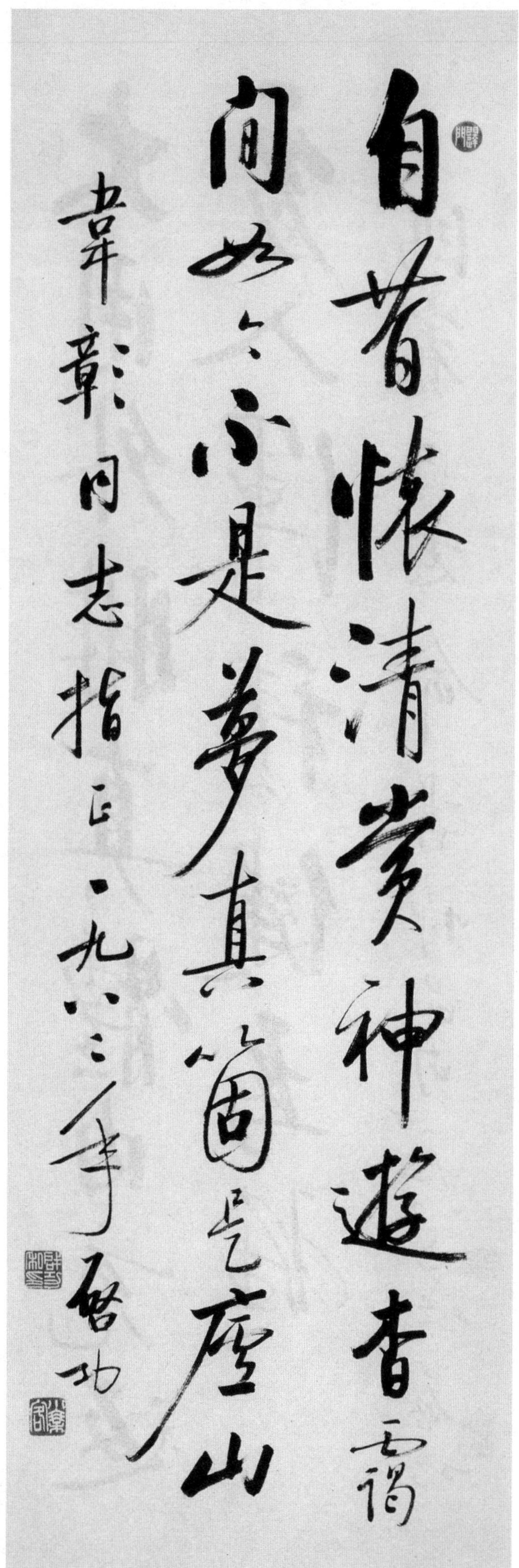

自昔怀清赏

一九八二年作　水墨纸本　102cm×34cm　个人收藏

赠友人

大用外腓　真體内充　返
要入渾　積健爲雄

鴻賓同志命書詩品句一九八二年啟功

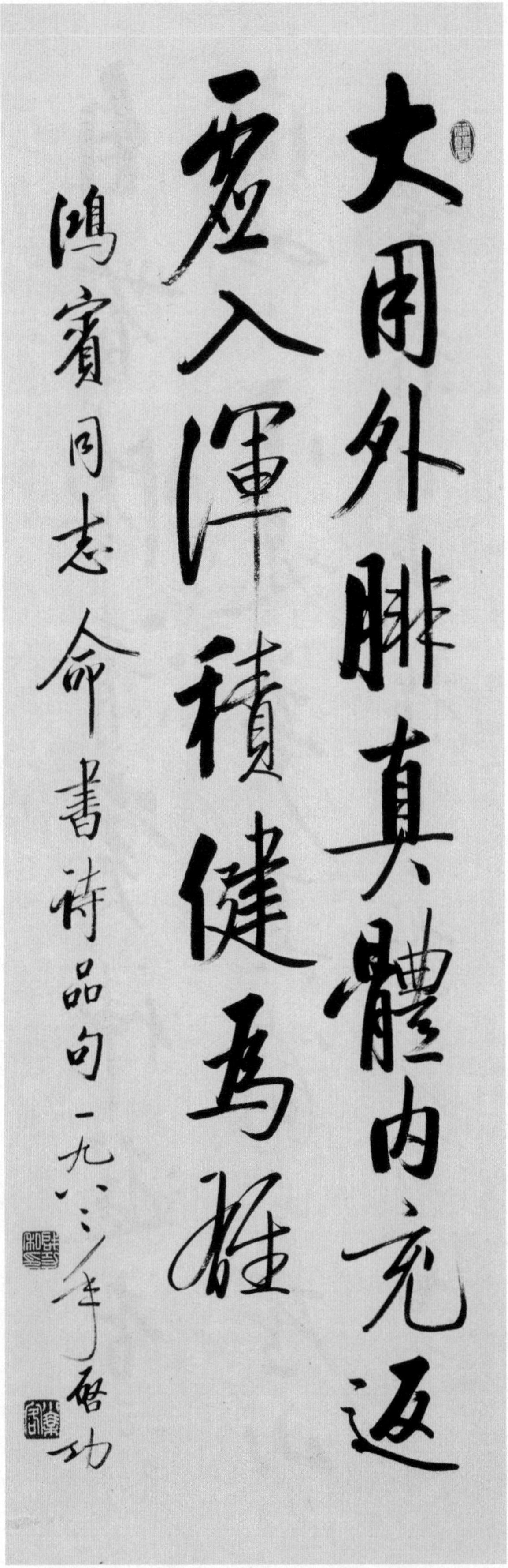

大用外腓

一九八二年作　水墨纸本　100cm×33cm　个人收藏

千里莺啼绿映红，水村山郭酒旗风。南朝四百八十寺，多少楼台烟雨中。

绍武同志仪赏

一九八二年冬日

会林书唐人绝句

启功

千里莺啼绿映红

一九八二年作　水墨纸本　99cm×34cm　个人收藏

赠友人

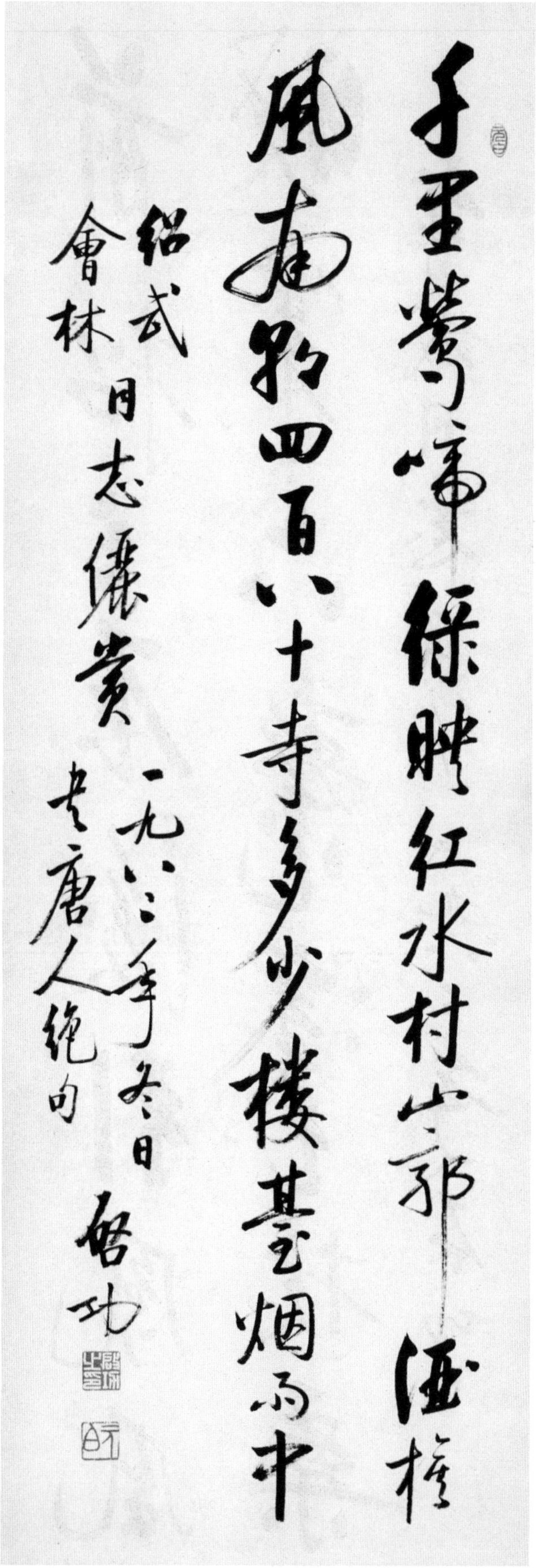

前招三辰後引凤凰眸策六艺濯气拔桑

肇域同志正倪一九八二年启功

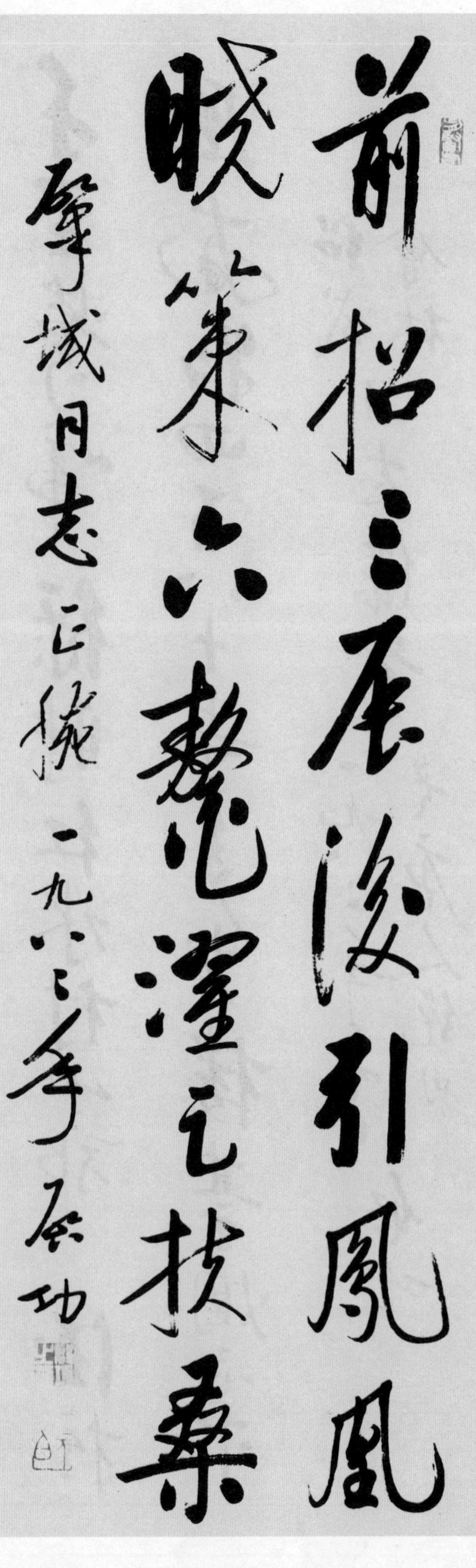

前招三辰

一九八二年作　水墨纸本　90cm×32cm　个人收藏

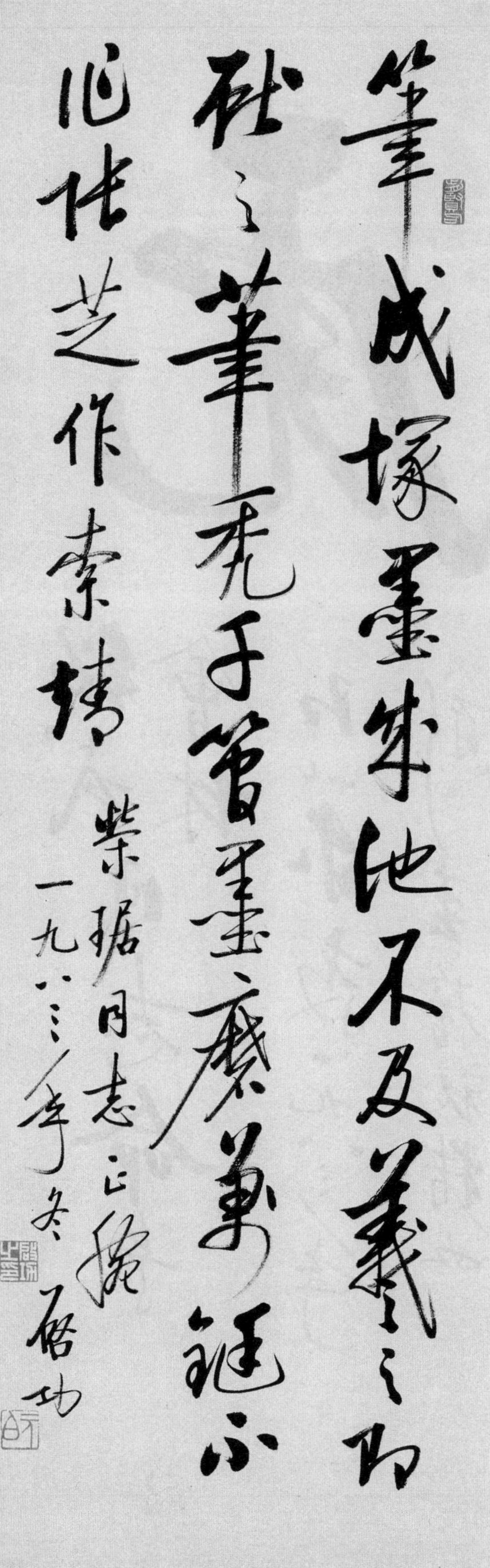

笔成冢墨成池（一）

一九八三年作　水墨纸本　98cm×34cm　个人收藏

赠友人

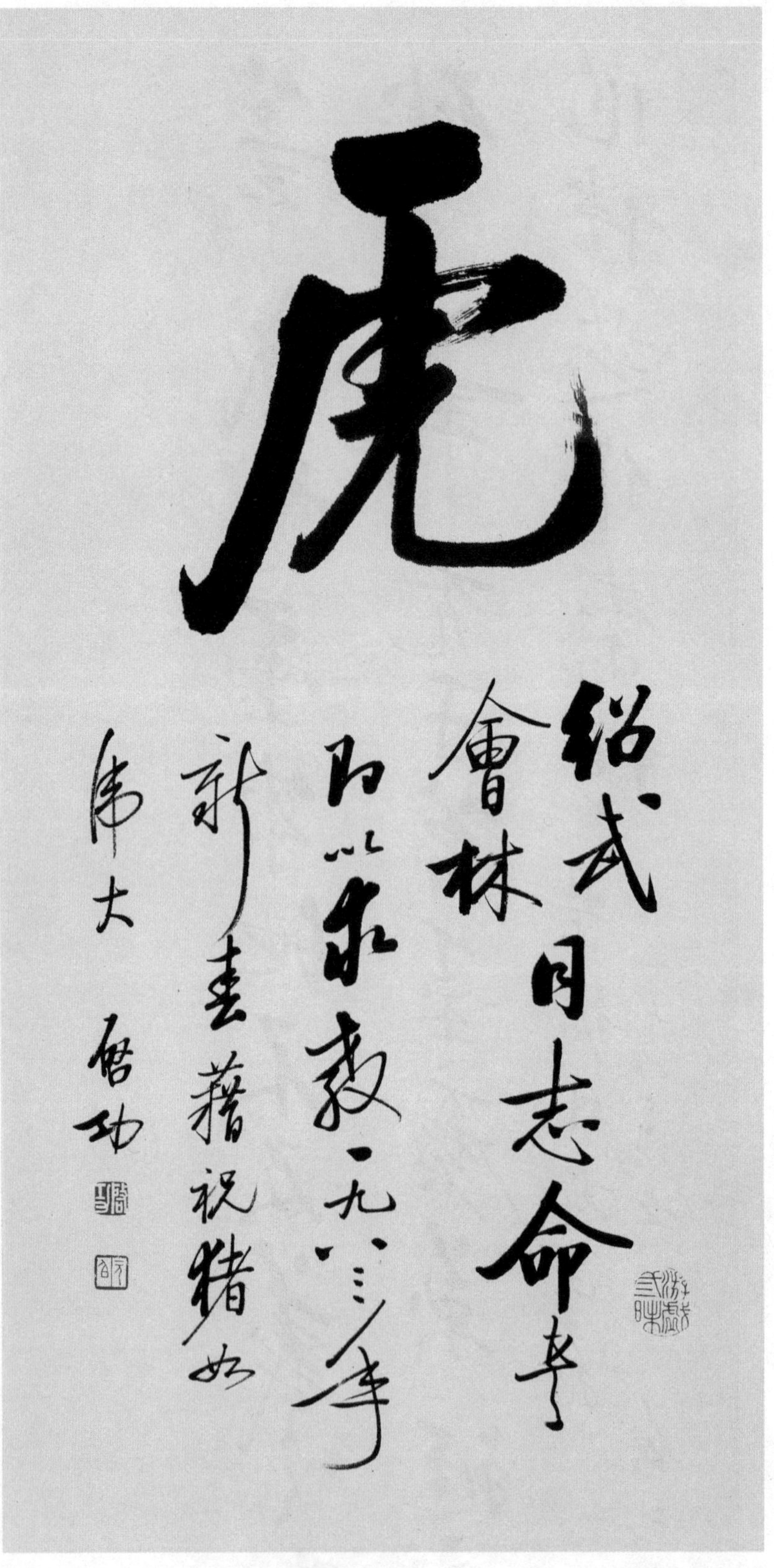

虎（一）

一九八三年作　水墨纸本　63cm×32cm　个人收藏

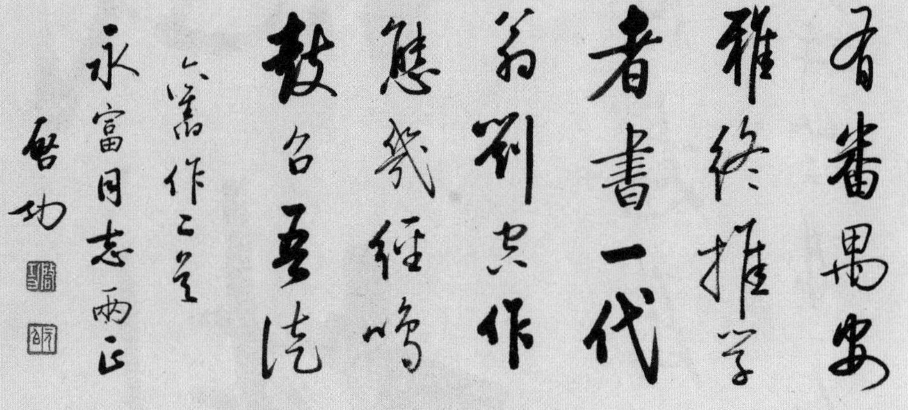

一般风气一乡人（赠永富）

一九八三年作　水墨纸本　34cm×132cm　个人收藏

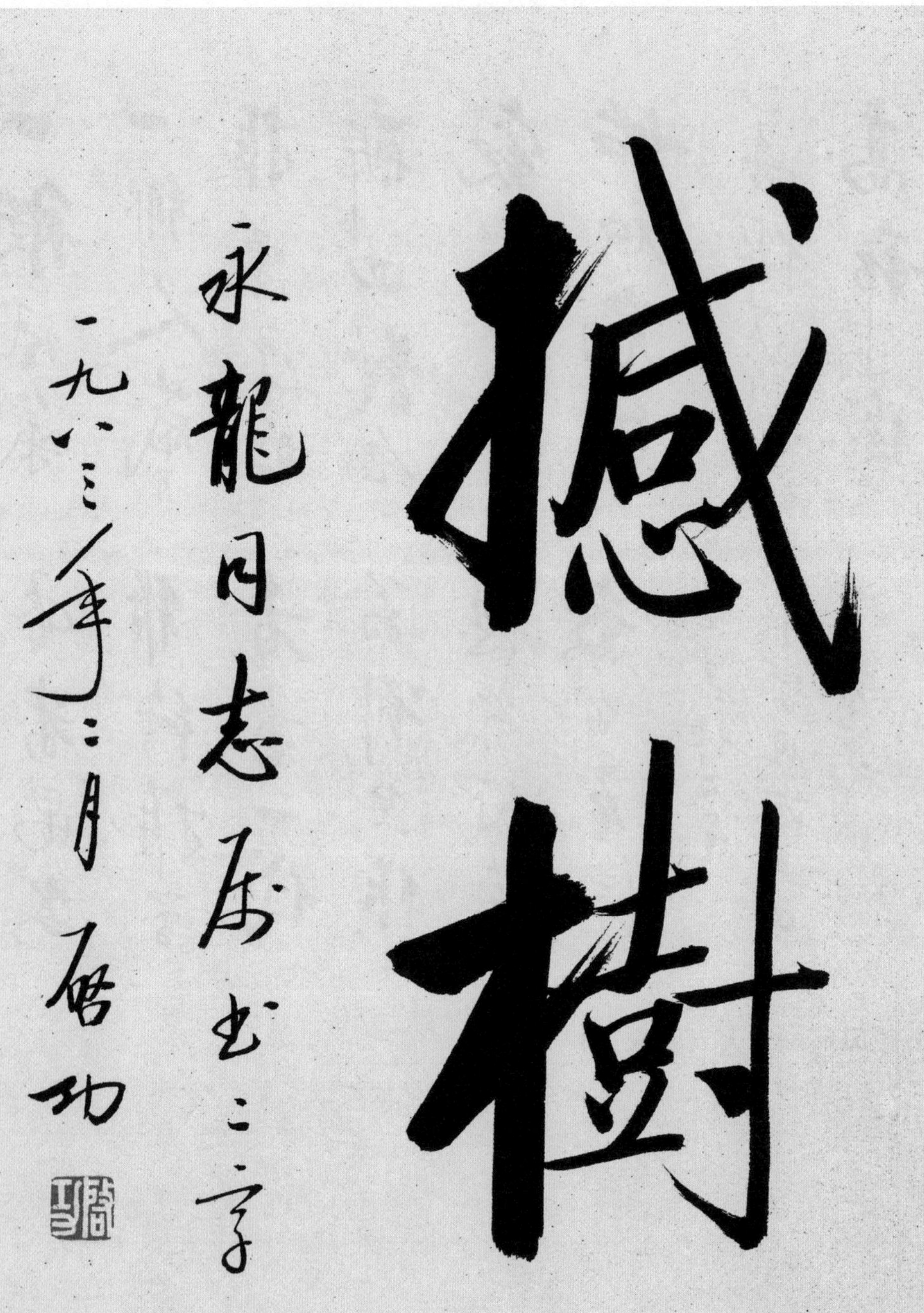

撼树

一九八三年作　水墨纸本　31cm×24cm　个人收藏

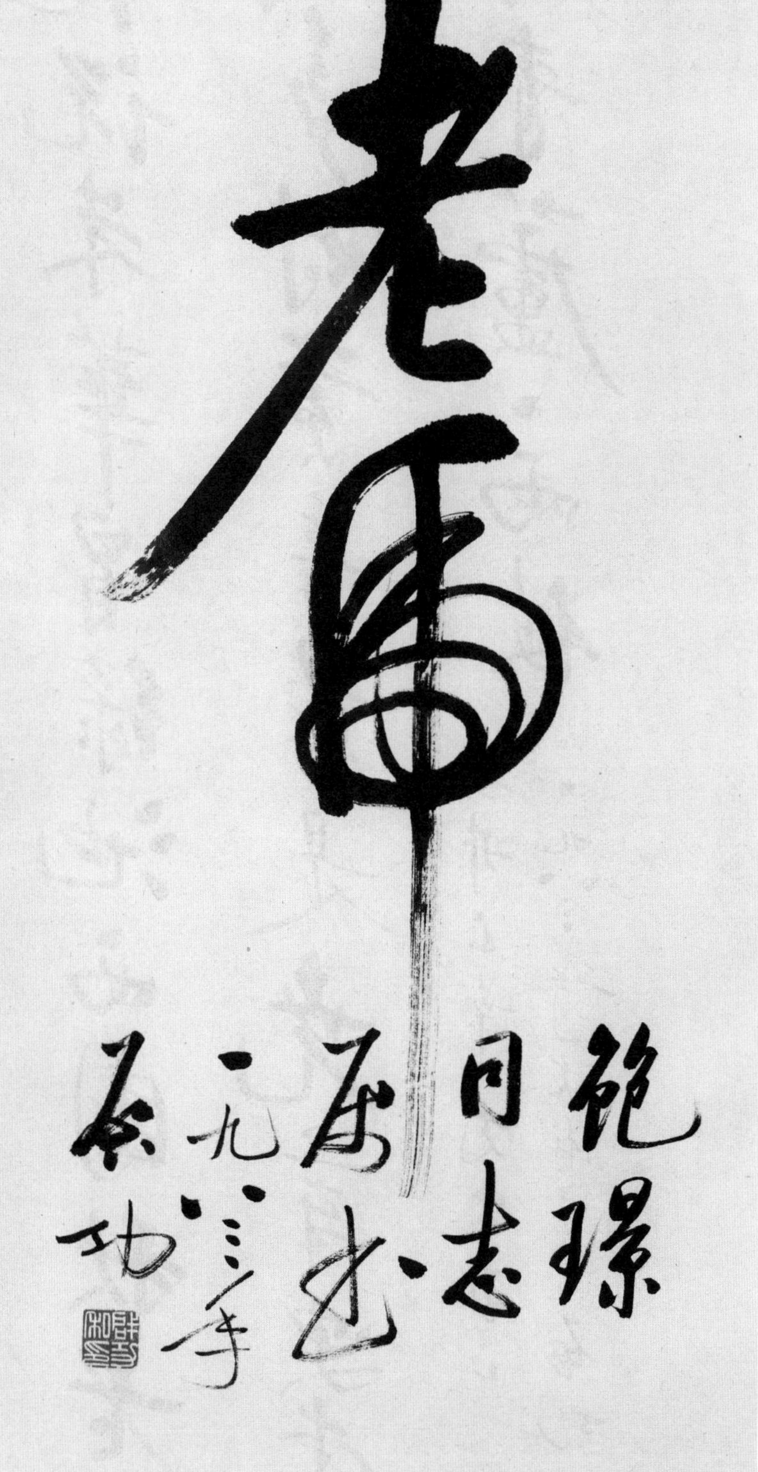

老虎

一九八三年作　水墨纸本　67.5cm×35cm　个人收藏

赠友人

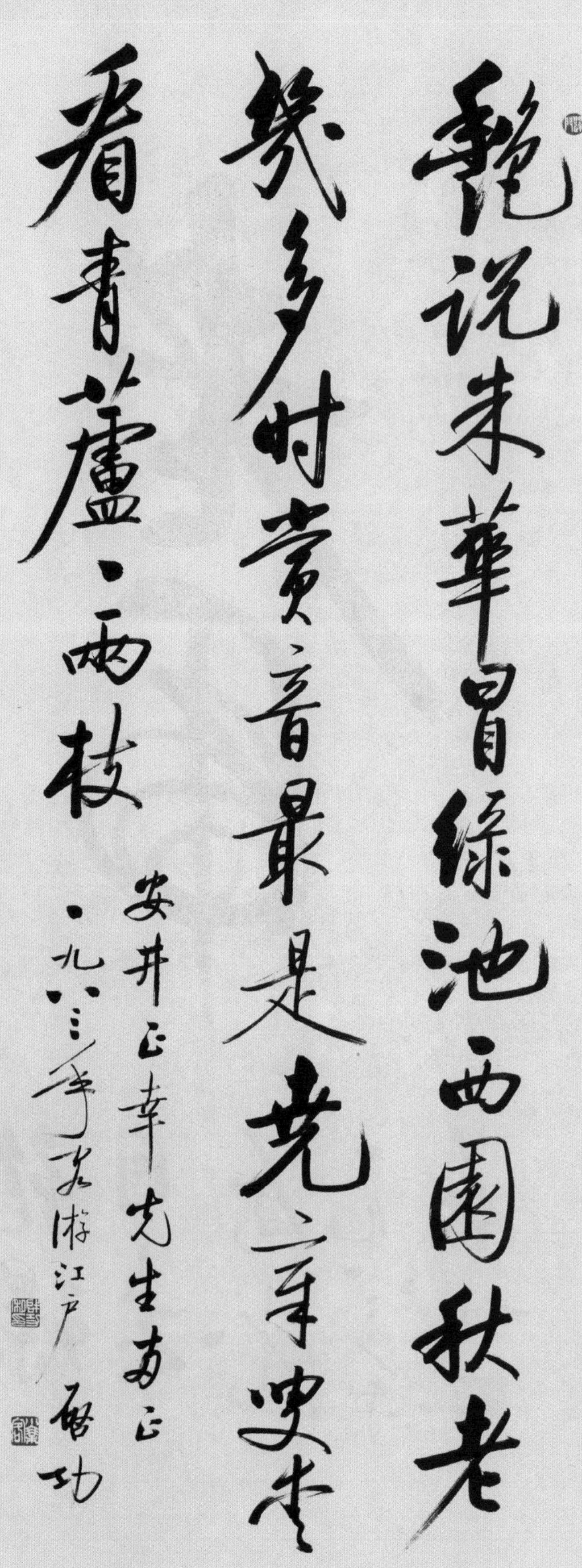

艳说朱华冒绿池

一九八三年作 水墨纸本 41cm×105cm 个人收藏

雪後園林纔半樹

樹水邊籬落忽

橫枝 安井司表先生正之 啟功

雪后园林才半树

一九八三年作　水墨纸本　68cm×32cm　个人收藏

赠友人

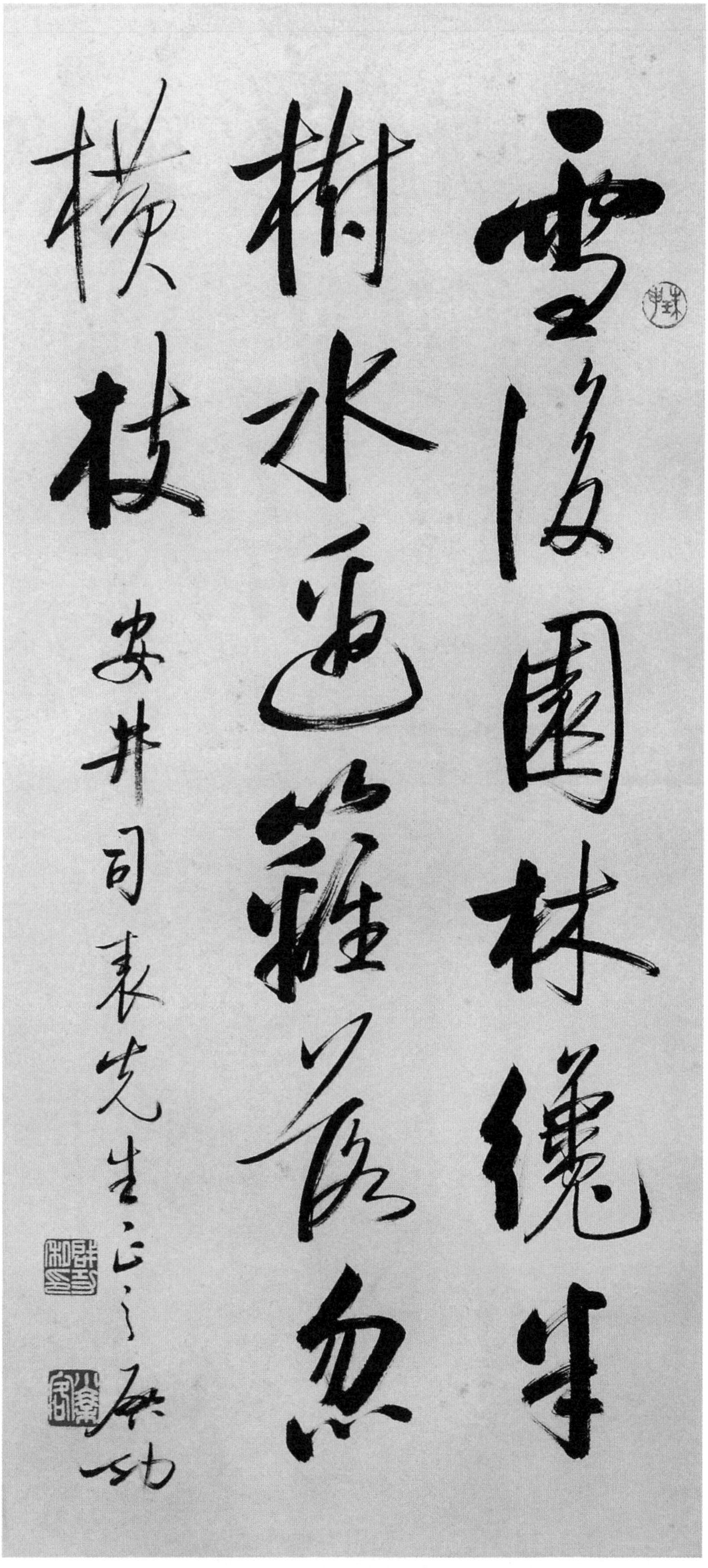

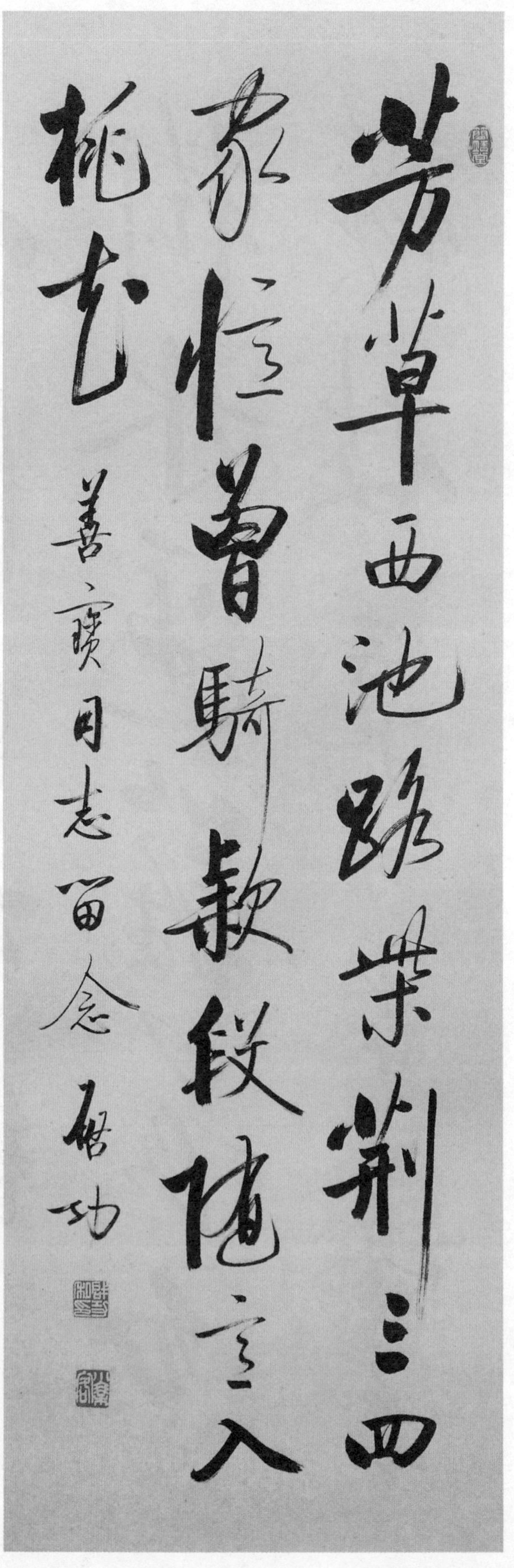

芳草西池路（二）

一九八三年作 水墨纸本 34cm×101cm 个人收藏

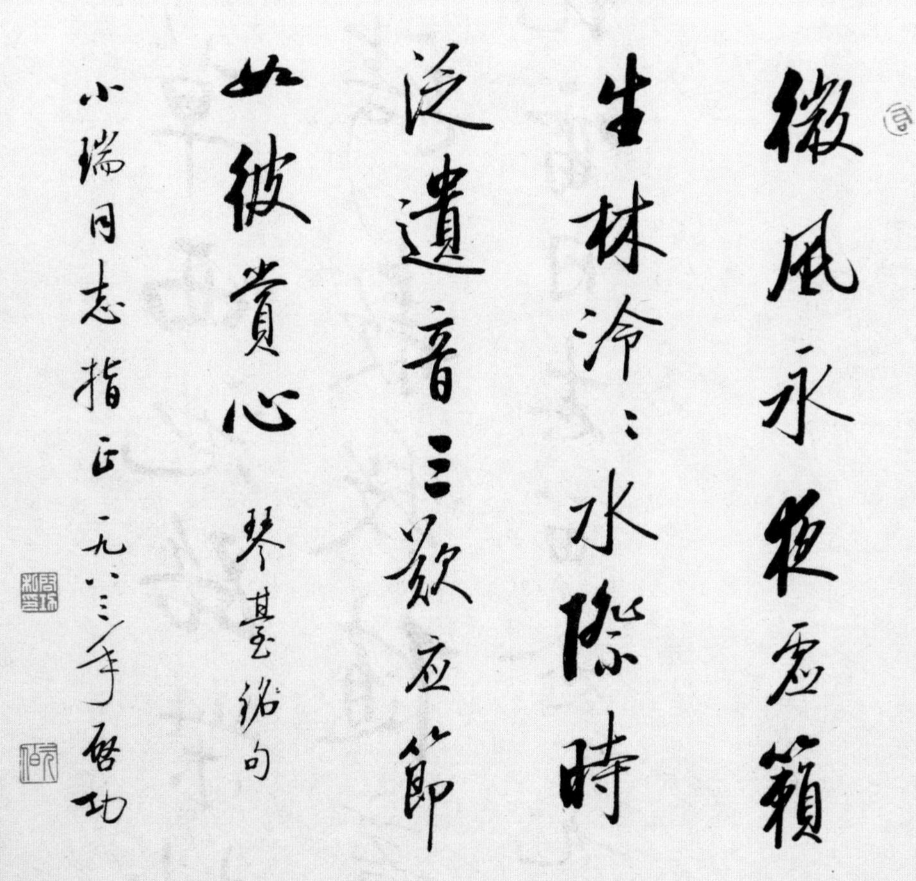

微风永夜

一九八三年作　水墨纸本　25cm×27cm　个人收藏

芳草西池路荣荆三四家惜
曾诗款段随意入枫去

倪雷同志留念一九八四年启功

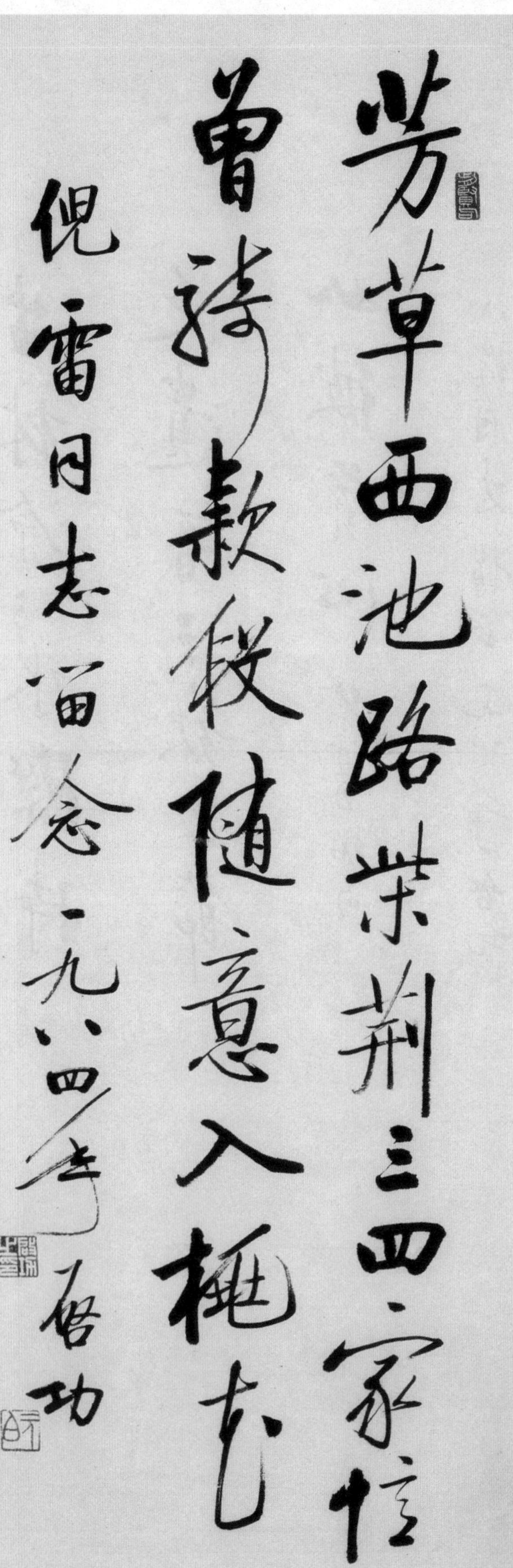

芳草西池路（三）

一九八四年作　水墨纸本　97cm×35cm　个人收藏

一去二三里 烟村四五家
昔往窗下课 今日眼中
去 题童蒙字课红模字
世瑜同志高正 启功

一去二三里（一）

一九八四年作　水墨纸本　40cm×68cm　个人收藏

赠友人

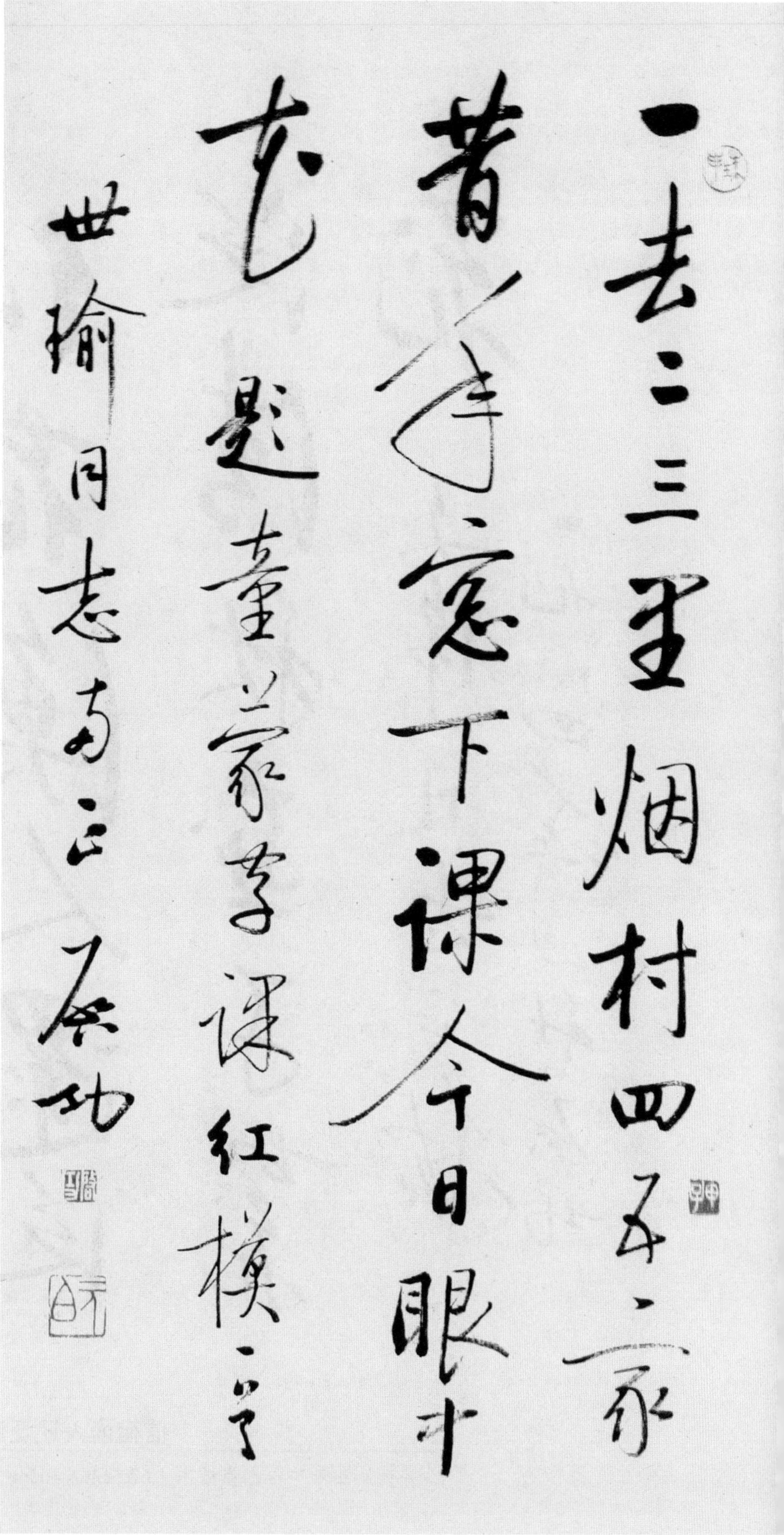

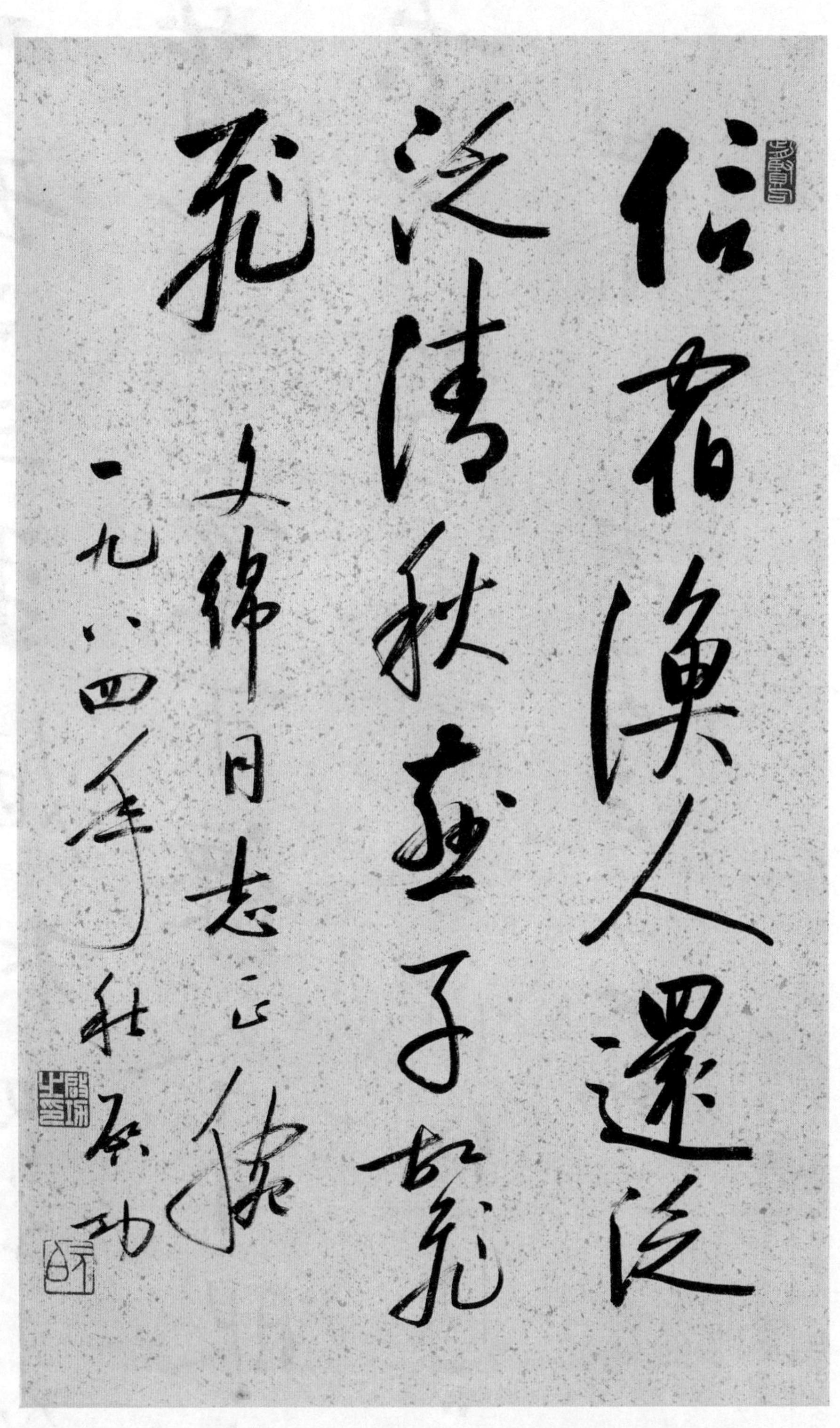

信宿渔人还泛泛（一）

一九八四年作　水墨纸本　62.5cm×40cm　个人收藏

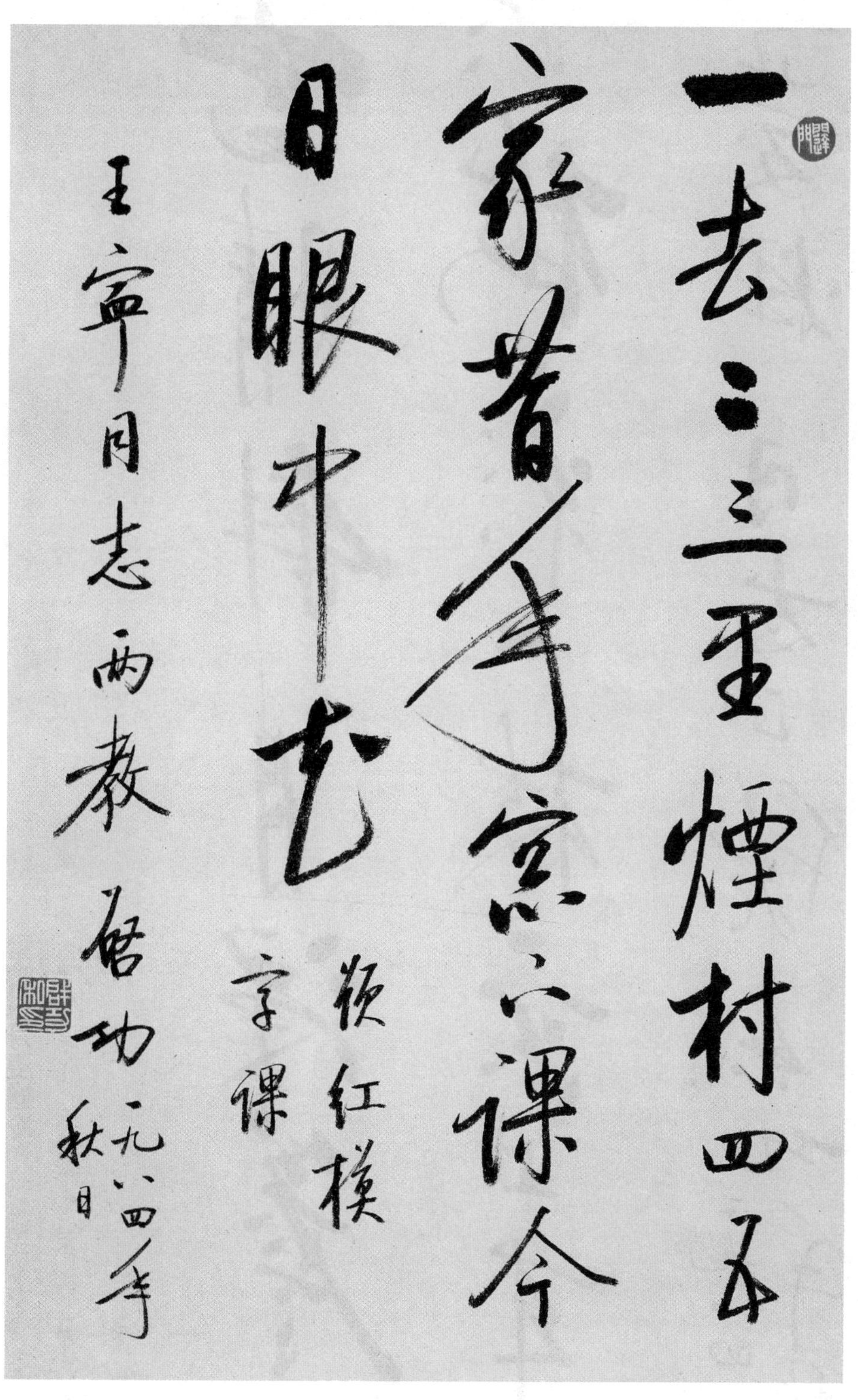

一去二三里（二）

一九八四年作　水墨纸本　60cm×40cm　个人收藏

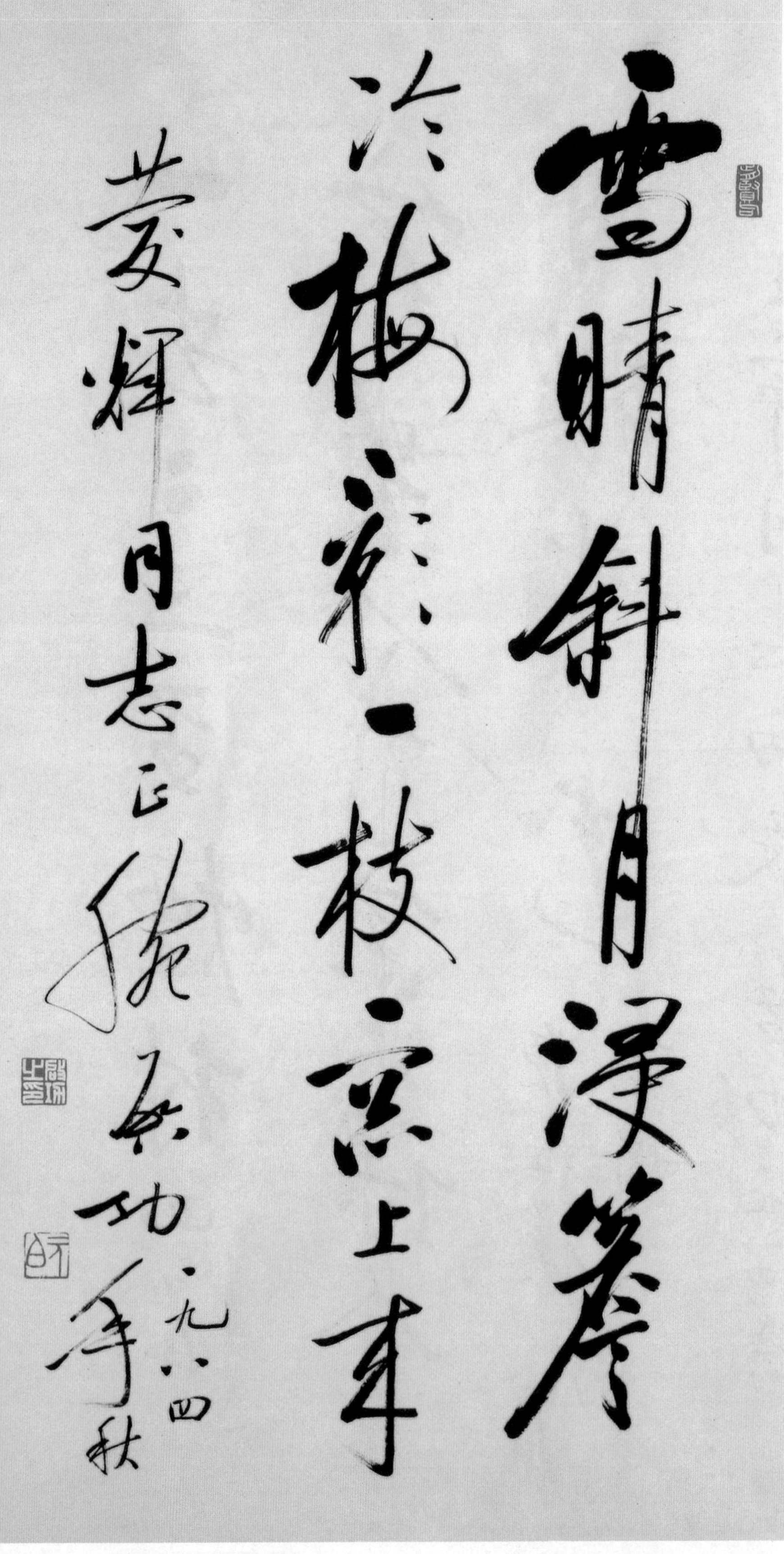

雪晴斜月浸檐冷

一九八四年作　水墨纸本　86cm×47cm　个人收藏

采菱渡头风急，策杖林西日
斜。杏树坛边渔头桃花源里
人家

殿起
郑铎曰志仪篆一九八五年书启功

采菱渡头风急
一九八五年作　水墨纸本　34cm×100cm　个人收藏

赠友人

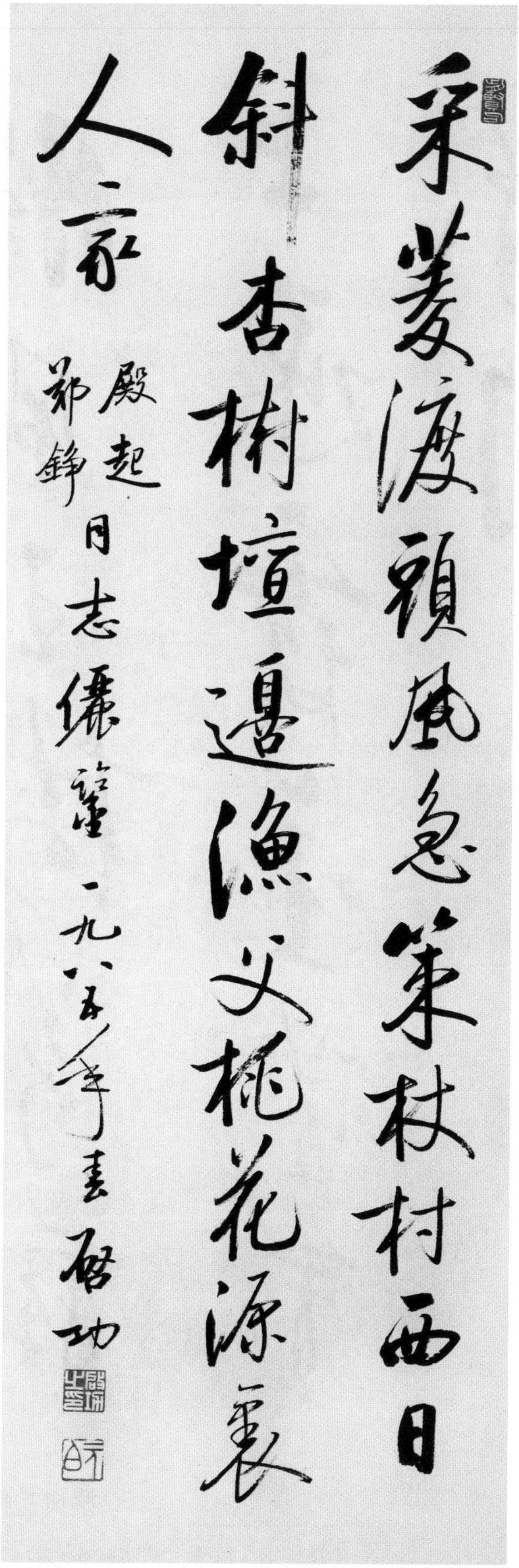

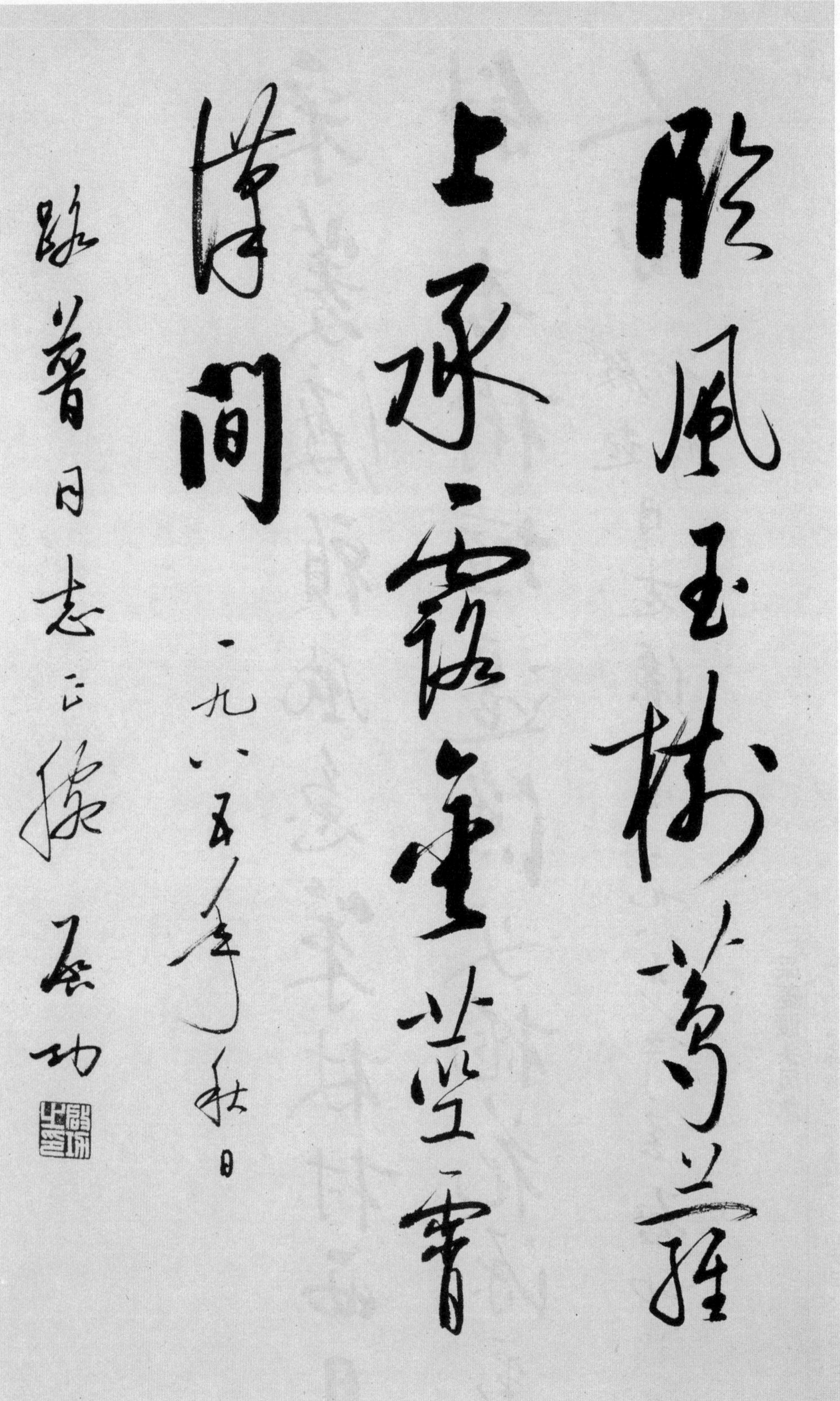

临风玉树茑萝上

一九八五年作　水墨纸本　68cm×43cm　个人收藏

远上寒山石径斜白云生处

人家停车坐爱枫林晚霜叶

红于二月花

一九八五年夏历新正

书樊川绝恨以奉

莲芳

祥安 同志俪赏 并希正拨 启功

远上寒山石径斜

一九八五年作　水墨纸本　110.5cm×47.5cm　个人收藏

赠友人

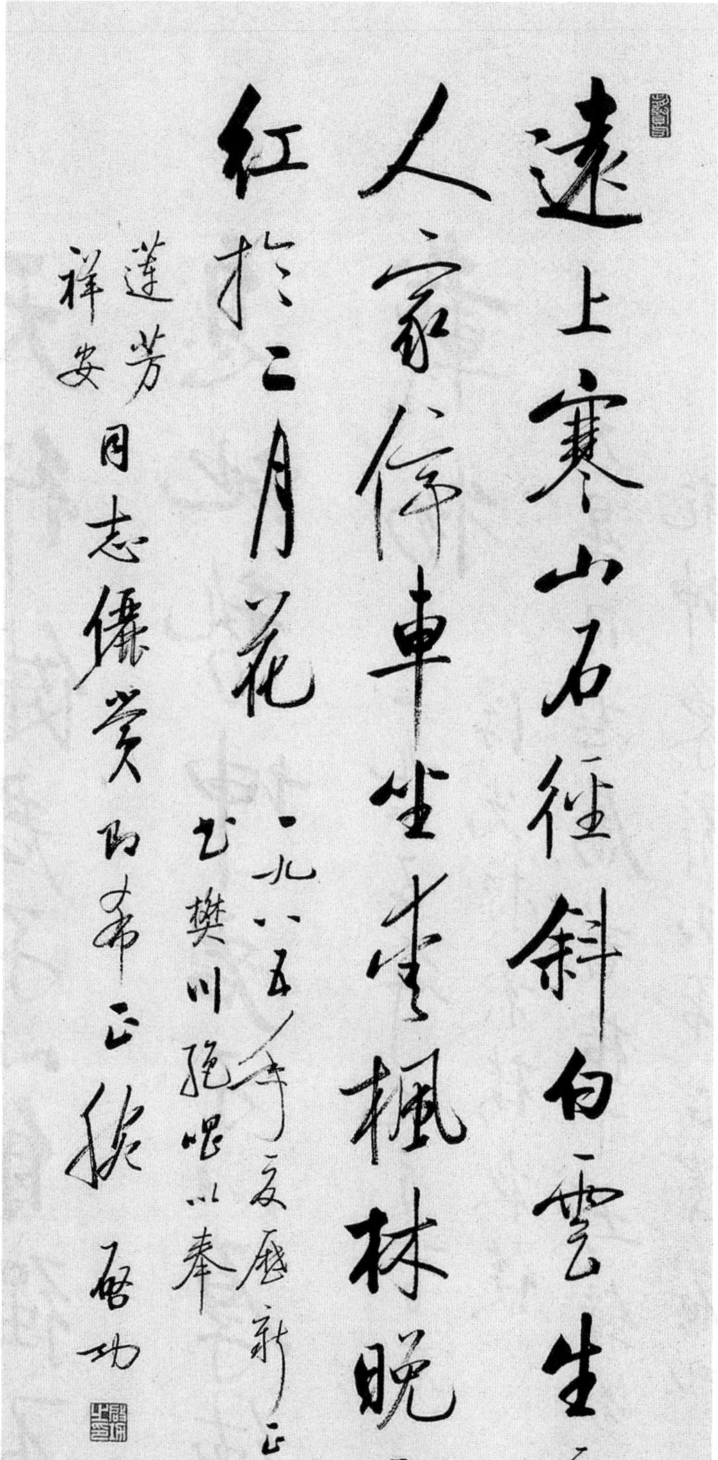

天行健君子以自强不

息地势坤君子以厚德

载物 一九八五年元月十日在

浮光掠影楼披读

天星同志属书格言录易

乾坤象辞以应正字　启功

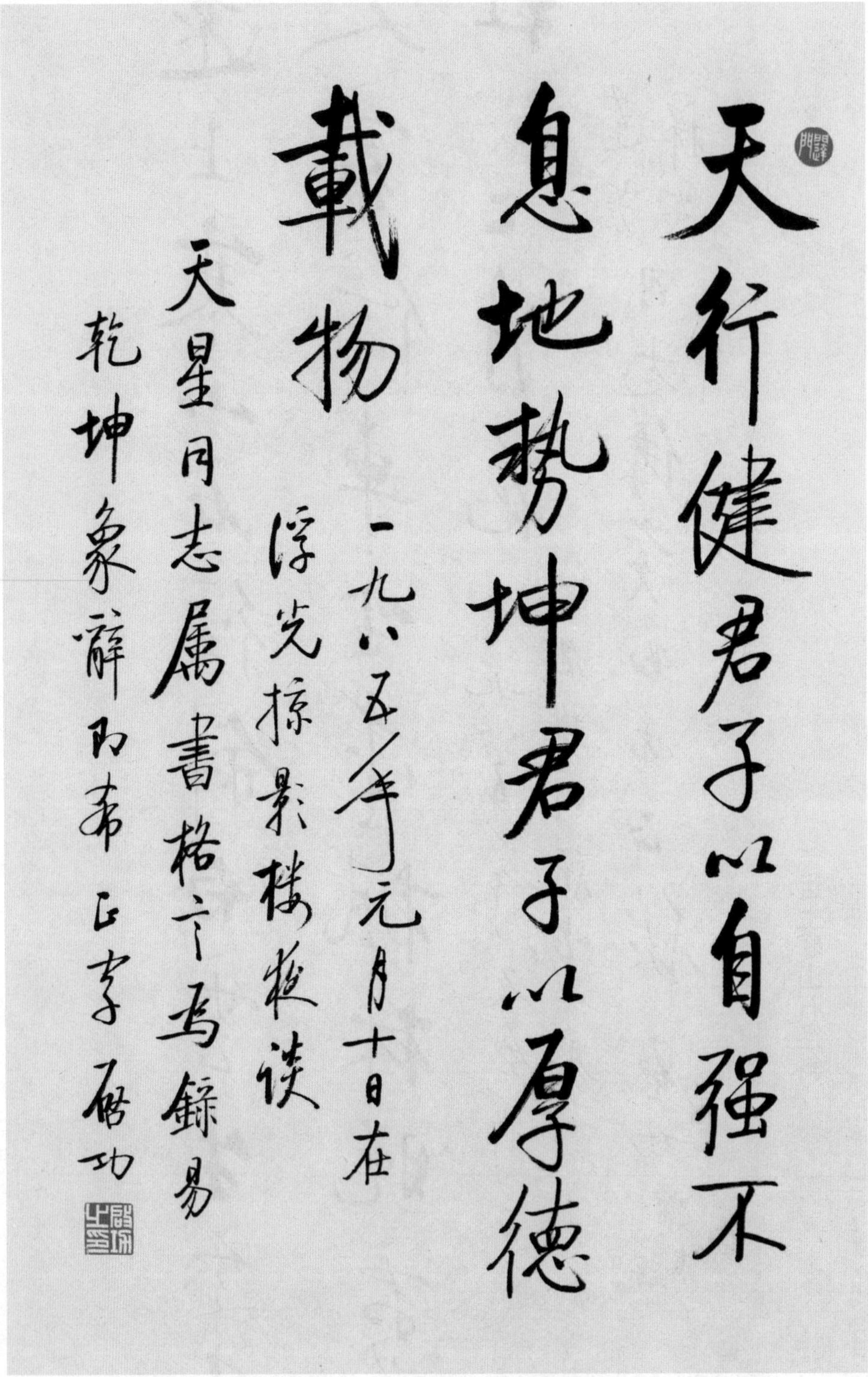

天行健君子以自强不息（一）

一九八五年作　水墨纸本　68cm×45cm　个人收藏

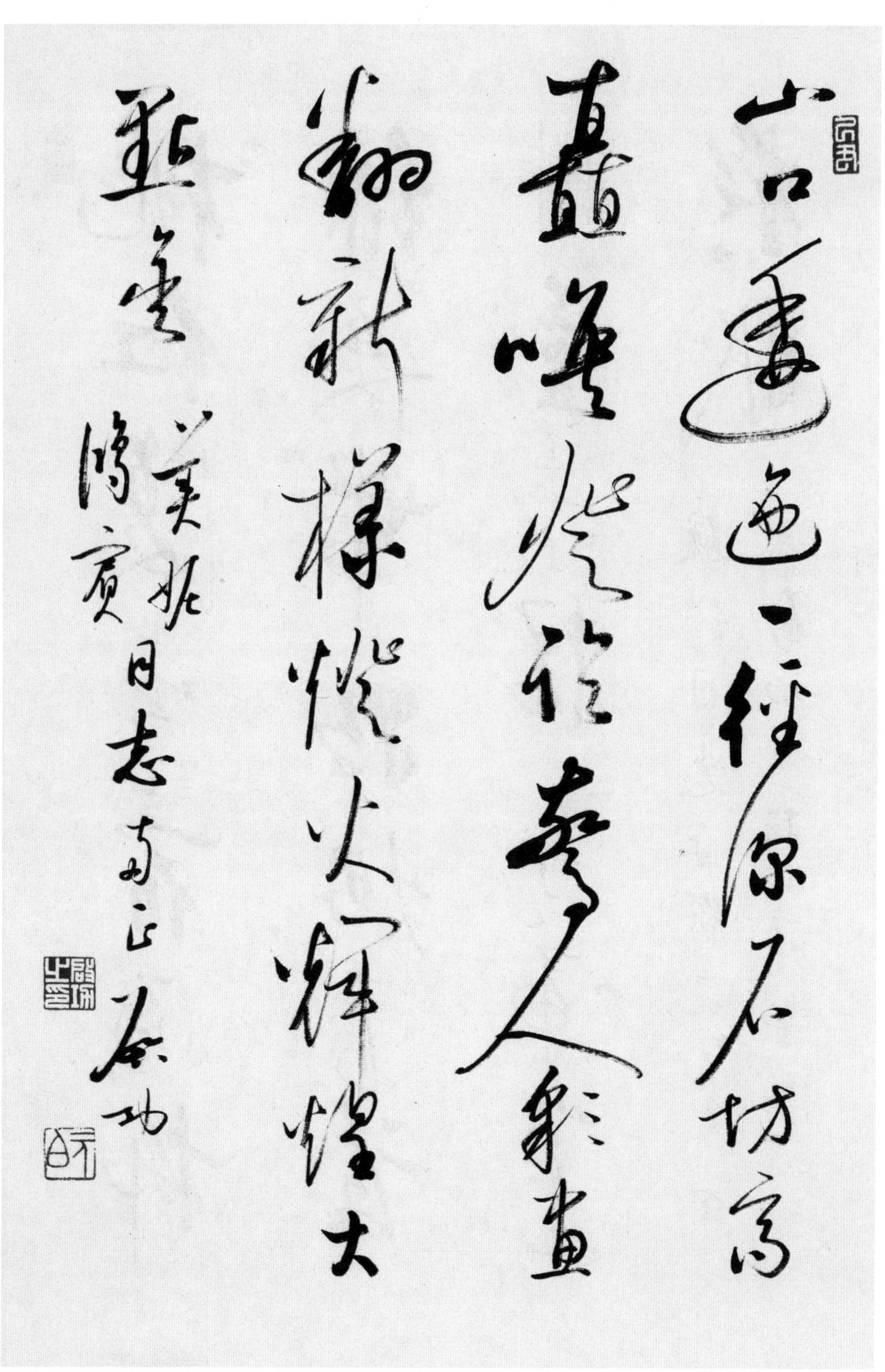

山口逶迤一径深

一九八五年作　水墨纸本　64cm×43cm　个人收藏

赠友人

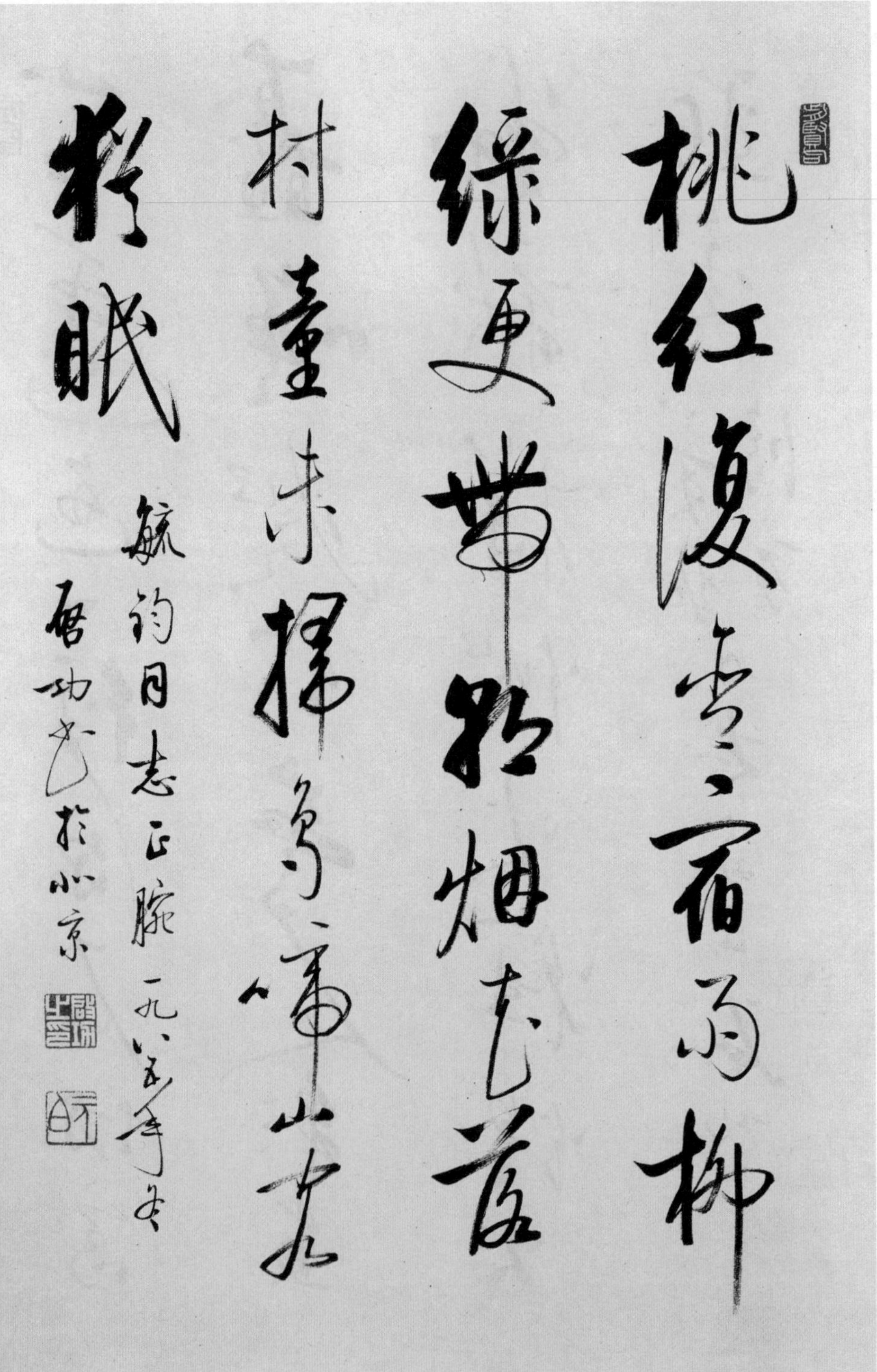

桃红复含宿雨

一九八五年作　水墨纸本　64cm×43cm　个人收藏

金佳石好

振祷日志治金石篆刻之学者群京邑

书此以志永好时一九八五年书日 启功

金佳石好
一九八五年作　水墨纸本　168cm×55cm　个人收藏

赠友人

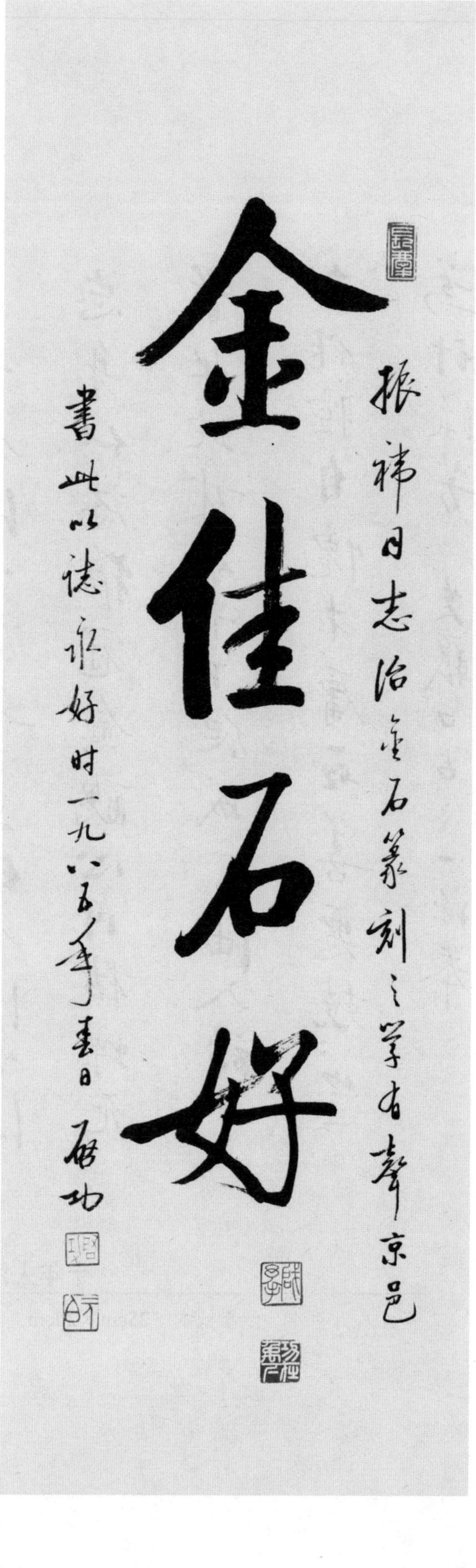

十年人海小沧桑，幻尽空花落尽渣。忘身似沐猴冠愈丑，心同枯蝶死。前世蛇求笔下爬成字，油入诗中。打作腔自愧才庸无善恶兢兢。为计流芳，失眠口占之一琭奉范用同志前正一九八五年冬日。

启功旦草

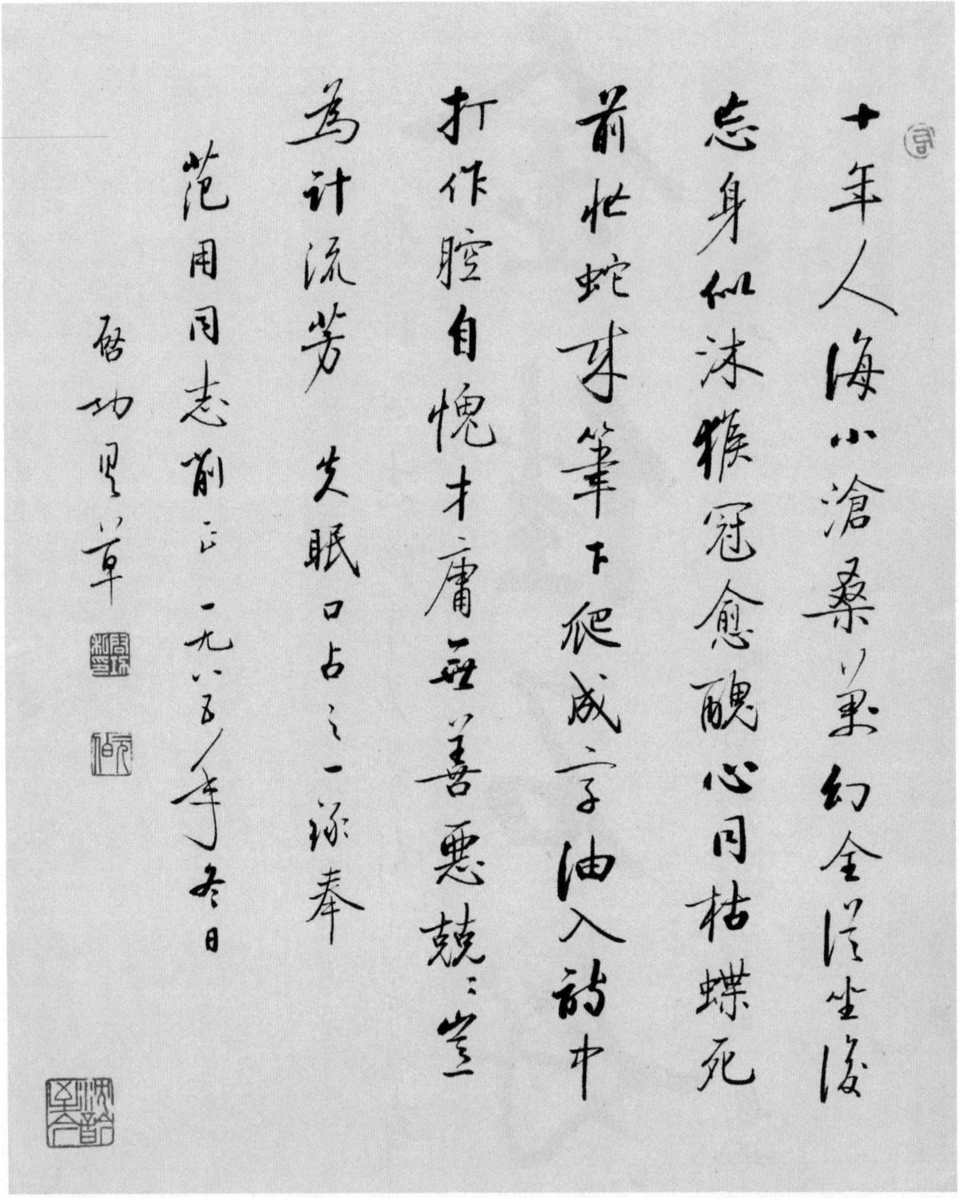

十年人海小沧桑

一九八五年作　水墨纸本　25cm×20cm　个人收藏

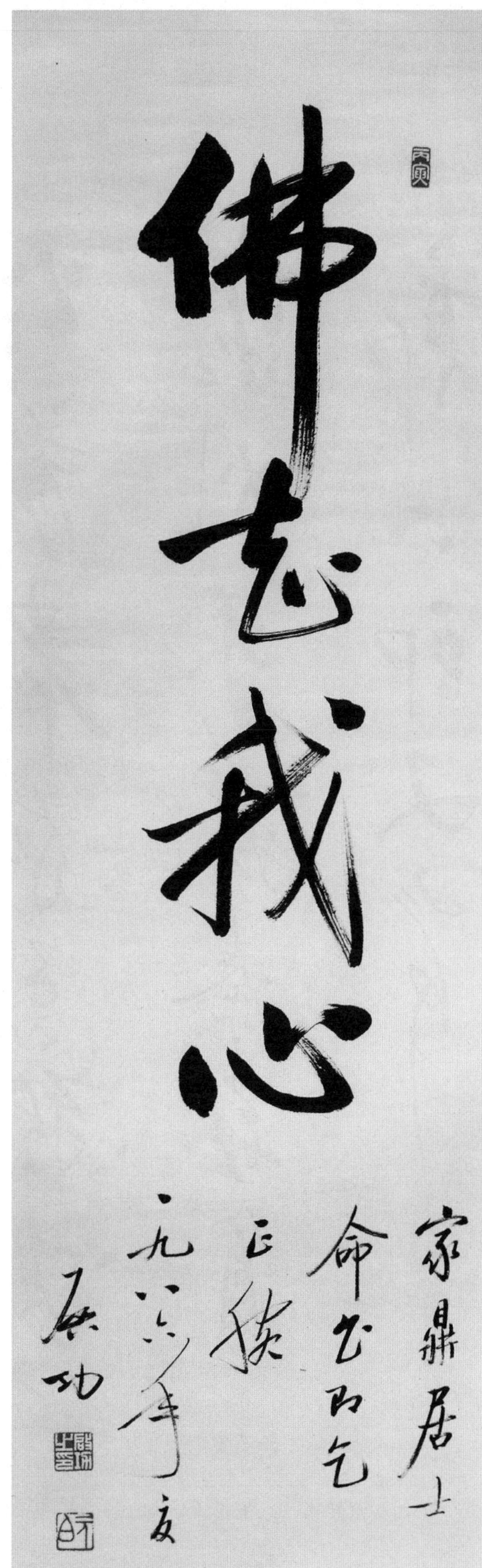

佛知我心

一九八六年作　水墨纸本　34cm×107cm　个人收藏

赠友人

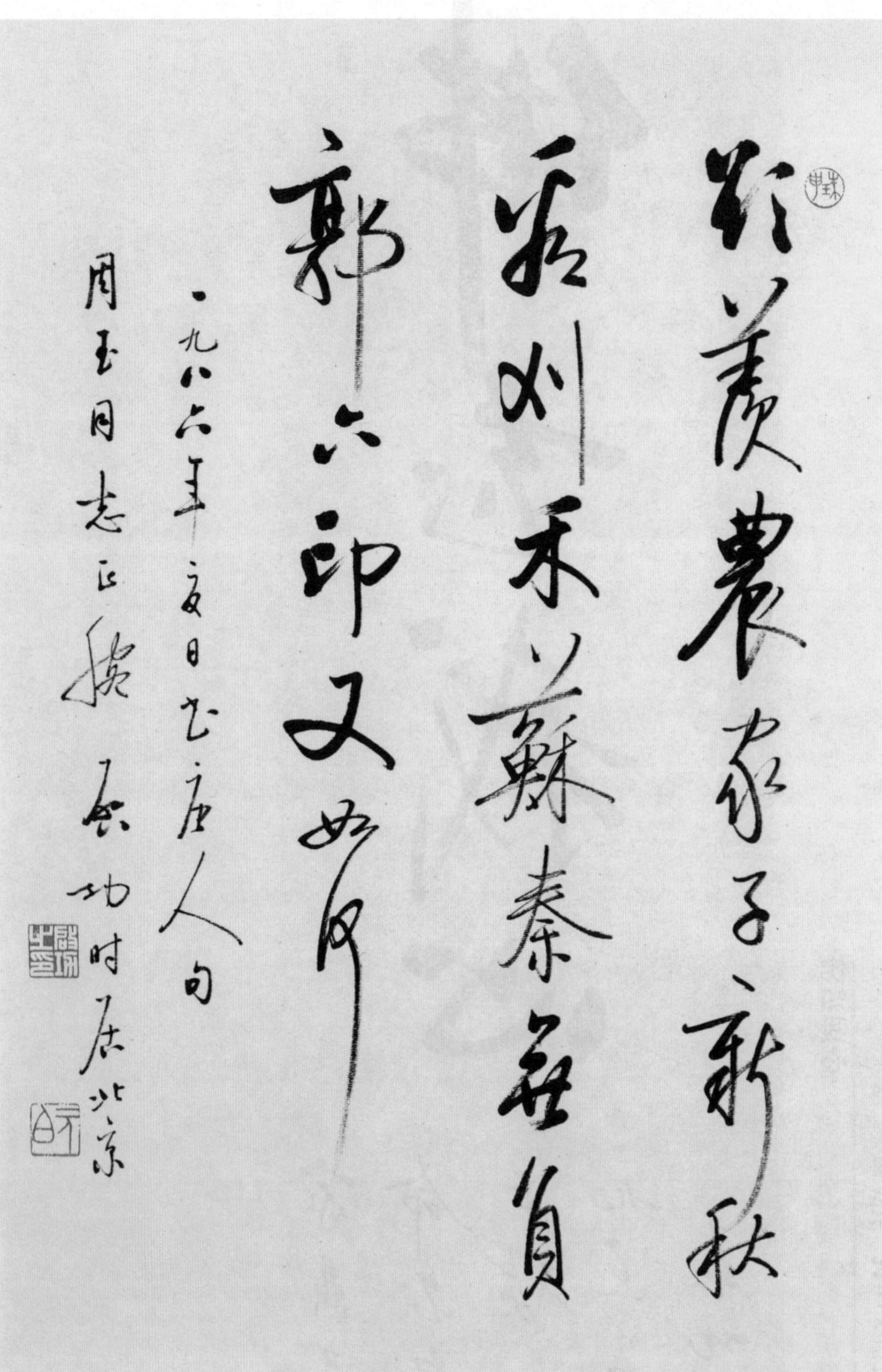

欲羡农家子

一九八六年作　水墨纸本　64cm×44cm　个人收藏

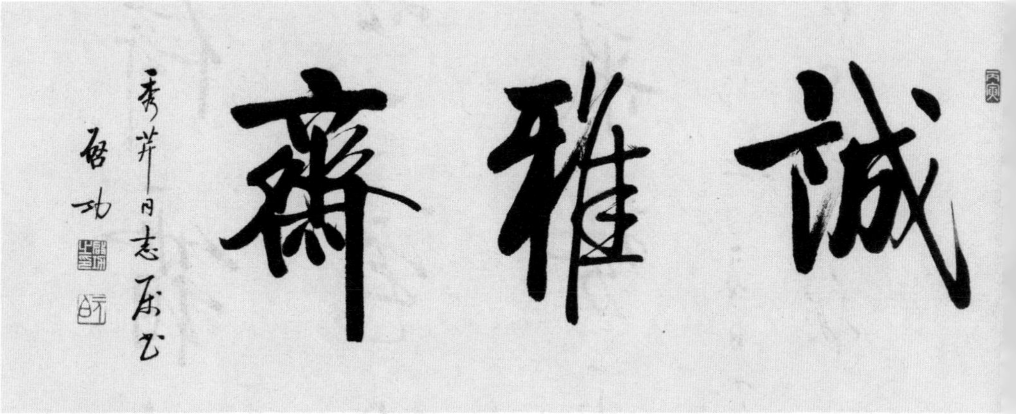

诚雅斋

一九八六年作　水墨纸本　34.5cm×95cm　个人收藏

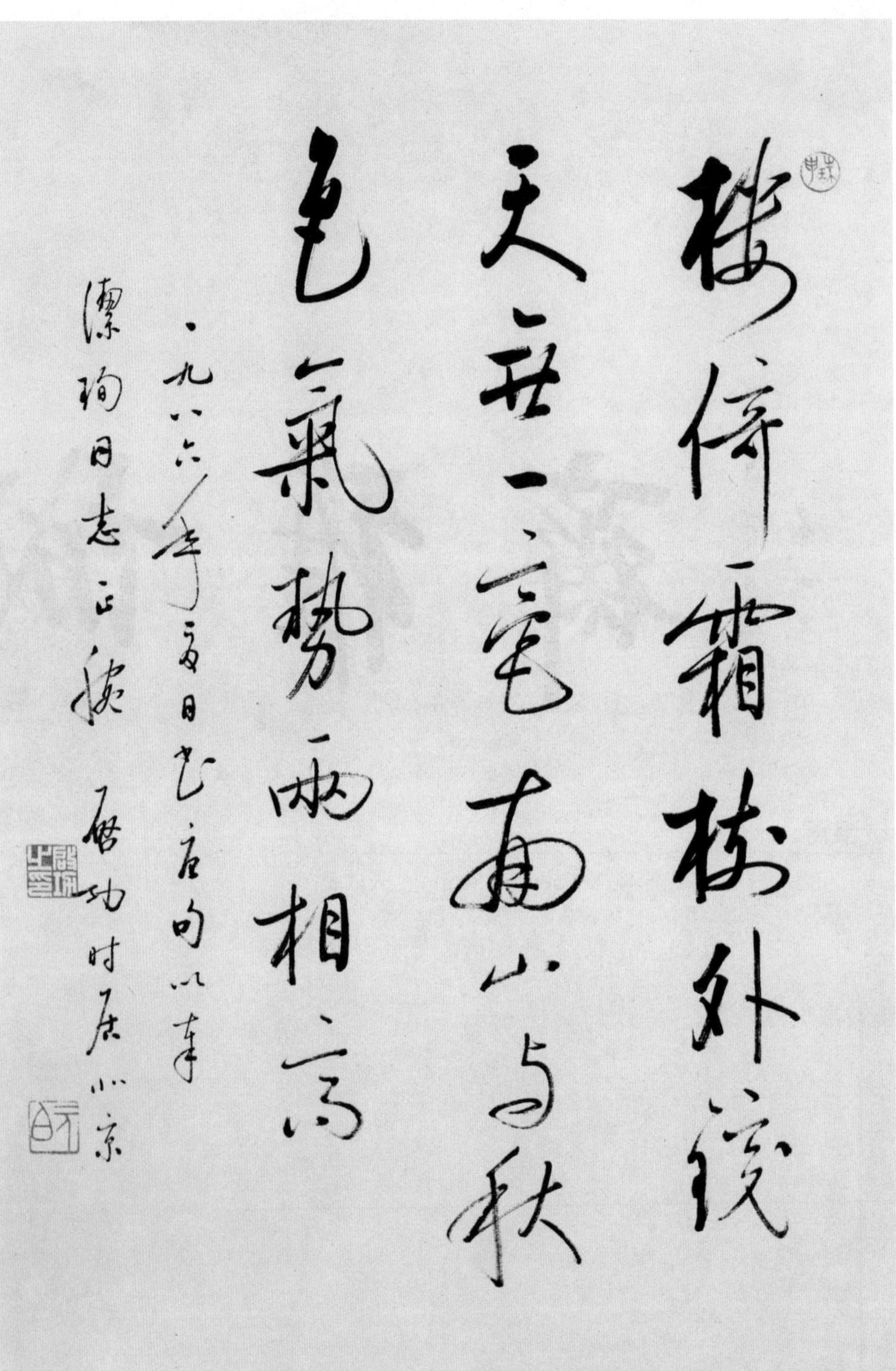

楼倚霜树外

一九八六年作　水墨纸本　67cm×44cm　个人收藏

初闻千岛名区水色山光画不如
盖染沈吟�怕故实东坡未�说西湖

初闻千岛是名区，水色山光画不如，盖染沈吟怕故实，东坡未肯说西湖。

初闻千岛是名区

一九八六年作　水墨纸本　93cm×28cm　个人收藏

赠友人

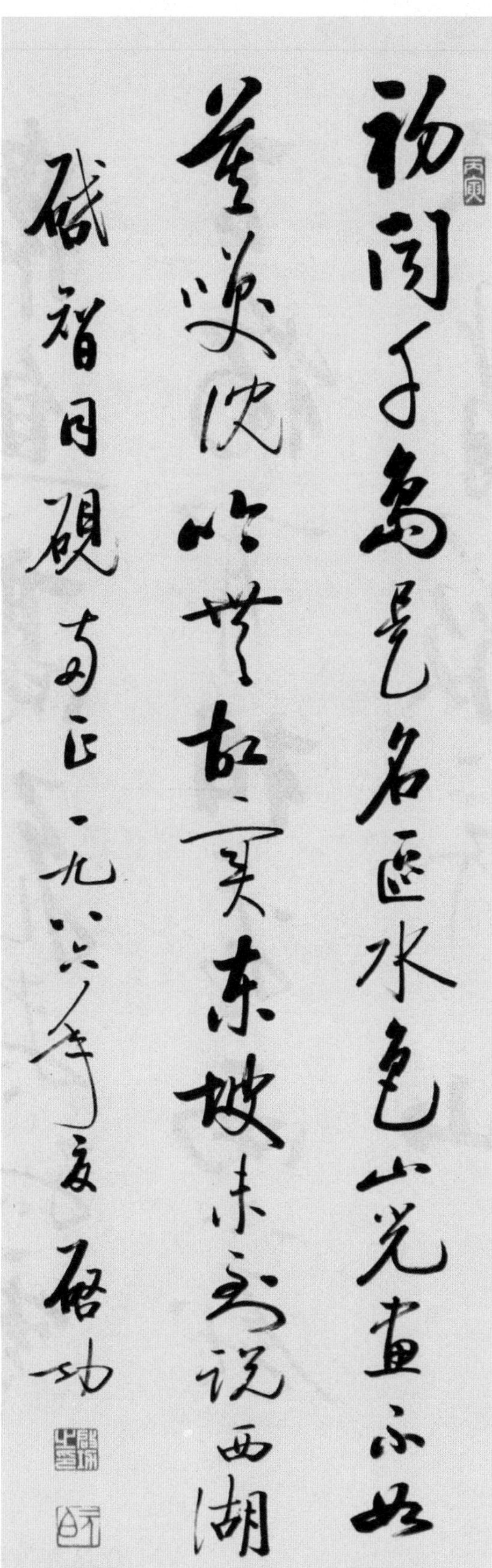

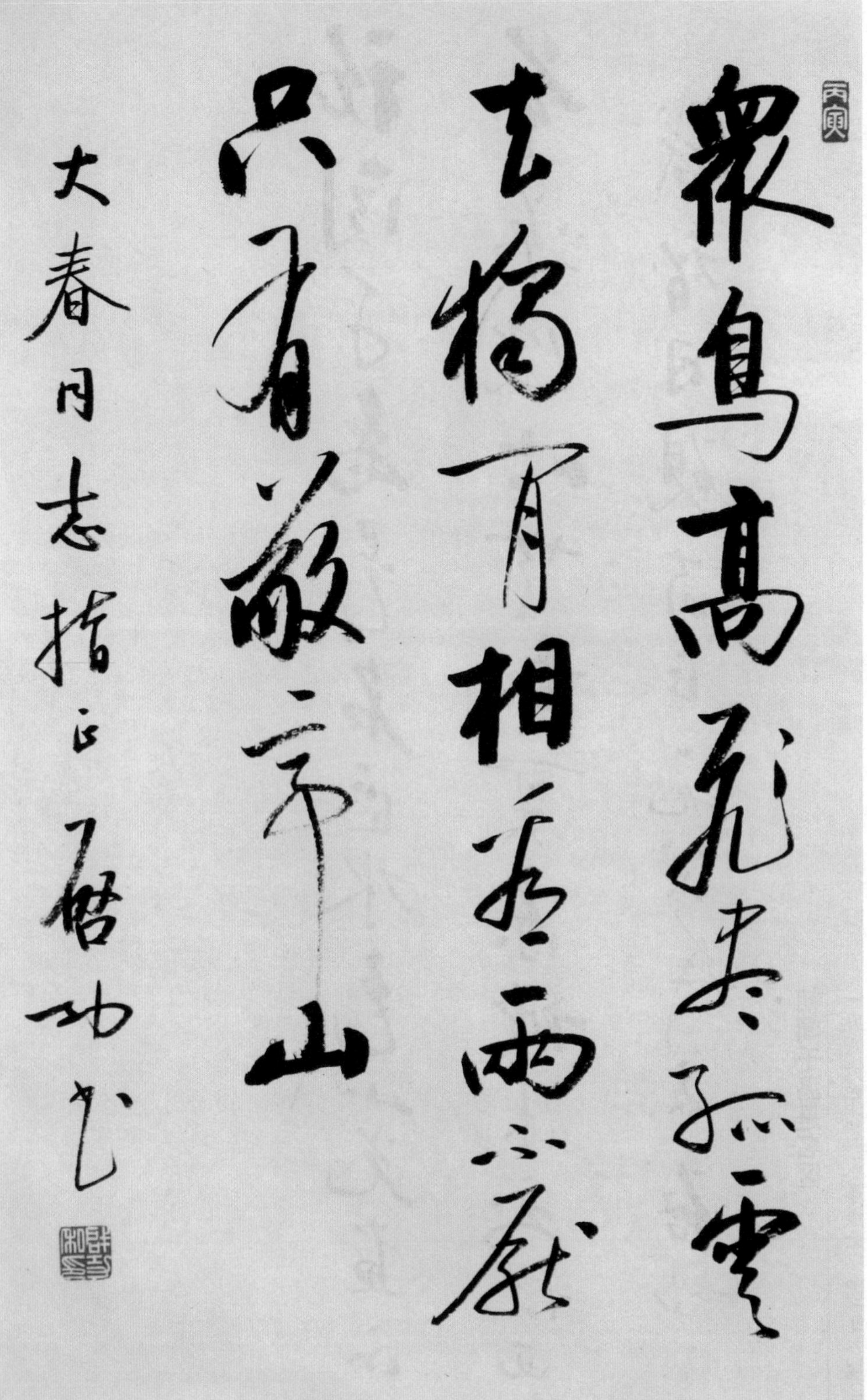

众鸟高飞尽（一）

一九八六年作　水墨纸本　68cm×42cm　个人收藏

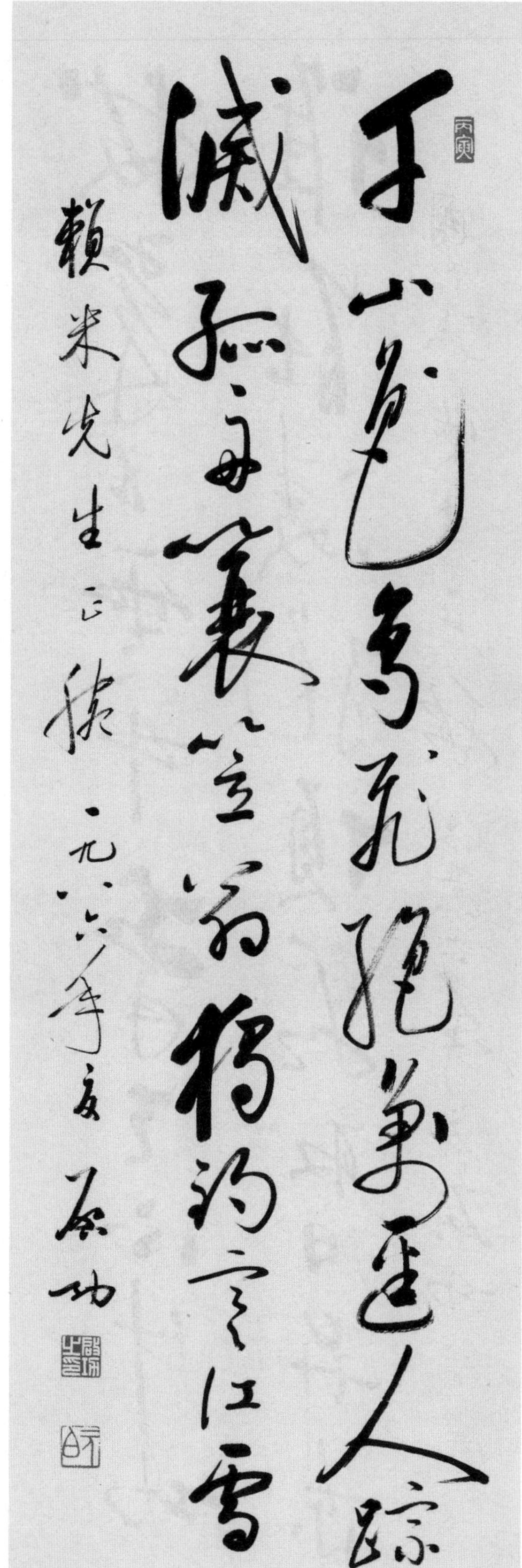

千山鸟飞绝（二）

一九八六年作　水墨纸本　93cm×31cm　个人收藏

赠友人

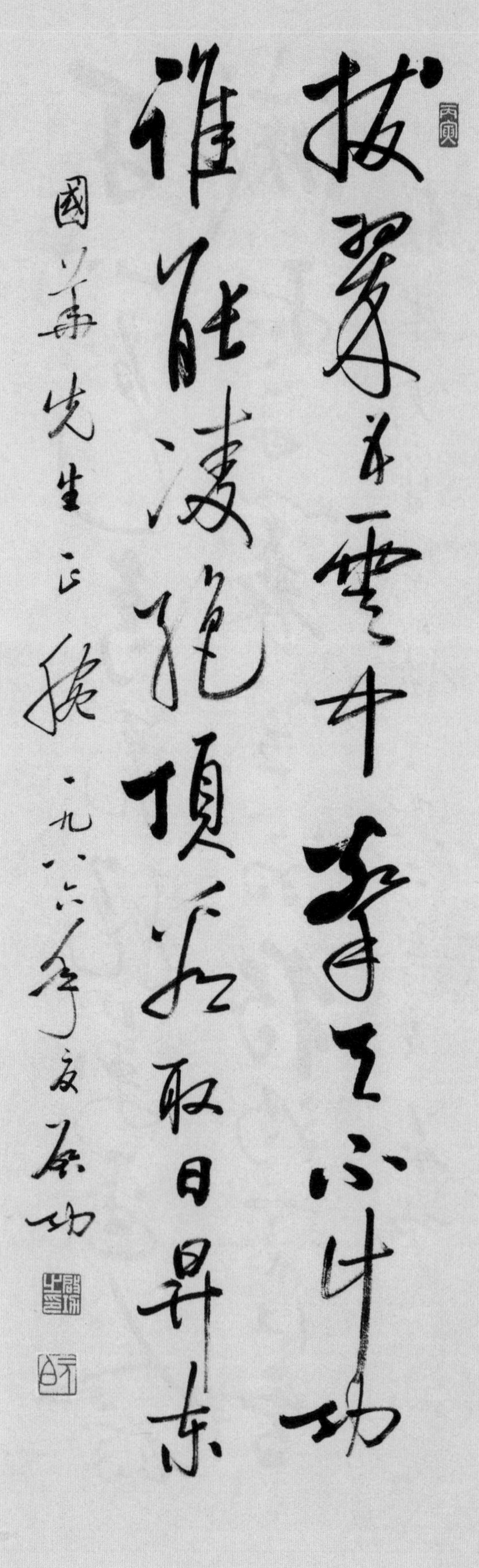

拔翠五云中

一九八六年作　水墨纸本　104cm×34cm　个人收藏

秋晚稻生孙催科不到一人百生二乐陶三是吾邦

绍武同志属正功

一九八六年

晚秋稻生孙

一九八六年作　水墨纸本　94cm×31cm　个人收藏

赠友人

115

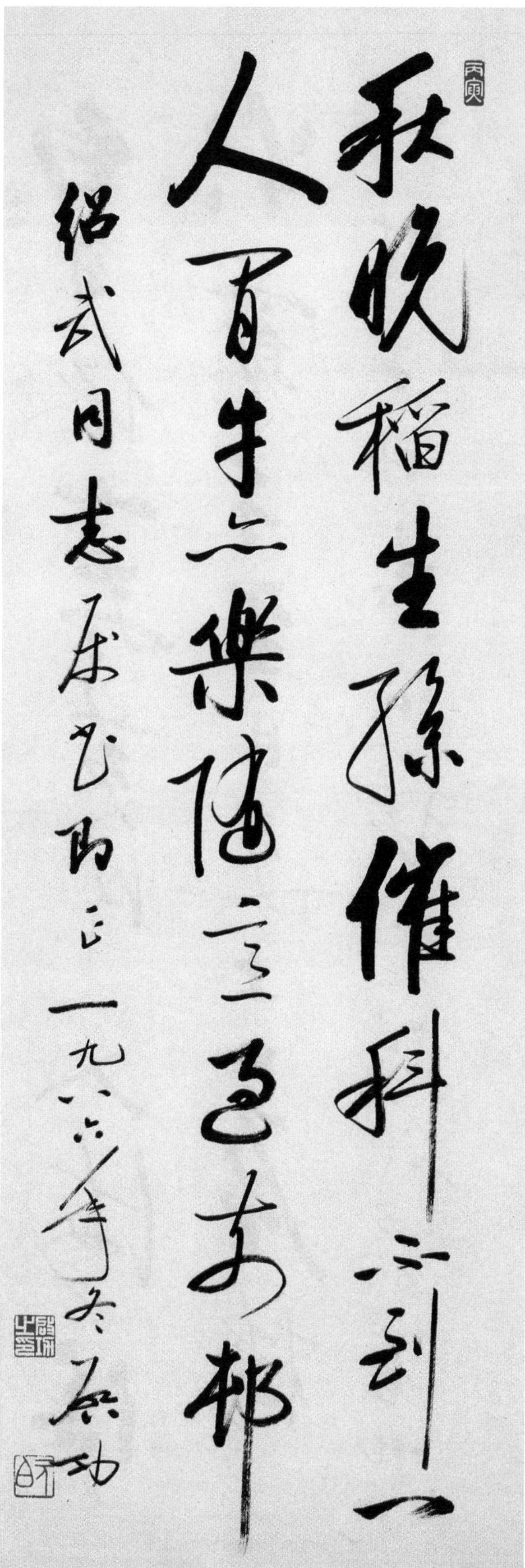

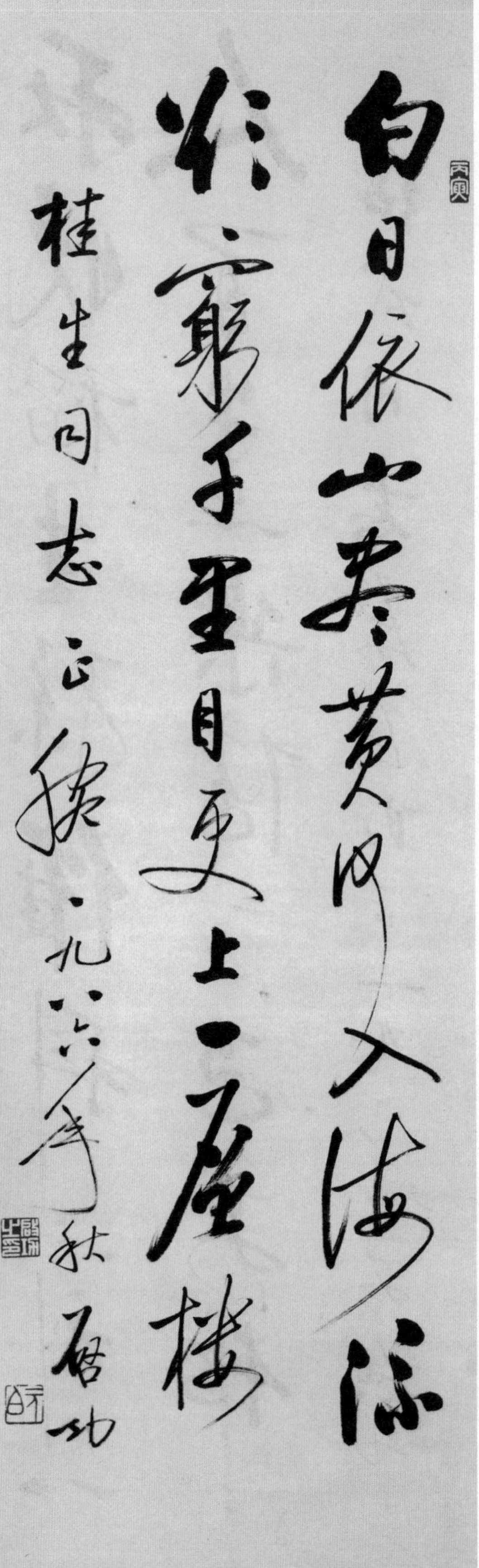

白日依山尽

一九八六年作　水墨纸本　104cm×34cm　个人收藏

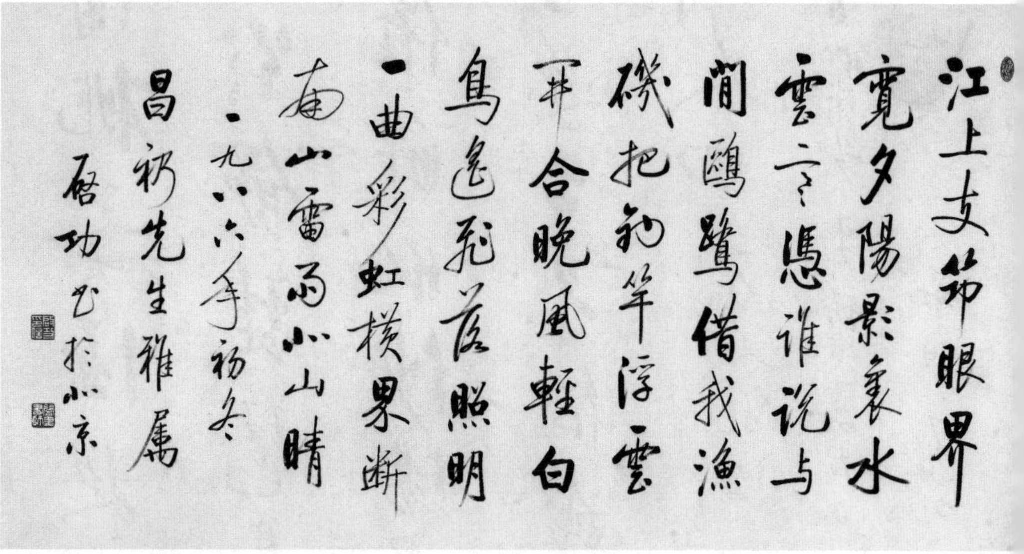

江上支笻眼界宽（赠昌初）

一九八六年作　水墨纸本　89cm×174cm　个人收藏

蒲桃美酒夜光杯，欲饮琵琶马上催。醉卧沙场君莫笑，古来征战几人回。

唐人凉州词

曹荣先生雅正 启功

一九八六年秋日

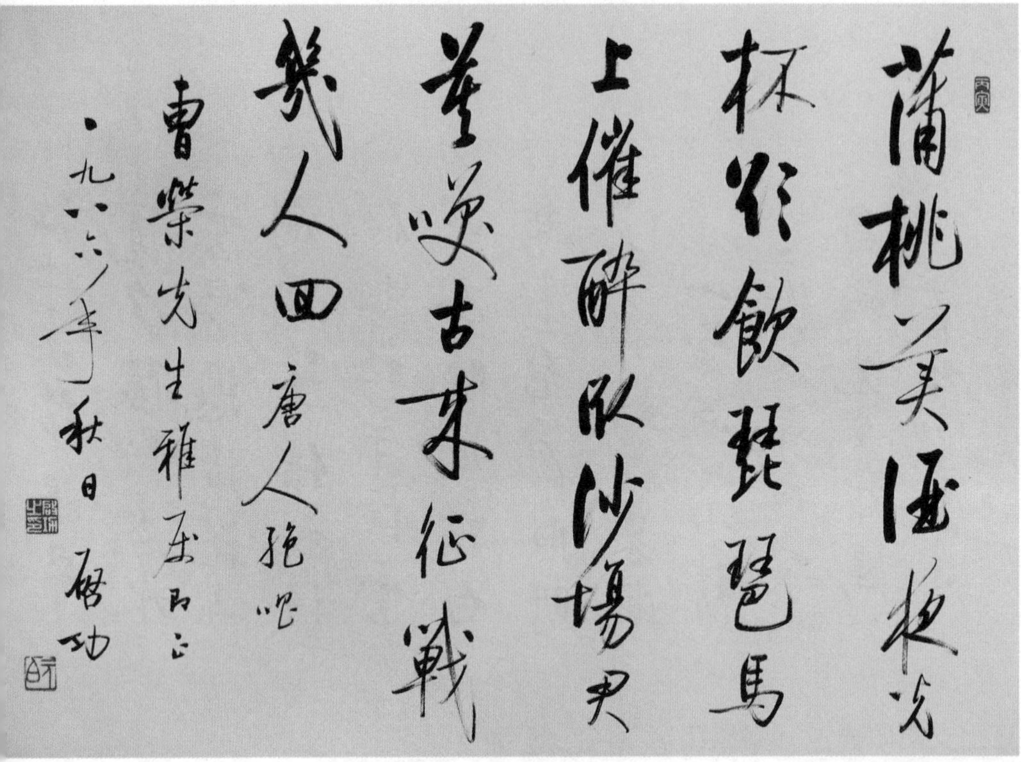

蒲桃美酒夜光杯

一九八六年作 水墨纸本 82cm×57cm 个人收藏

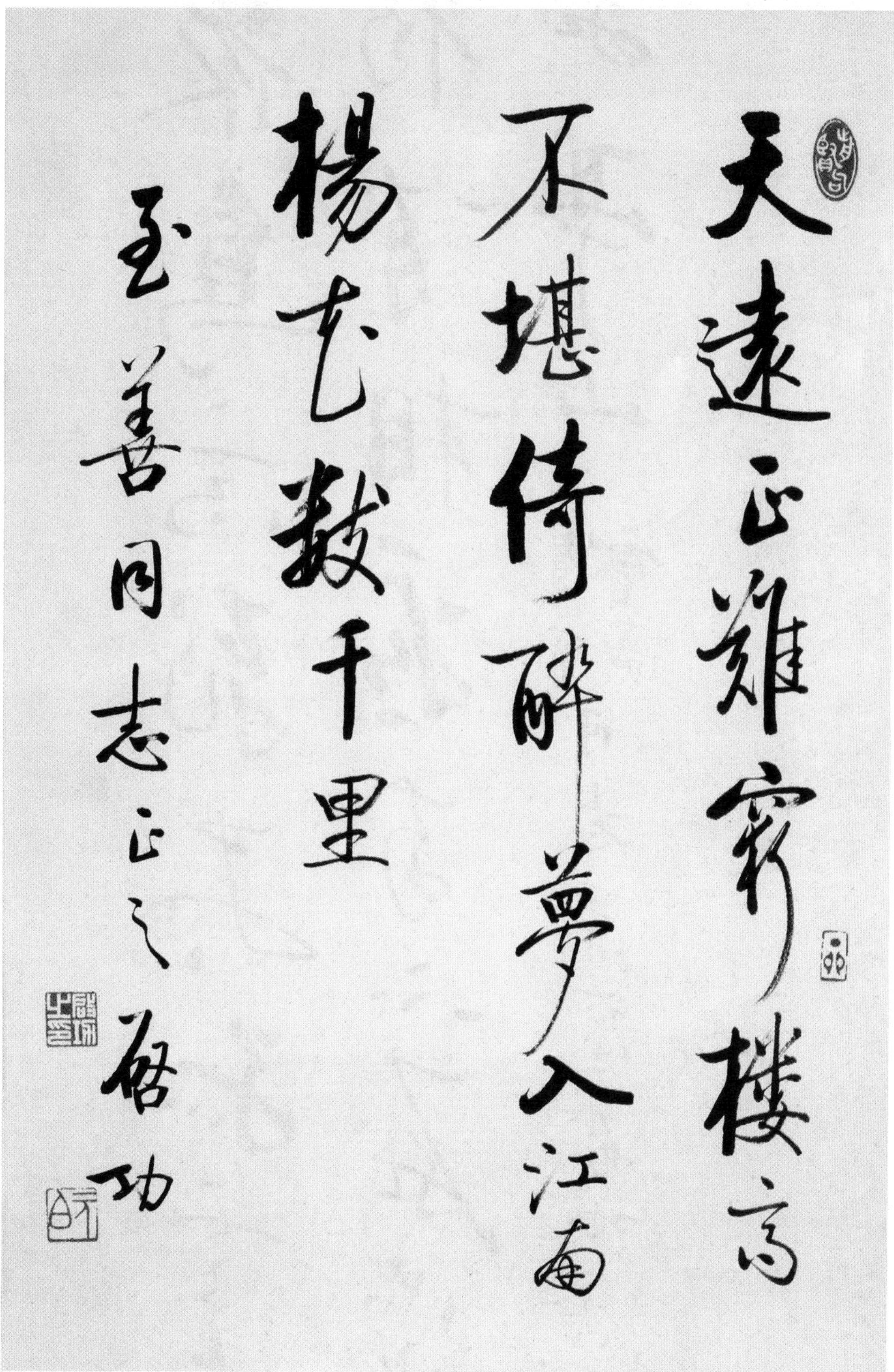

天远正难穷

天远正难穷

一九八七年作　水墨纸本　66cm×43cm　个人收藏

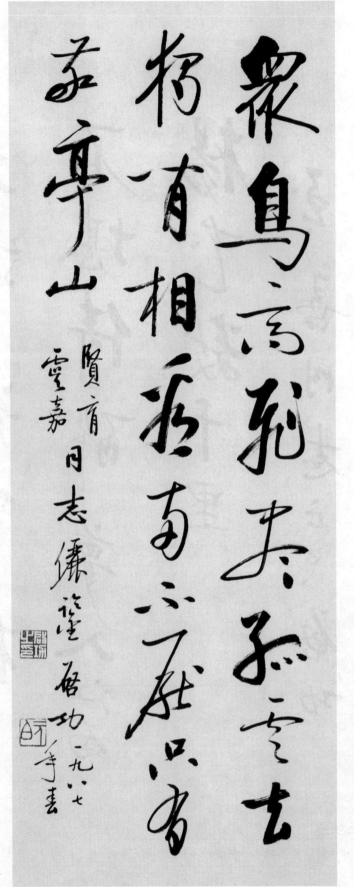

众鸟高飞尽（二）

一九八七年作　水墨纸本　81cm×32cm　个人收藏

終南陰嶺秀，積雪浮雲端。林表明霽色，城中增暮寒。

仁和同志正臨 啟功

赠友人

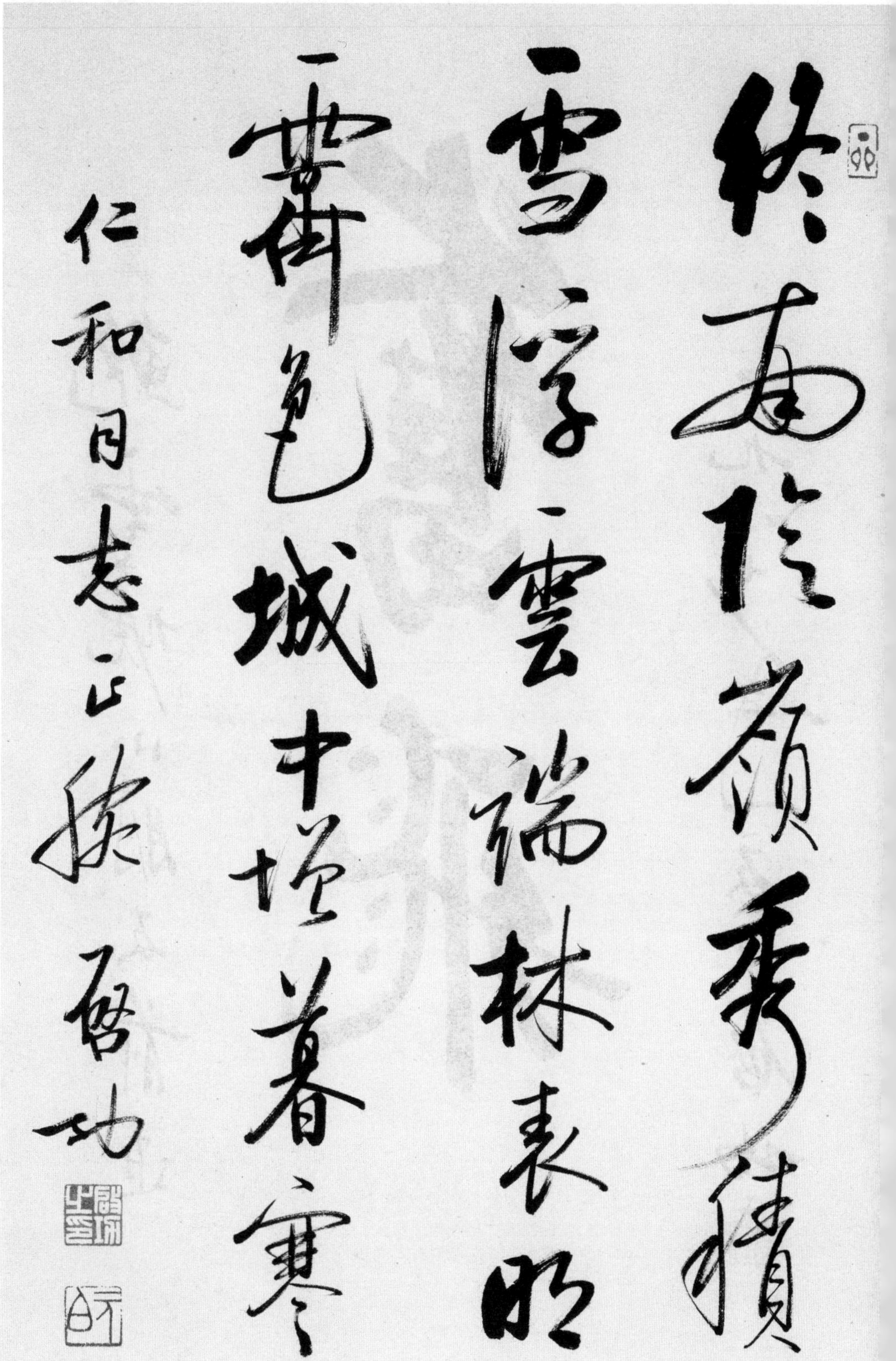

终南阴岭秀（二）

一九八七年作　水墨纸本　60cm×40cm　个人收藏

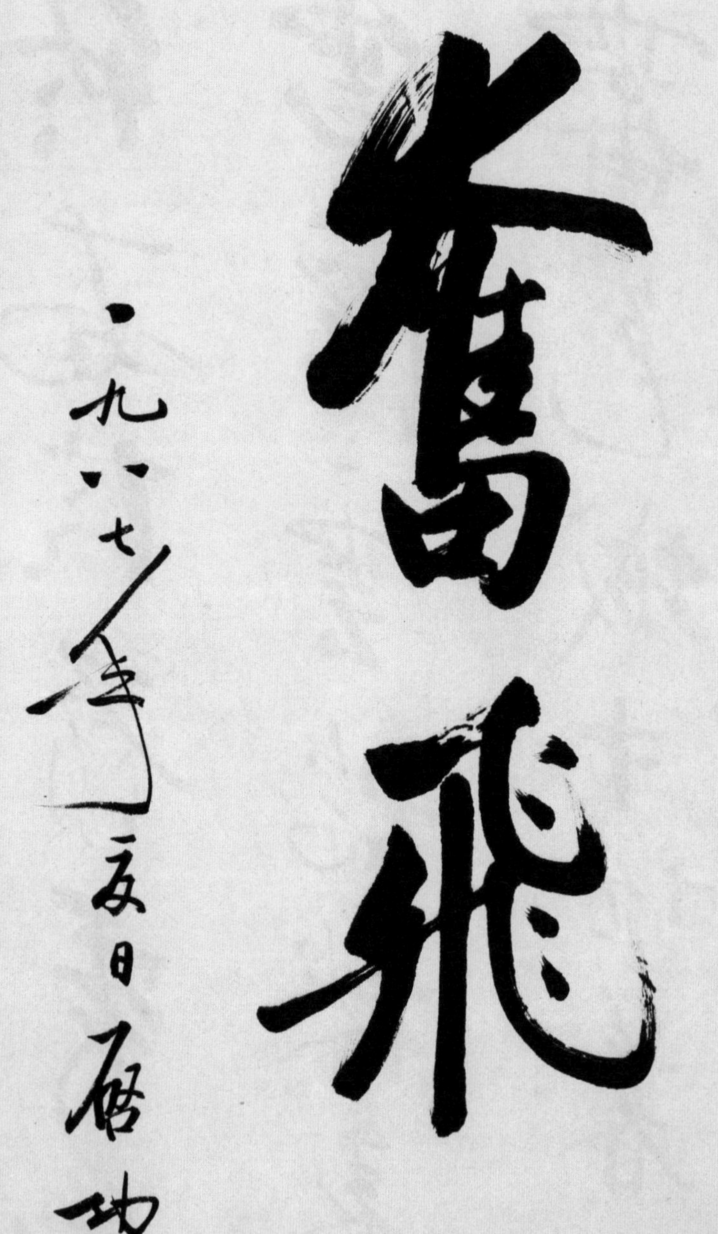

鲍雲魄小朋友前進

奮飛

一九八七年冬月居功

奋飞

一九八七年作　水墨纸本　66cm×43cm　个人收藏

迢迢建业水中有武昌鱼别後
应当忆能忘数寄书宋人句

仲义
明泽同志俦馀论坐一九八七年秋 启功

迢迢建业水

一九八七年作　水墨纸本　105cm×34cm　个人收藏

赠友人

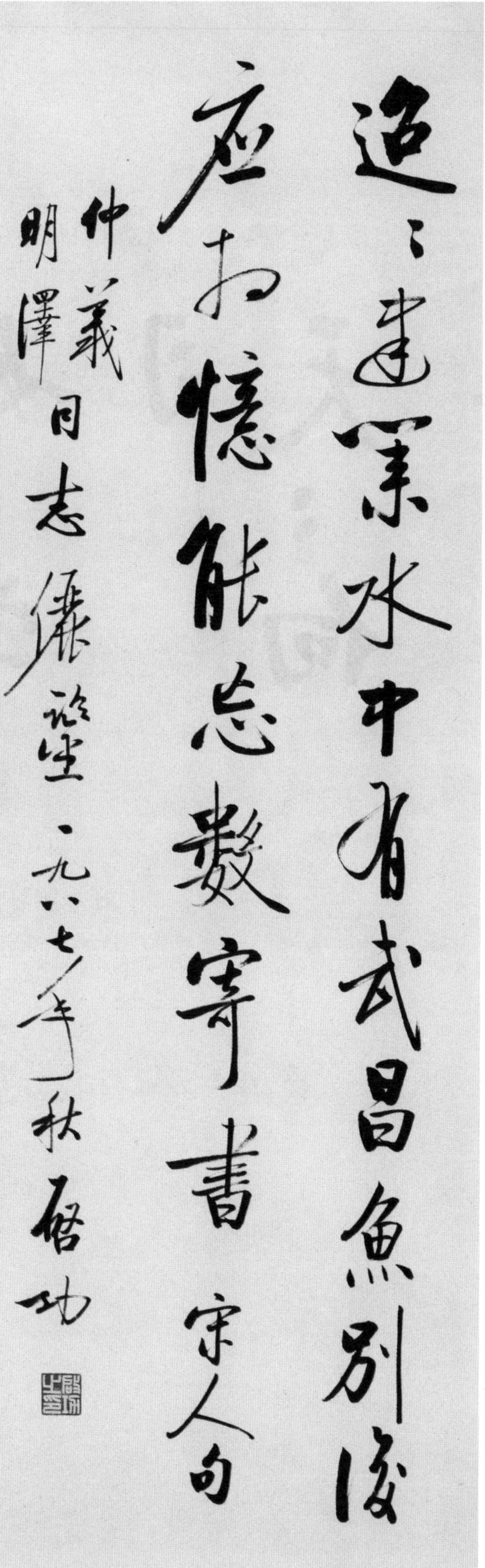

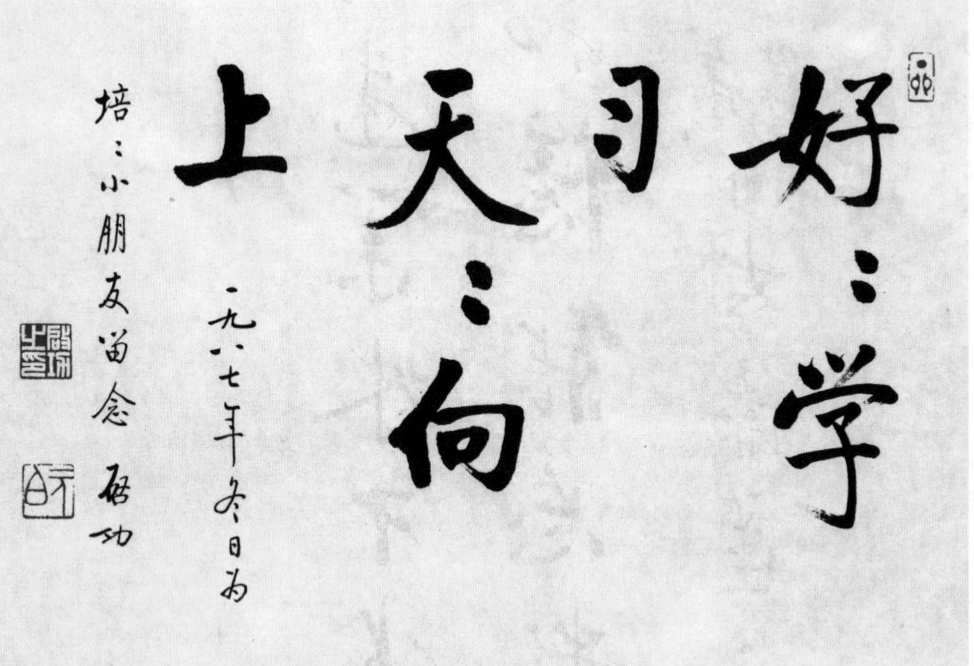

好好学习　天天向上

一九八七年作　水墨纸本　33cm×50cm　个人收藏

為木村墟古疎籬野蔓縈清

琴悵暇日白首望霜天雁狙

黃柑垂支林錦石圓遠遊難

宷窅雜見世山川 一九八七年冬

增光日志方家正腕啟功

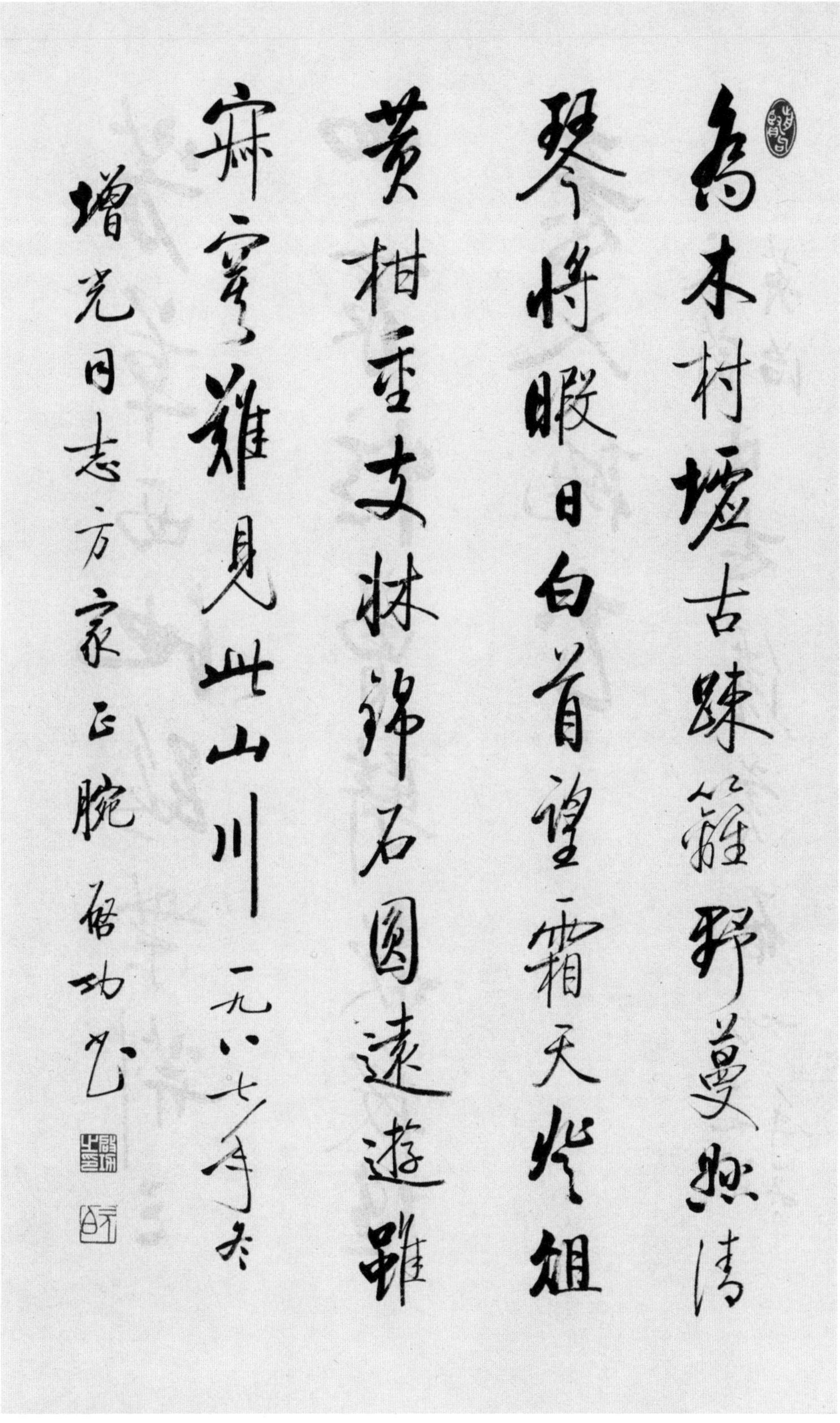

乔木村墟古

一九八七年作　水墨纸本　94cm×58.5cm　个人收藏

芳草西池路業荆三

四家怆曾骑款段遑

意入桅花

文蘭英治日志儀黄曆功一九八七年

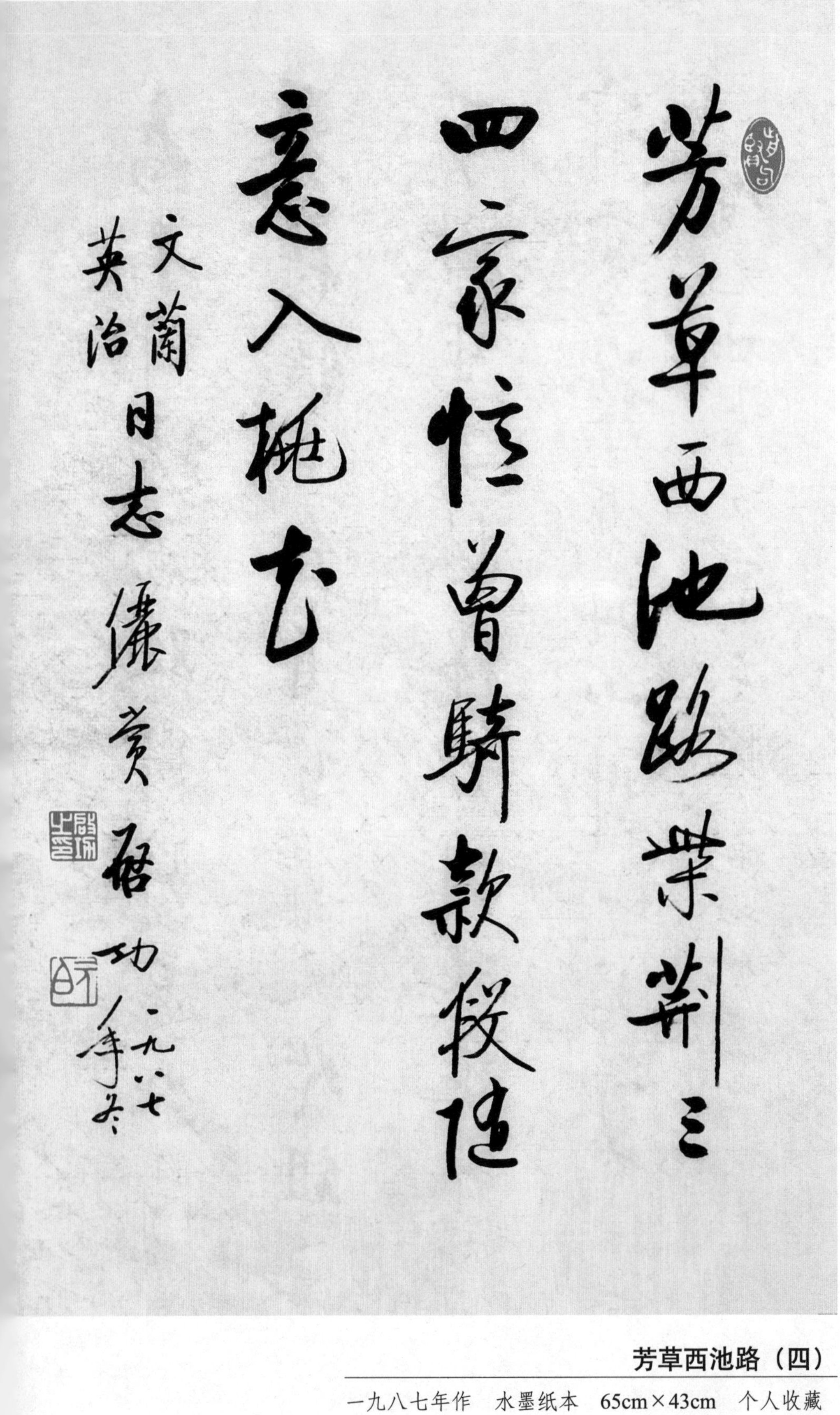

芳草西池路（四）

一九八七年作　水墨纸本　65cm×43cm　个人收藏

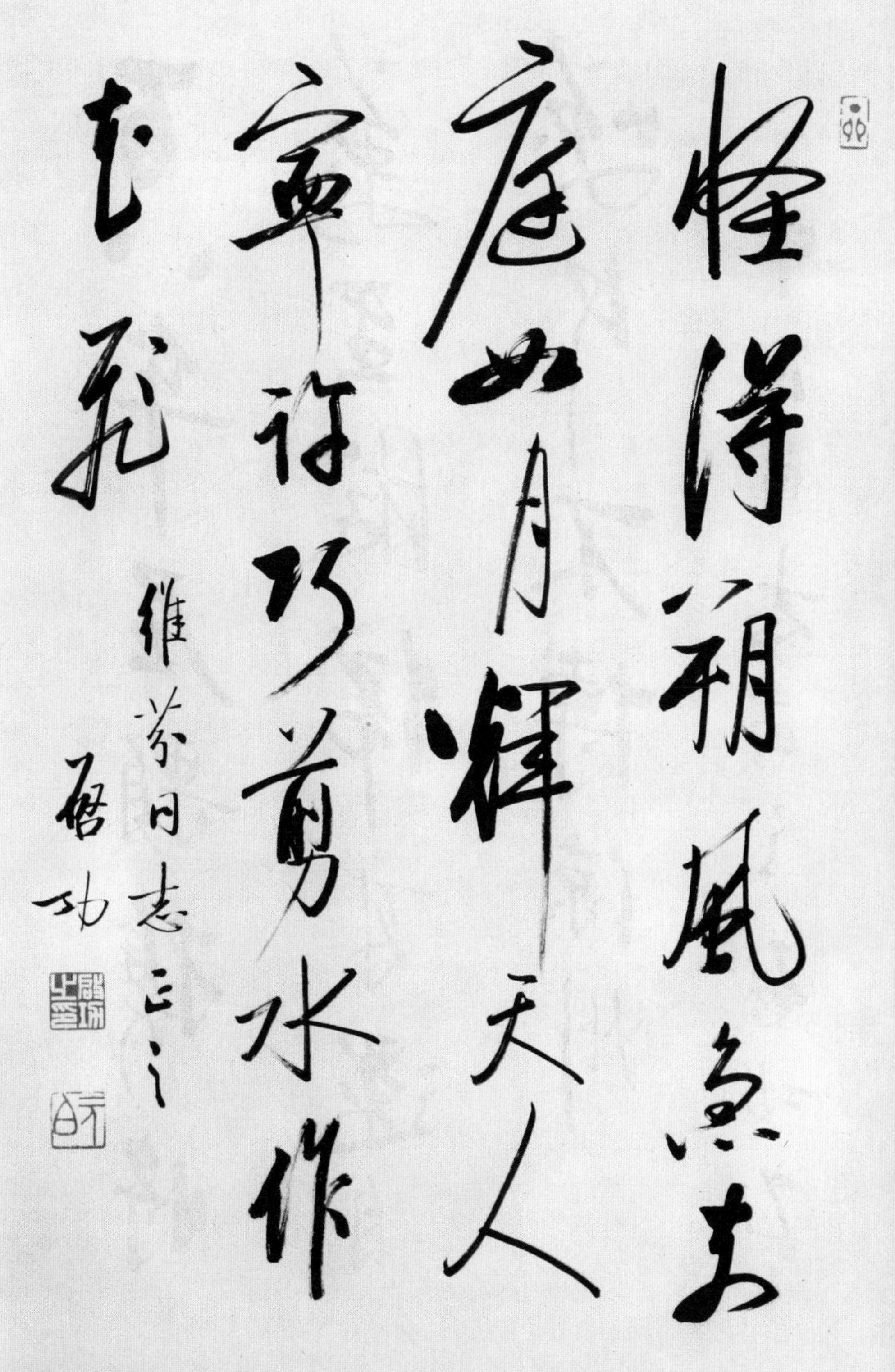

怪得朔风急，庭如月辉天人审诗巧剪水作飞花

维芳日志之（印）

启功

赠友人

怪得朔风急

一九八七年作　水墨纸本　66cm×43cm　个人收藏

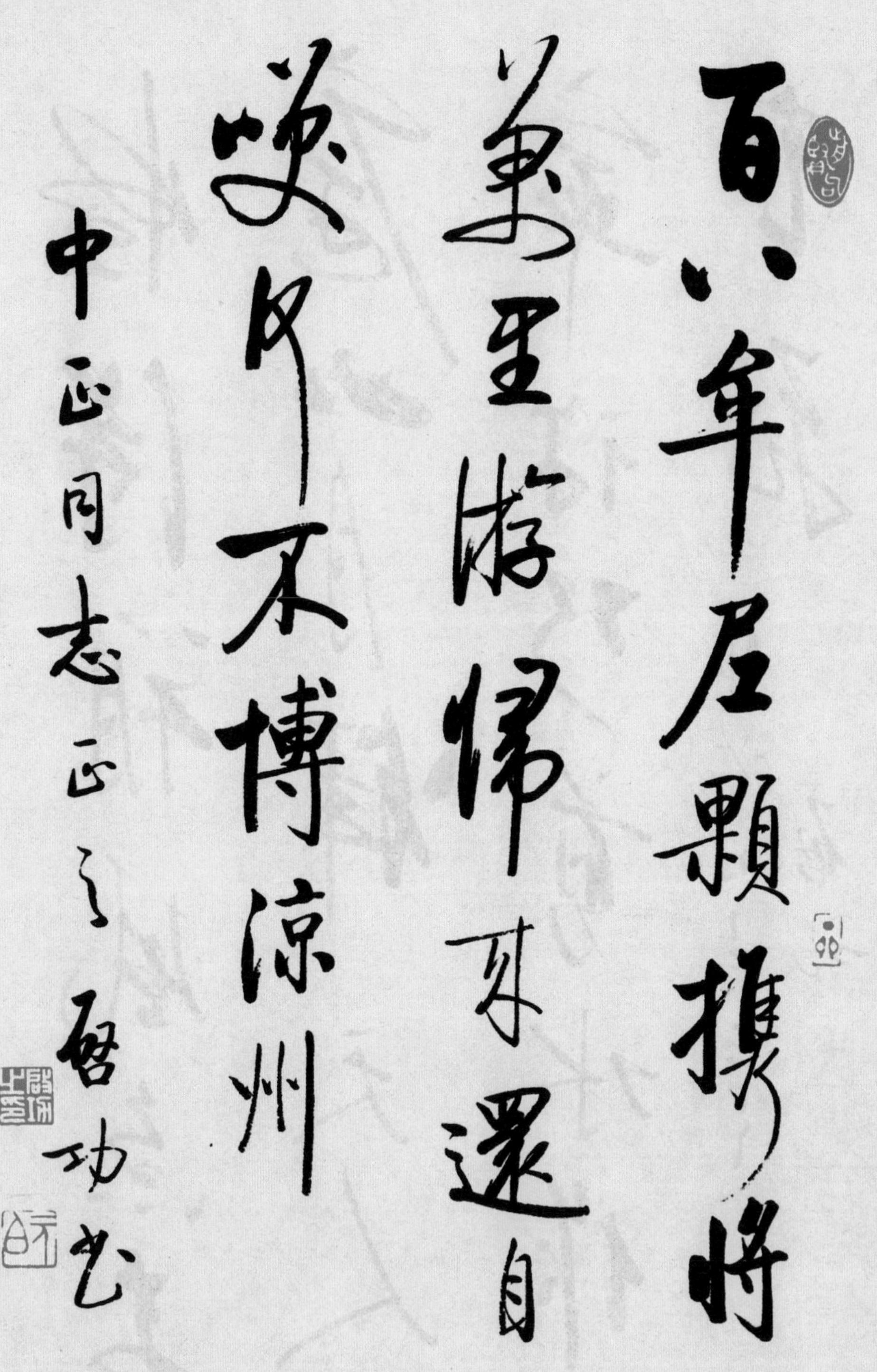

百八牟尼颗

一九八七年作　水墨纸本　66cm×43cm　个人收藏

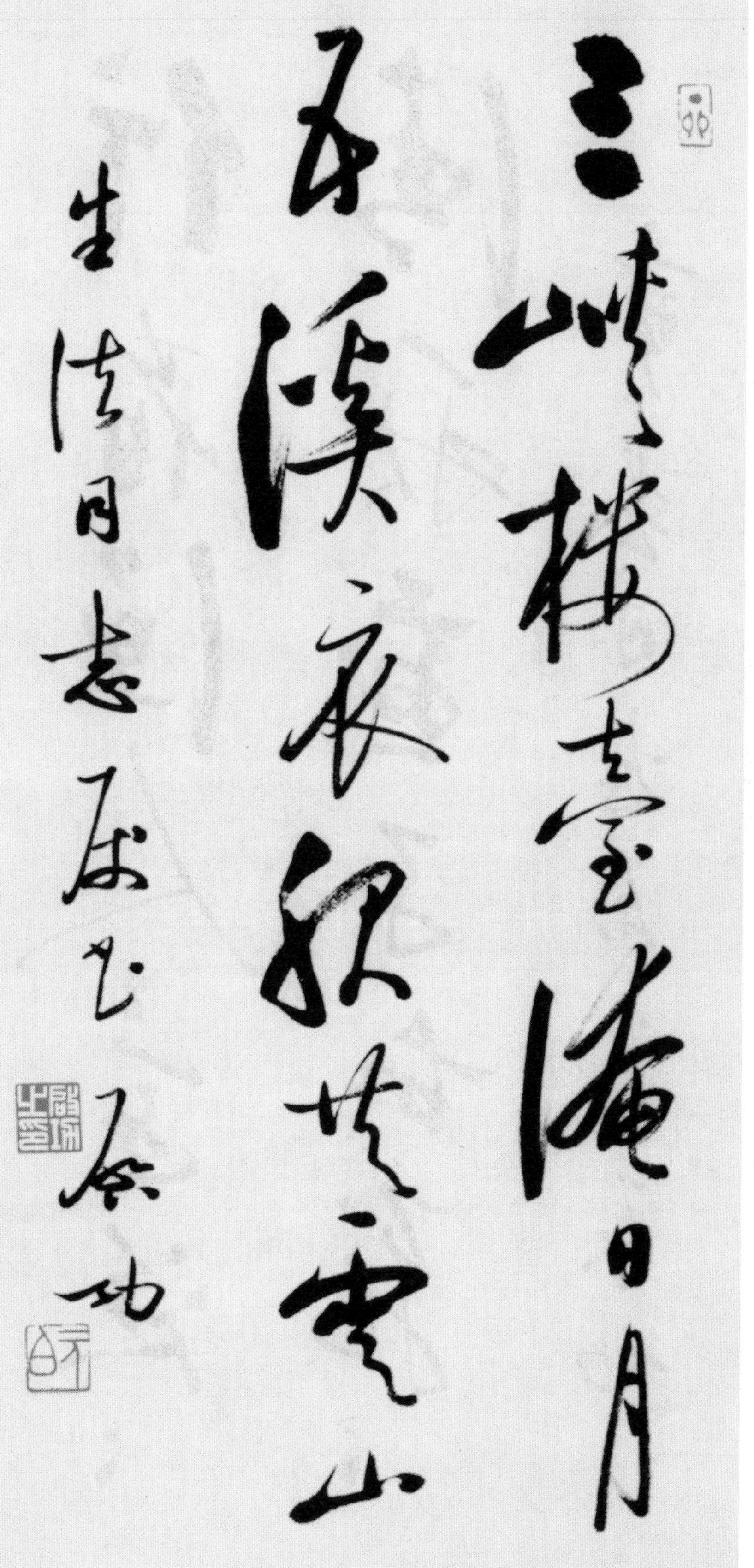

三峡楼台淹日月

一九八七年作　水墨纸本　58cm×30cm　个人收藏

赠友人

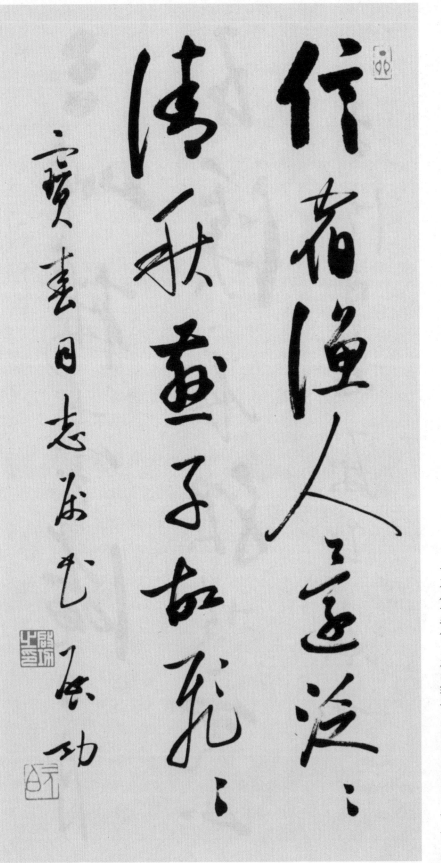

信宿渔人还泛泛（二）

一九八七年作　水墨纸本　58cm×30cm　个人收藏

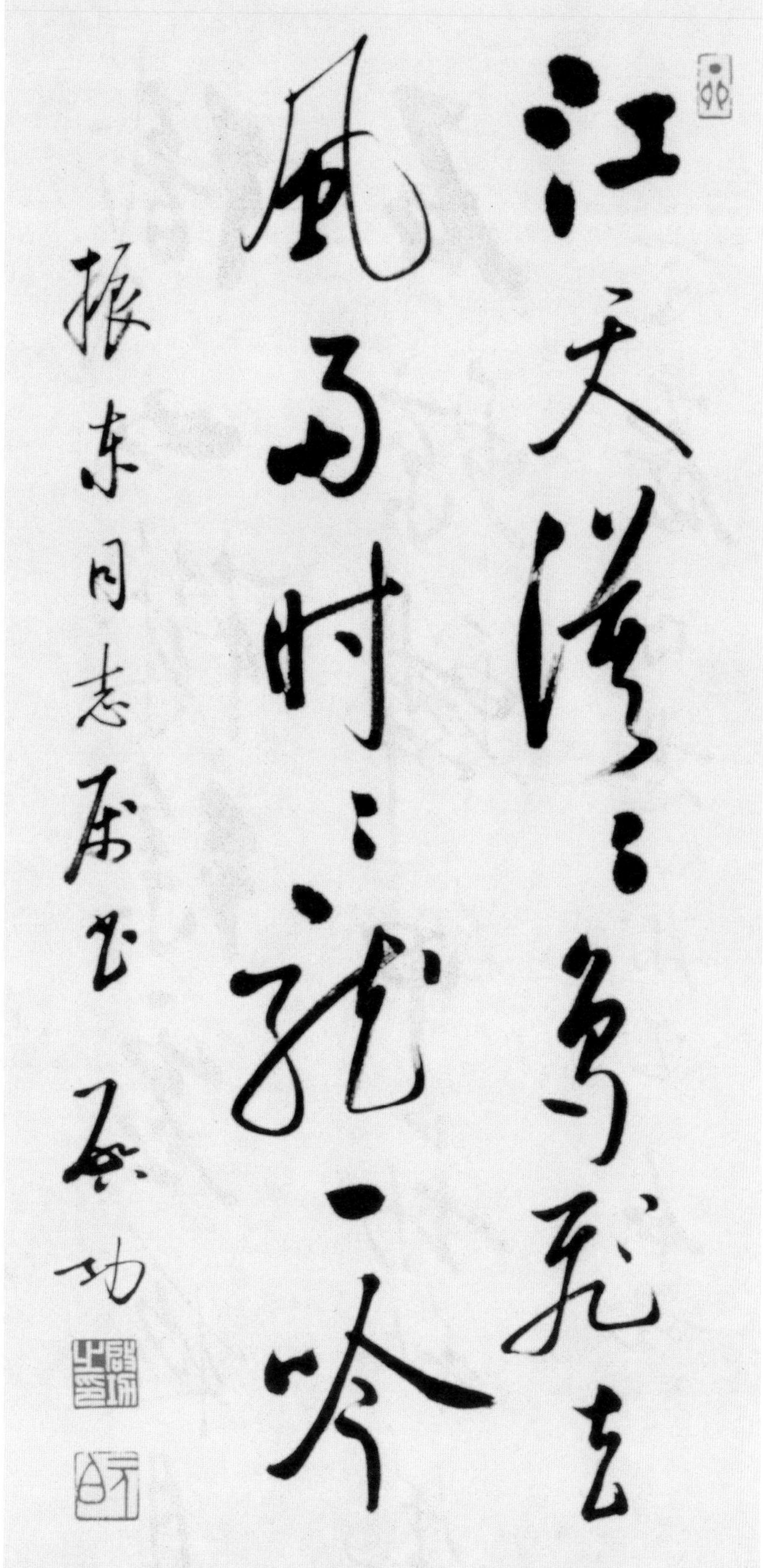

江天漠漠鸟飞去

一九八七年作　水墨纸本　58cm×28cm　个人收藏

赠友人

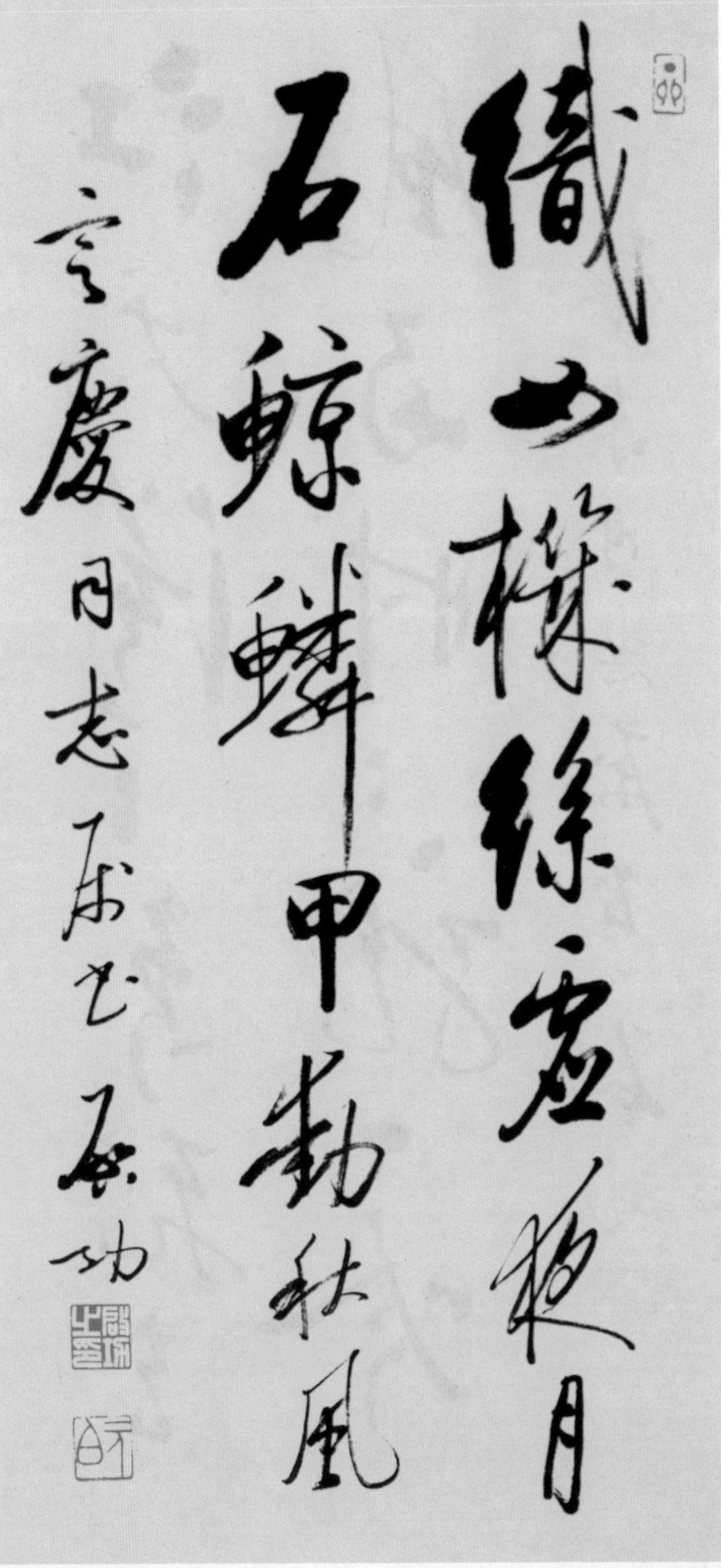

织女机丝虚夜月

一九八七年作　水墨纸本　58cm×30cm　个人收藏

江陵从古号雄州

江陵从古号雄州，骏足危樯拥上游。楚子北邻陈霸业，孙郎西顾有深谋。人歌白雪今传节，史纪朱申昔驻游。但祝安澜天堑阔，彩云白帝下飞舟。江陵古迹题一首

立夫先生以精笺命笔久未报命，检旧作求两教。启功

江陵从古号雄州

一九八七年作　水墨纸本　93cm×32cm　个人收藏

赠友人

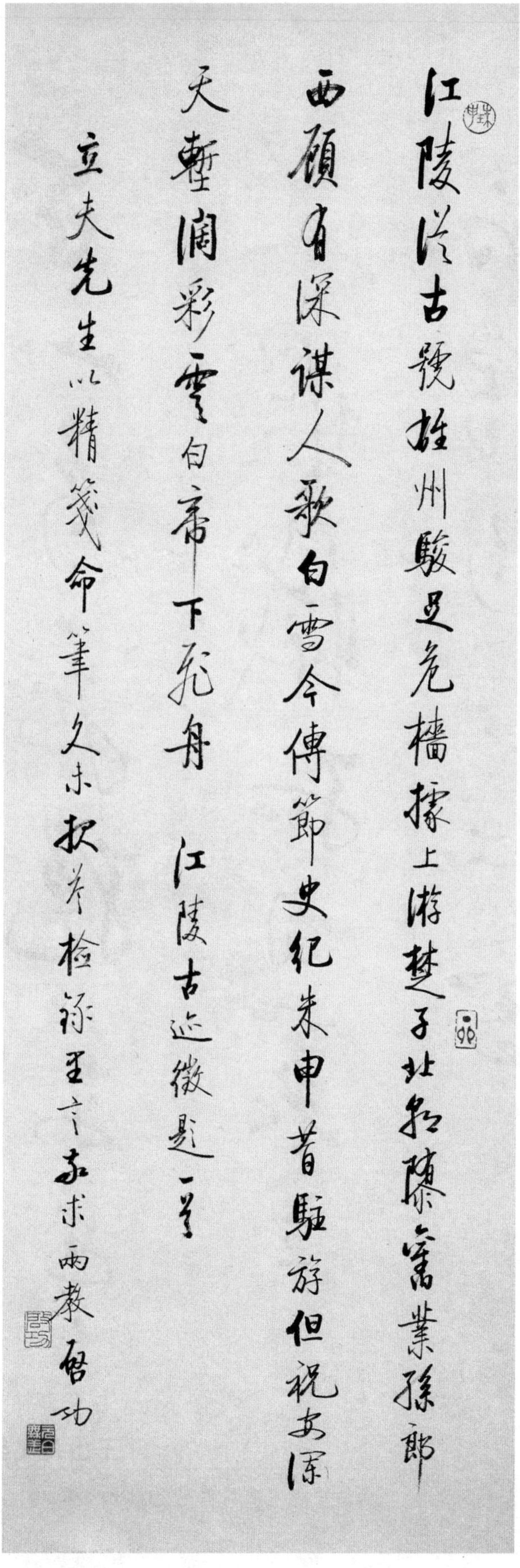

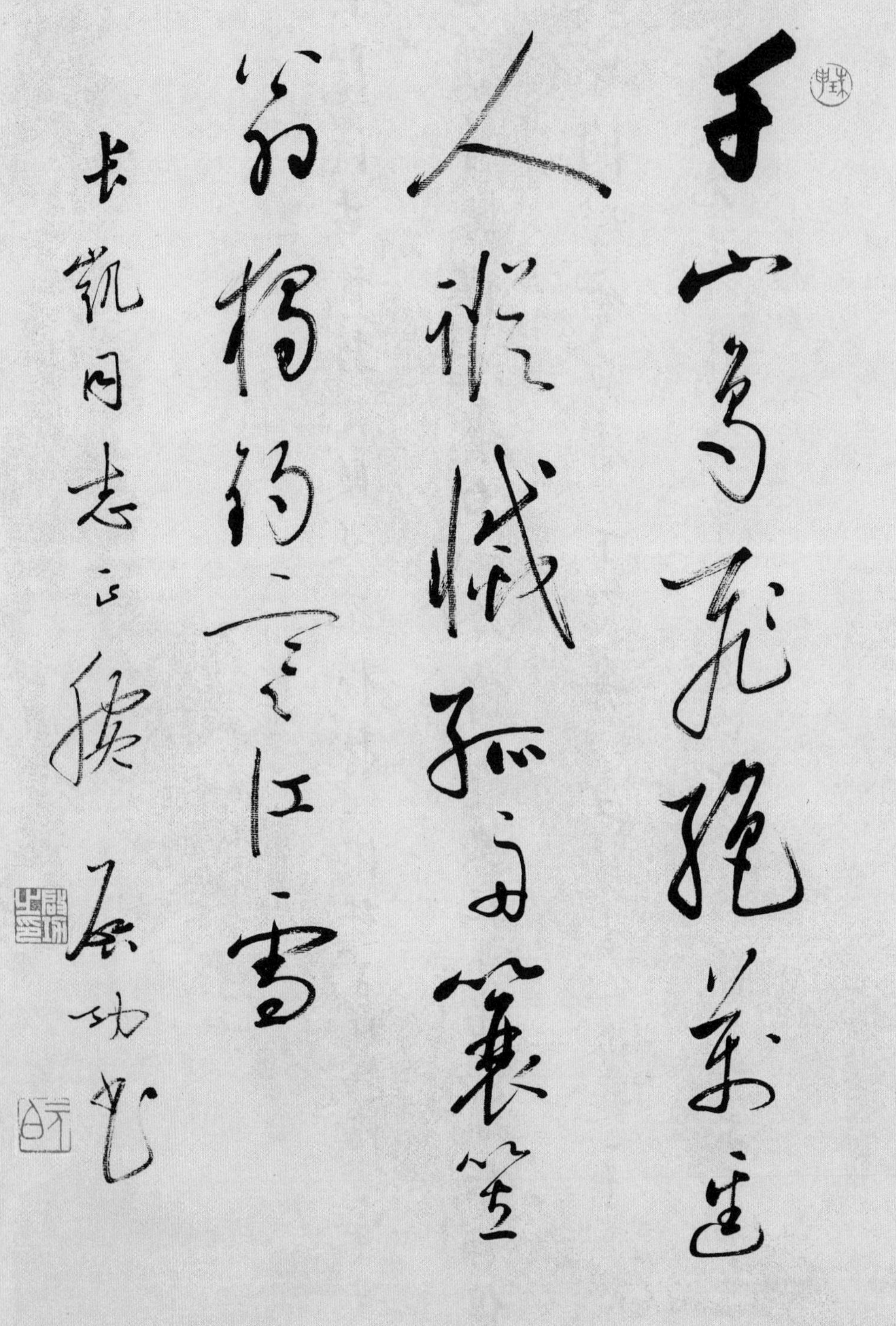

千山鸟飞绝（三）

一九八七年作　水墨纸本　69cm×46cm　个人收藏

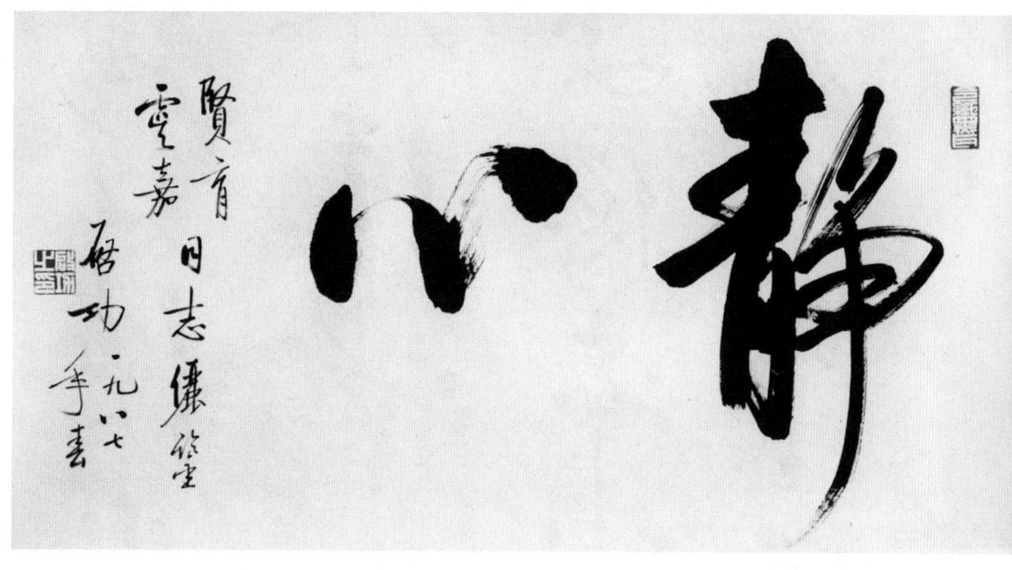

静心

一九八七年作　水墨纸本　66cm×43cm　个人收藏

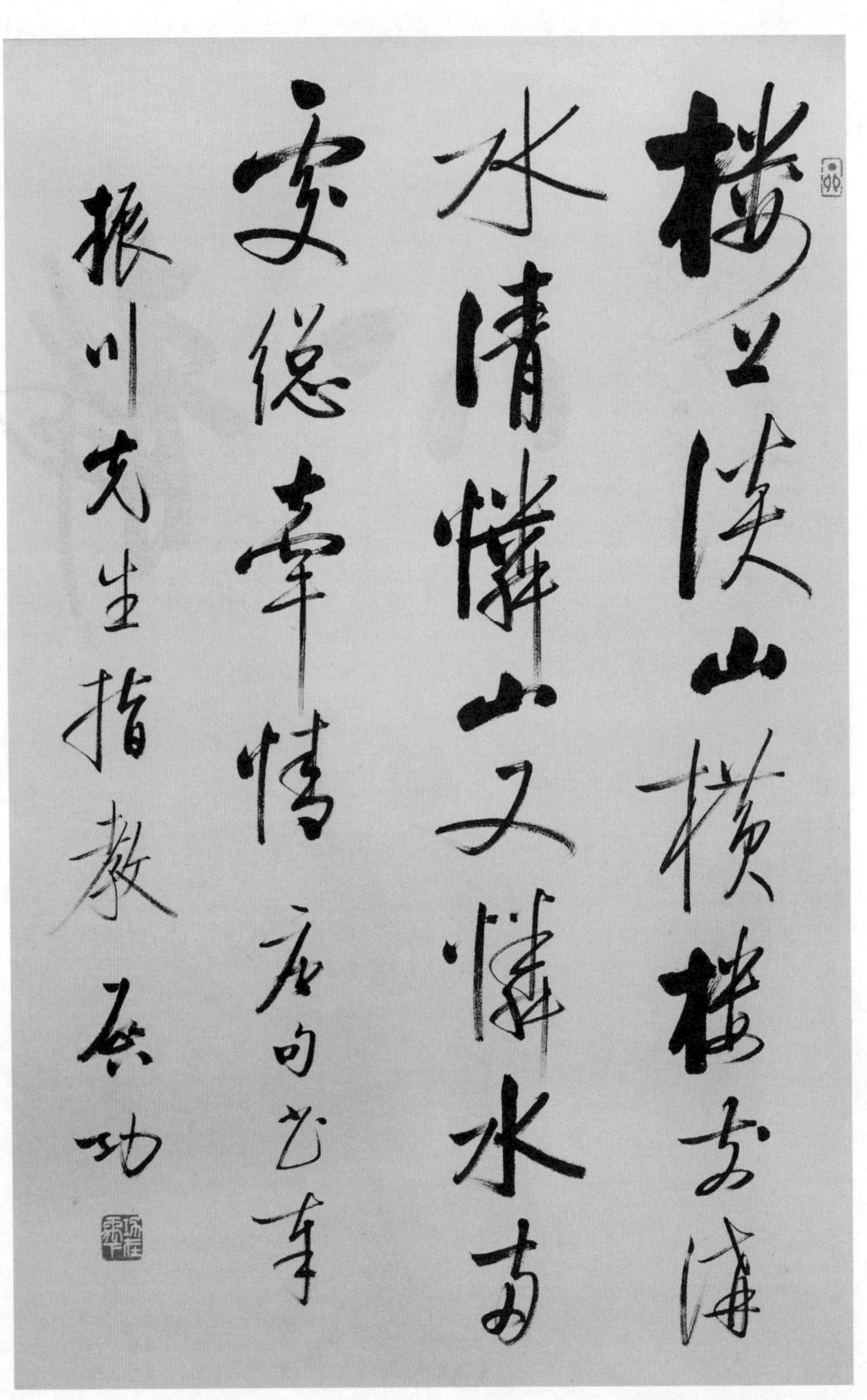

楼上淡山横

一九八七年作　水墨纸本　85cm×54cm　个人收藏

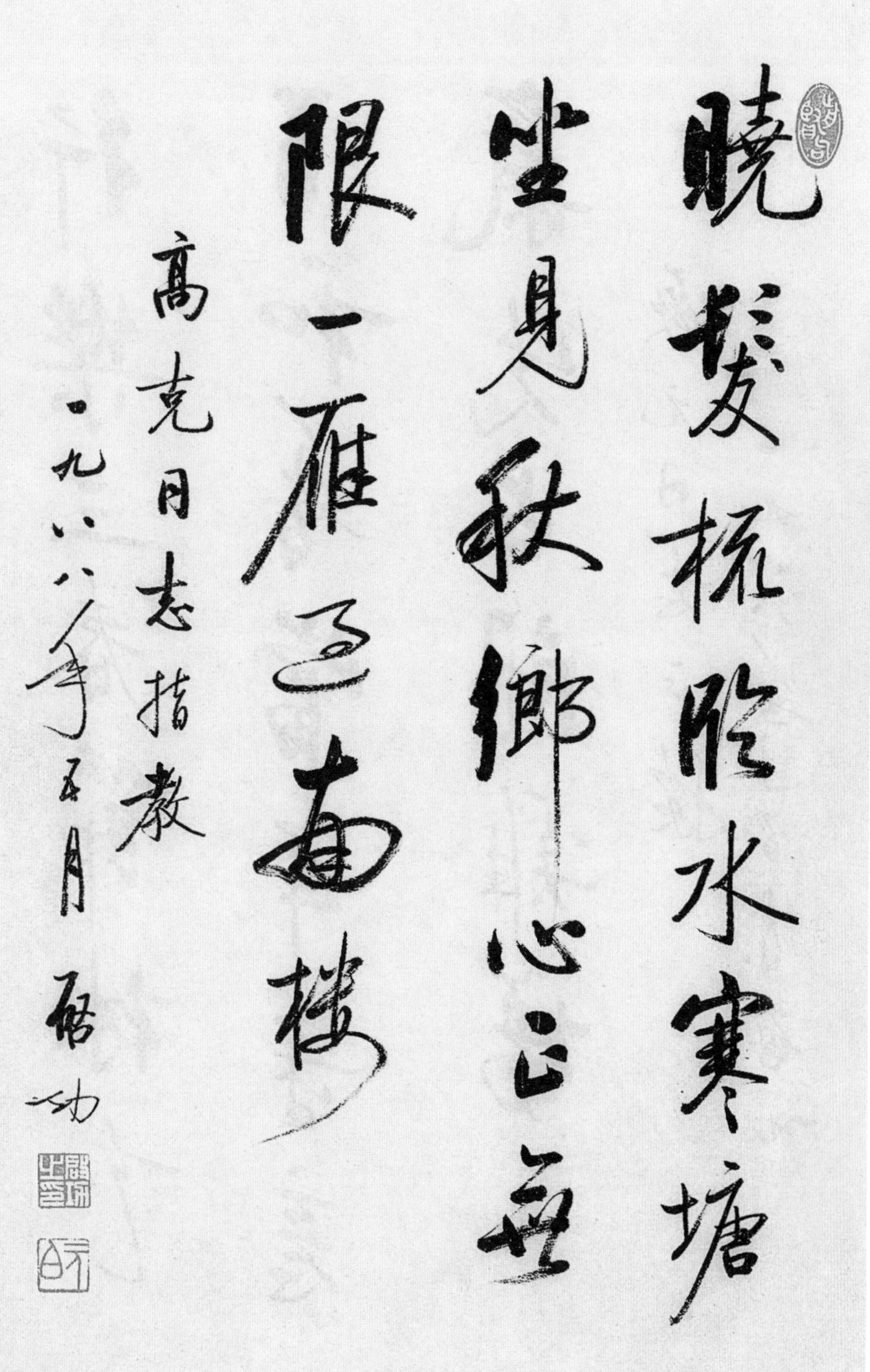

晓发梳临水寒塘
坐见秋乡心已空
限一雁飞高楼

高克日志指教
一九八八年五月 启功

晓发梳临水

一九八八年作　水墨纸本　66cm×43cm　个人收藏

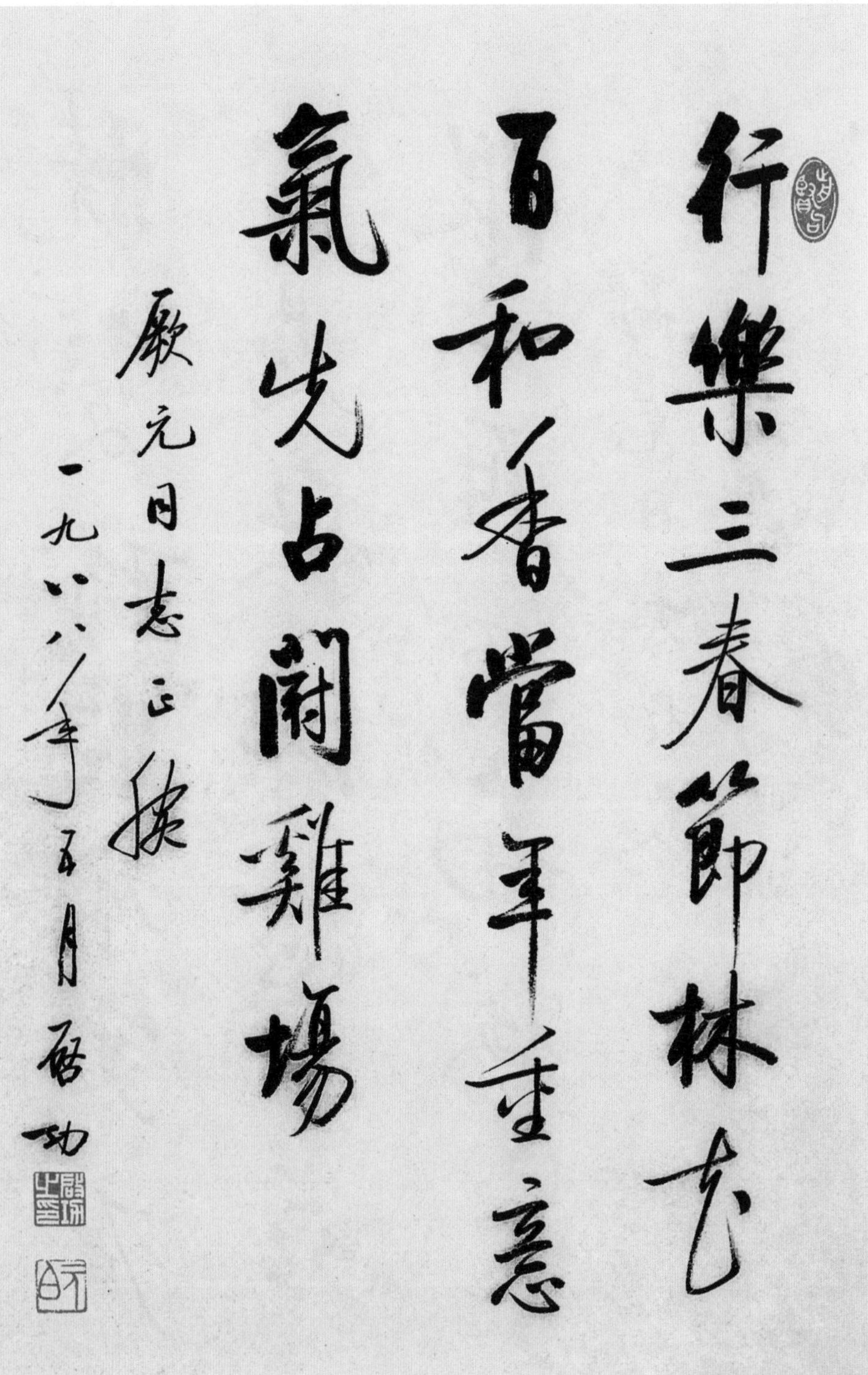

行乐三春节林老

百和香当年垂意

氣先占闹雞埸

庆元日志正俟

一九八八年五月启功

行乐三春节

一九八八年作　水墨纸本　66cm×43cm　个人收藏

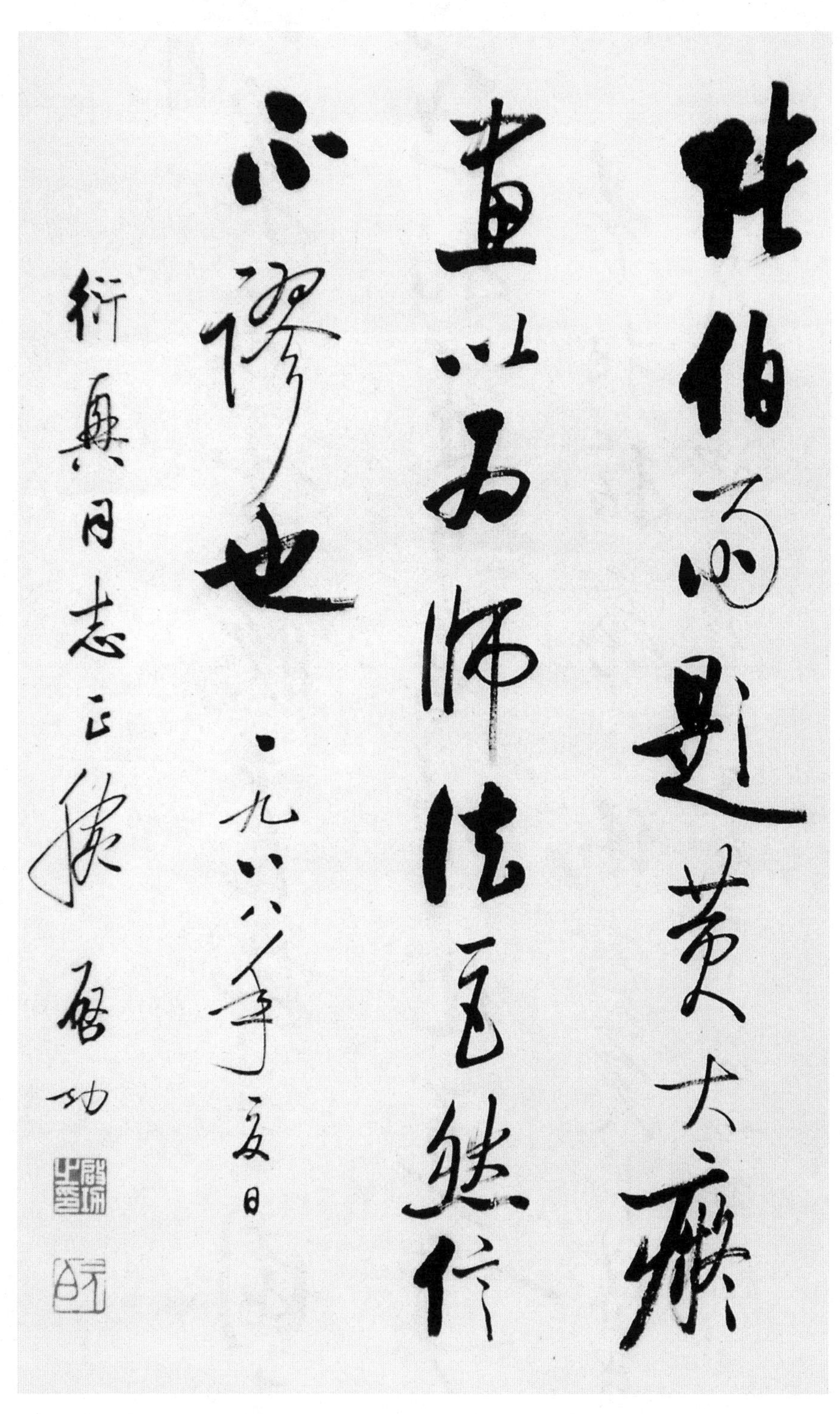

张伯雨题黄大痴画

一九八八年作　水墨纸本　65cm×43cm　个人收藏

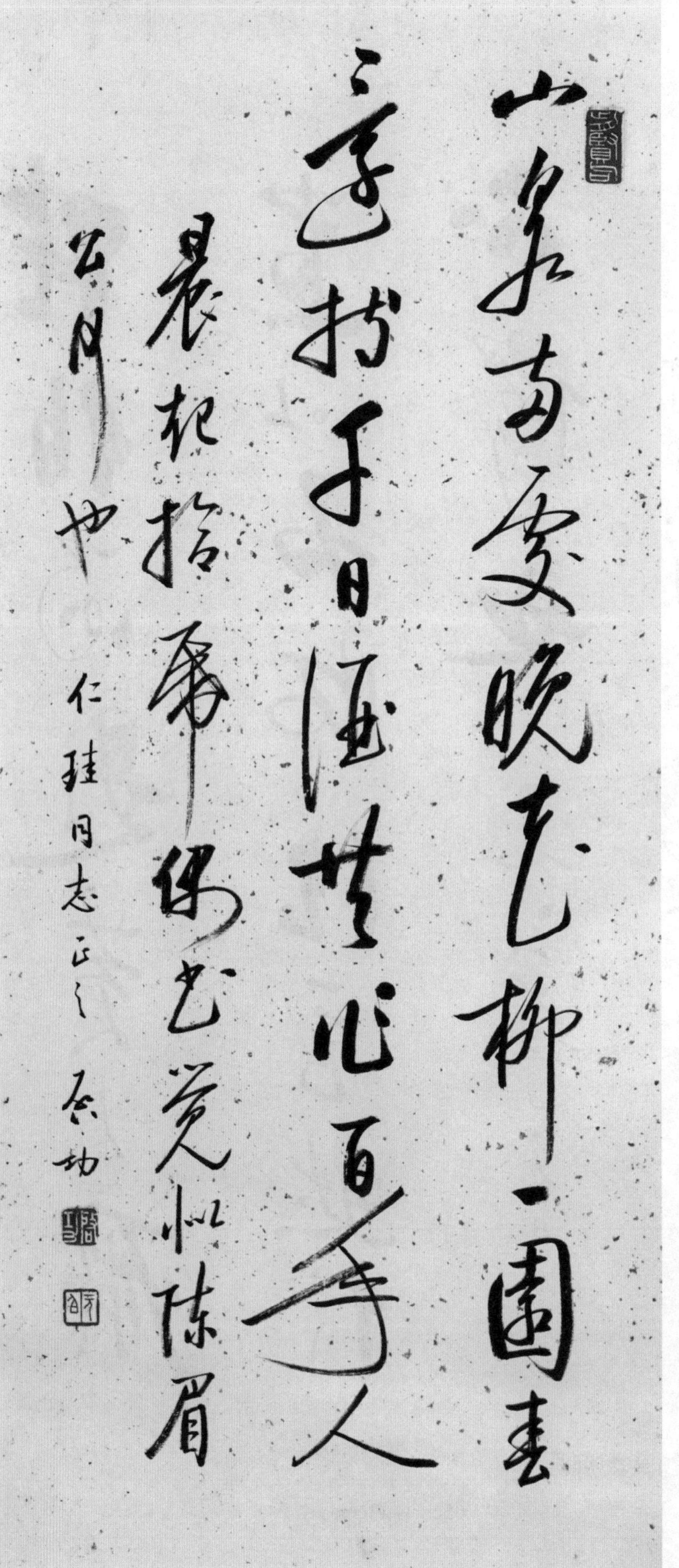

山泉两处晚

一九八八年作　水墨纸本　64cm×28cm　个人收藏

行成于思

池田京子女士雅属

启功书于小京

行成于思

一九八八年作 水墨纸本 99cm×34cm 个人收藏

赠友人

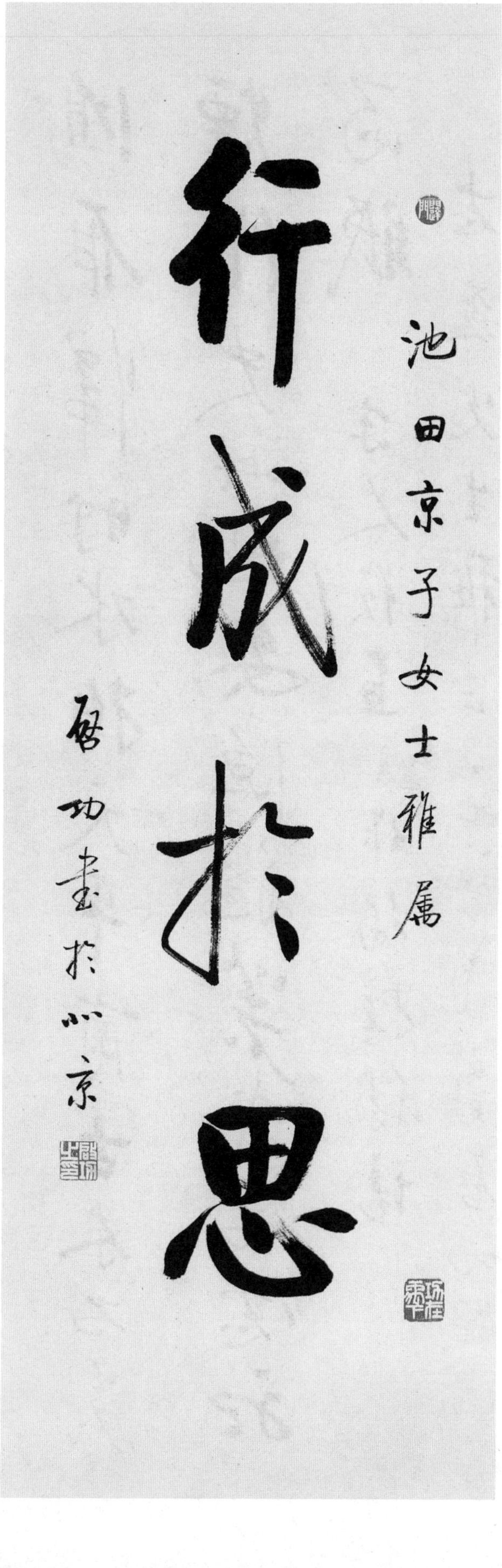

鸿雁归时水拍天平岗古木呜苍

烟借更此地安渔延紫我西窗红

而眠　宋人颜直之作稿控缘场

志森先生雅正　一九八八年夏日启功

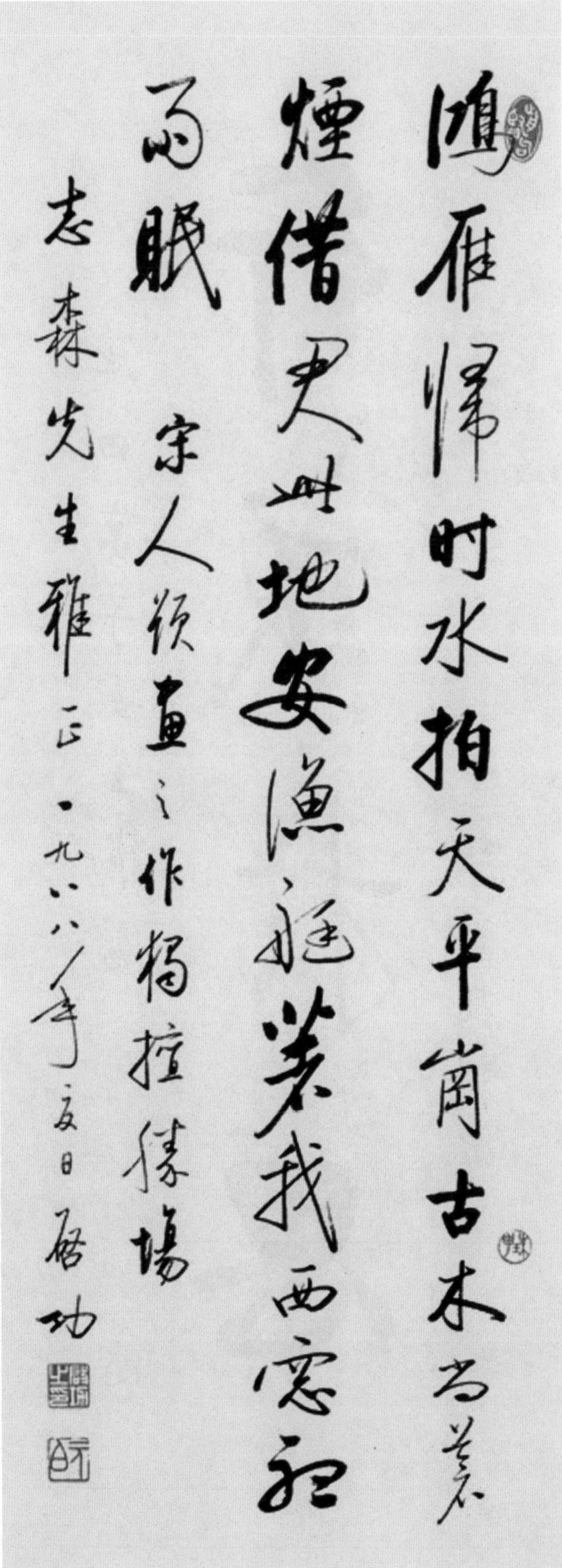

鸿雁归时水拍天

一九八八年作　水墨纸本　89cm×34cm　个人收藏

自强不息

雪玉同志惠存

一九八八年冬

启功

自强不息

一九八八年作 水墨纸本 68cm×35cm 个人收藏

赠友人

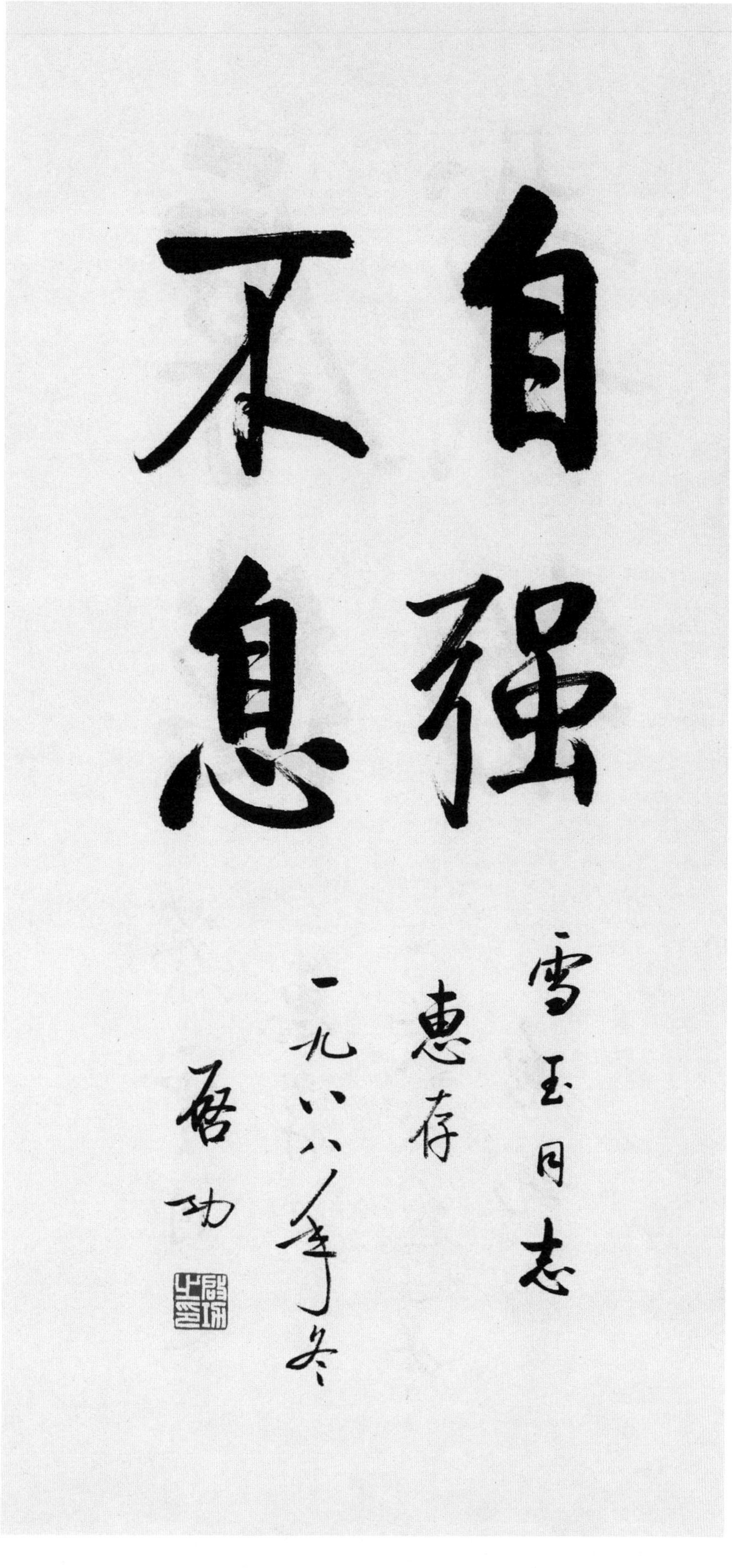

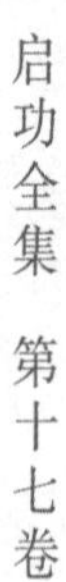

厚德载物

载物

厚德

蔡雪同志惠存

一九八八年冬

启功

厚德载物（一）

一九八八年作　水墨纸本　68cm×35cm　个人收藏

李白乘舟将欲行

桃花潭水深千尺

不及汪伦送我情

李白乘舟将欲行　　忽闻岸上踏歌声
桃花潭水深千尺　　不及汪伦送我情
戊辰夏園補壁　启功

李白乘舟将欲行

一九八八年作　水墨纸本　68cm×136cm　个人收藏

赠友人

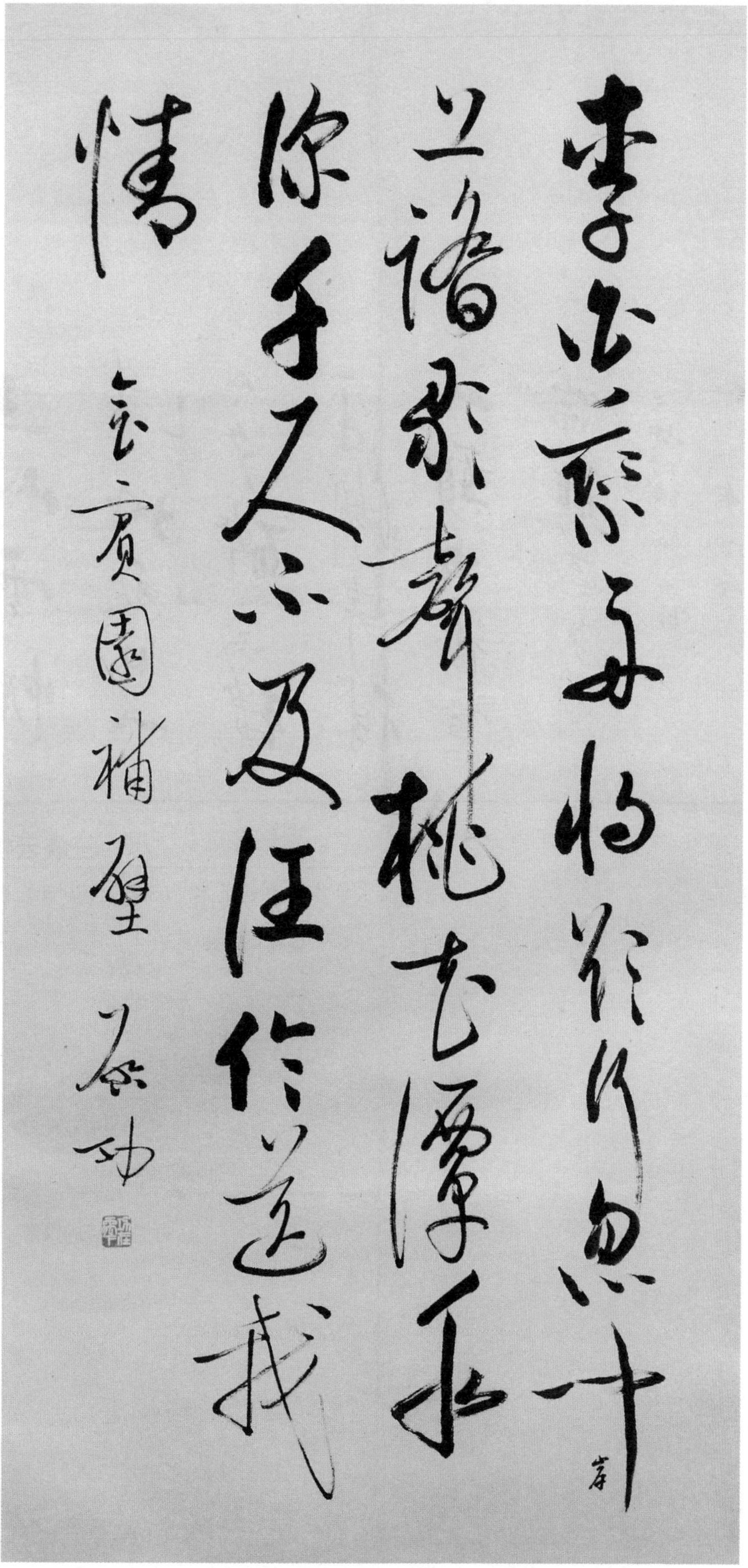

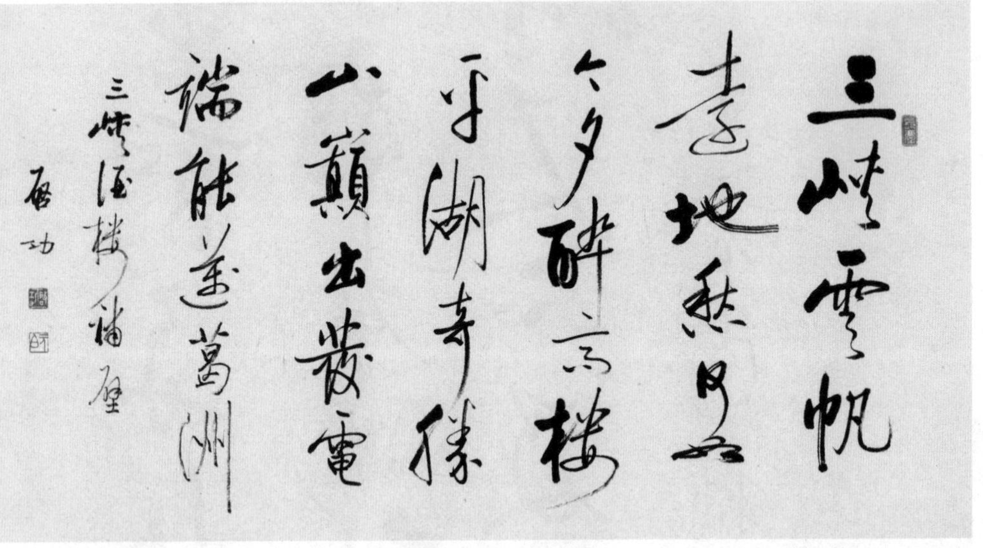

三峡云帆远地愁

一九八八年作　水墨纸本　68cm×136cm　个人收藏

有容乃大

華夏同志惠存

一九八八年冬

启功

有容乃大

一九八八年作　水墨纸本　68cm×35cm　个人收藏

赠友人

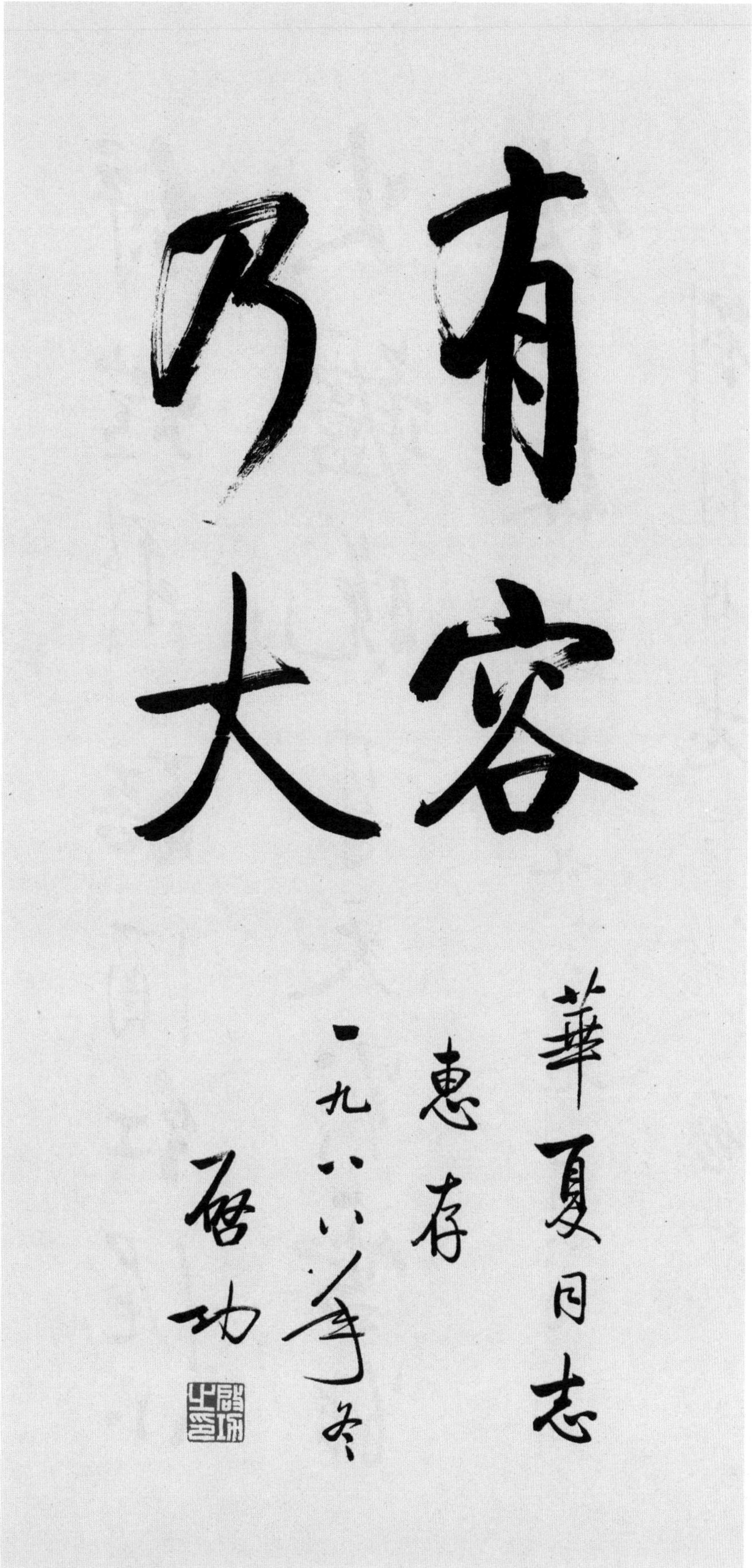

绿蚁新醅酒红泥小

火罏晚来天欲雪能

饮一杯无 一九八八年冬日

刘林同志正 启功

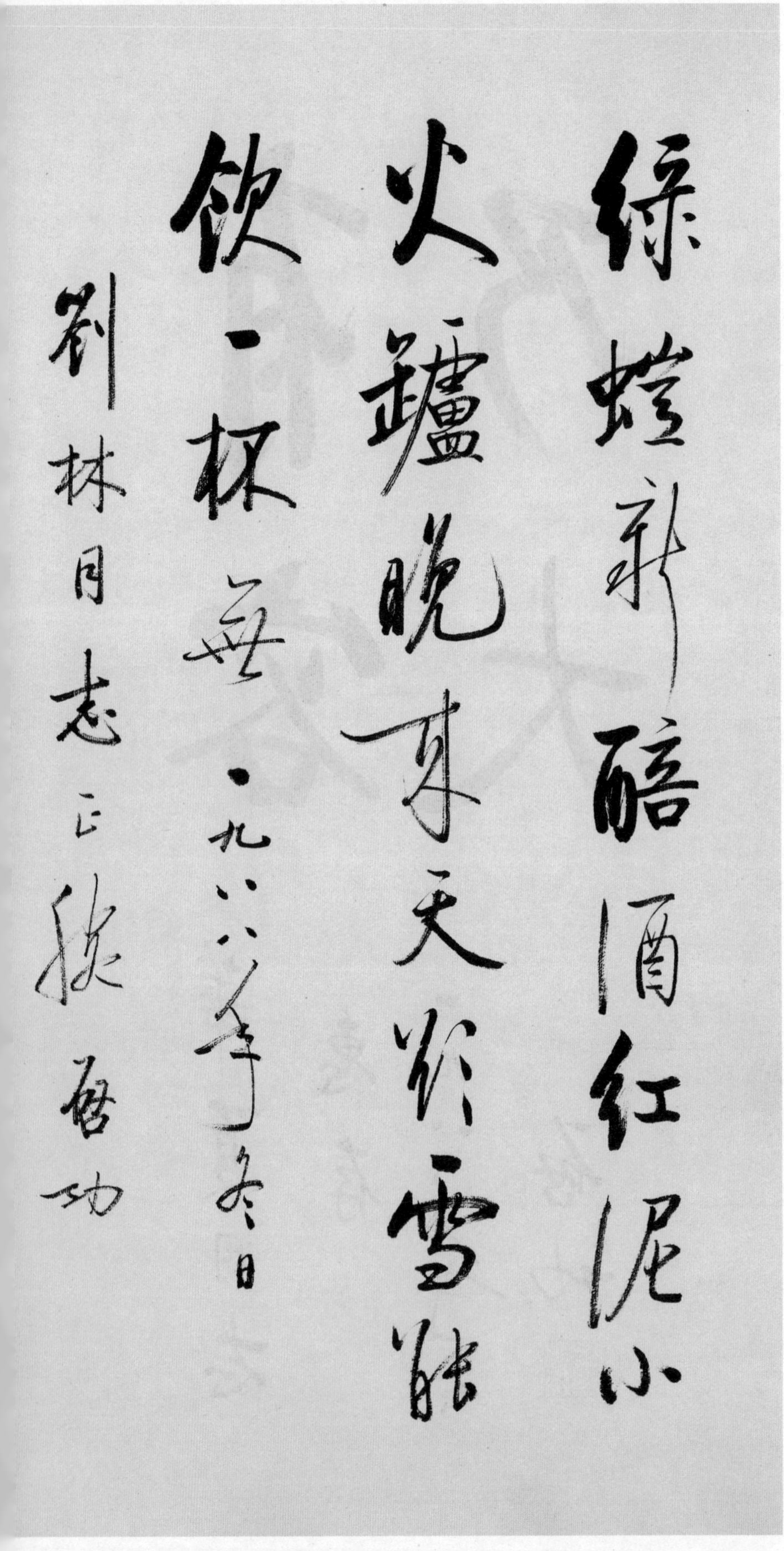

绿蚁新醅酒

一九八八年作 水墨纸本 个人收藏

月圆花好路平驰七十年

惟梦裹知佛法间有馀

四谛圣心连变招三思陶瓶

薄海堆盘获入手珍图脱口

诗普日艰难今一丕支怀开

浮芸嫜迟上况一来典我

浮宽兄别五十季吴今秋把照

玄此相慰 一九六六年丙寅启功 时月七十六岁

月圆花好路平驰

一九八八年作　水墨纸本　33cm×42cm　个人收藏

149

赠友人

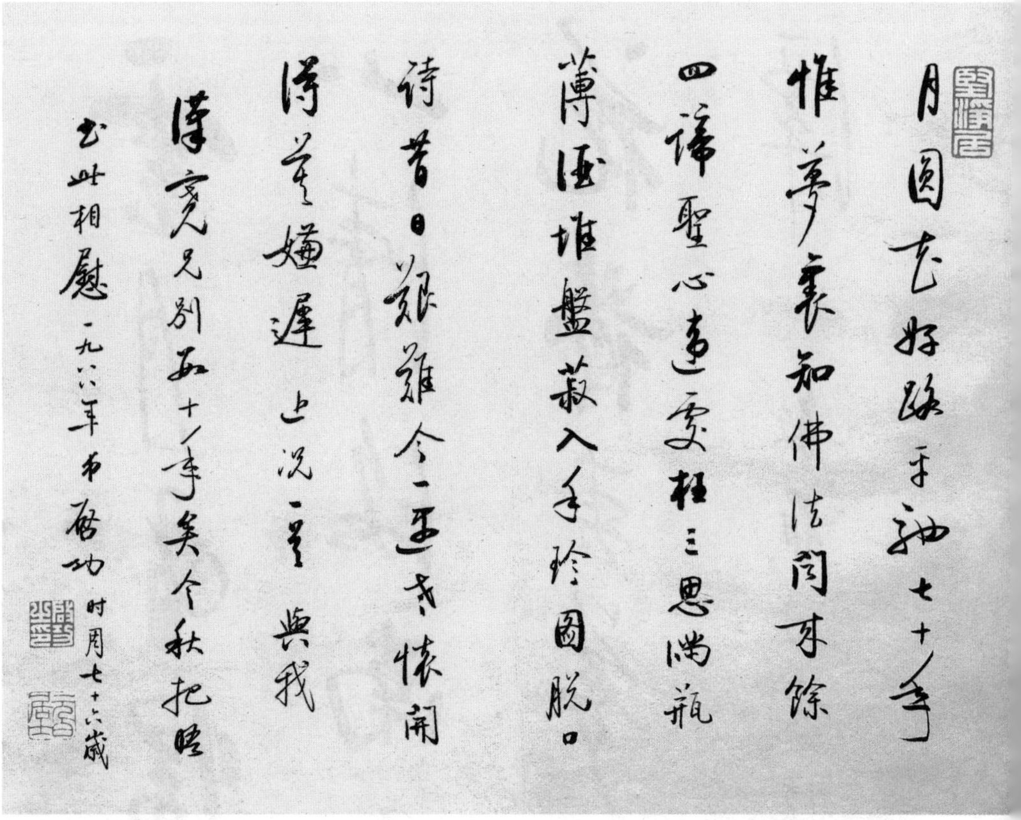

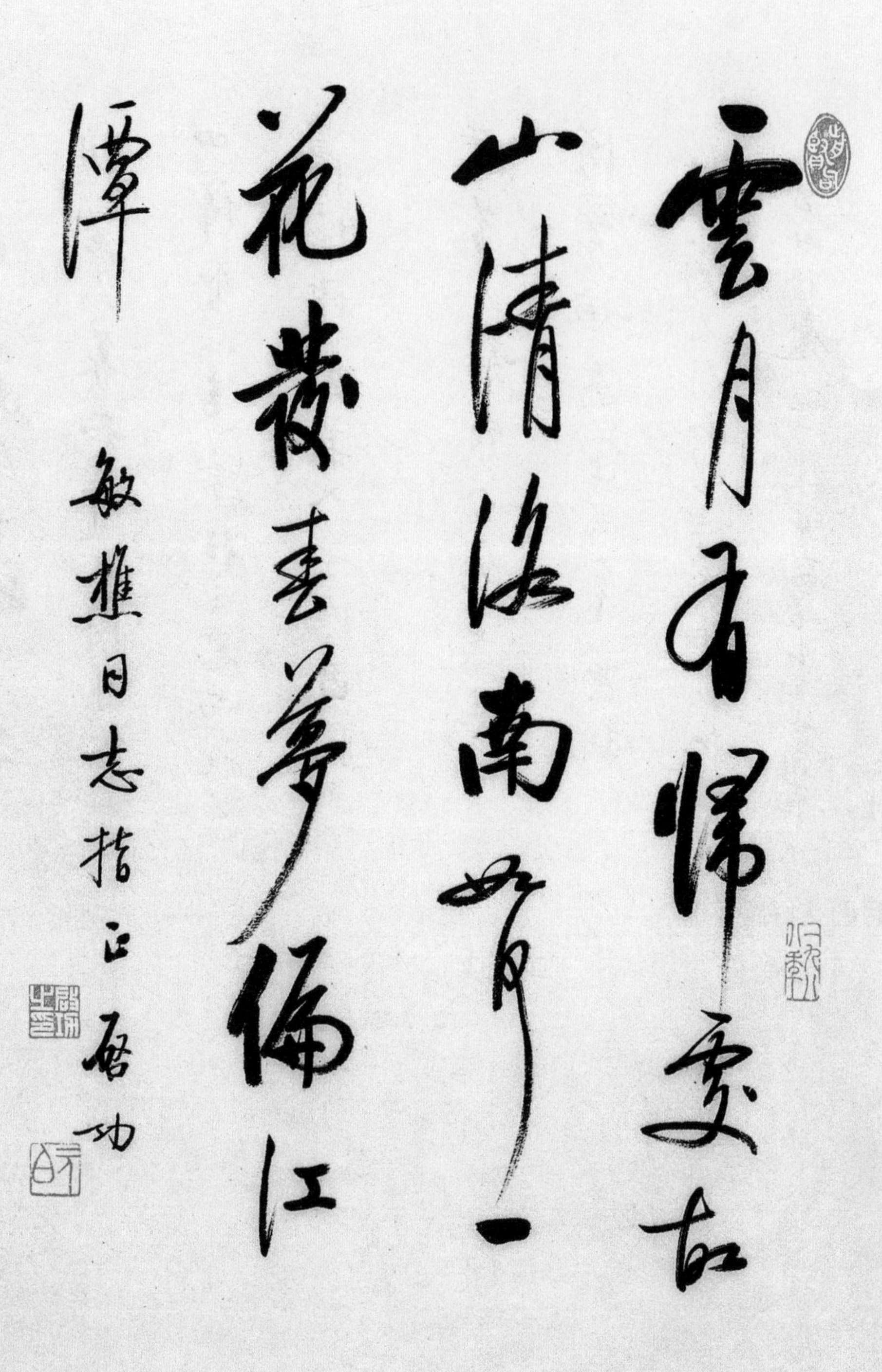

云月有归处

一九八八年作　水墨纸本　66cm×43cm　个人收藏

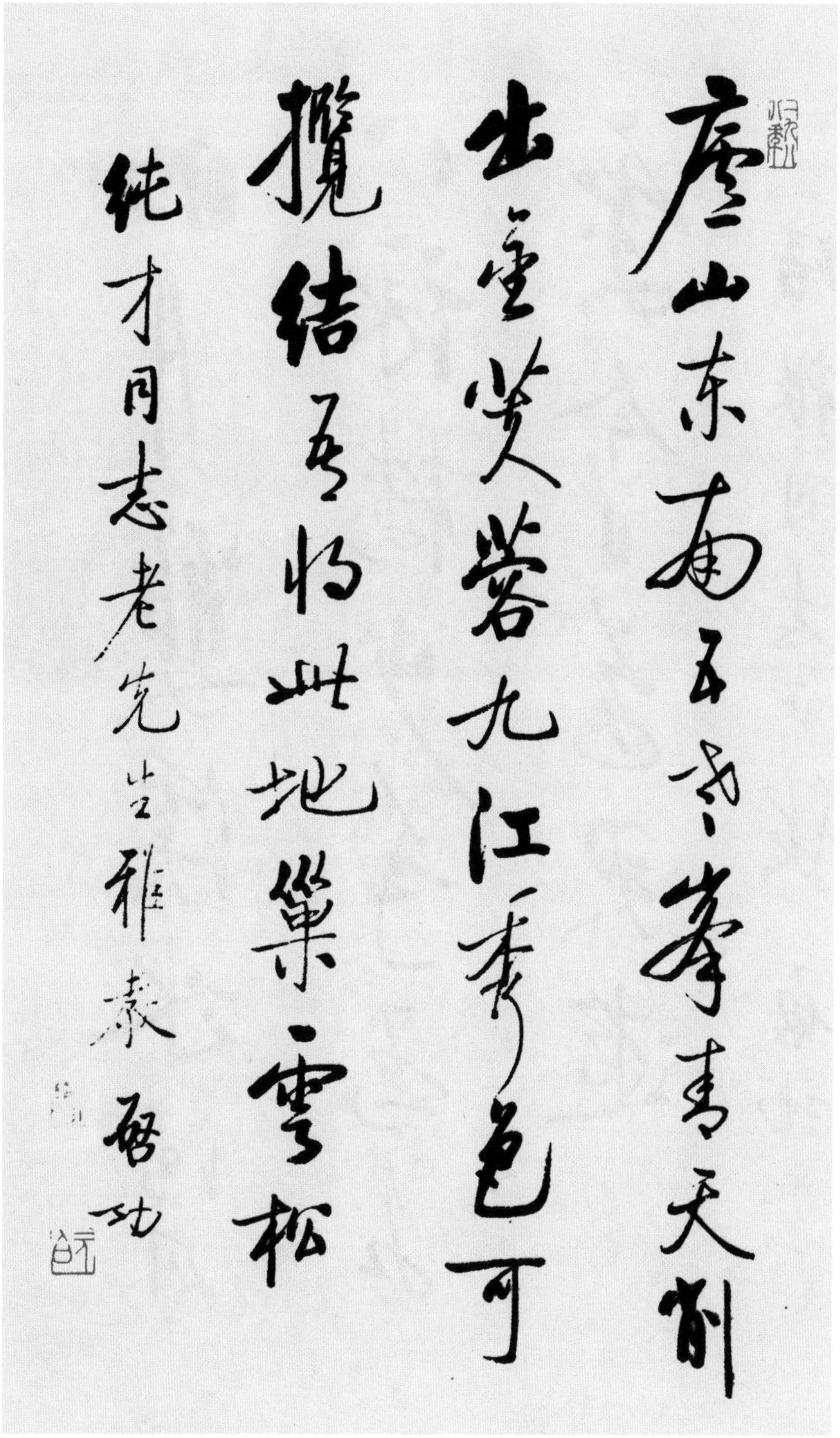

庐山东南五老峰（五）

一九八八年作 水墨纸本 65cm×45cm 个人收藏

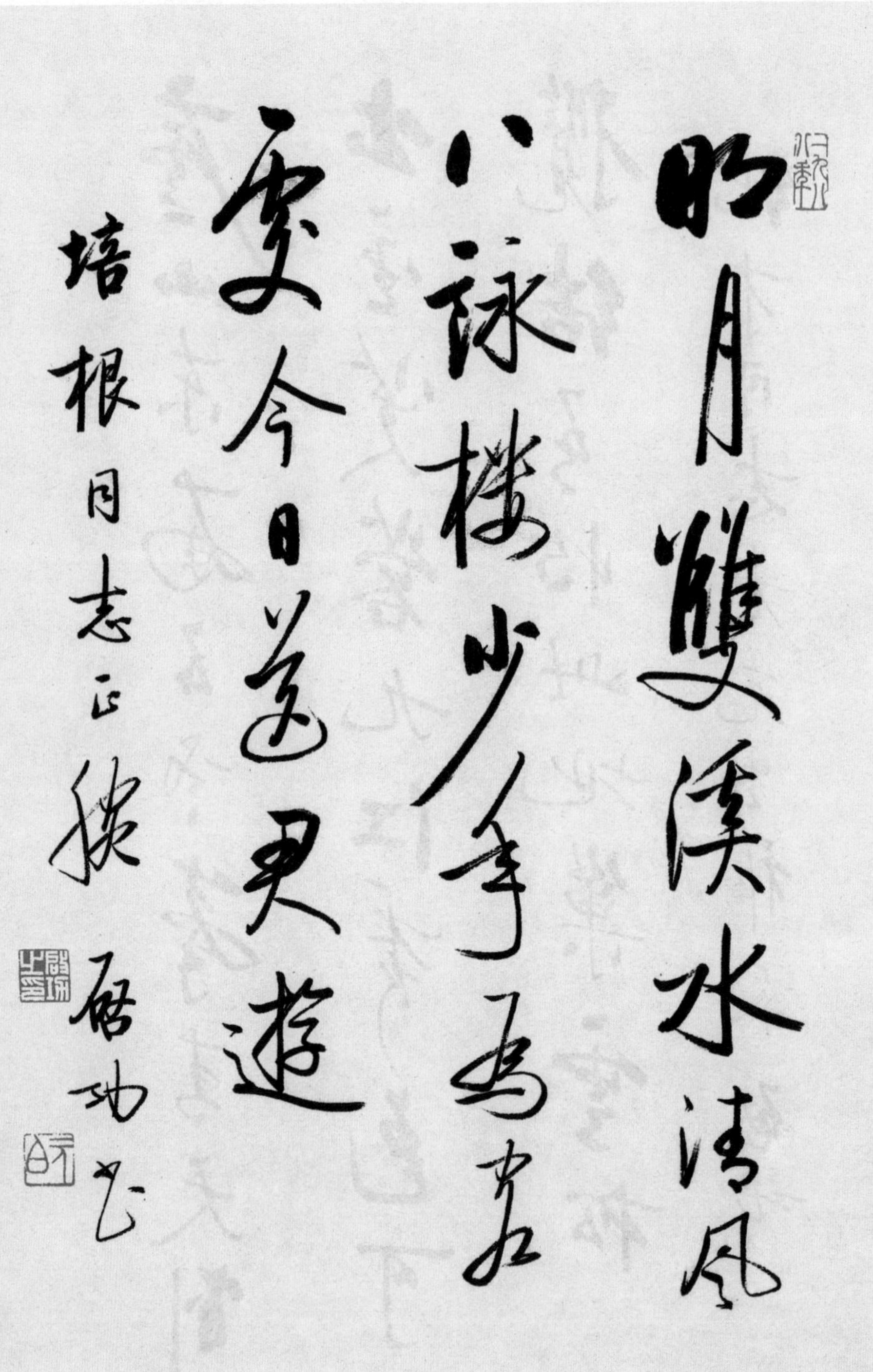

明月双溪水（一）

一九八八年作　水墨纸本　65cm×45cm　个人收藏

楂林礙日吟風葉籠

竹和煙滴露梢

繼麾日志百念

啟功

楂林礙日吟風叶

一九八八年作 水墨纸本 34cm×67.5cm 个人收藏

赠友人

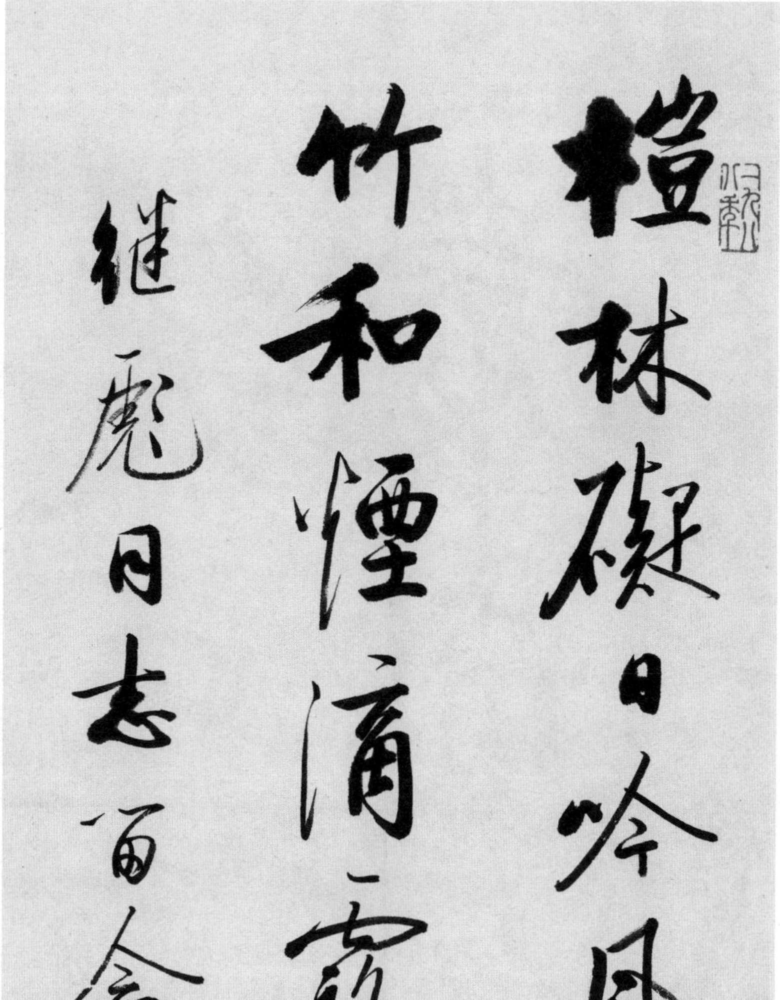

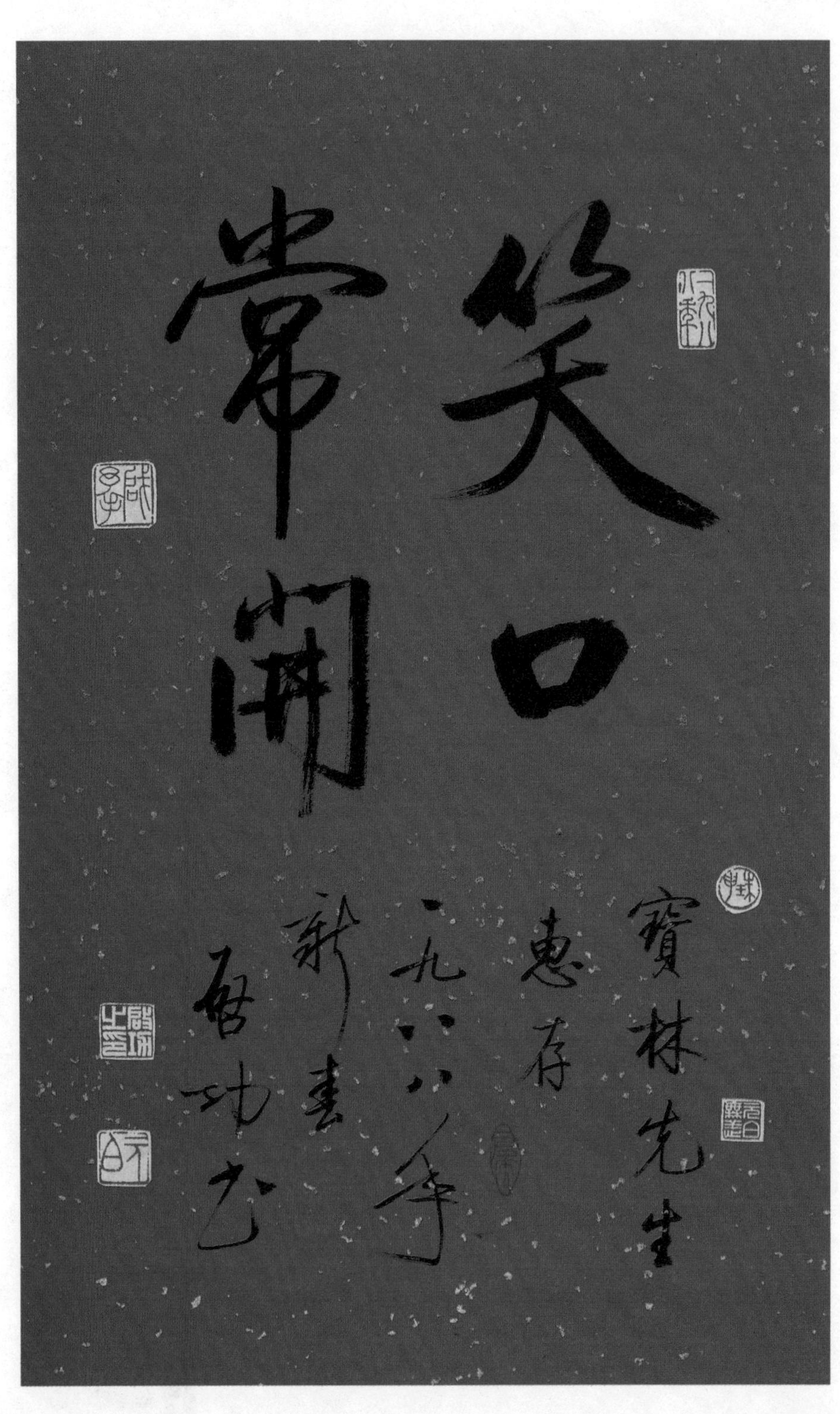

笑口常开

一九八八年作　水墨纸本　69cm×40cm　个人收藏

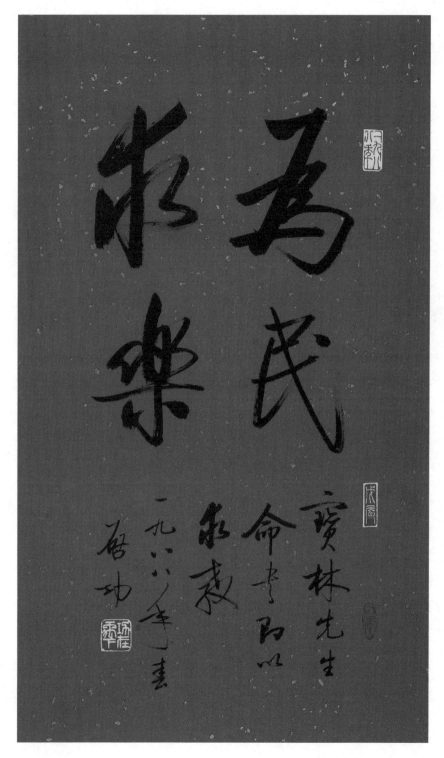

为民求乐

一九八八年作　水墨纸本　69cm×40cm　个人收藏

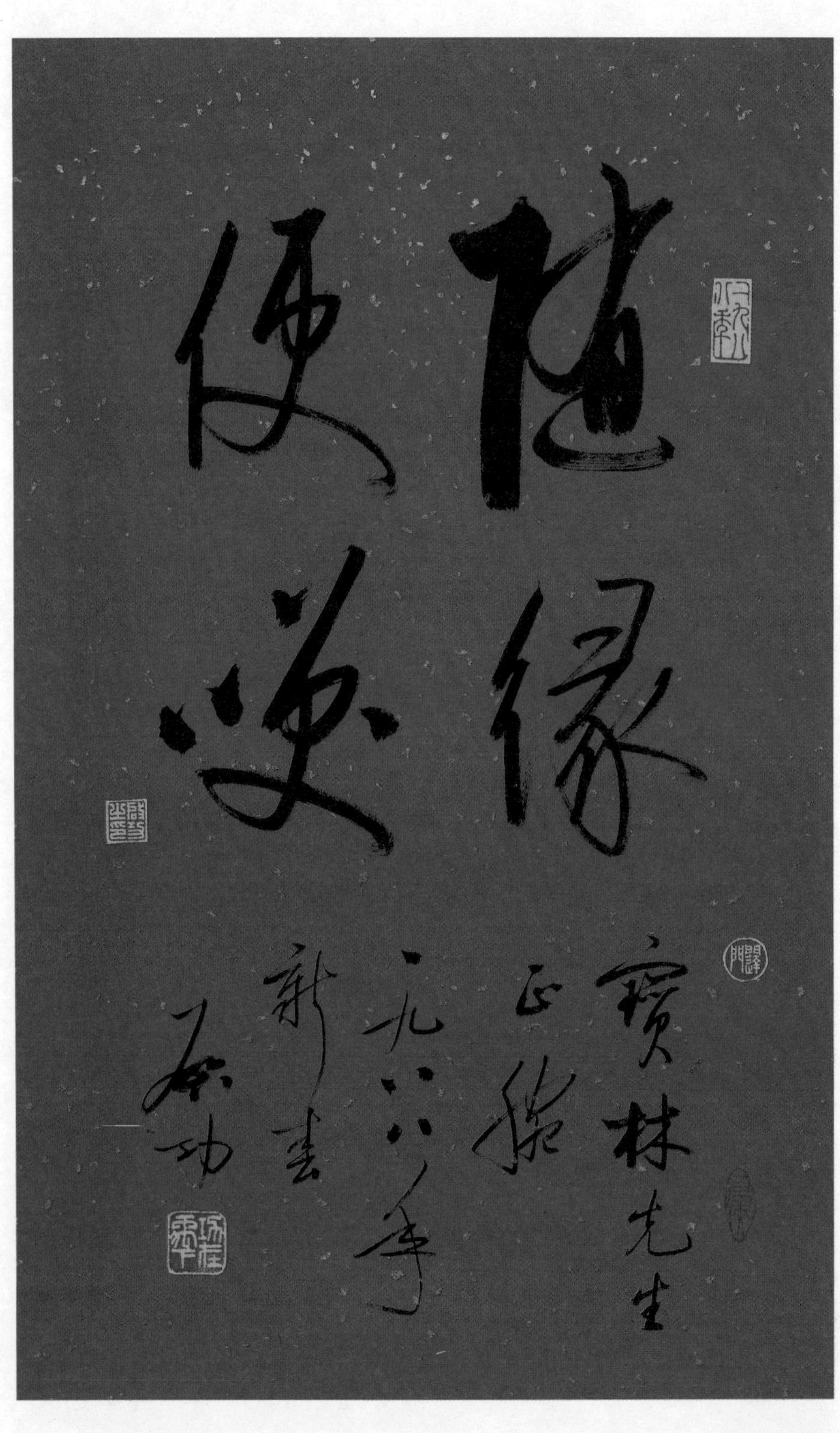

随缘便笑

一九八八年作　水墨纸本　69cm×40cm　个人收藏

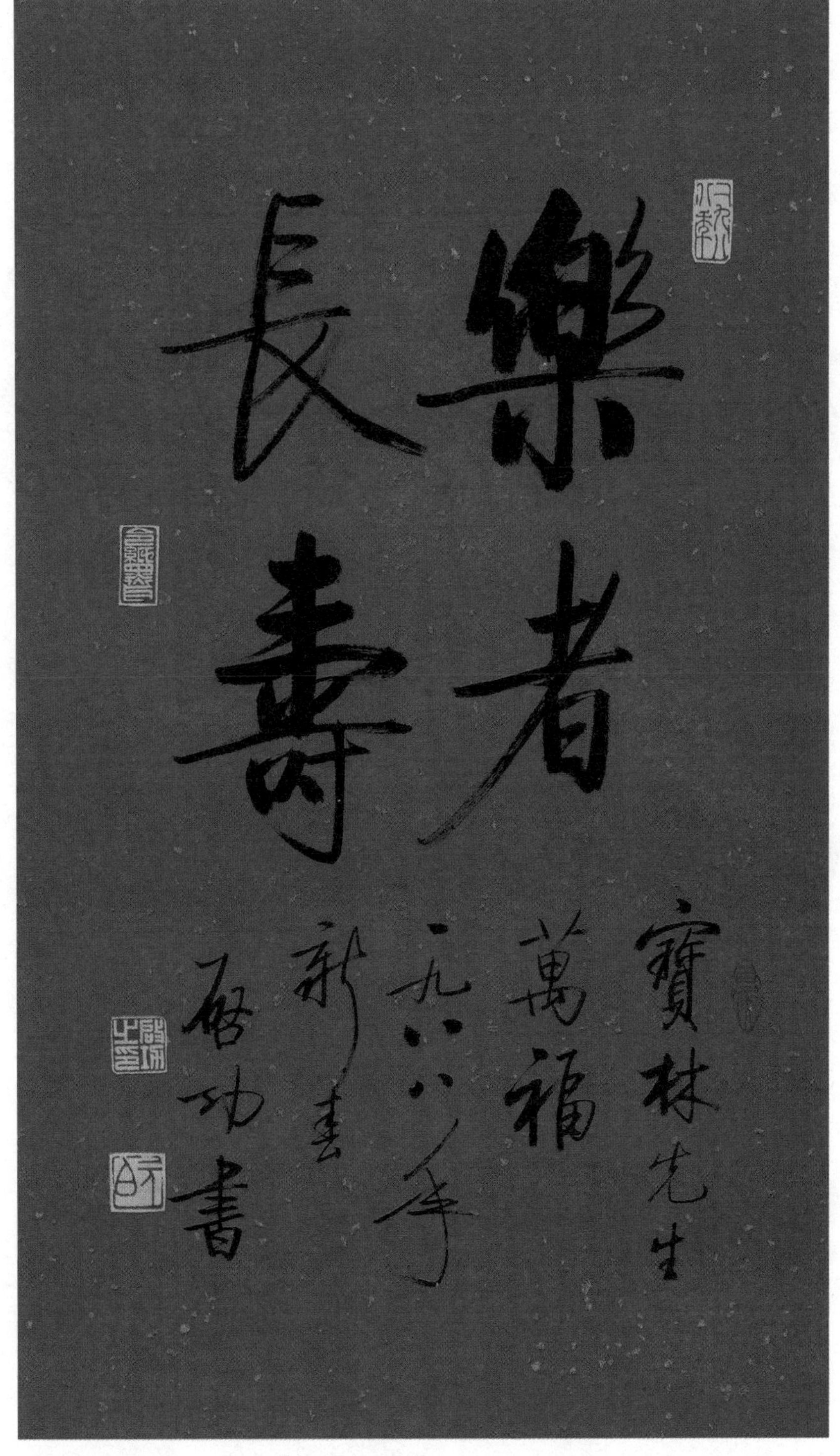

乐者长寿

一九八八年作　水墨纸本　69cm×40cm　个人收藏

庐山东南五老峰，青天削出金芙蓉。九江秀色可揽结，吾将此地巢云松。

朝辞白帝彩云间，千里江陵一日还。两岸猿声啼不住，轻舟已过万重山。

太白诗字字天机不容拟议也。奉

颖翘大姊正腕　一九八八年秋日

启功

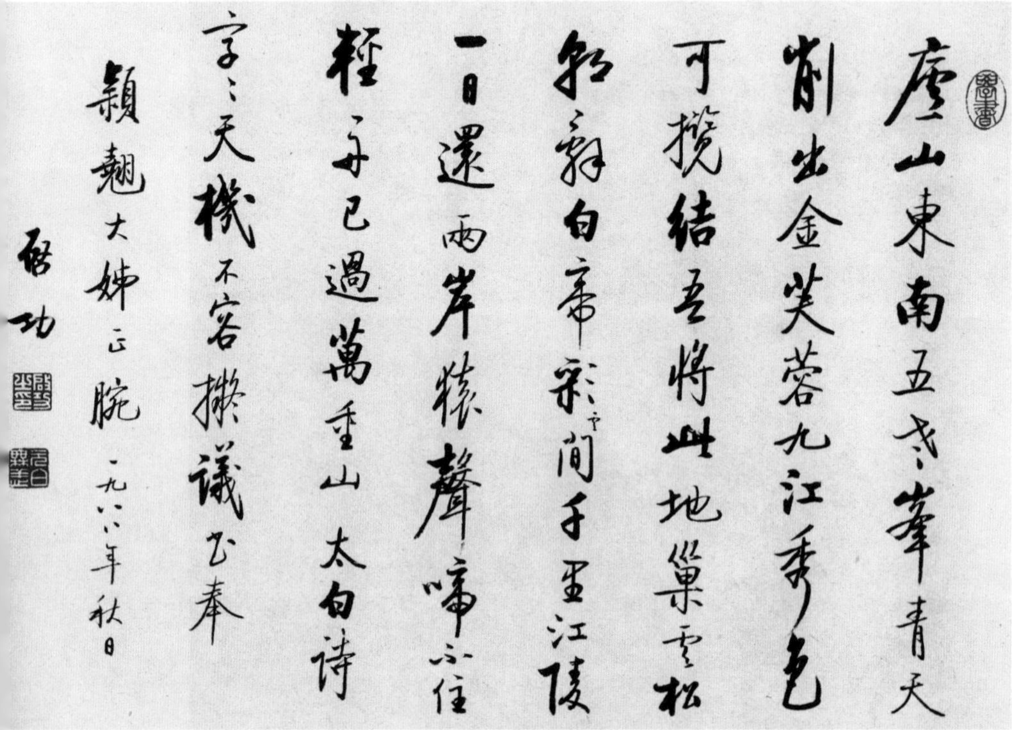

庐山东南五老峰（诗两首）

一九八八年作　水墨纸本　45cm×31cm　个人收藏

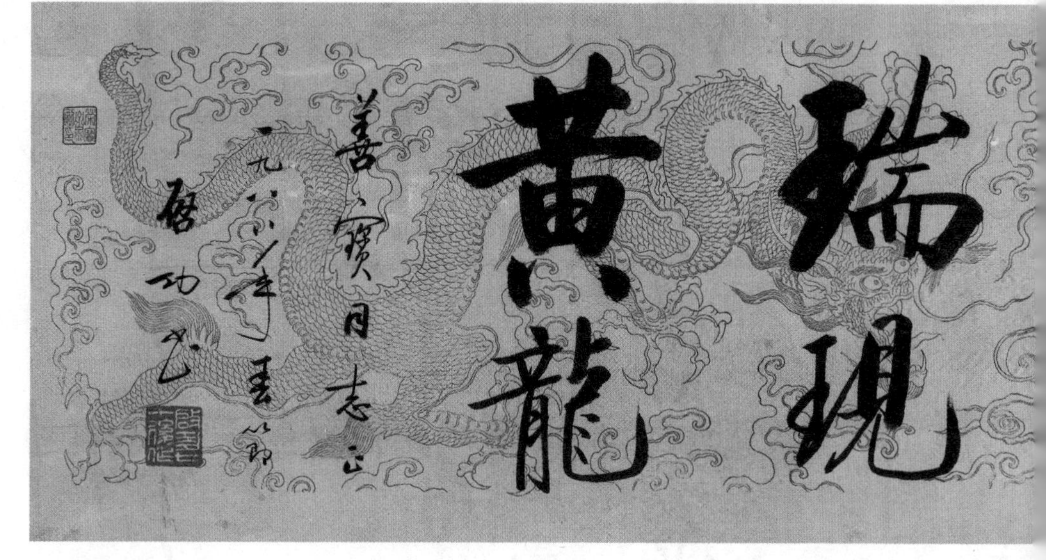

瑞现黄龙

一九八八年作　水墨纸本　34cm×68cm　个人收藏

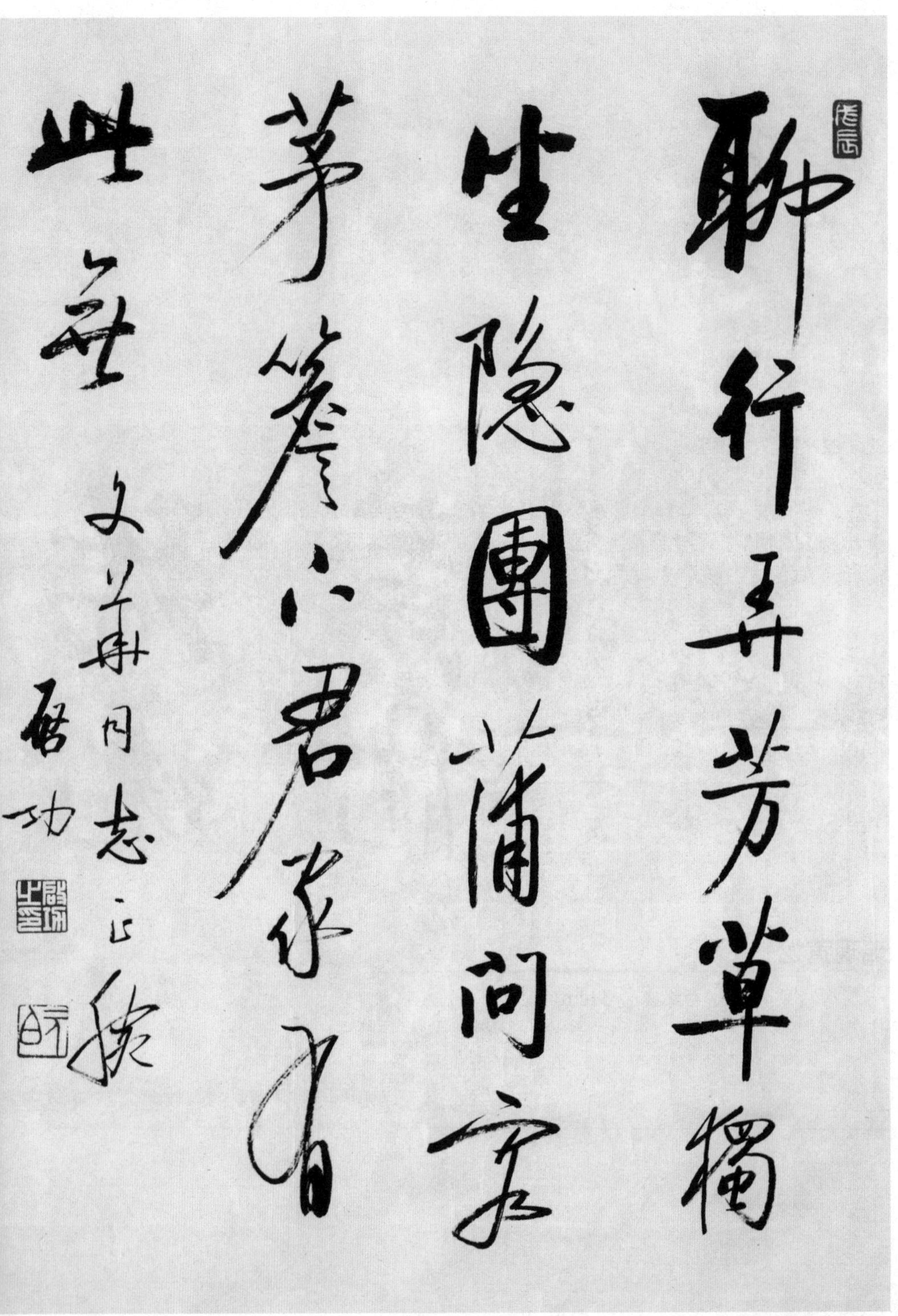

聊行寻芳草

一九八八年作　水墨纸本　46cm×68cm　个人收藏

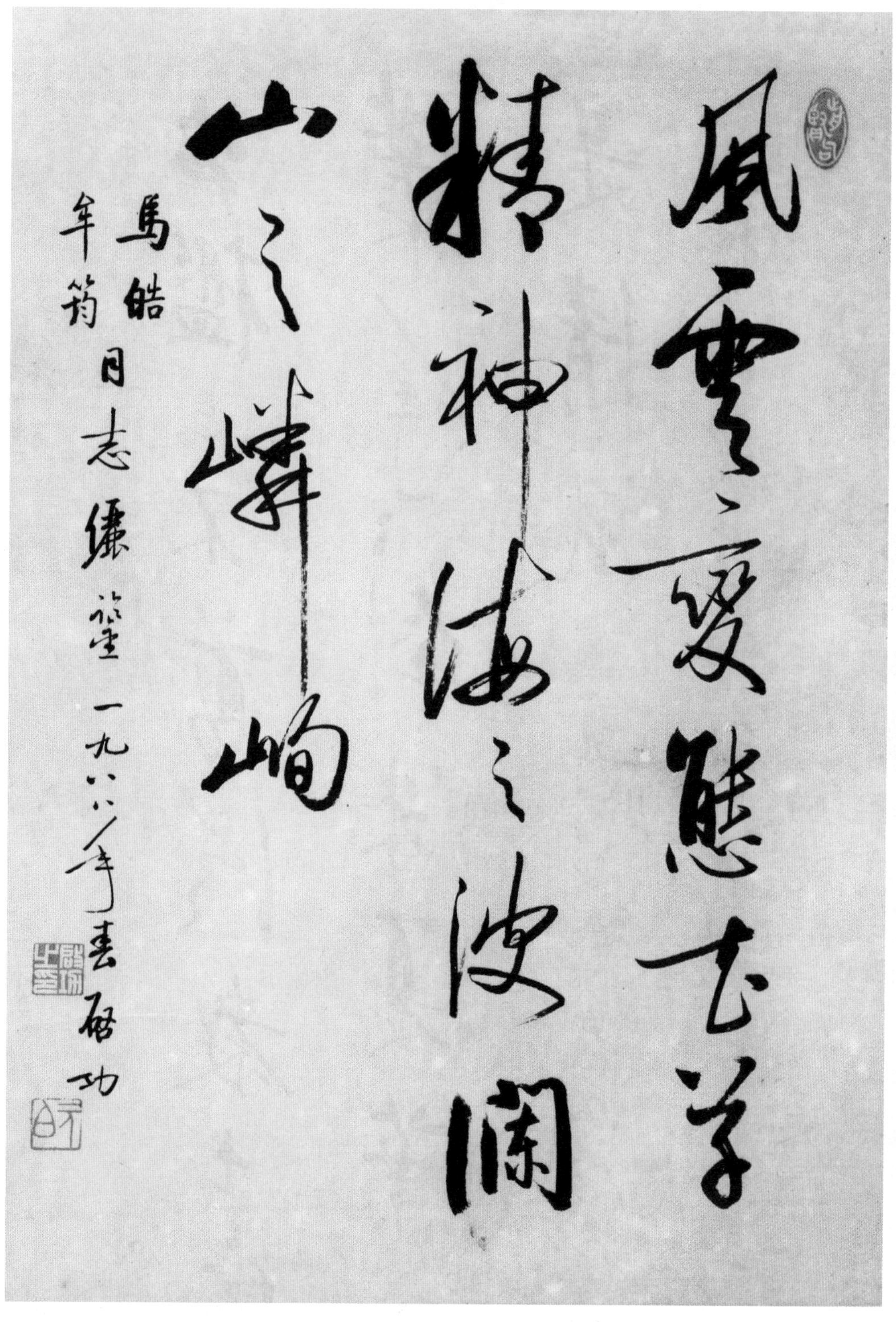

风云变态

一九八八年作　水墨纸本　43cm×64cm　个人收藏

赠友人

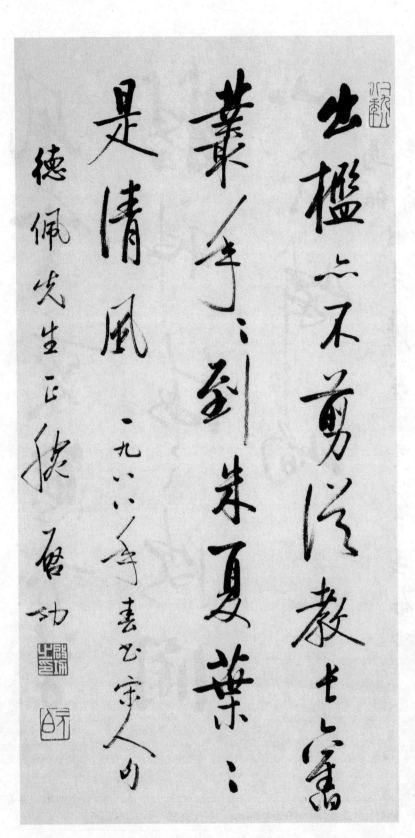

出槛亦不剪

一九八八年作　水墨纸本　34cm×68cm　个人收藏

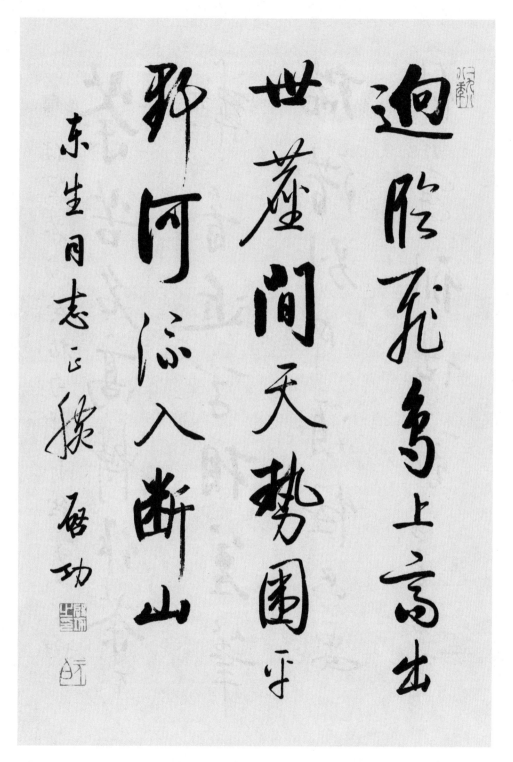

迥临飞鸟上

一九八八年作　水墨纸本　66cm×43cm　个人收藏

赠友人

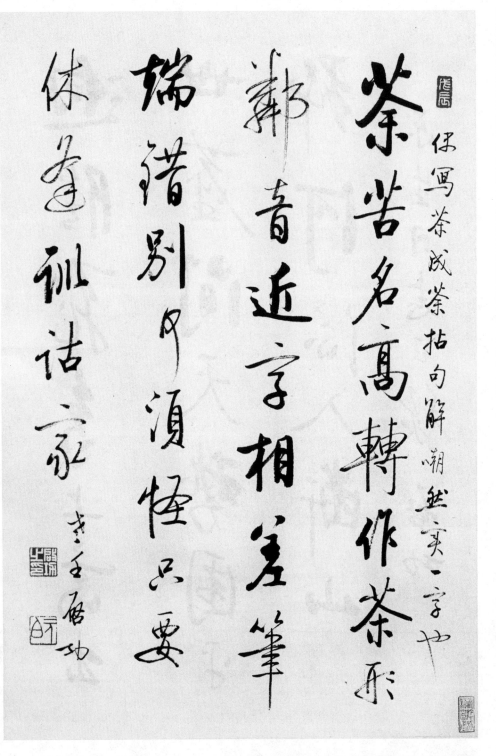

茶苦名高转作茶

一九八八年作　水墨纸本　个人收藏

野桃含笑竹篱短
恨溪柳自提沙
水清

锦华日志正弟
启功

野桃含笑竹篱短

一九八九年作　水墨纸本　66cm×32cm　个人收藏

赠友人

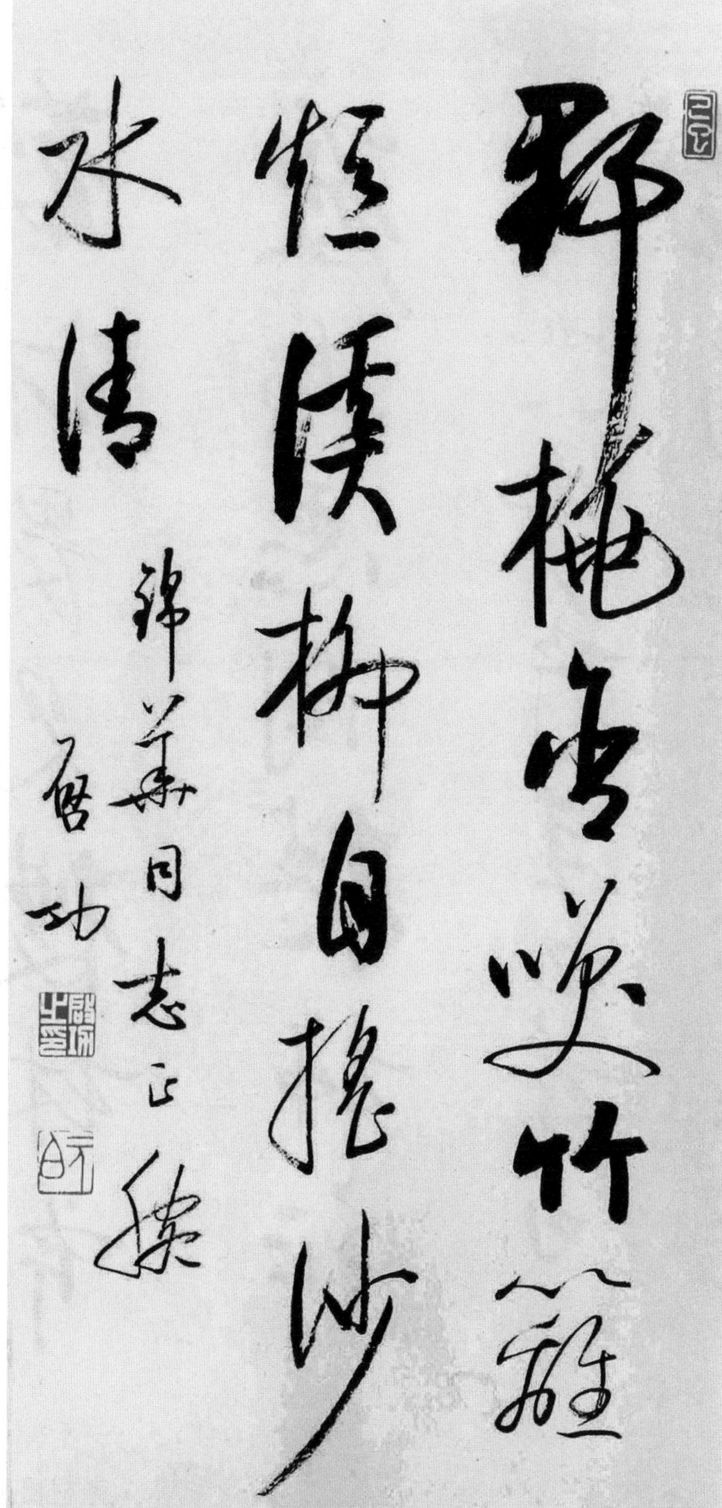

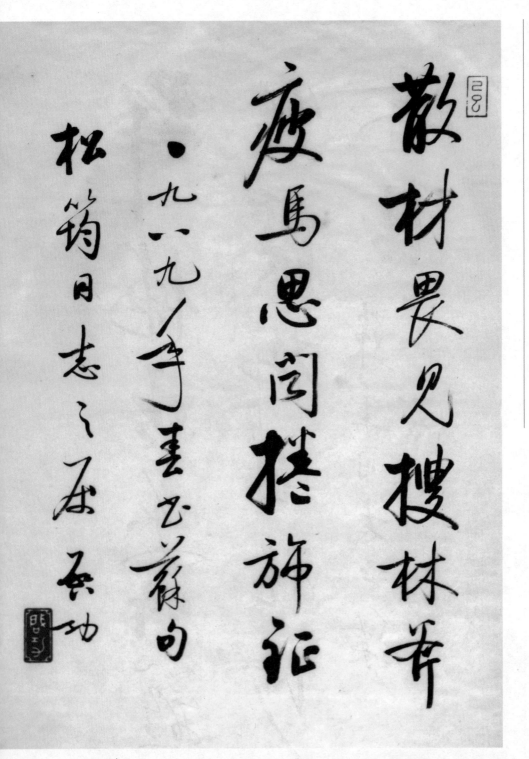

散材畏见搜林斧

一九八九年作　水墨纸本　45.8cm×68.6cm　个人收藏

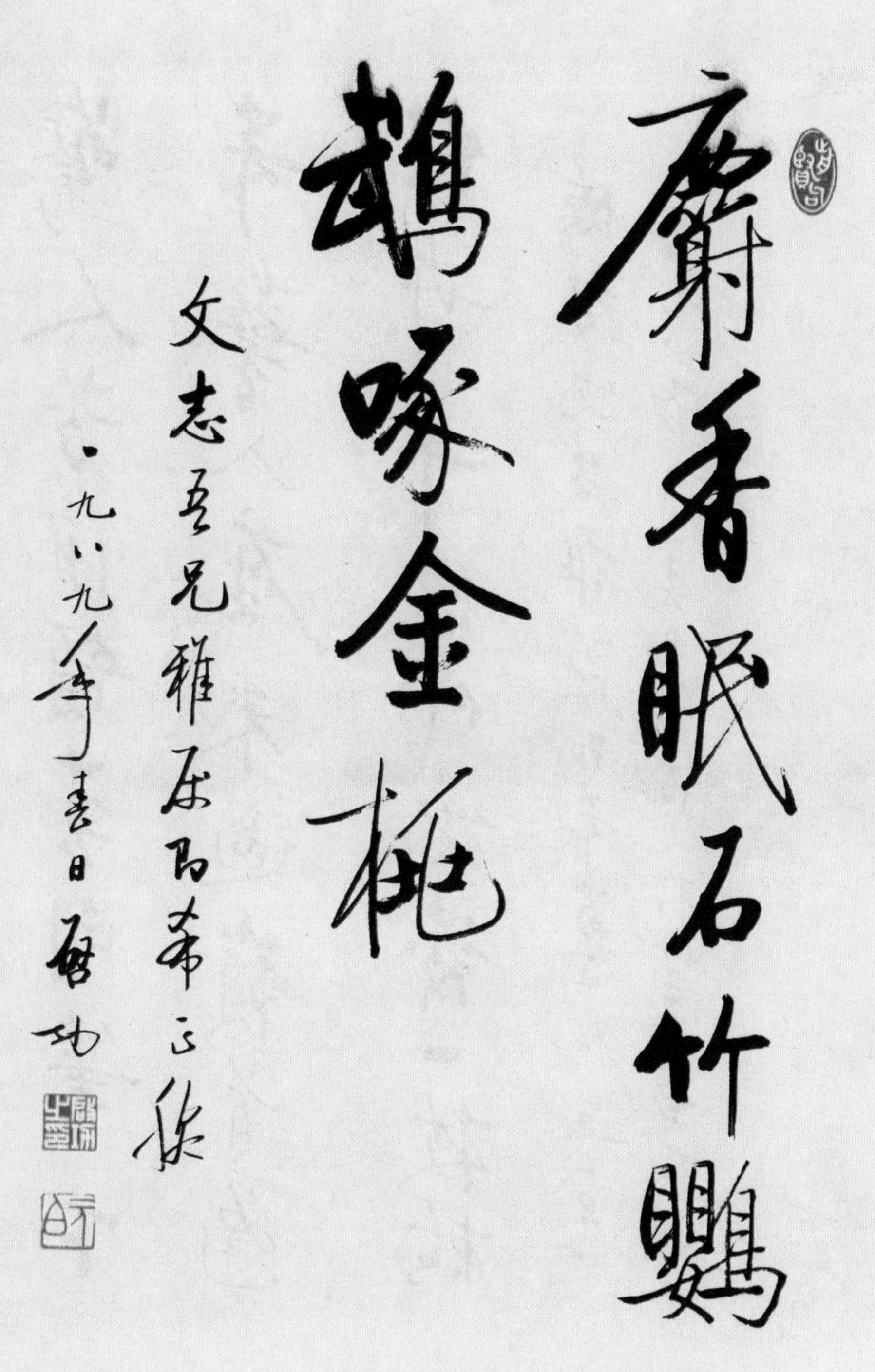

麝香眠石竹

一九八九年作　水墨纸本　65cm×42cm　个人收藏

赠友人

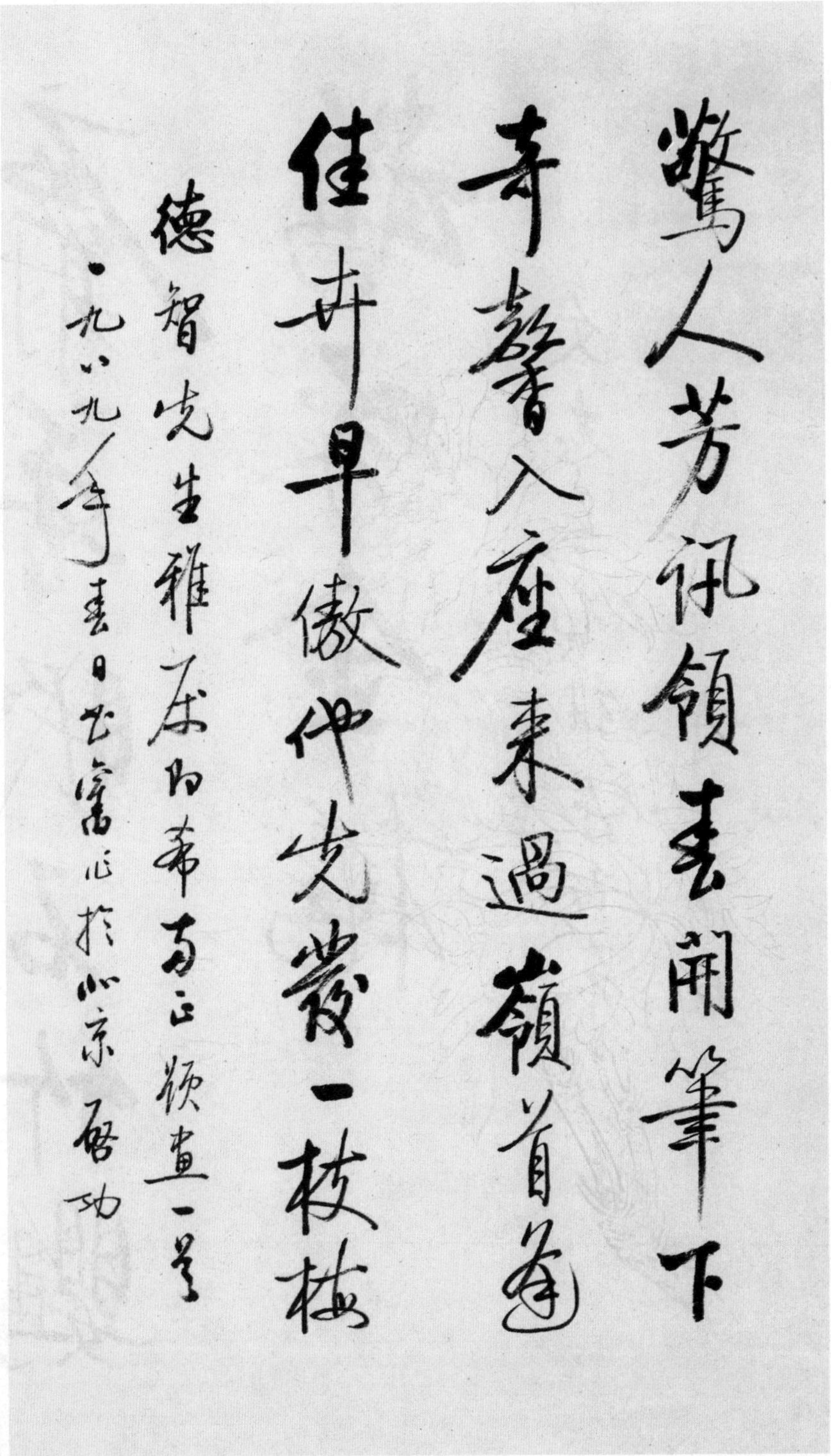

惊人芳讯领春开

一九八九年作　水墨纸本　83cm×48cm　个人收藏

秋来金色助秋光淡淡金
姿淡淡香道自长锺观形
陆又惊纨扇出　徐葳
炳煌先生雅正　两正题友人画团扇
一九八九年春日光宝斋作于坚净居启功

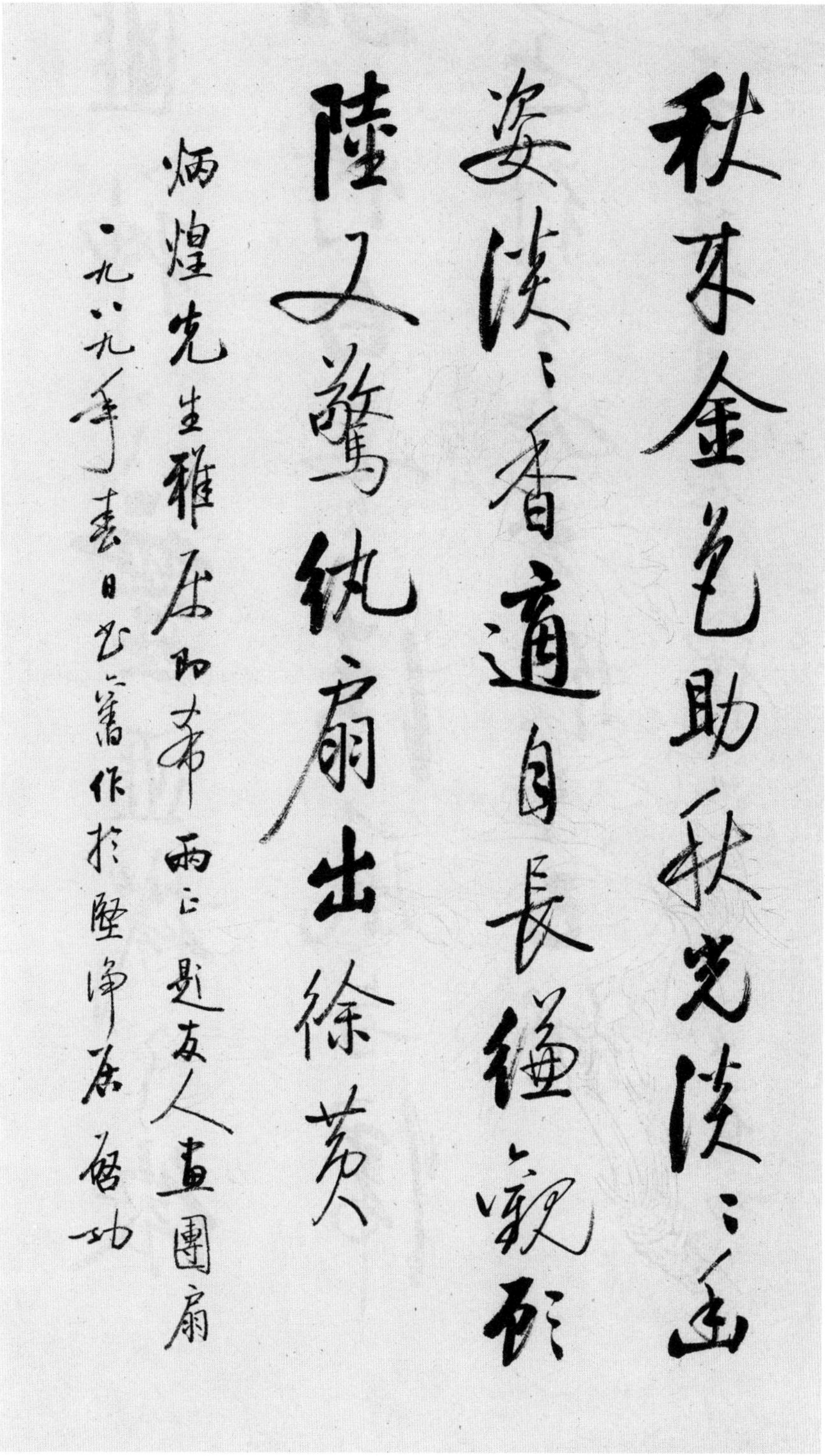

秋来金色助秋光

一九八九年作　水墨纸本　83cm×48cm　个人收藏

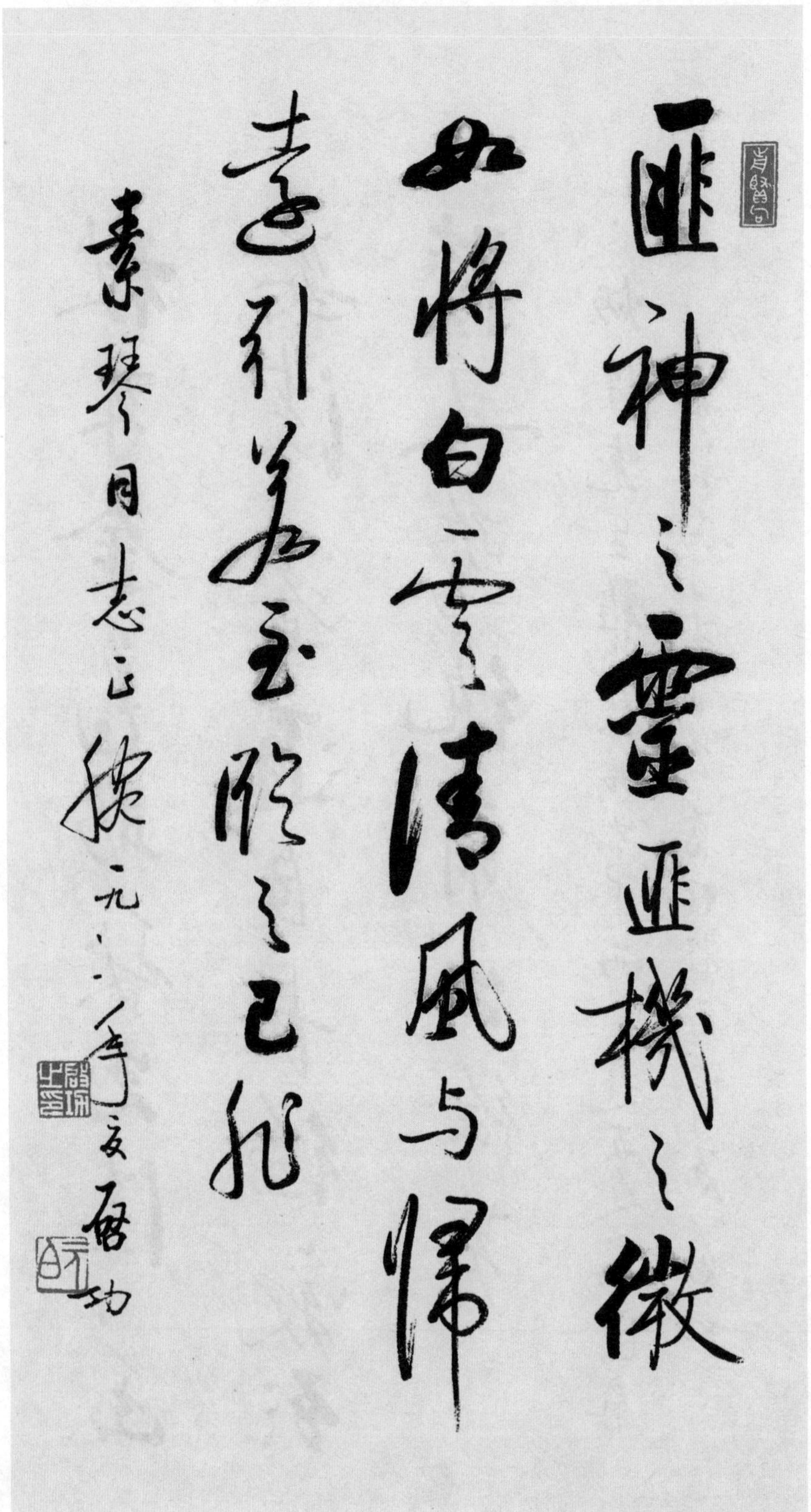

匪神之灵

一九八九年作　水墨纸本　65cm×43cm　个人收藏

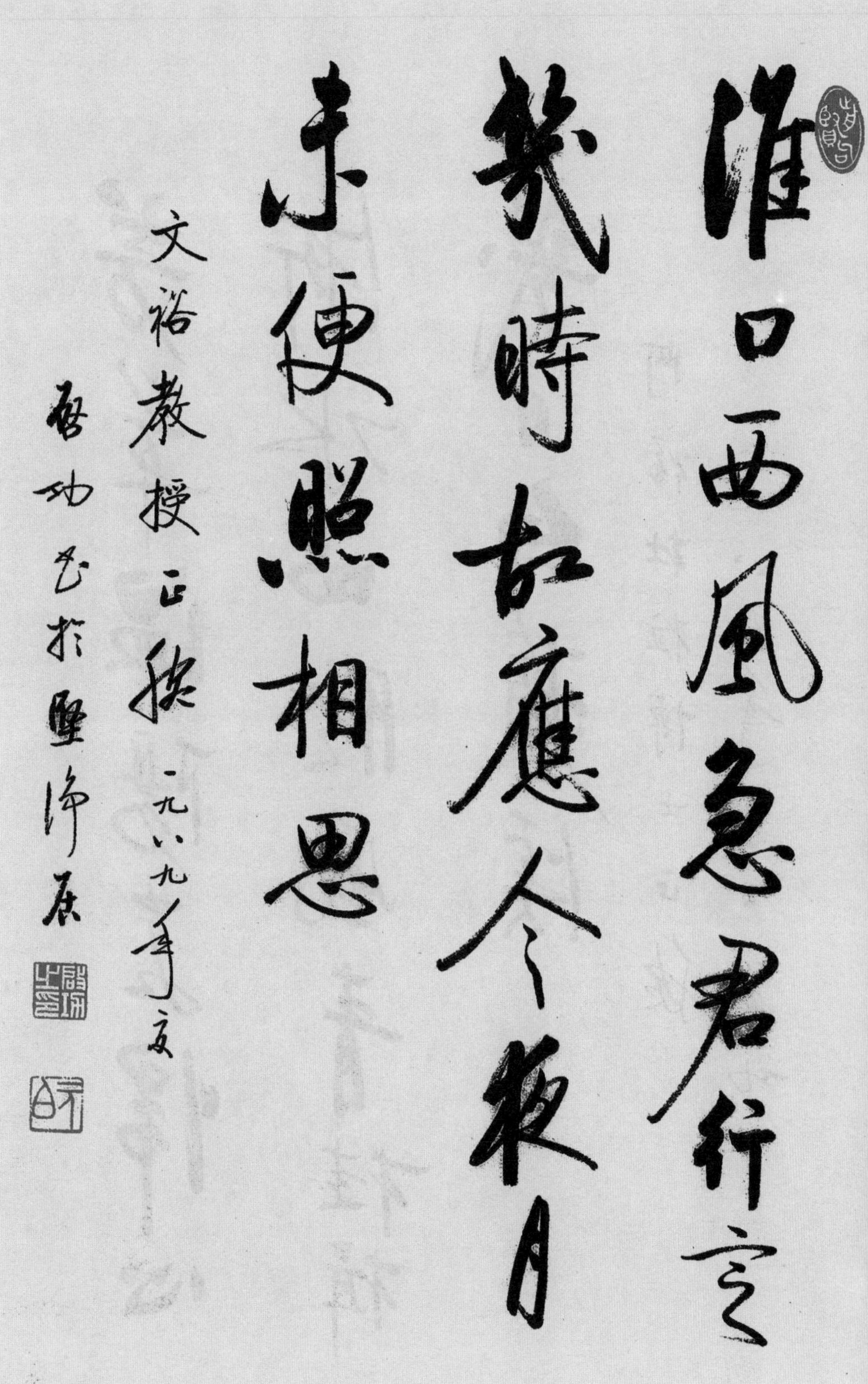

淮口西风急

一九八九年作　水墨纸本　66cm×43cm　个人收藏

171

赠友人

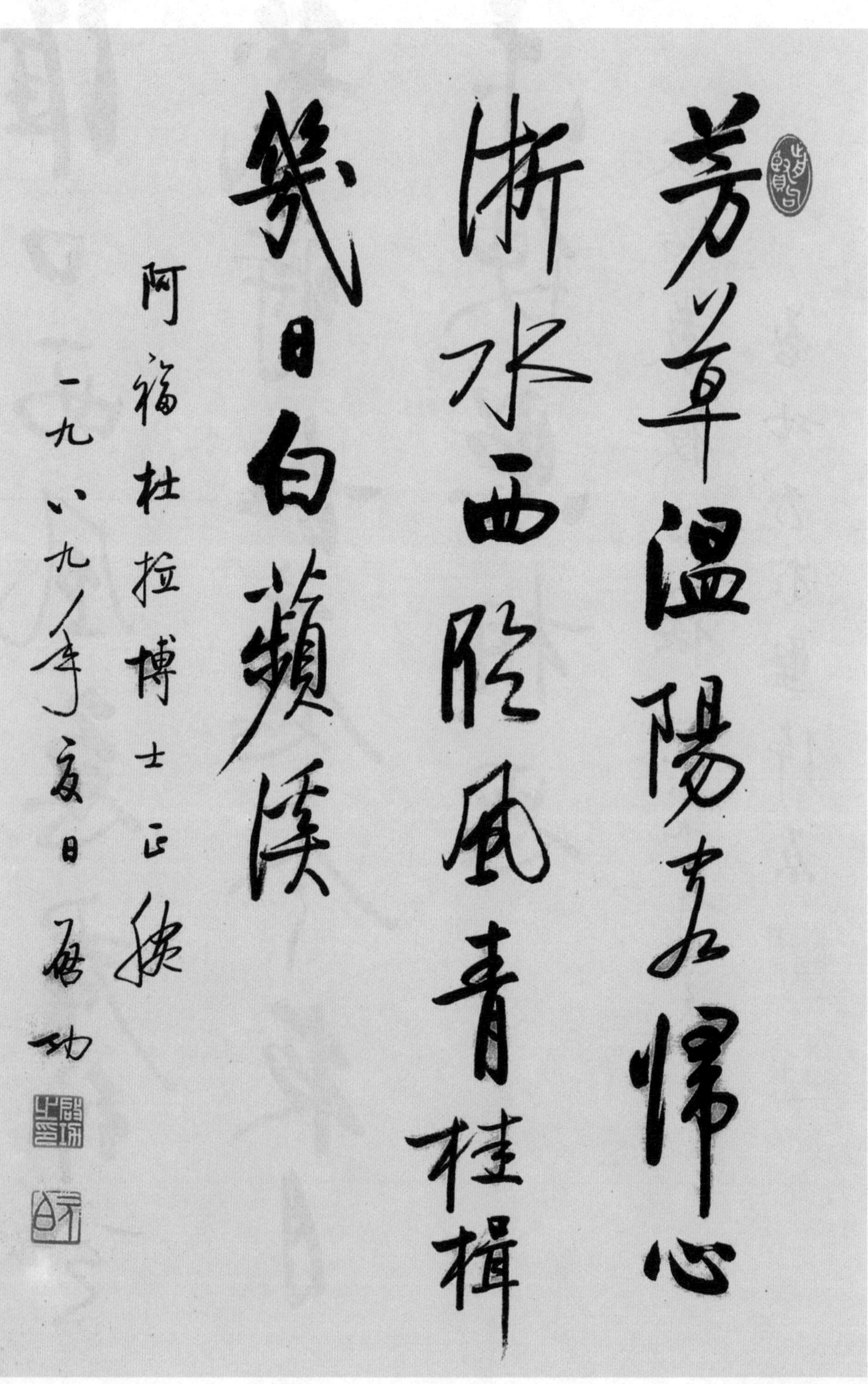

芳草温阳客

一九八九年作　水墨纸本　66cm×43cm　个人收藏

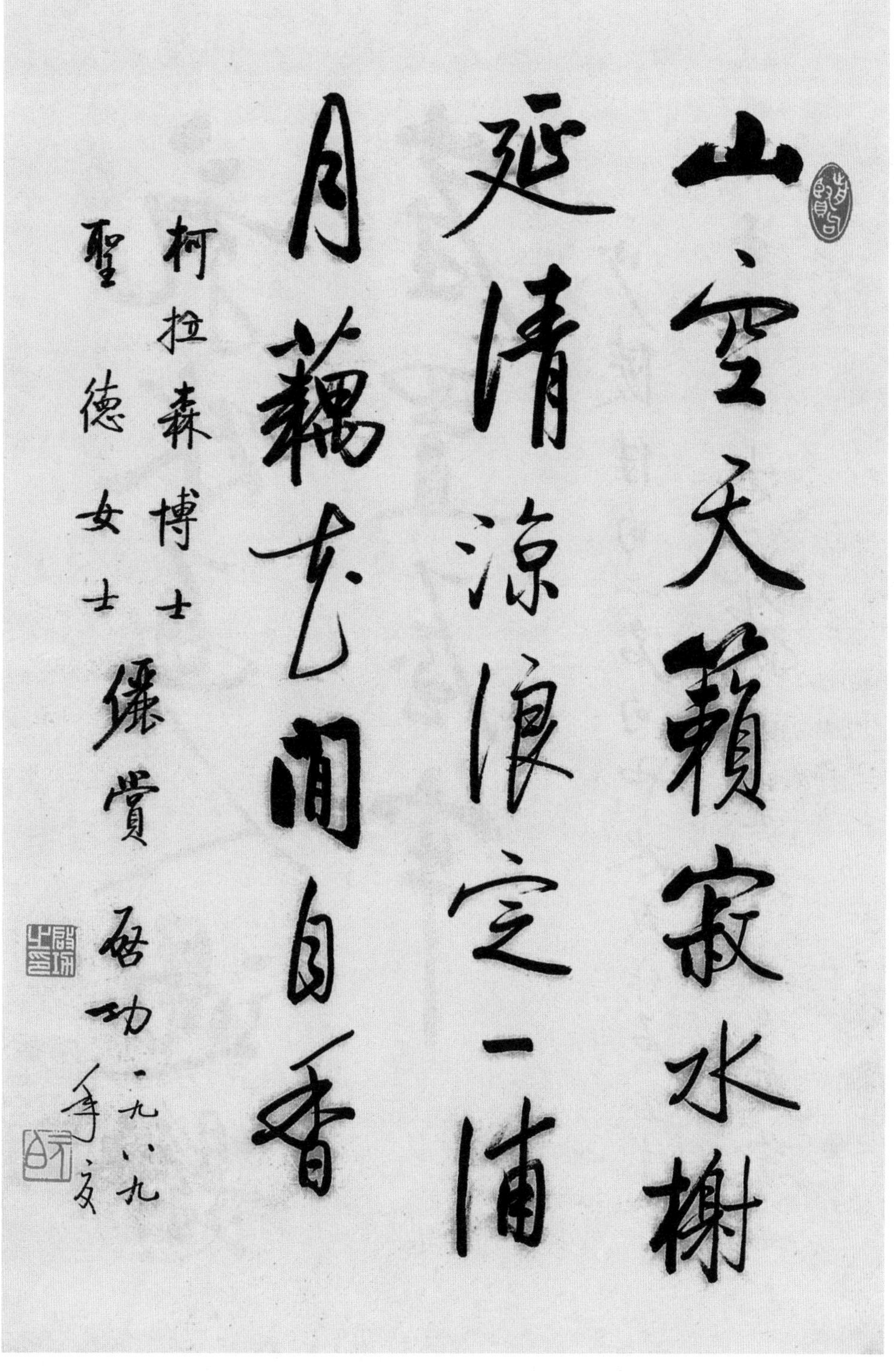

山空天籁寂

一九八九年作　水墨纸本　65cm×43cm　个人收藏

赠友人

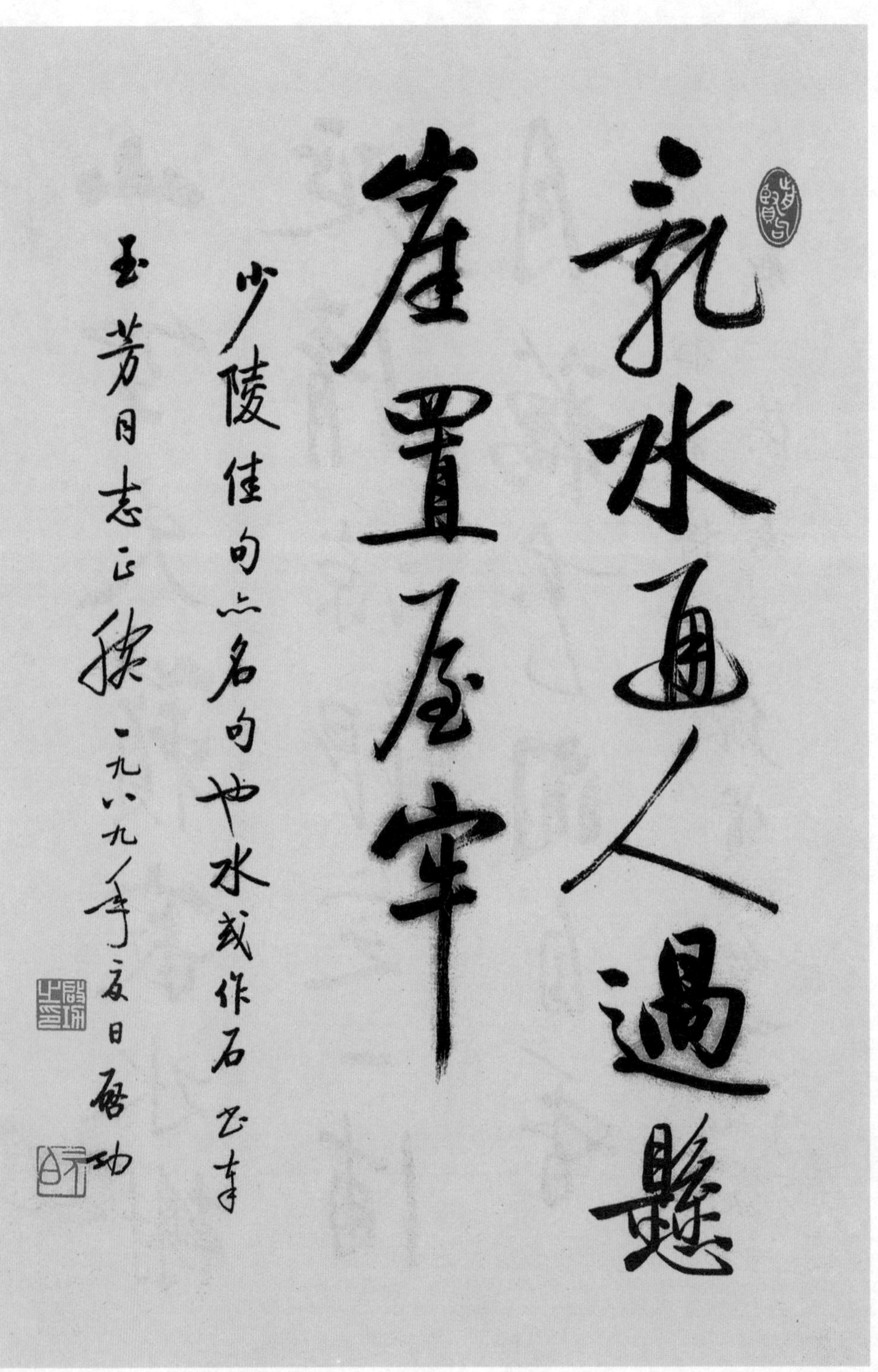

乱水通人过

一九八九年作　水墨纸本　66cm×43cm　个人收藏

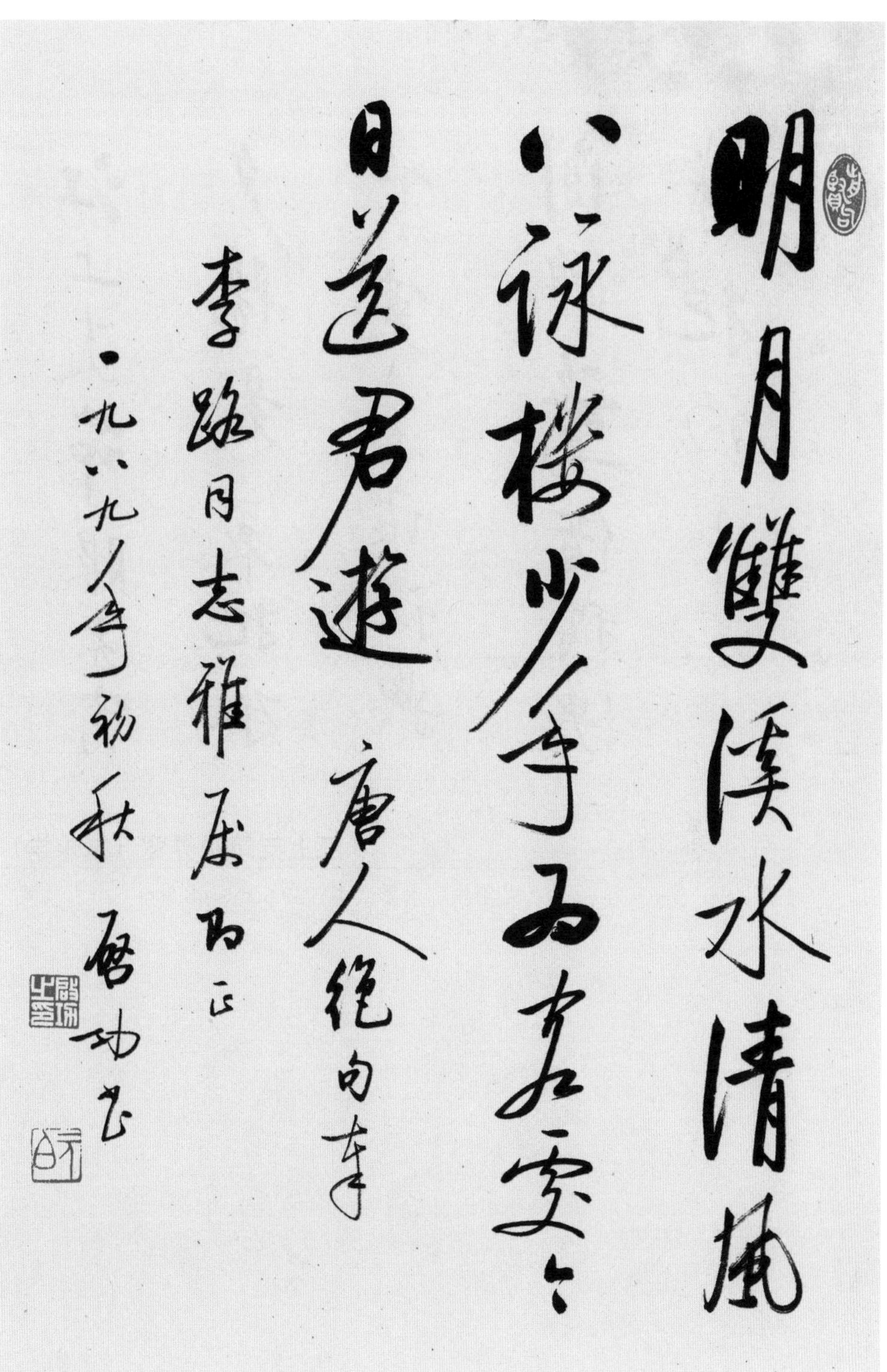

明月双溪水

一九八九年作　水墨纸本　69cm×46cm　个人收藏

江上支筇眼界宽
夕阳影里把水
云寒凭谁说与
间鸥鹭借我澳
矶把钓竿

永学日志正腕宋人句
一九八九年秋 启功

江上支筇眼界宽（赠永学）

一九八九年作　水墨纸本　49.5cm×68.5cm　个人收藏

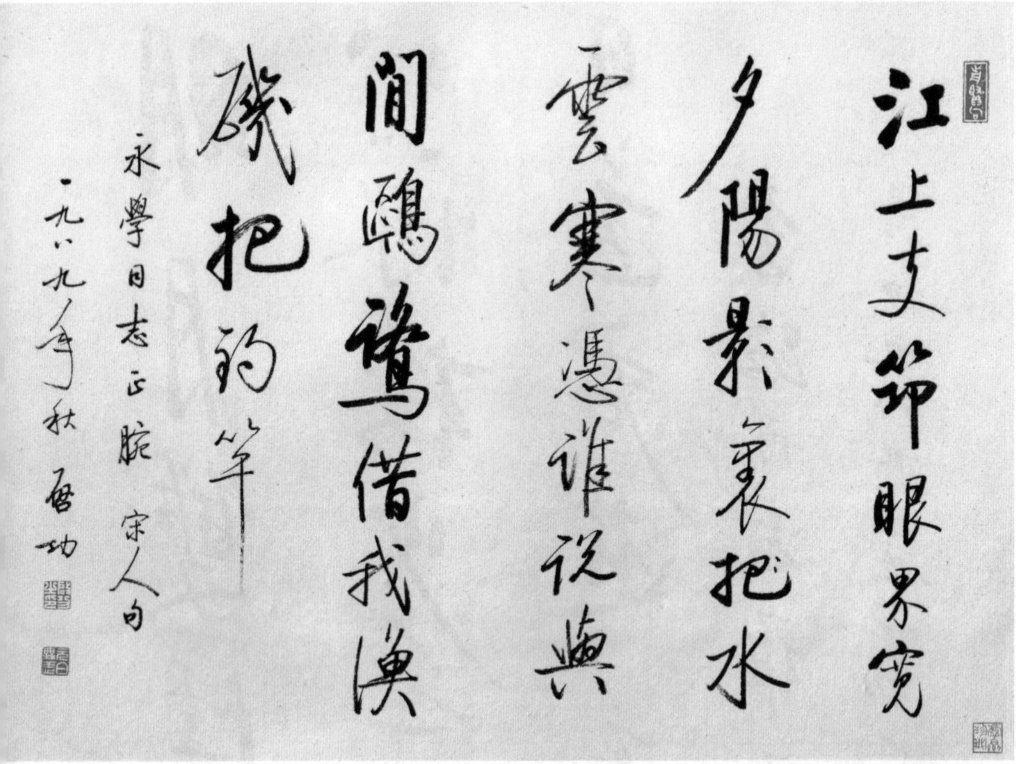

学苑群贤仰大宗

一九八九年作　水墨纸本　104.5cm×53cm　个人收藏

赠友人

学苑群賢仰大宗華嵩千仞立
喬松榮懷治國安民久餘事聲華待
寶墨靈益世早經標德賽訂頑戇度
辟愚蒙仙籌鶴算新添受兩極人
睽萬壽翁　一九八九年十月穀旦
楚翁主席柏齡大慶
九三學社全體社員敬祝　啟功敬書

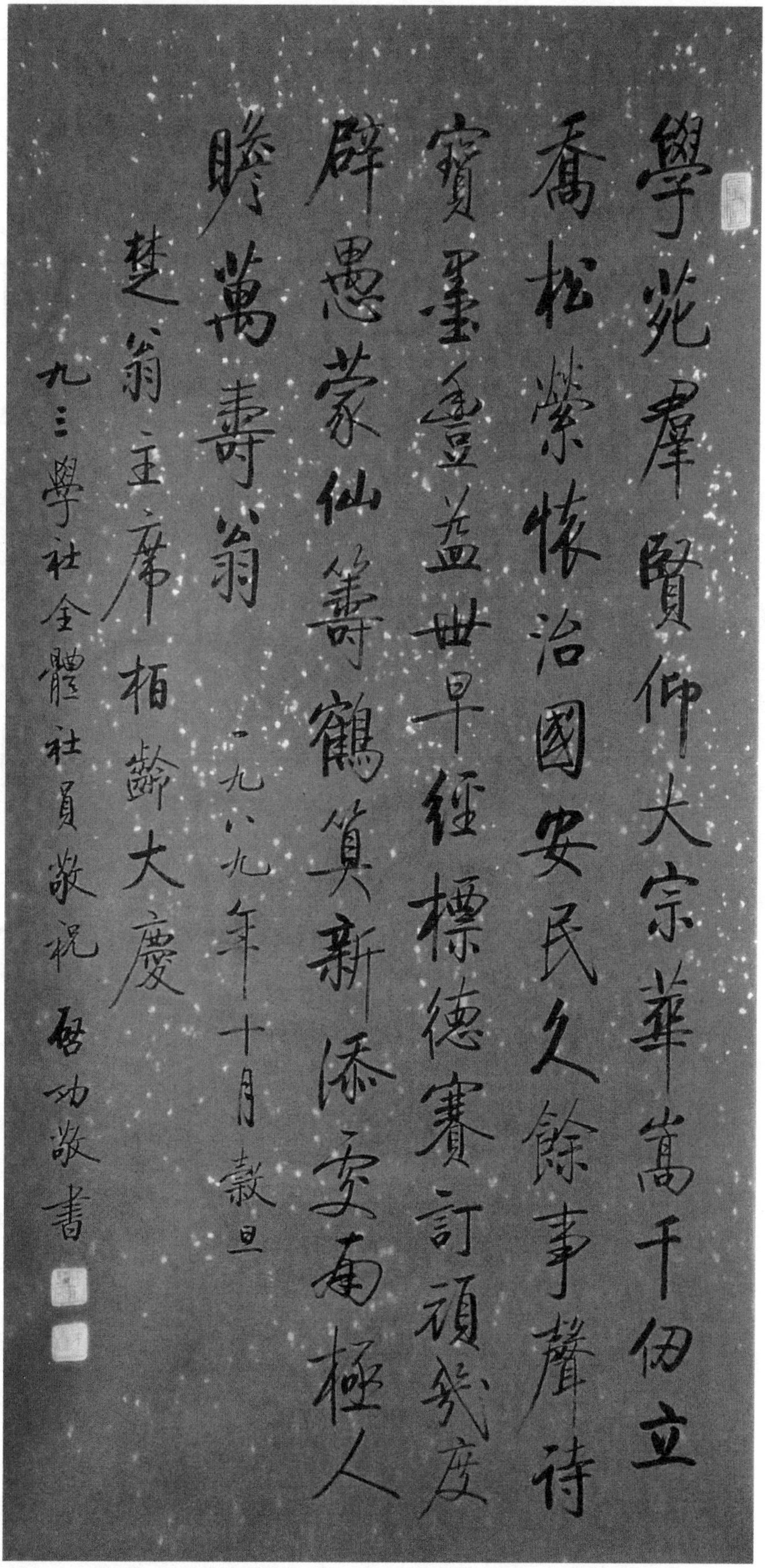

断云一片洞庭帆玉破鼉

鱼金破柑好作新诗继

桑苧垂虹秋色满东南

一九八八年冬日书宋人句

庆禧先生雅正 功时居北京

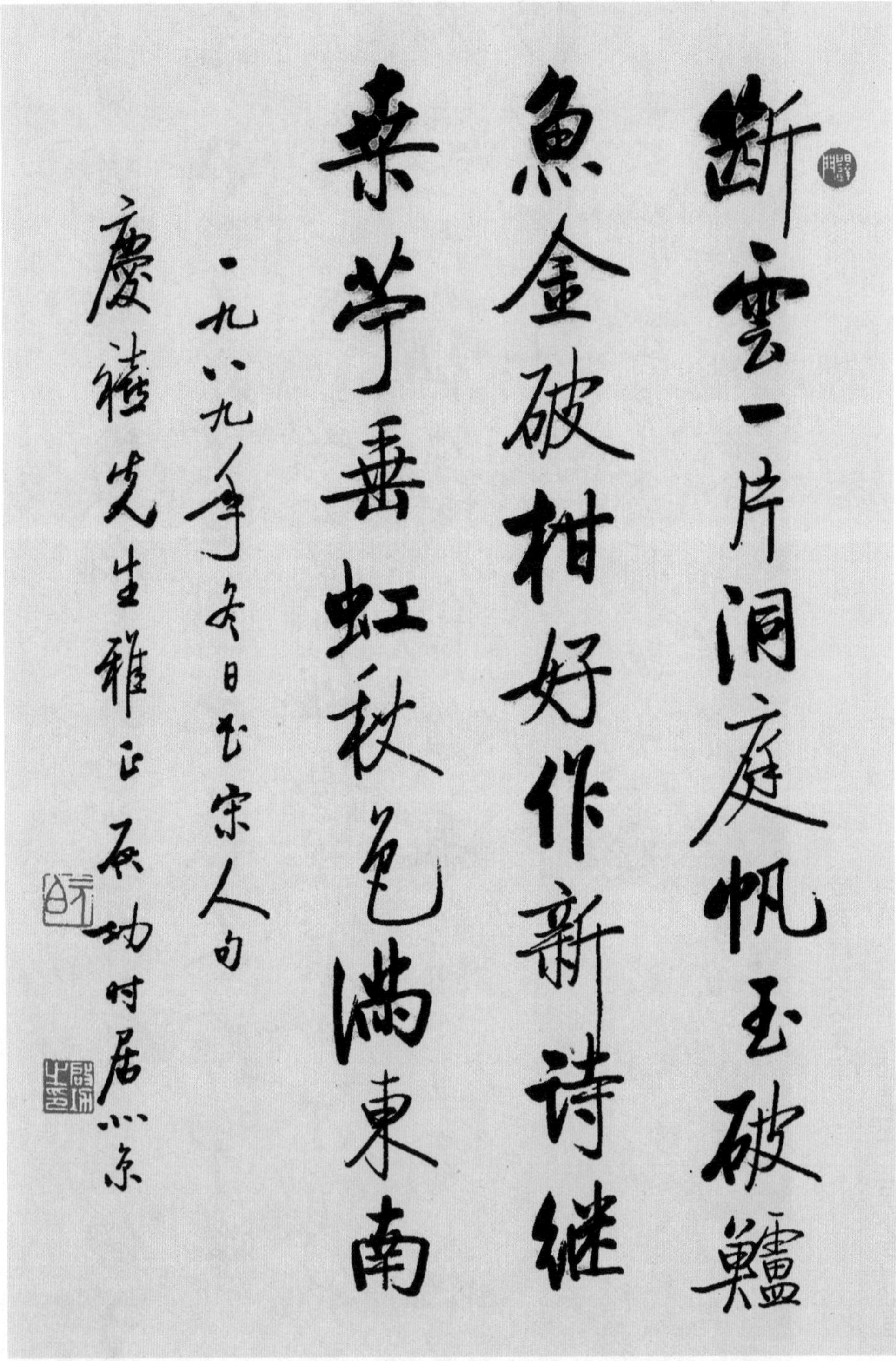

断云一片洞庭帆

一九八九年作　水墨纸本　66cm×43cm　个人收藏

官路桐江西復西野枝

千樹盧橘籬咋茶都

下筠籃底三百青辭買

一枝 一九八九年六日以宋人句

童力
迎春日志儀籖壁 啟功時居首都

赠友人

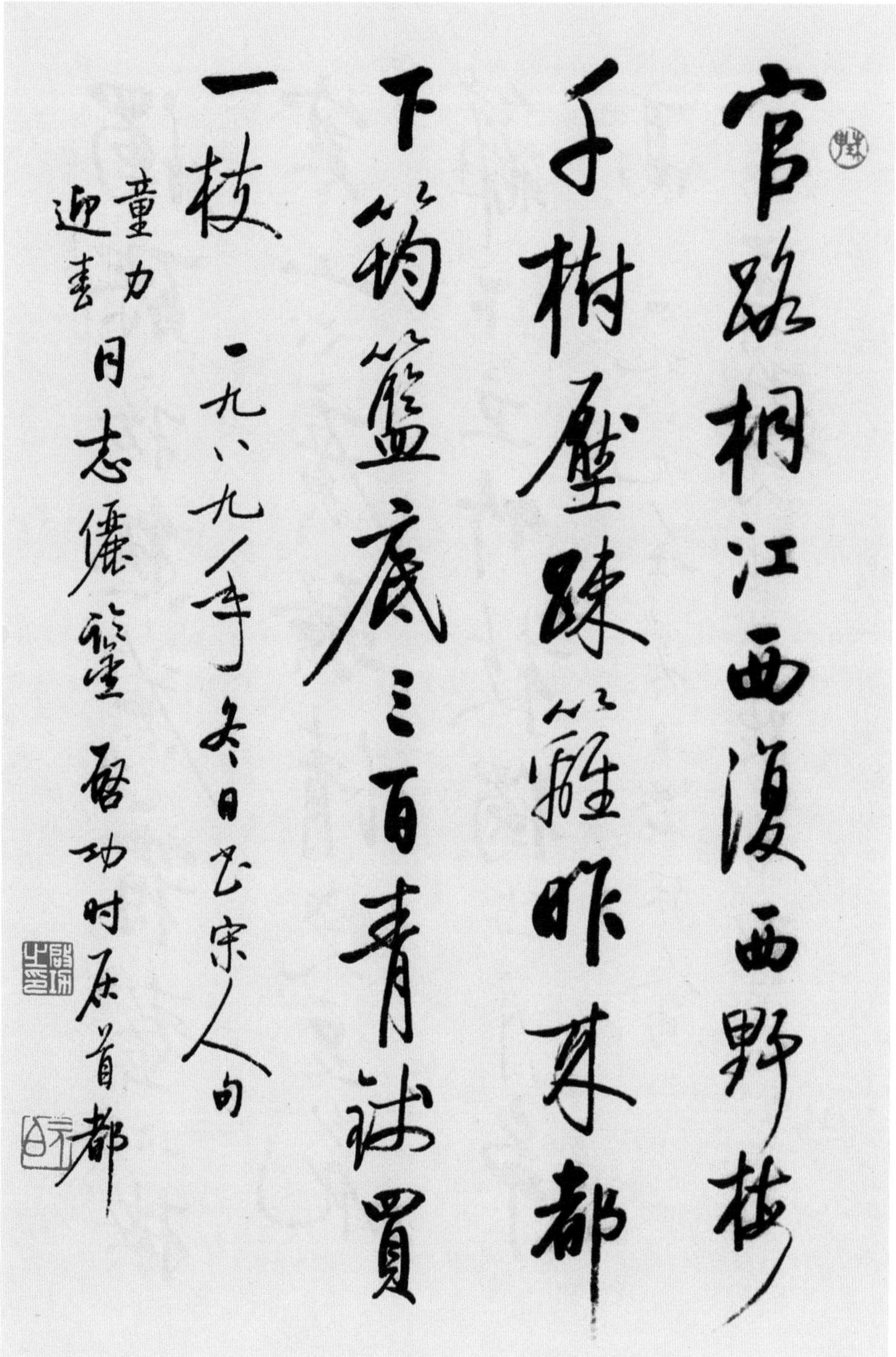

官路桐江西复西

一九八九年作　水墨纸本　66cm×43cm　个人收藏

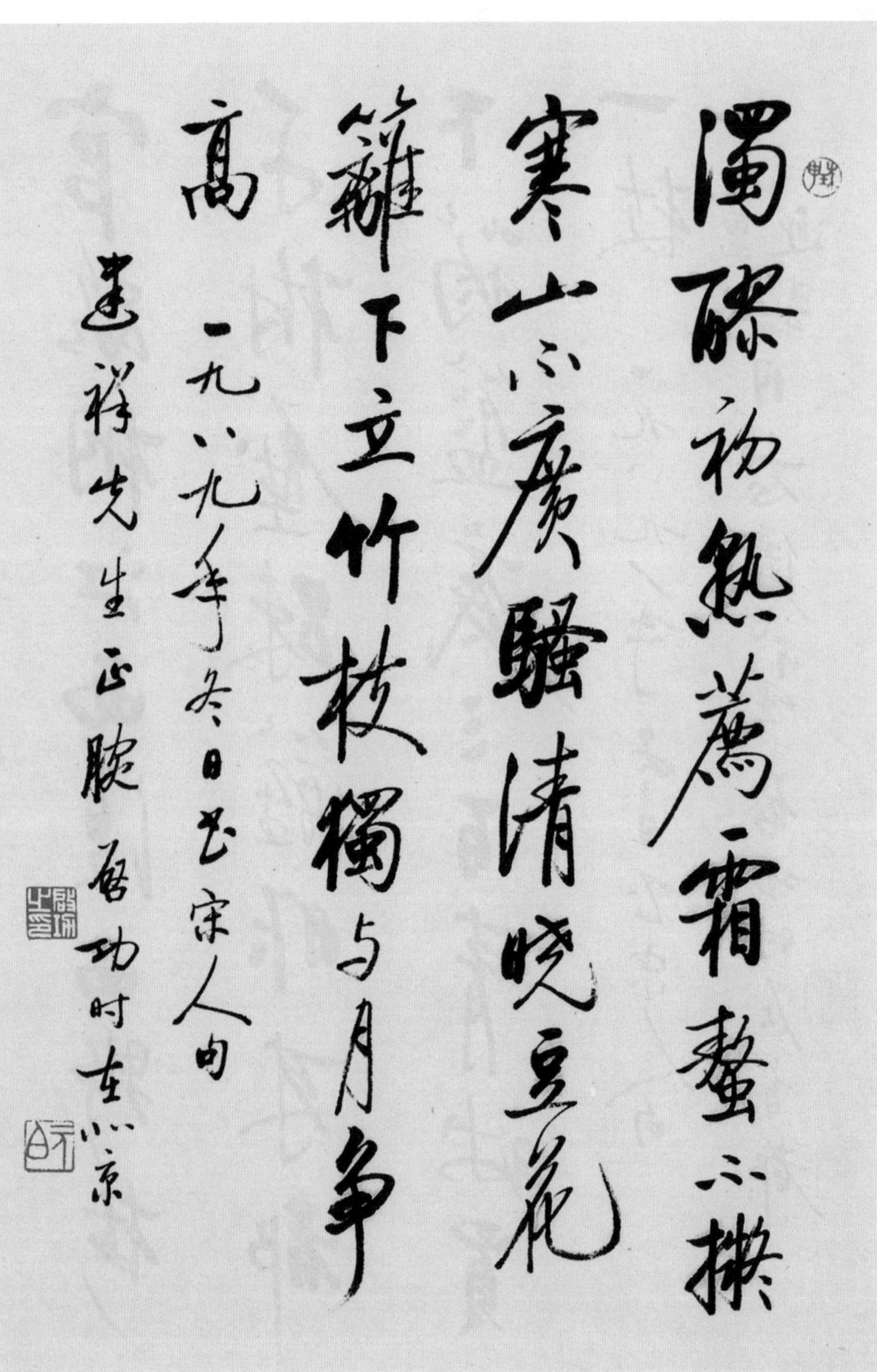

浊醪初熟荐霜螯

一九八九年作　水墨纸本　66cm×43cm　个人收藏

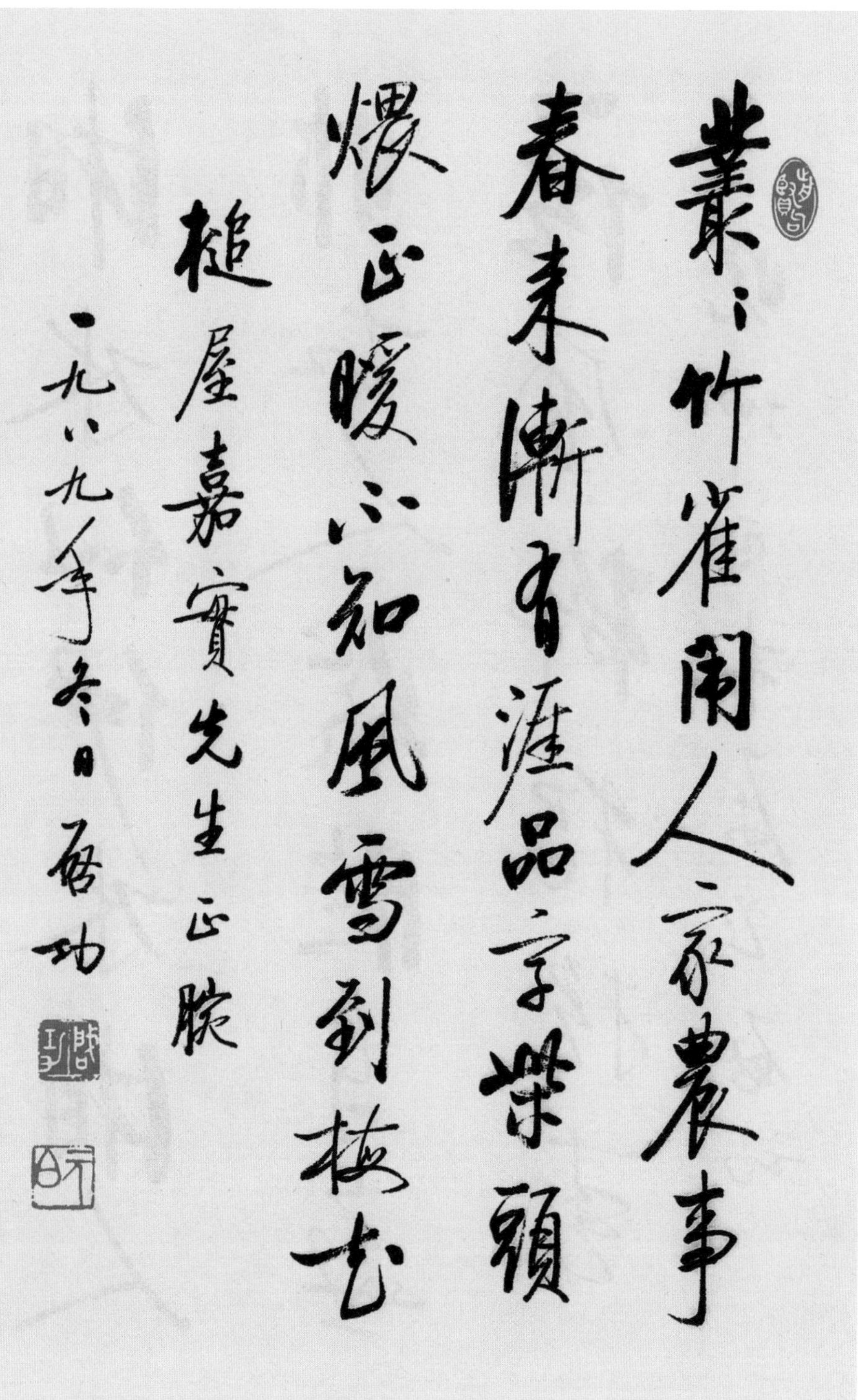

丛丛竹雀闹人家，春来渐有涯品字桑颖煖正暖不知风雪到枝蕾，椎屋嘉实先生正腕

一九八九年冬日 启功

赠友人

丛丛竹雀闹人家

一九八九年作　水墨纸本　66cm×43cm　个人收藏

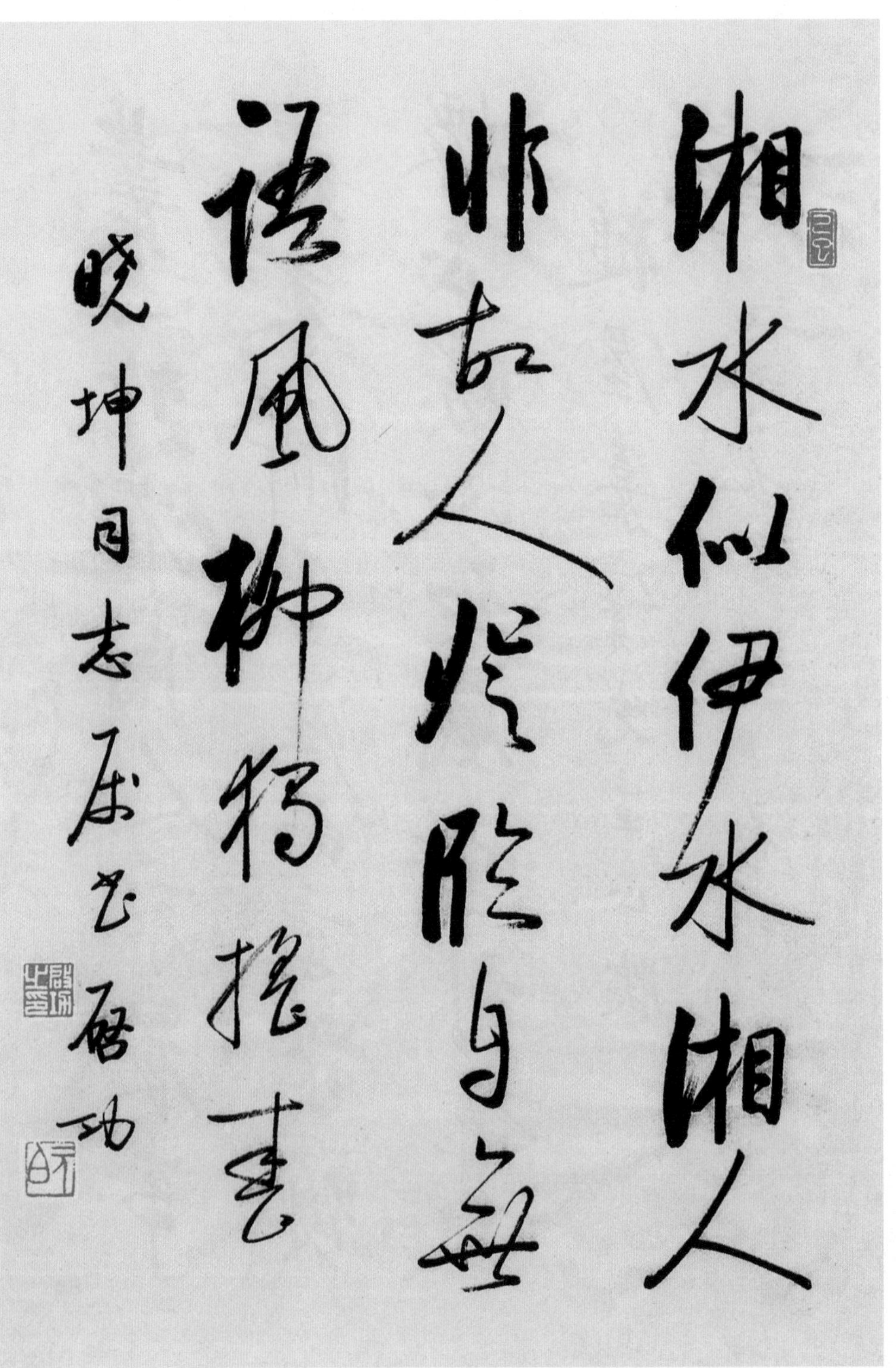

湘水似伊水（一）

一九八九年作　水墨纸本　66cm×43cm　个人收藏

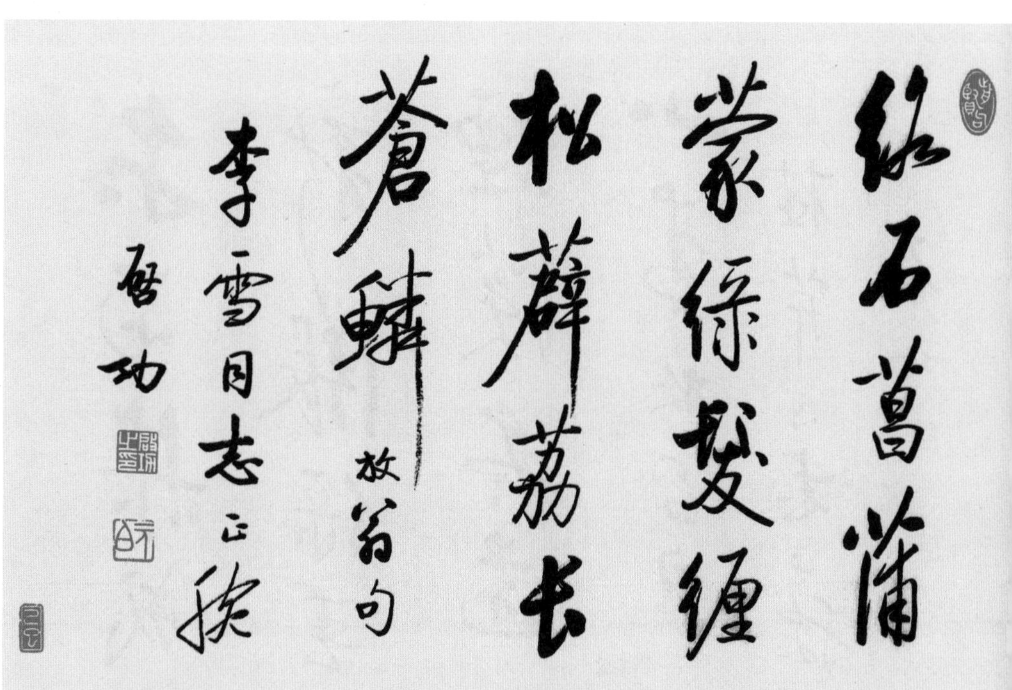

络石菖蒲蒙绿发

一九八九年作　水墨纸本　42cm×64cm　个人收藏

赠友人

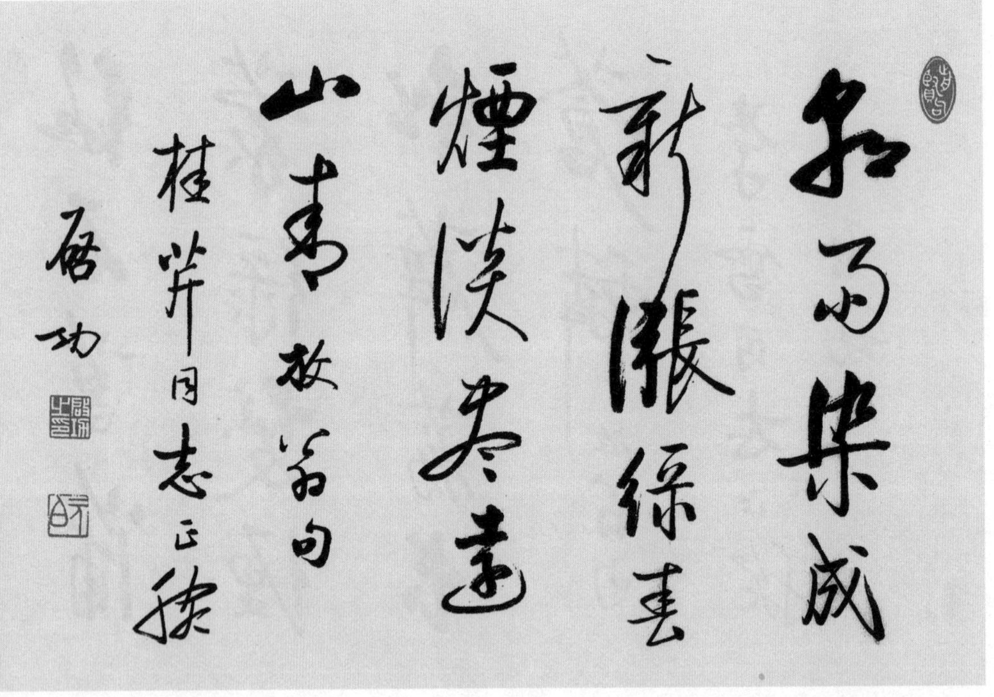

朝雨染成新涨绿

一九八九年作　水墨纸本　42cm×64cm　个人收藏

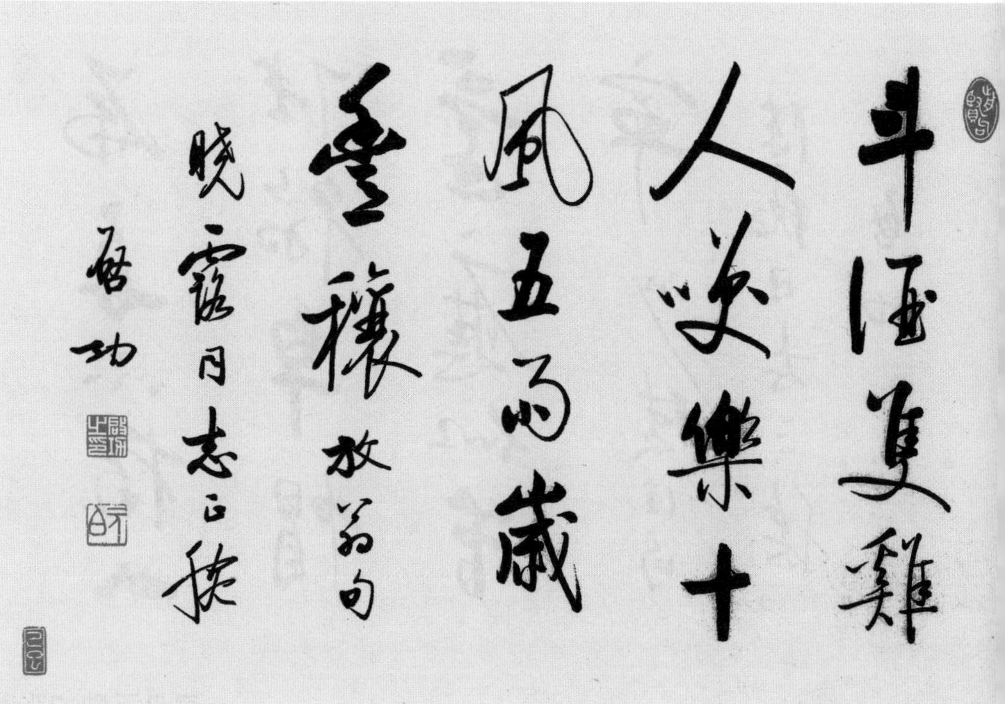

斗酒只鸡人笑乐

一九八九年作　水墨纸本　42cm×64cm　个人收藏

赠友人

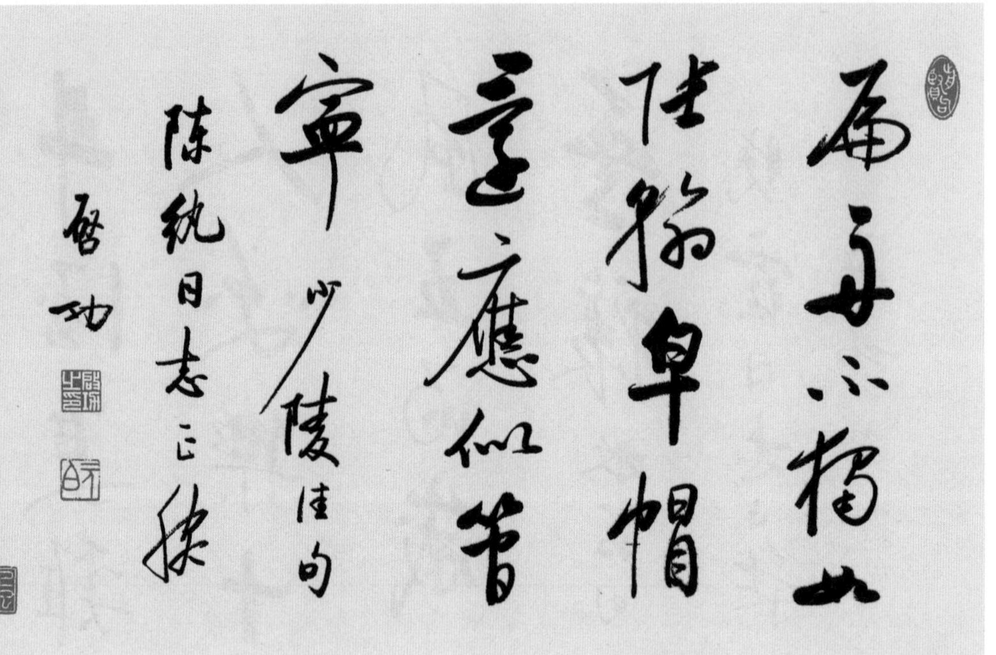

扁舟不独如张翰 186

一九八九年作　水墨纸本　42cm×64cm　个人收藏

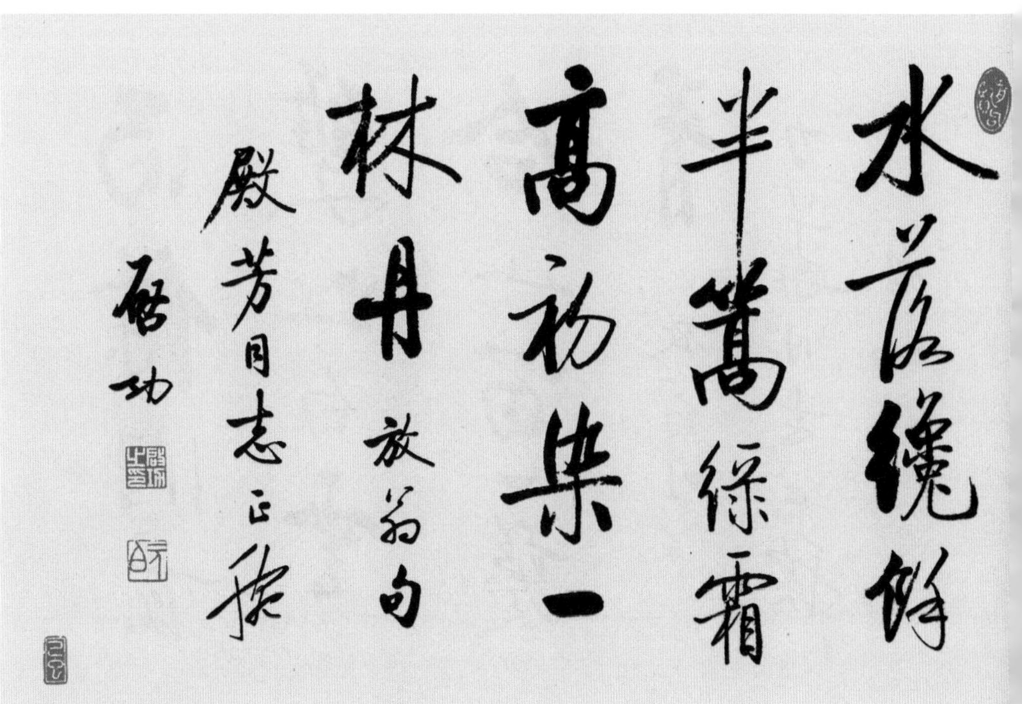

水落才馀半篙绿

一九八九年作　水墨纸本　42cm×64cm　个人收藏

赠友人

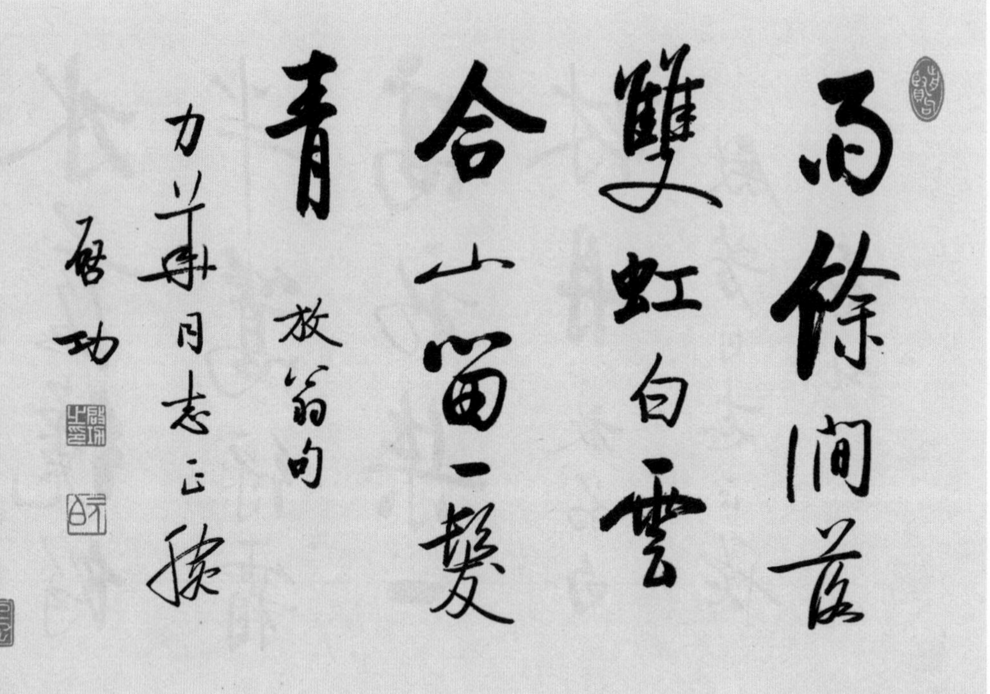

雨馀涧落双虹白

一九八九年作　水墨纸本　42cm×64cm　个人收藏

深灯醉眼任模糊

一九八九年作　水墨纸本　34cm×137cm　个人收藏

赠友人

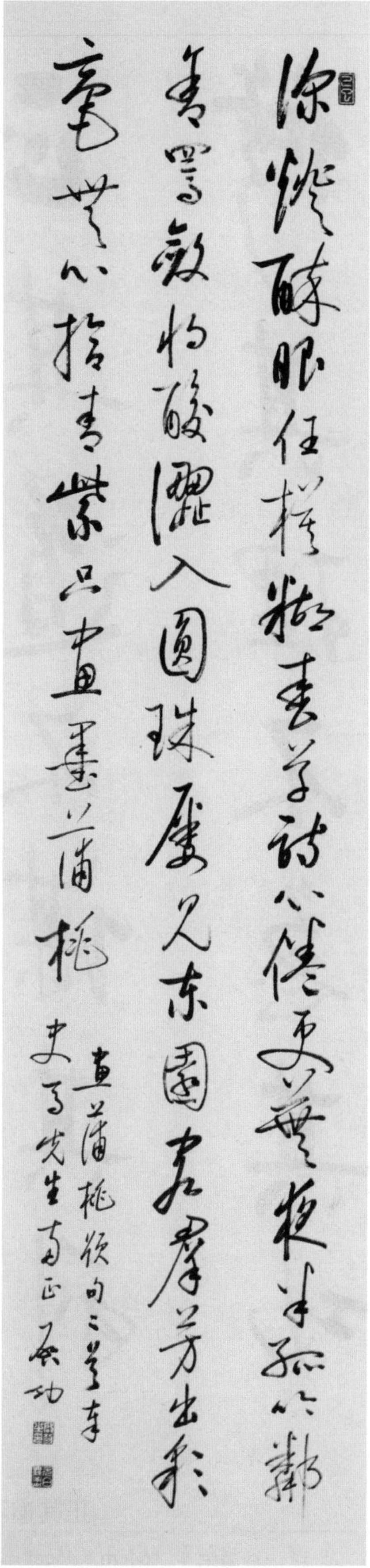

正其道不谋其利

修其理不急其功

己秋燮露中语

桂鉥日志属书 启功

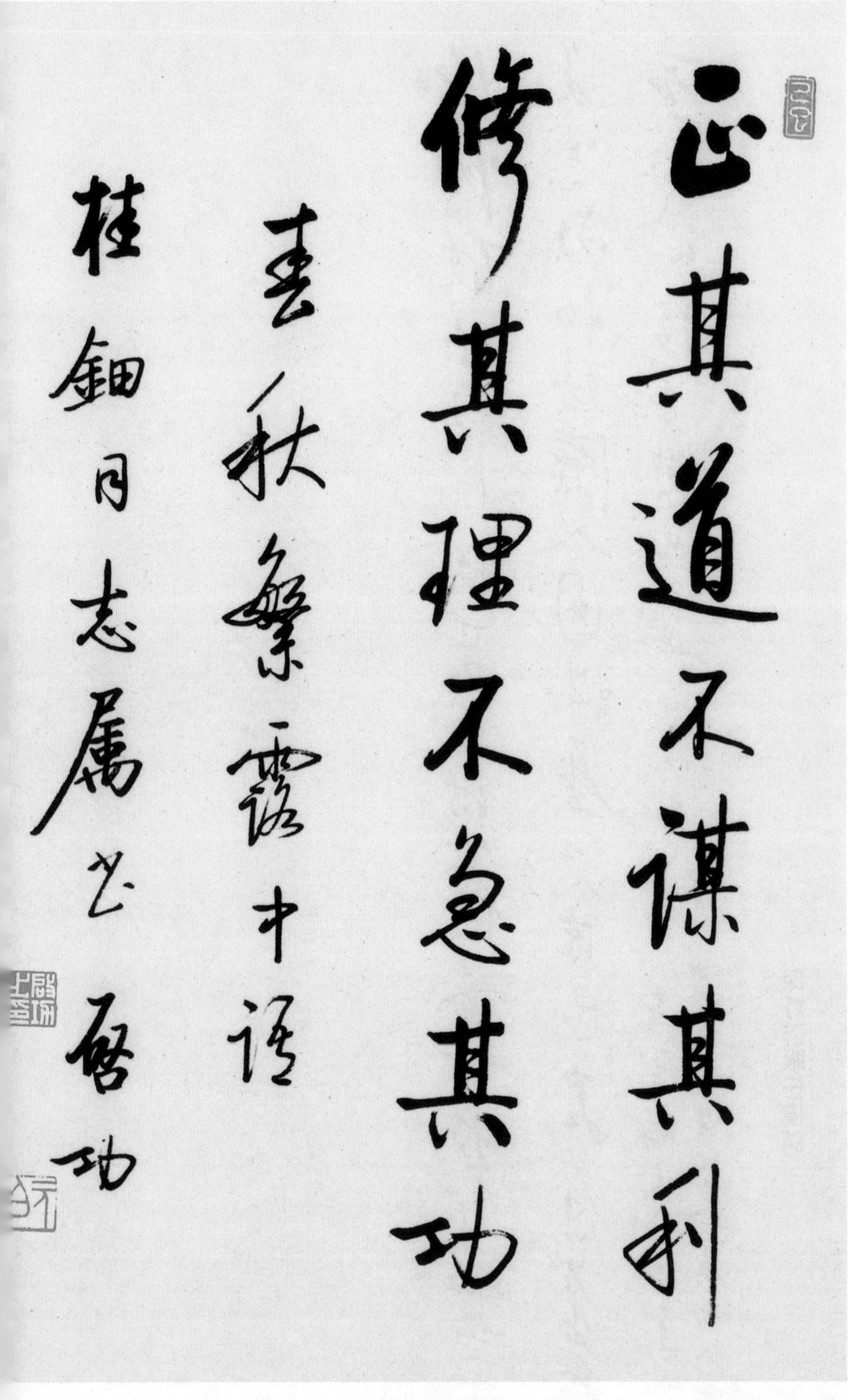

正其道不谋其利

一九八九年作　水墨纸本　64cm×45cm　个人收藏

層崖千尺倚青霄藂蔚
丹林霄鳳毛從得法田每
信筆珊瑚斜插玉雲高

香枝女士方家兩教 一九八九年春日□□□□一首 啟功

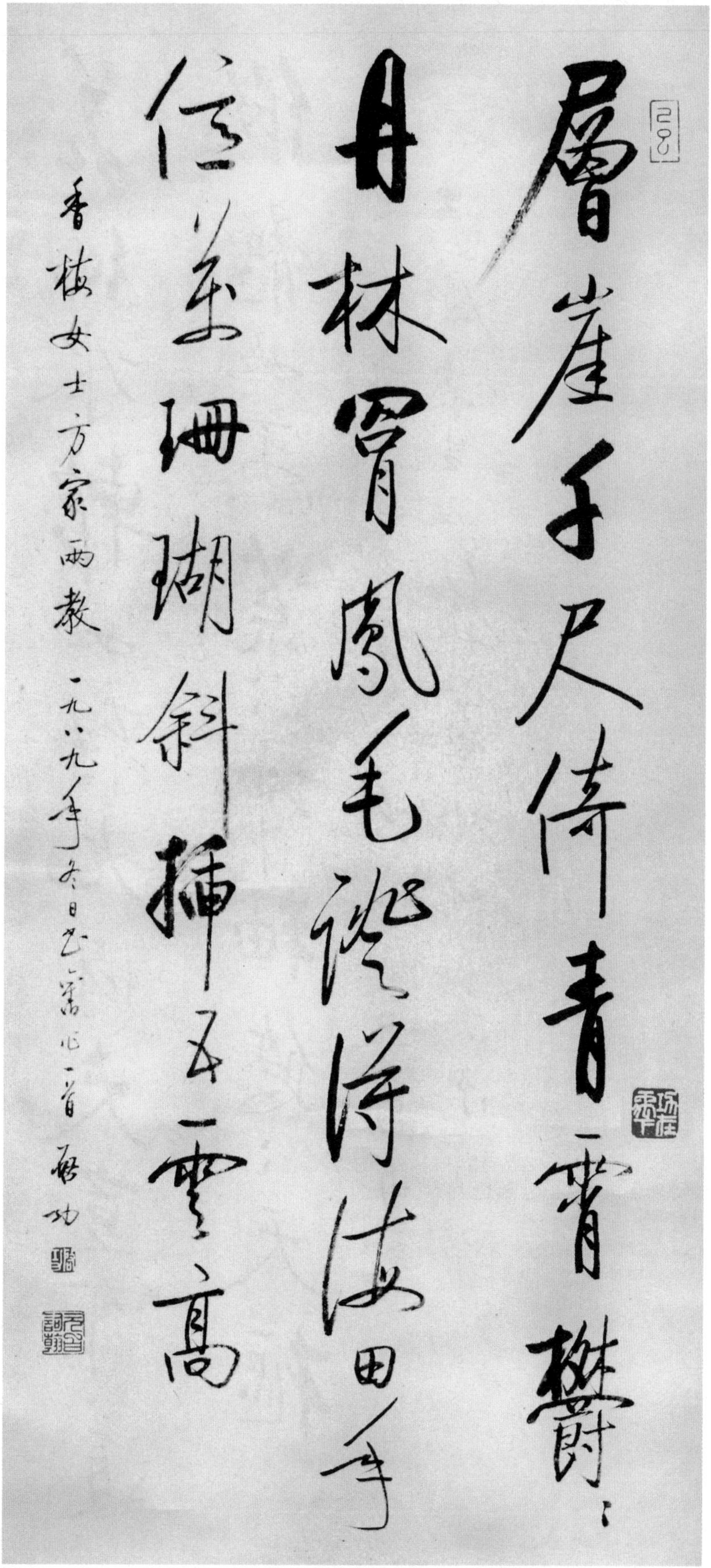

层崖千尺倚青霄

一九八九年作　水墨纸本　57.8cm×120cm　个人收藏

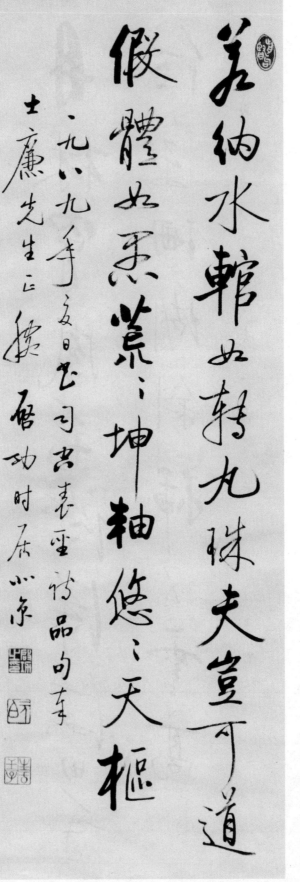

若纳水辂 如转丸珠

一九八九年作　水墨纸本　93cm×32cm　个人收藏

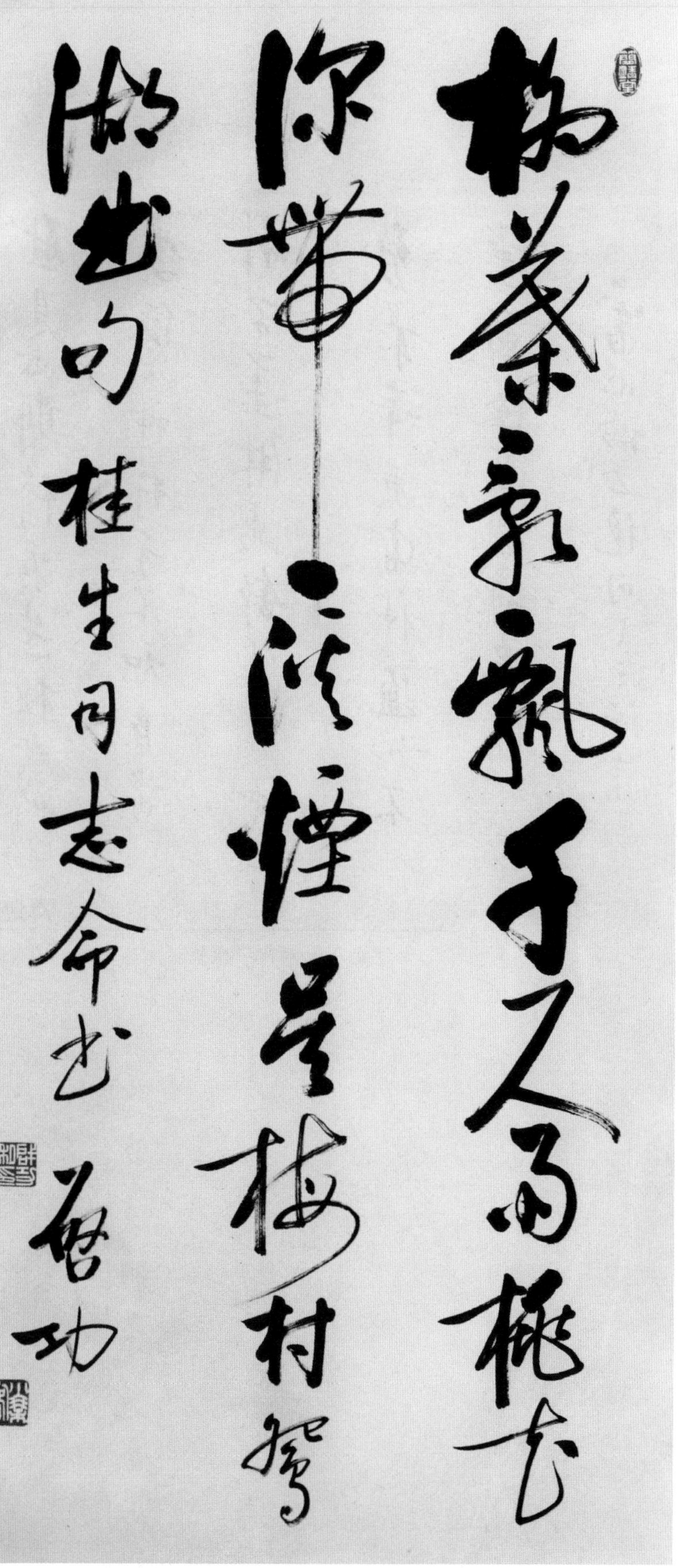

柳叶乱飘千尺雨

二十世纪八十年代　水墨纸本　39cm×88cm　个人收藏

赠友人

真迹颜公此最奇海偶同
尉见心期请受生极处峰
要纸上神行手不知白书
刷字墨淋漓舒卷烟云
势最奇更有神通忘不
尽蜀缝遊戏列乌丝
窗心论出绝句之三孙李
子棠同志方正　启功

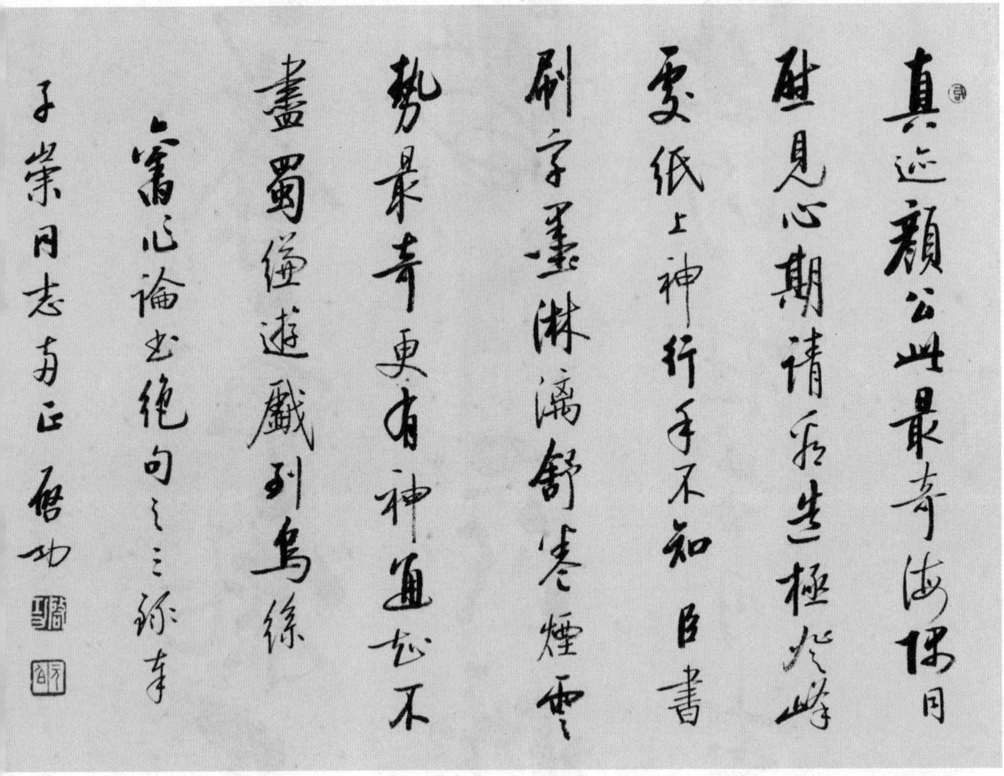

真迹颜公此最奇

二十世纪八十年代　水墨纸本　41cm×29cm　个人收藏

月黑雁飞高，单于夜遁逃。欲将轻骑逐，大雪满弓刀。

杨鸿日杰正 庚功

月黑鹰飞高

二十世纪八十年代　水墨纸本　26cm×77.5cm　个人收藏

赠友人

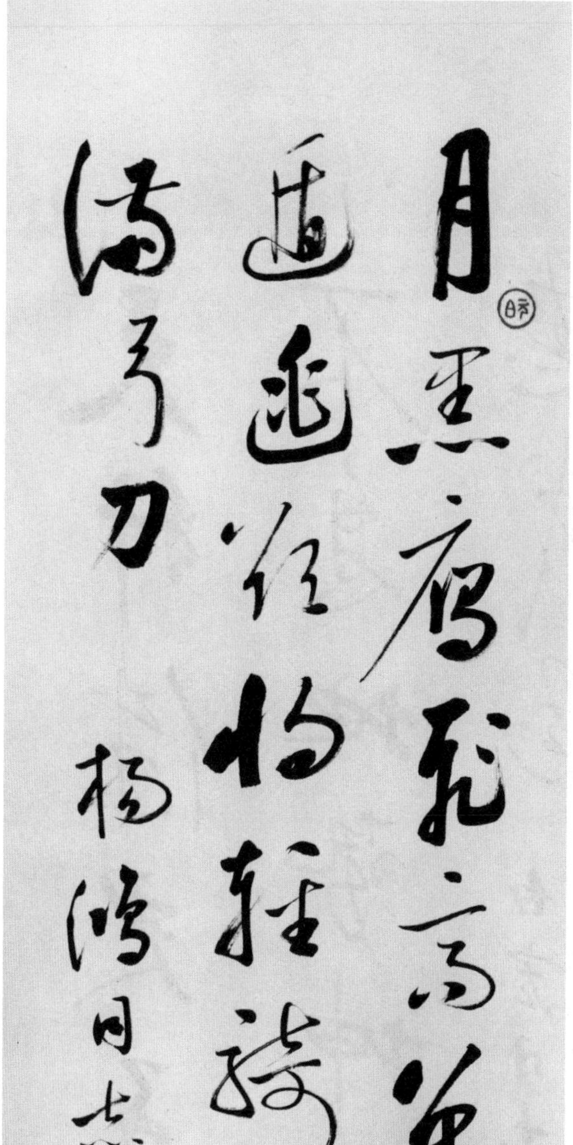

天行健君子以自强

不息地势坤子以厚

德载物

白宏日志东艺书

正张居功

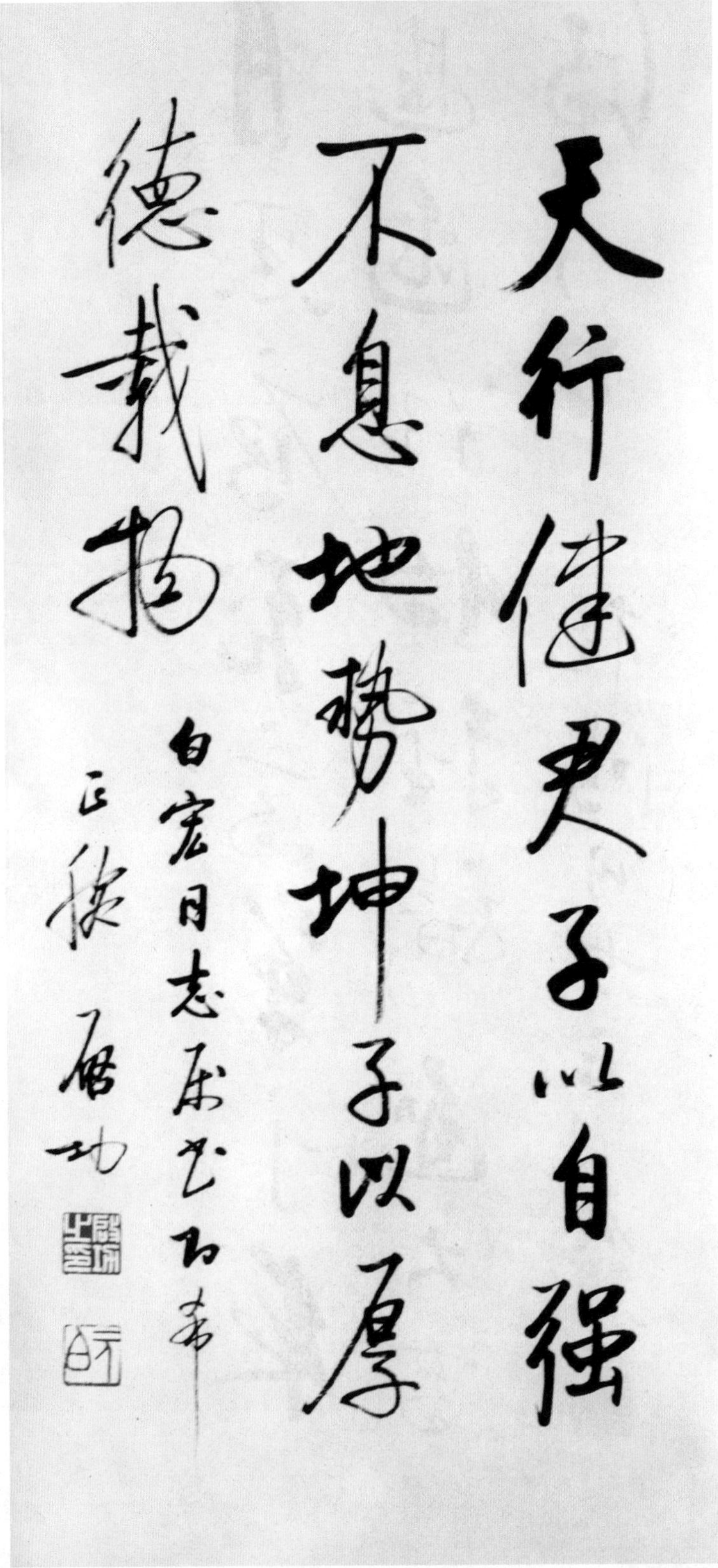

天行健君子以自强不息（二）

二十世纪八十年代　水墨纸本　67cm×32cm　个人收藏

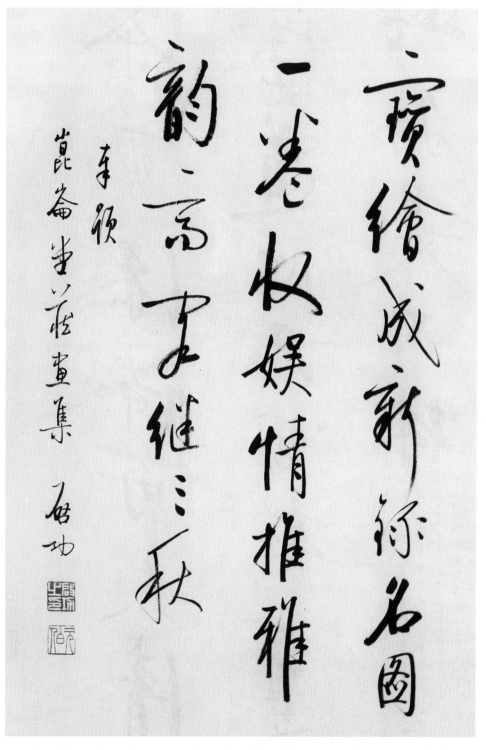

宝绘成新录

二十世纪八十年代　水墨纸本　42.5cm×62.5cm　个人收藏

赠友人

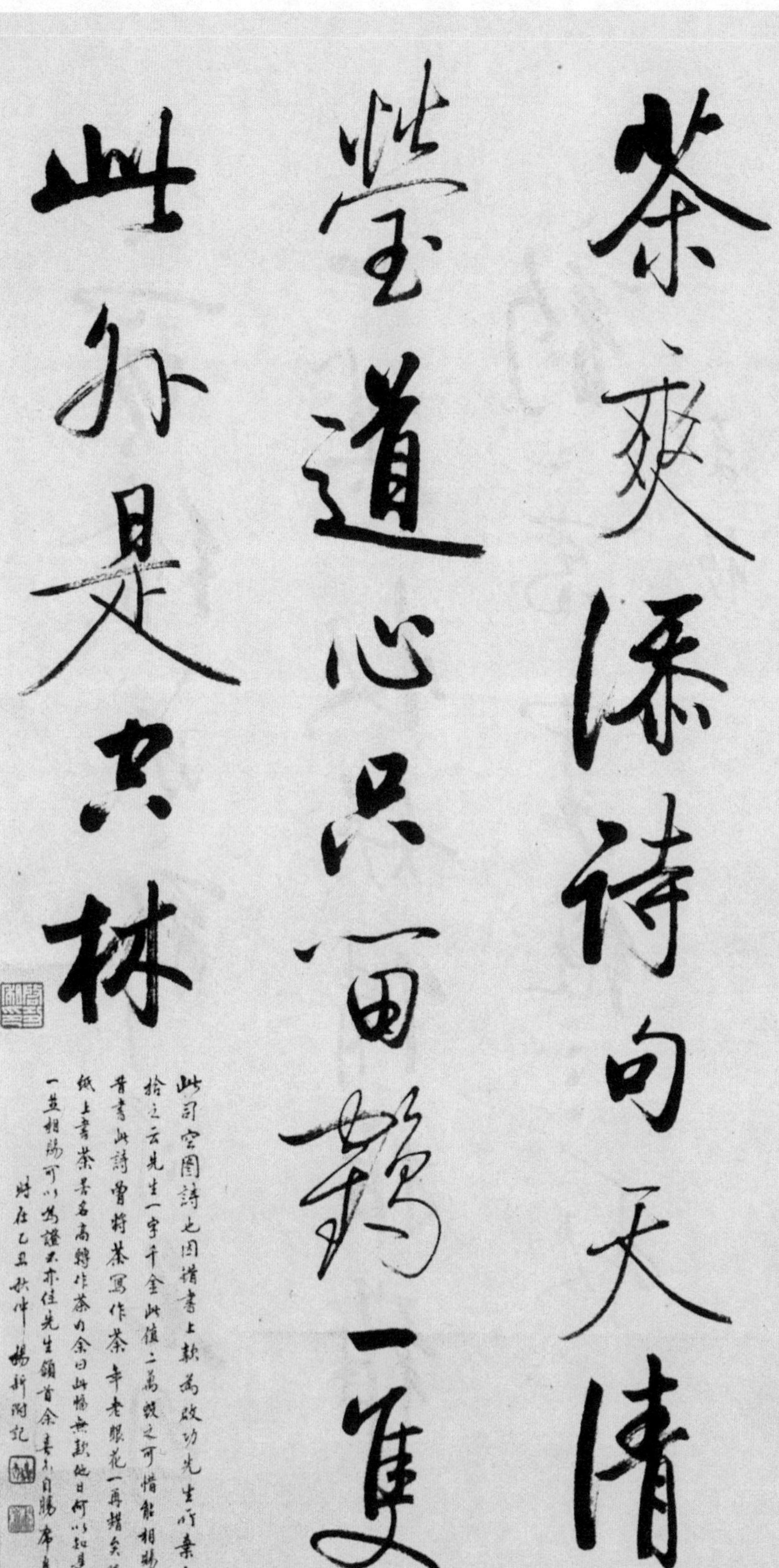

茶爽添诗句天情

莹道心只留鹤一隻

此外是只林

此司空图诗之因诸书上款为启功先生行業遺余佳坊
拾之云先生一字千金此值二萬致之可惜能相揚平先生日
普書此詩曾將茶寫作幸老眼花一再揭矣隨即止示一
紙上書茶某名高辞作茶乃余日此帽無欵他日何以知遣先生手書耶
一莖相揚可以為謹大亦佳先生頴首余春木自勝率卷而歸
此在乙丑秋仲 楊新陽記

茶爽添诗句

二十世纪八十年代　水墨纸本　个人收藏

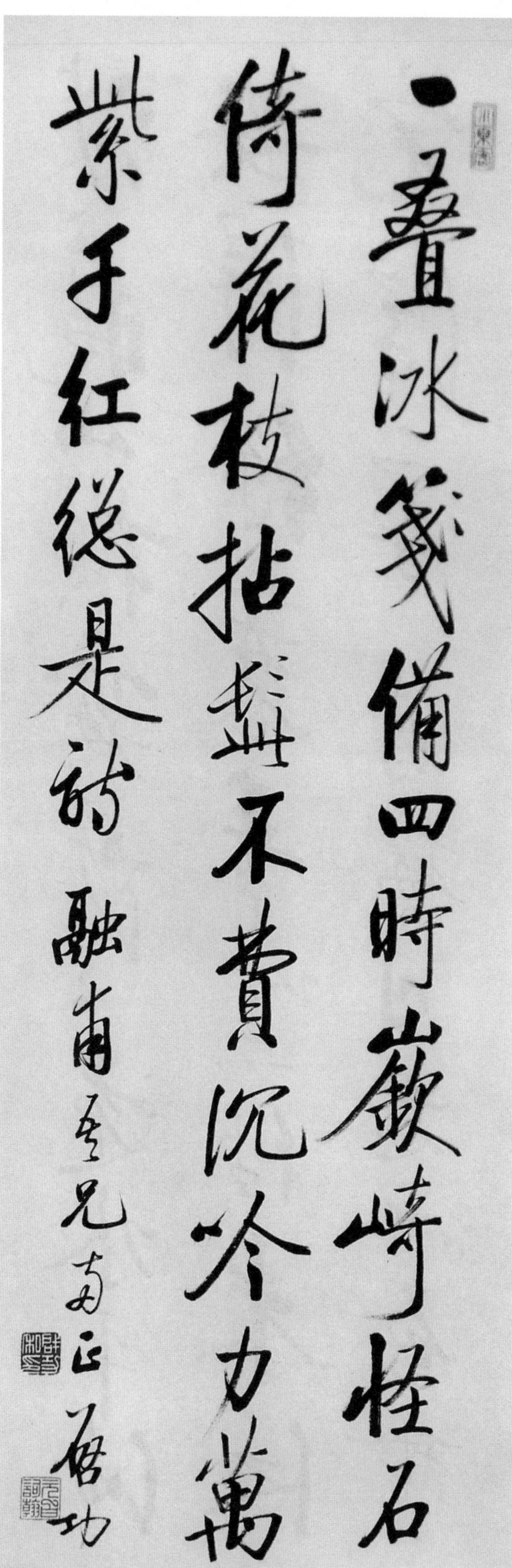

一叠冰笺备四时

二十世纪八十年代作　水墨纸本　93cm×32cm　个人收藏

赠友人

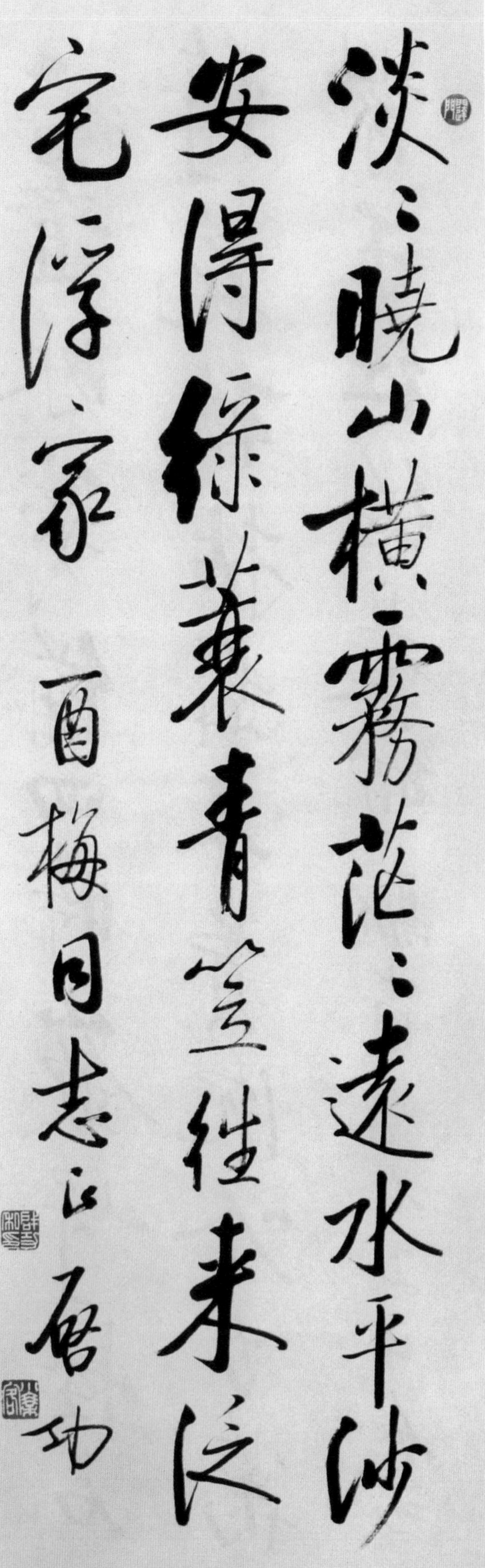

淡淡晓山

二十世纪八十年代作　水墨纸本　99cm×32cm　个人收藏

绛宫明灭晓云开，
古甚乞可逢秦皇趁游武及身真，
浮云蓬业游鉴蔡窜作一首飞奉

延稣日志老学长两教 启功真草

绛宫明灭晓云开

二十世纪八十年代作　水墨纸本　90cm×30cm　个人收藏

赠友人

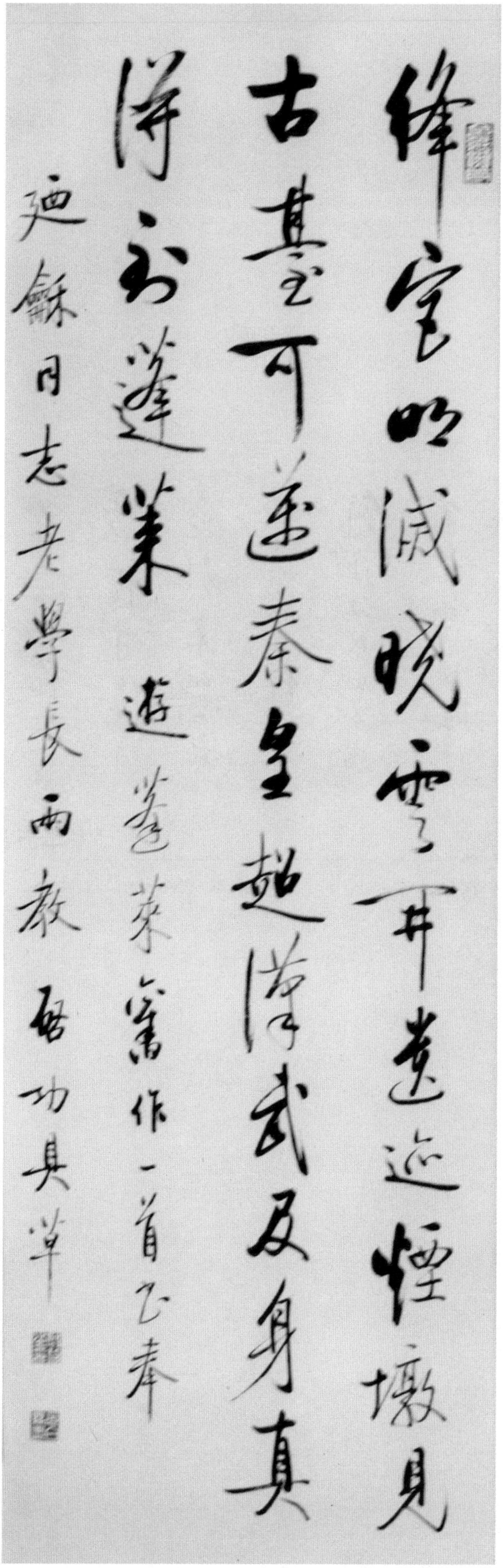

岁华五易又如今　病榻徒劳惜寸阴　差慰别来无大过　失惊俸入香馀金　江日血泪风霜骨　负贱夫妻患难心　尘土镜奁谁误居　满颐白发一沉吟

见镜之作

癸程日志书正　启功

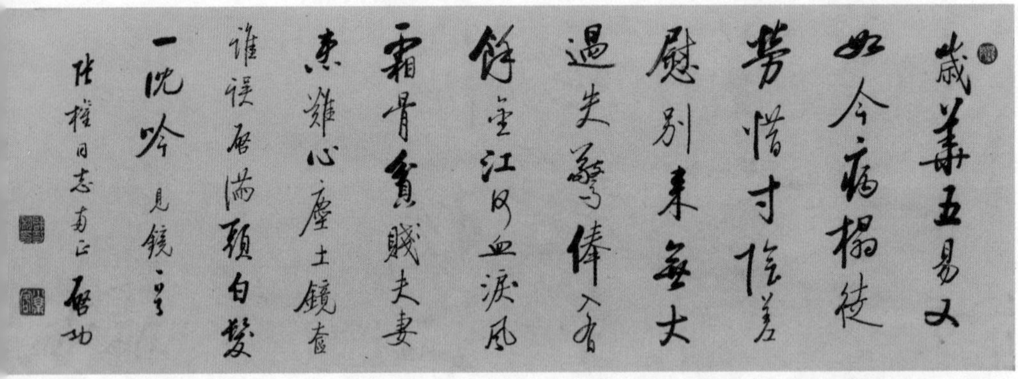

岁华五易又如今

二十世纪八十年代作　水墨纸本　34.5cm×104cm　个人收藏

古刹楼柿林绿信覆荫
瓦歲晏来品题拾叶總
堪寫

效曾先生大醫作正之 启功

古刹栖柿林

二十世纪八十年代作　水墨纸本　92.5cm×30cm　个人收藏

赠友人

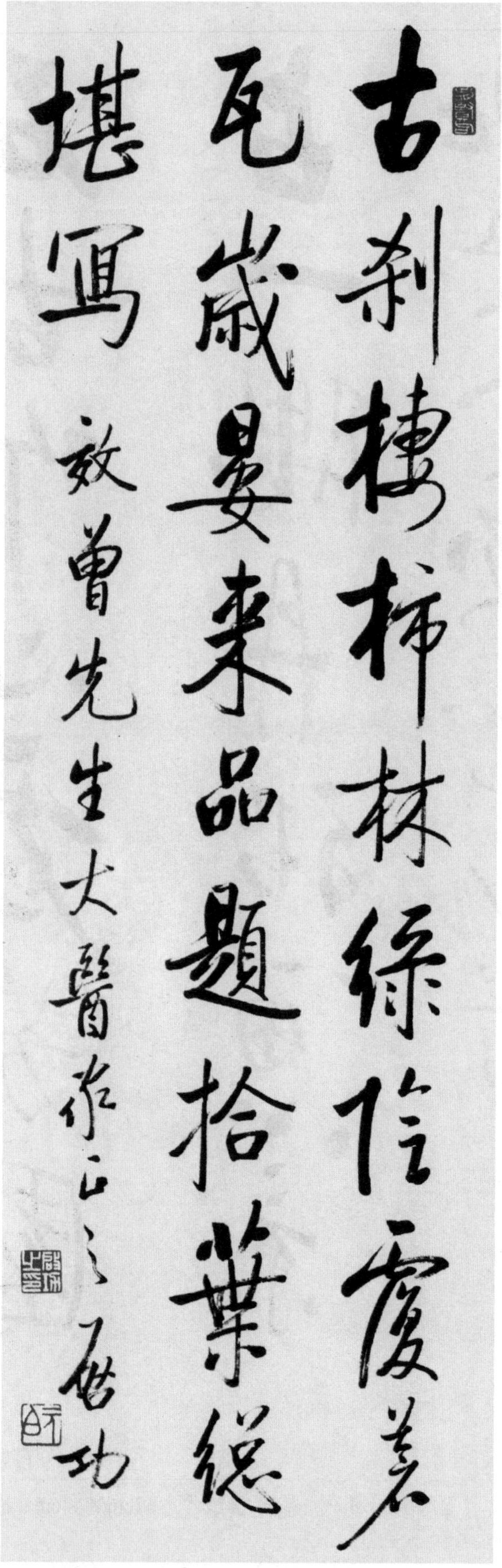

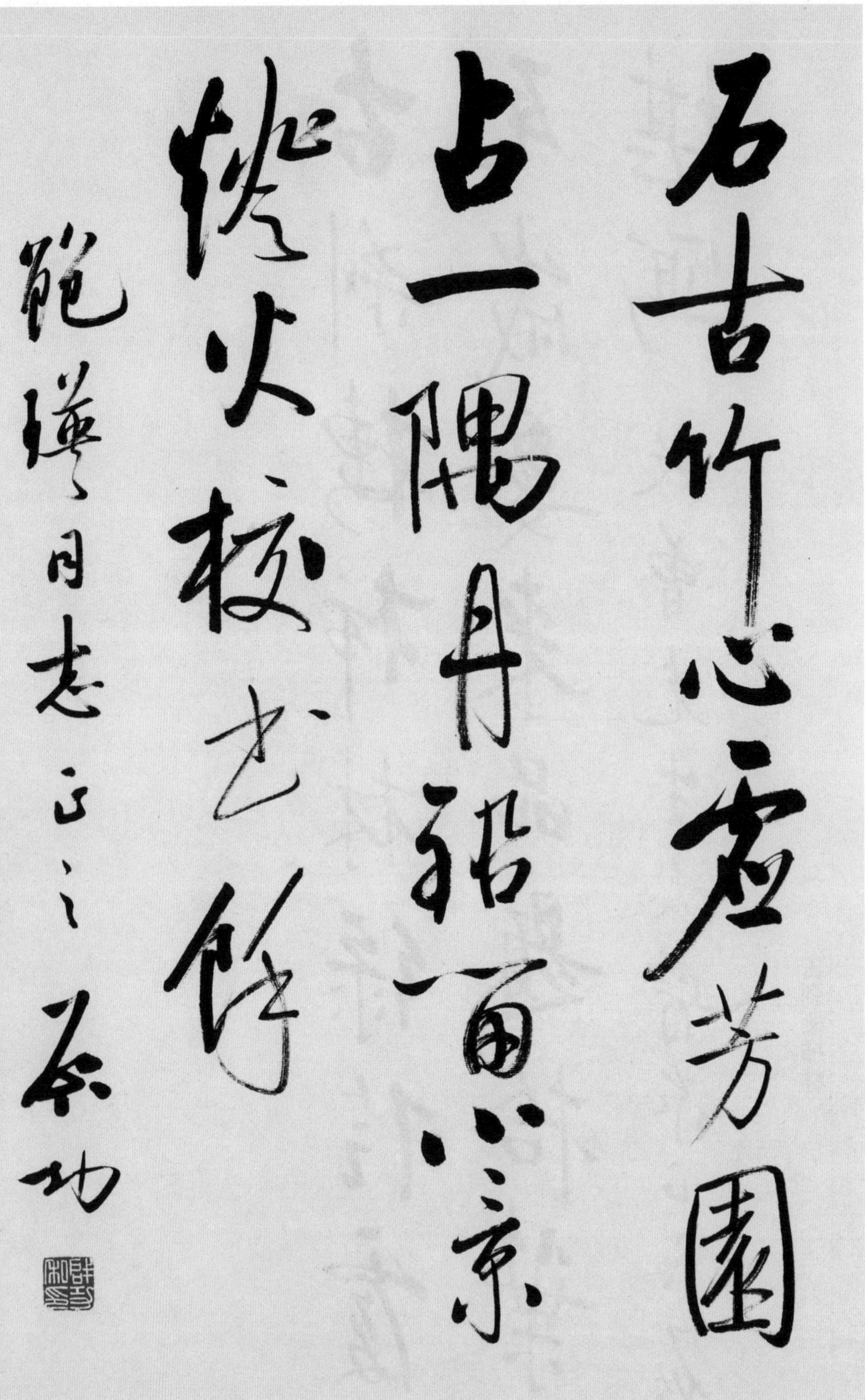

石古竹心虚

二十世纪八十年代作　水墨纸本　67cm×44cm　个人收藏

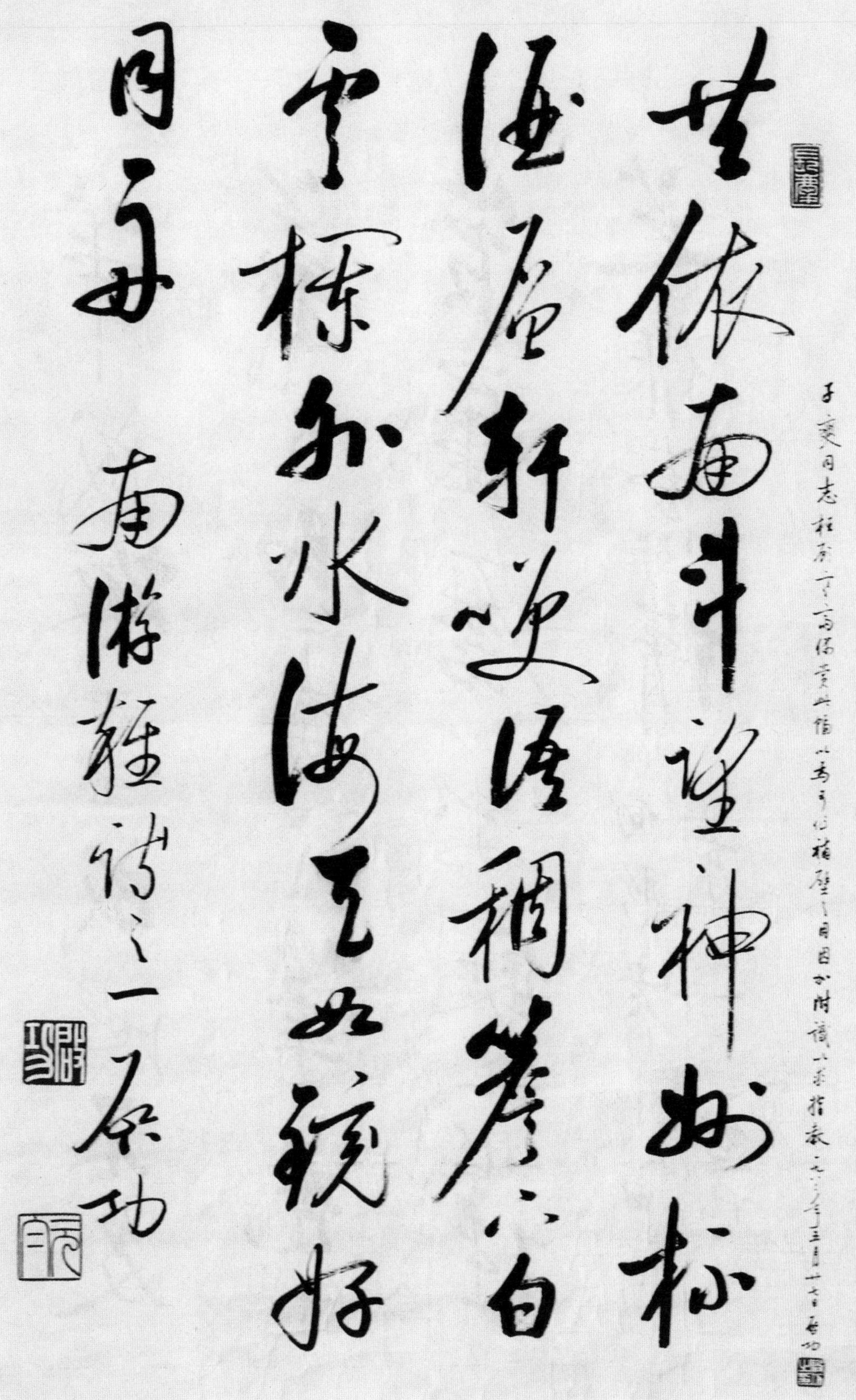

共依南斗望神州

二十世纪八十年代作　水墨纸本　84cm×55cm　个人收藏

笔成冢墨成池不及
羲之与献之笔秃千
管墨磨万铤不如
芝作索靖

向形老弟留诵　东坡语　启功

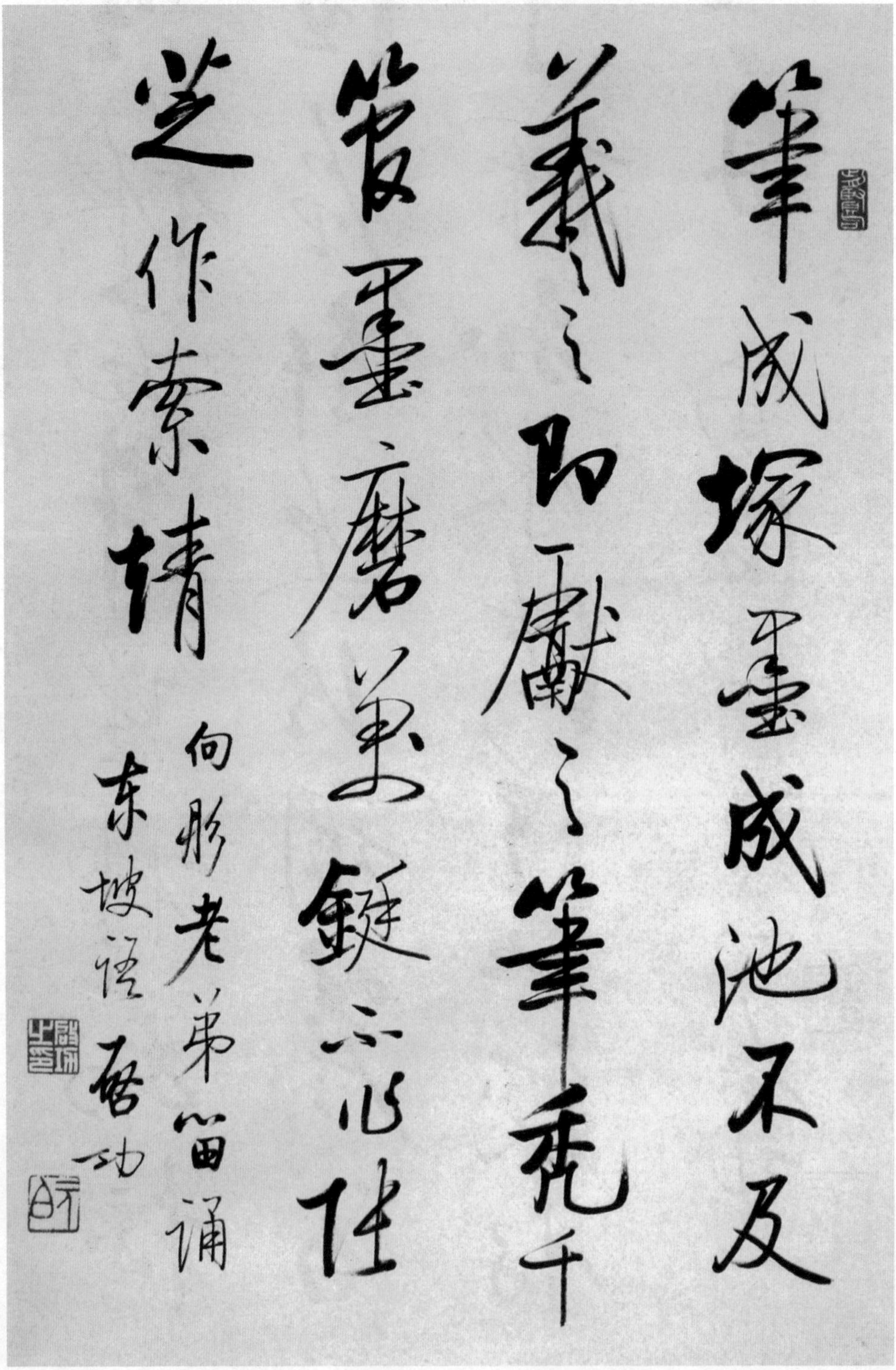

笔成冢墨成池

二十世纪八十年代作　水墨纸本　45cm×68cm　个人收藏

孤山冷澹好生涯，买先开蕊。此花香绝竹篱天下暖不群风，雪压枝斜

衍平同志高正 启功

孤山冷澹好生涯

二十世纪八十年代作 水墨纸本 86cm×40cm 个人收藏

赠友人

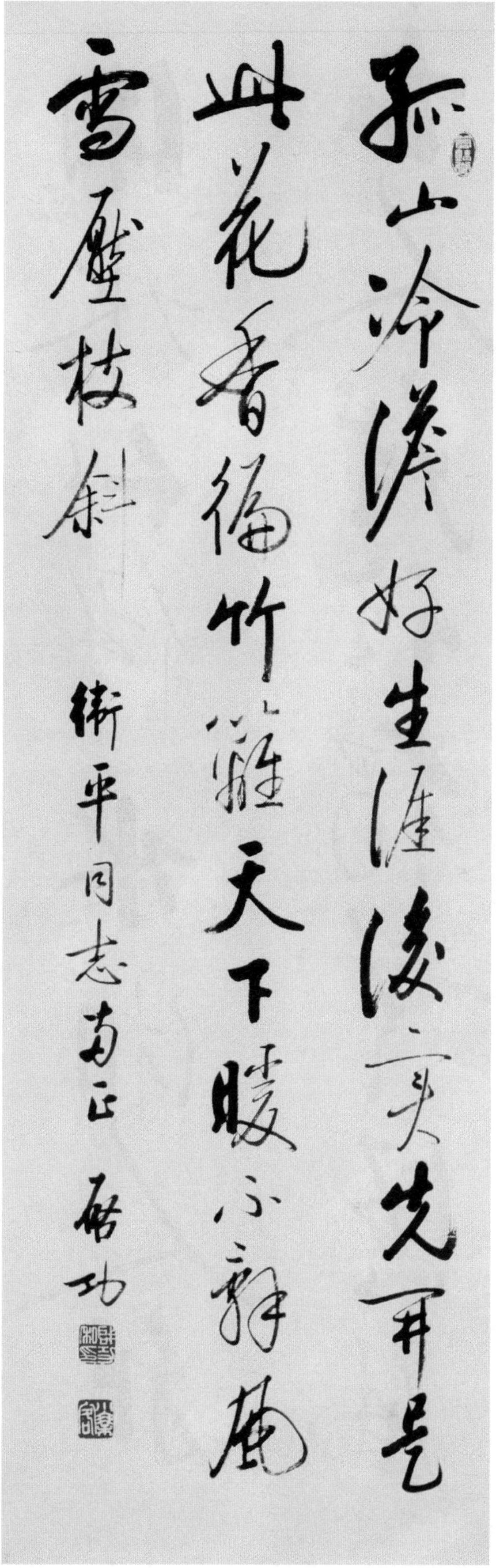

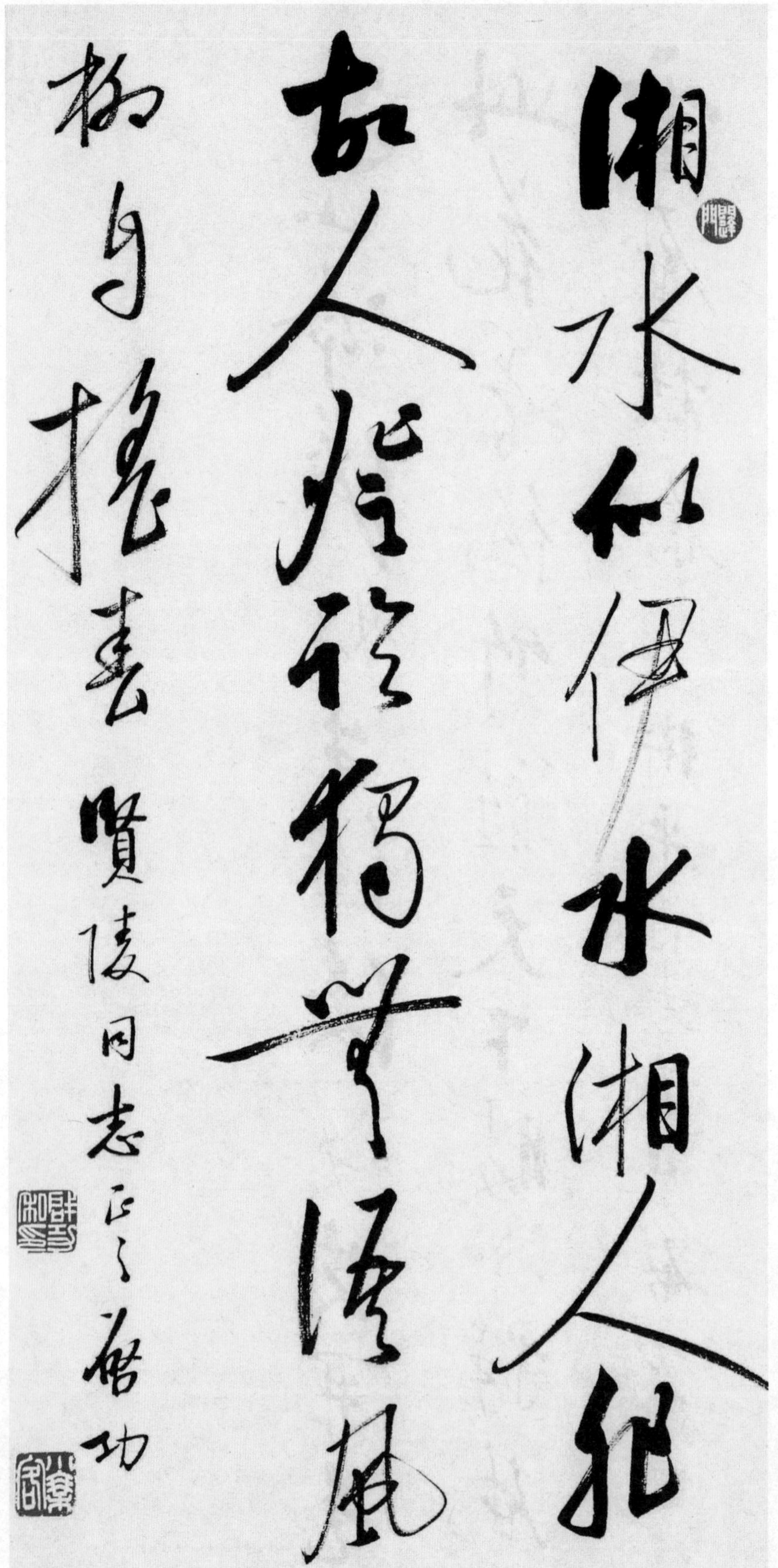

湘水似伊水（二）

二十世纪八十年代作　水墨纸本　58.5cm×30cm　个人收藏

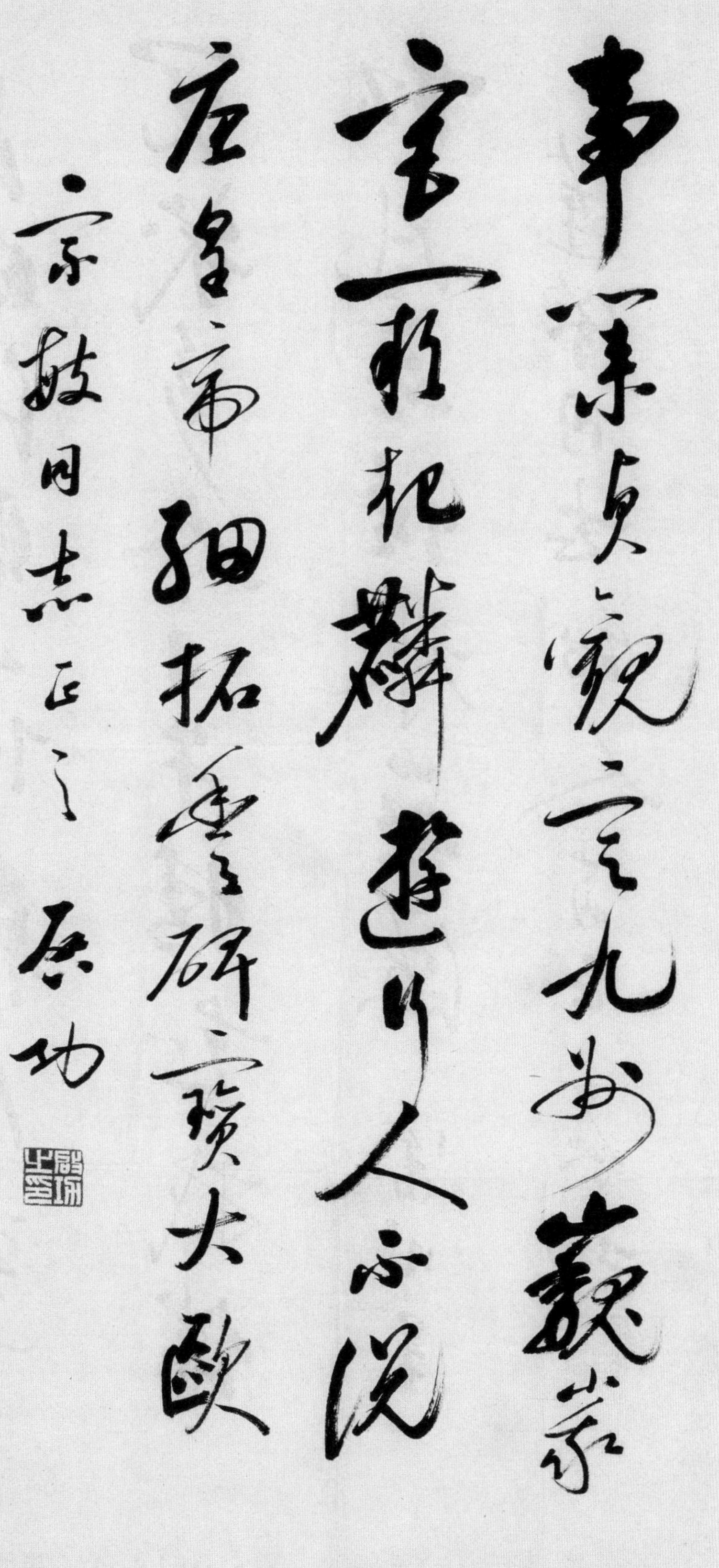

事业贞观定九州

二十世纪八十年代作　水墨纸本　70cm×35cm　个人收藏

赠友人

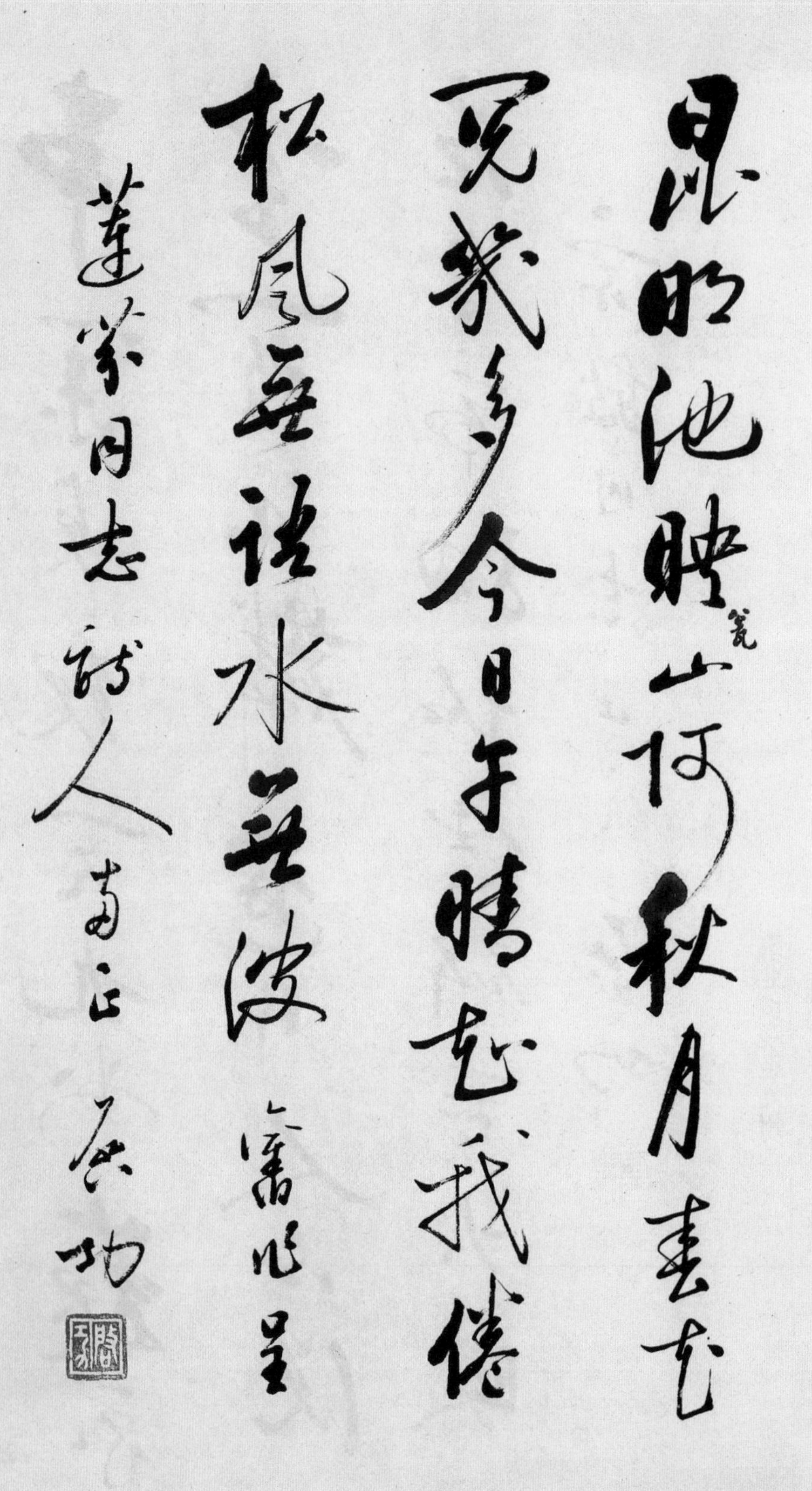

昆明池映瓮山阿

秋月春光

今日于晴光我倩

松风无语水无波

莲峰同志诗人嘱正

庚功

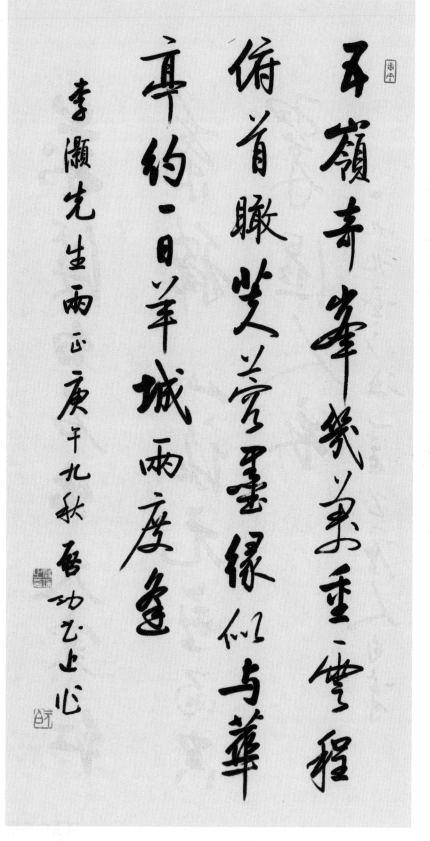

五岭奇峰几万重
俯首瞰笑营墨缘似与华
亭约一日羊城两度逢

李灏先生两正 庚午九秋 启功艺止心

五岭奇峰几万重

一九九〇年作　水墨纸本　个人收藏

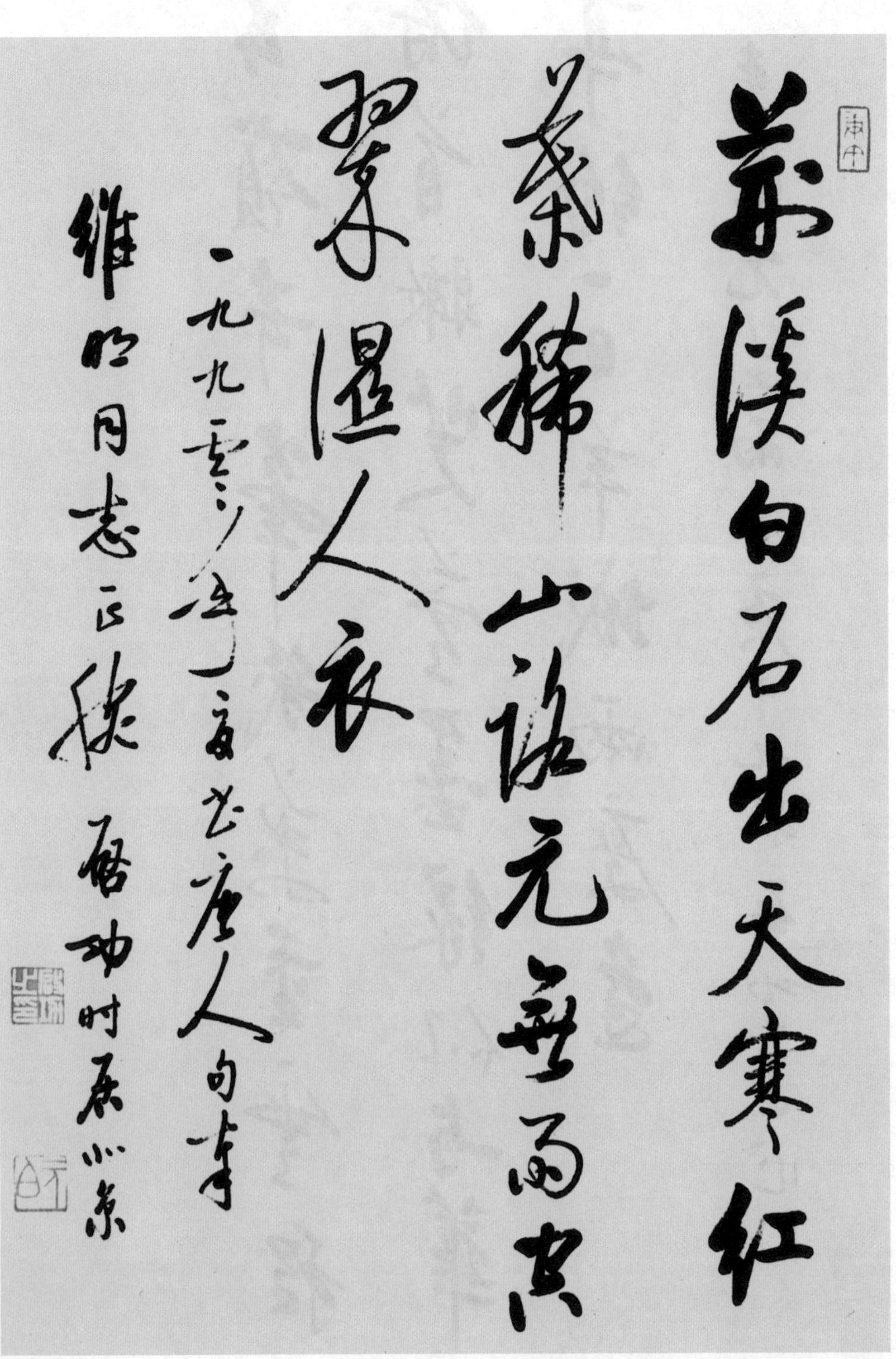

荆溪白石出

一九九〇年作　水墨纸本　58cm×38cm　个人收藏

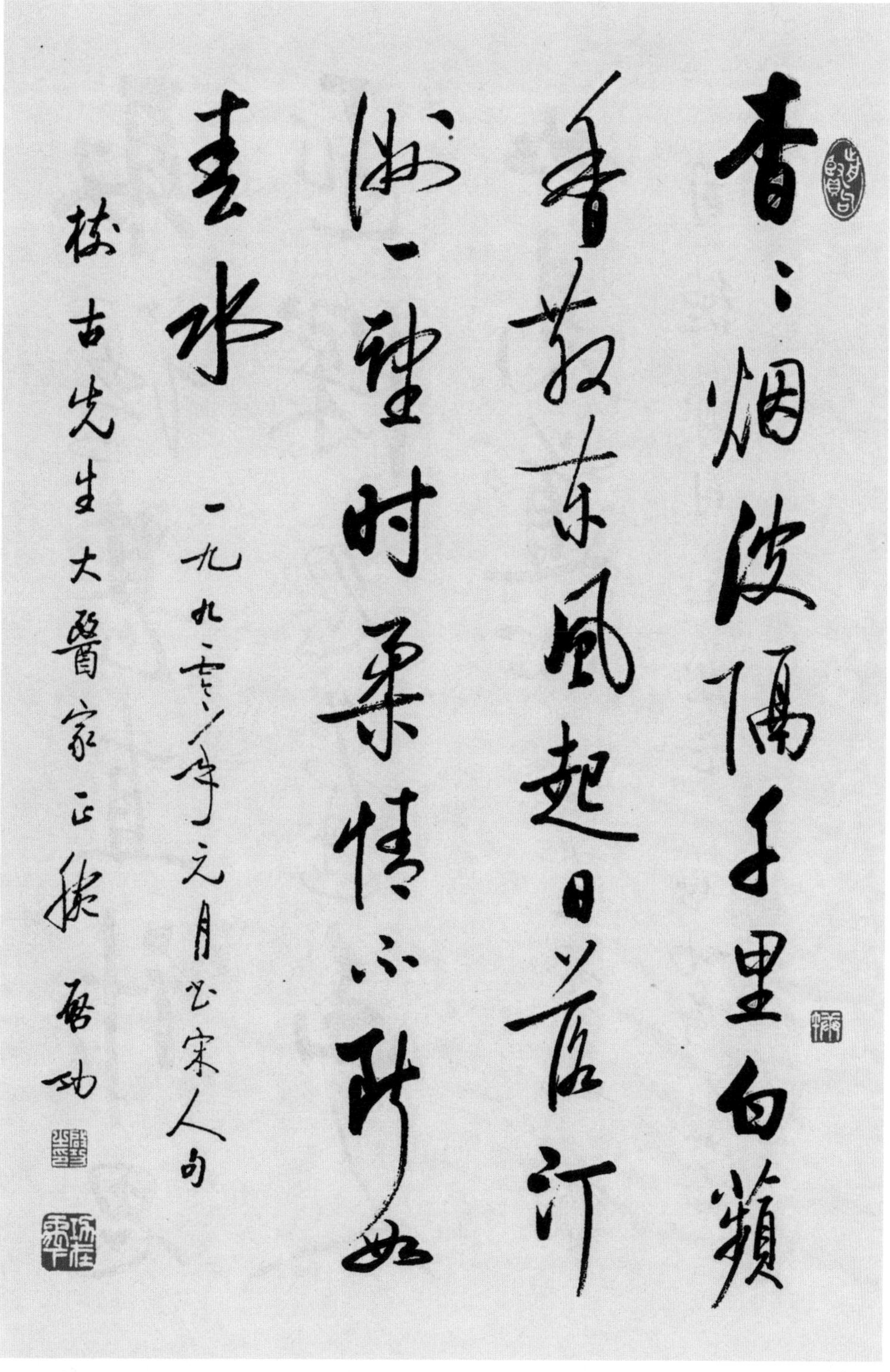

杳杳烟波隔千里

一九九〇年作　水墨纸本　66cm×44cm　个人收藏

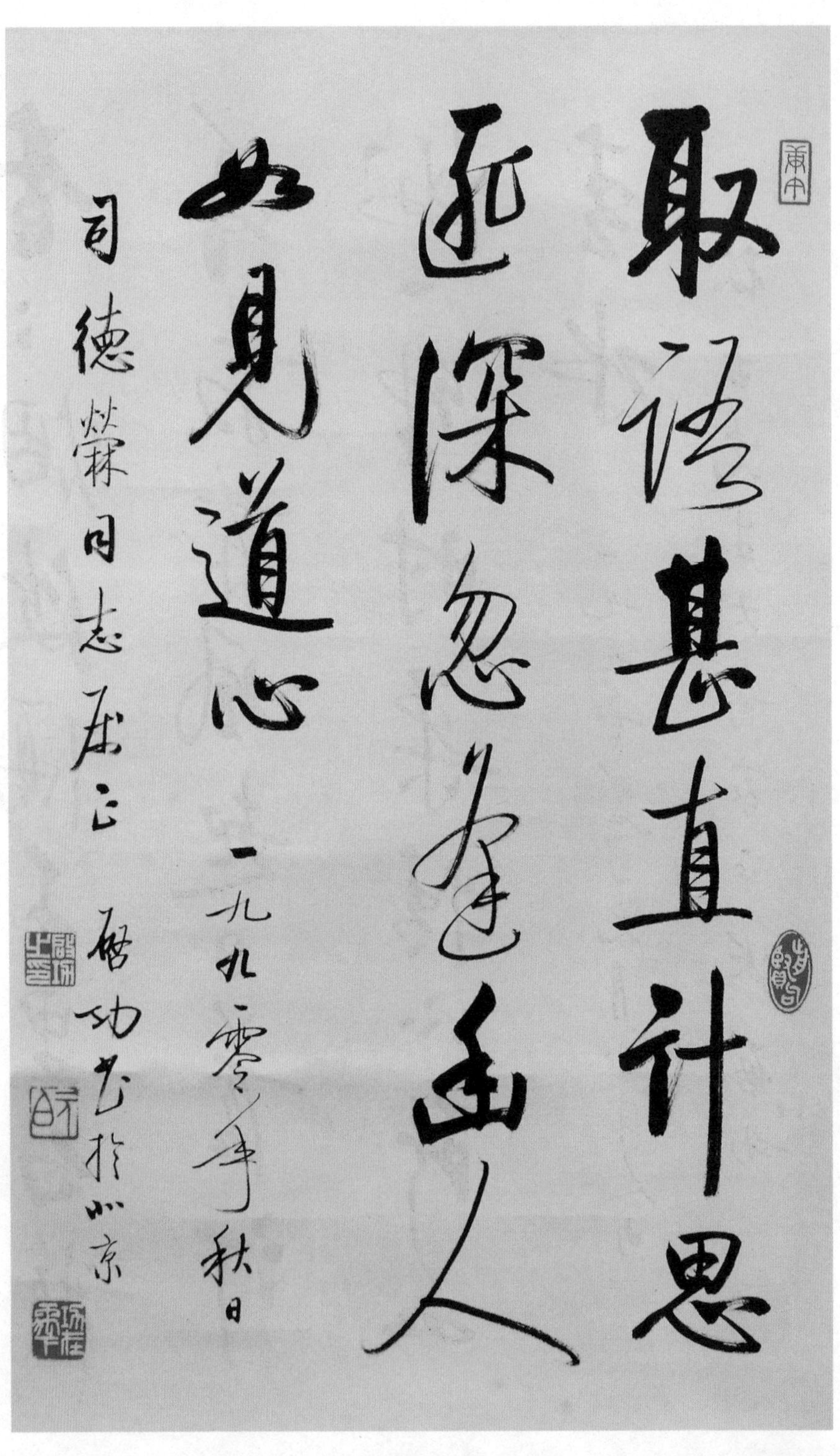

取语甚直

一九九〇年作　水墨纸本　68cm×41cm　个人收藏

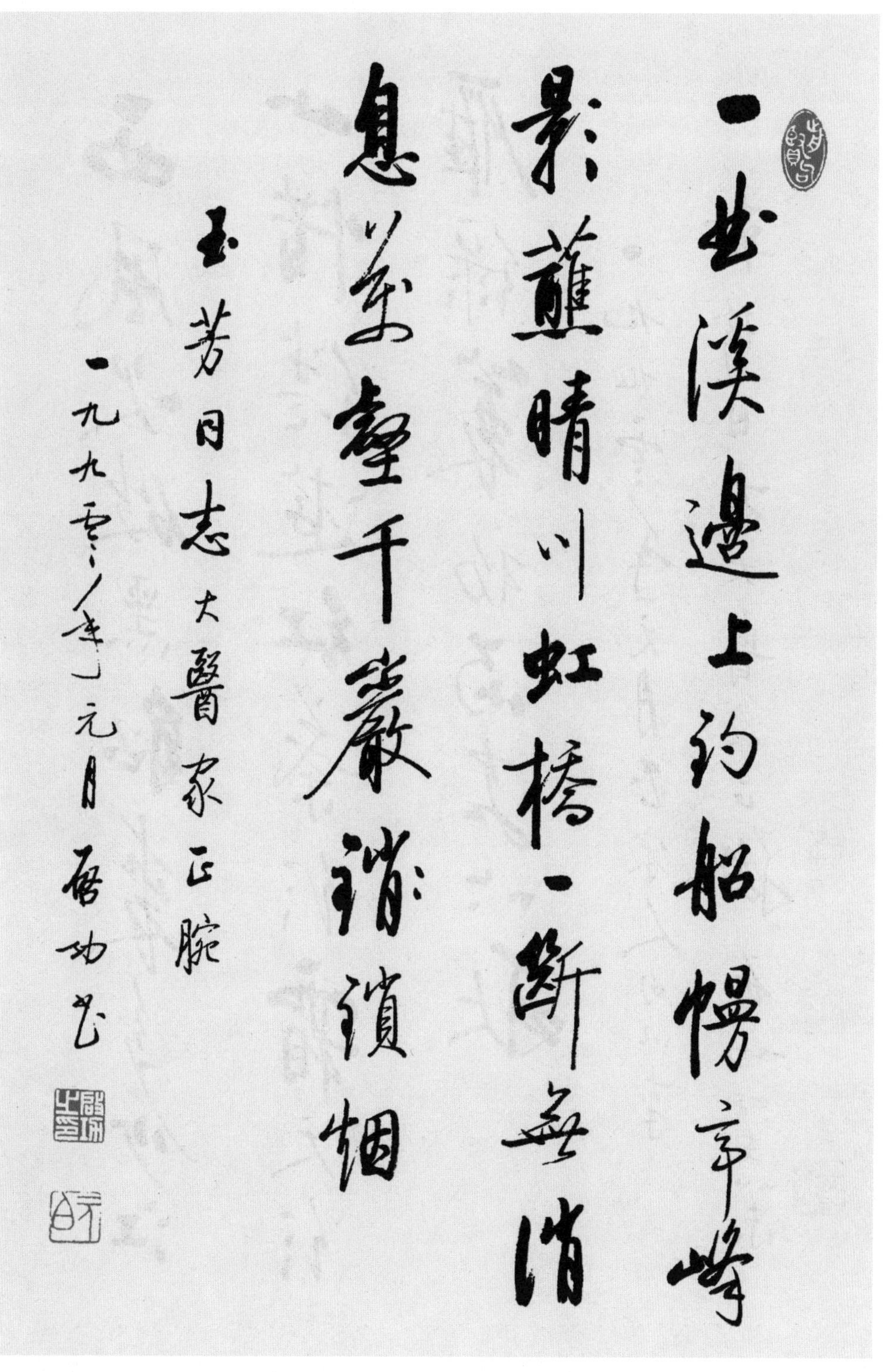

一曲溪边上钓船，影蘸晴川虹桥一断无消息以至台千嶂谐溃烟

玉芳同志大医家正腕

一九九〇年元月 启功书

一曲溪边上钓船

一九九〇年作　水墨纸本　66cm×44cm　个人收藏

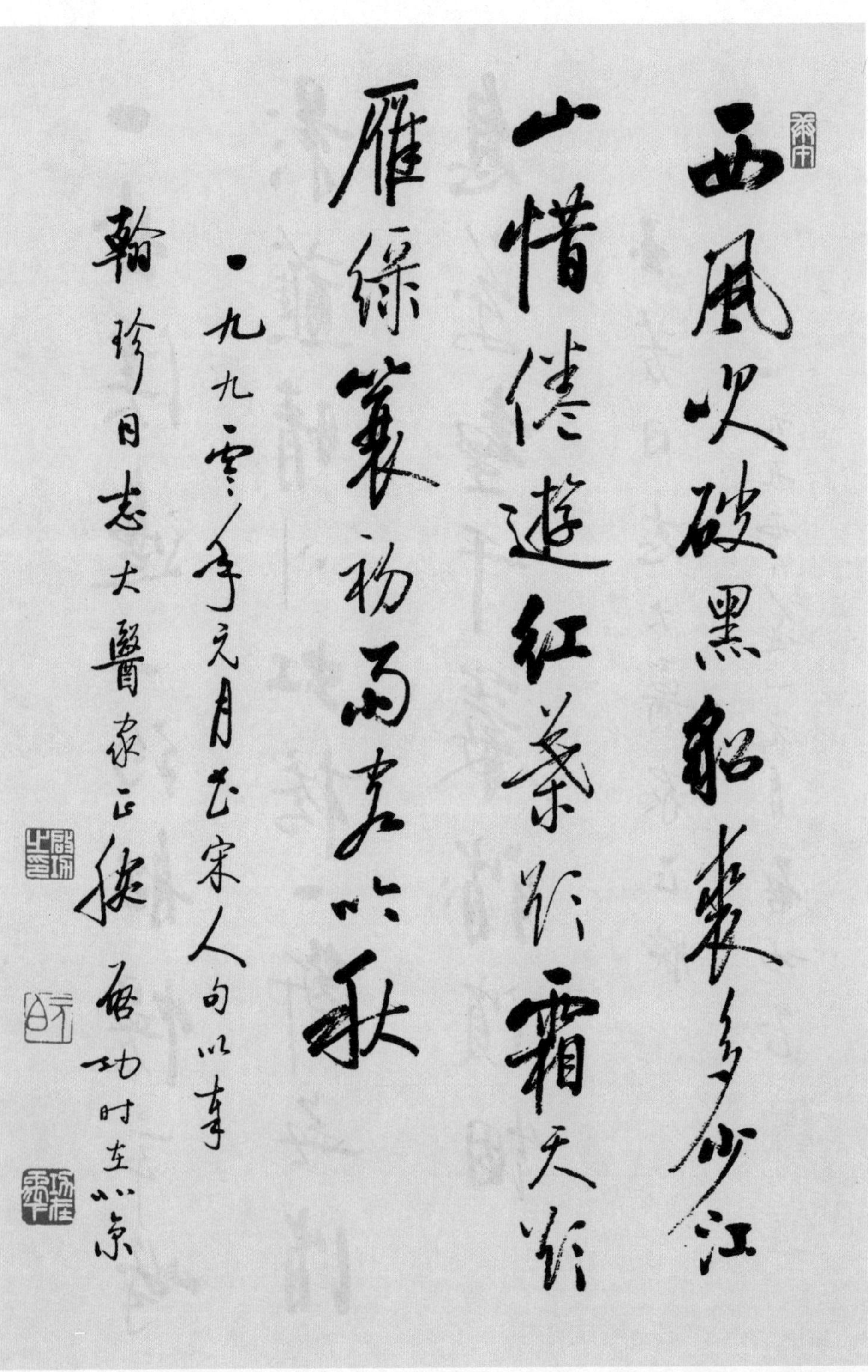

西风吹破黑貂裘

一九九〇年作　水墨纸本　66cm×44cm　个人收藏

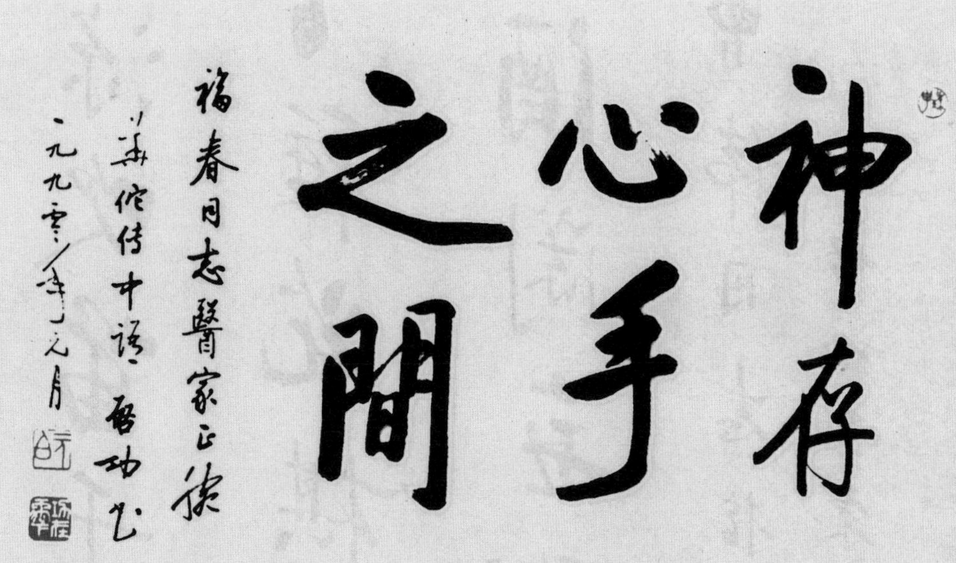

神存心手之间

一九九〇年作　水墨纸本　43cm×62cm　个人收藏

夜凉吹笛千山月　路暗迷

人百种花棋罢不知人世

换酒阑无聊奈尔思家

曹伟同志指正　一九九〇年书

启功书宋人名句于北京

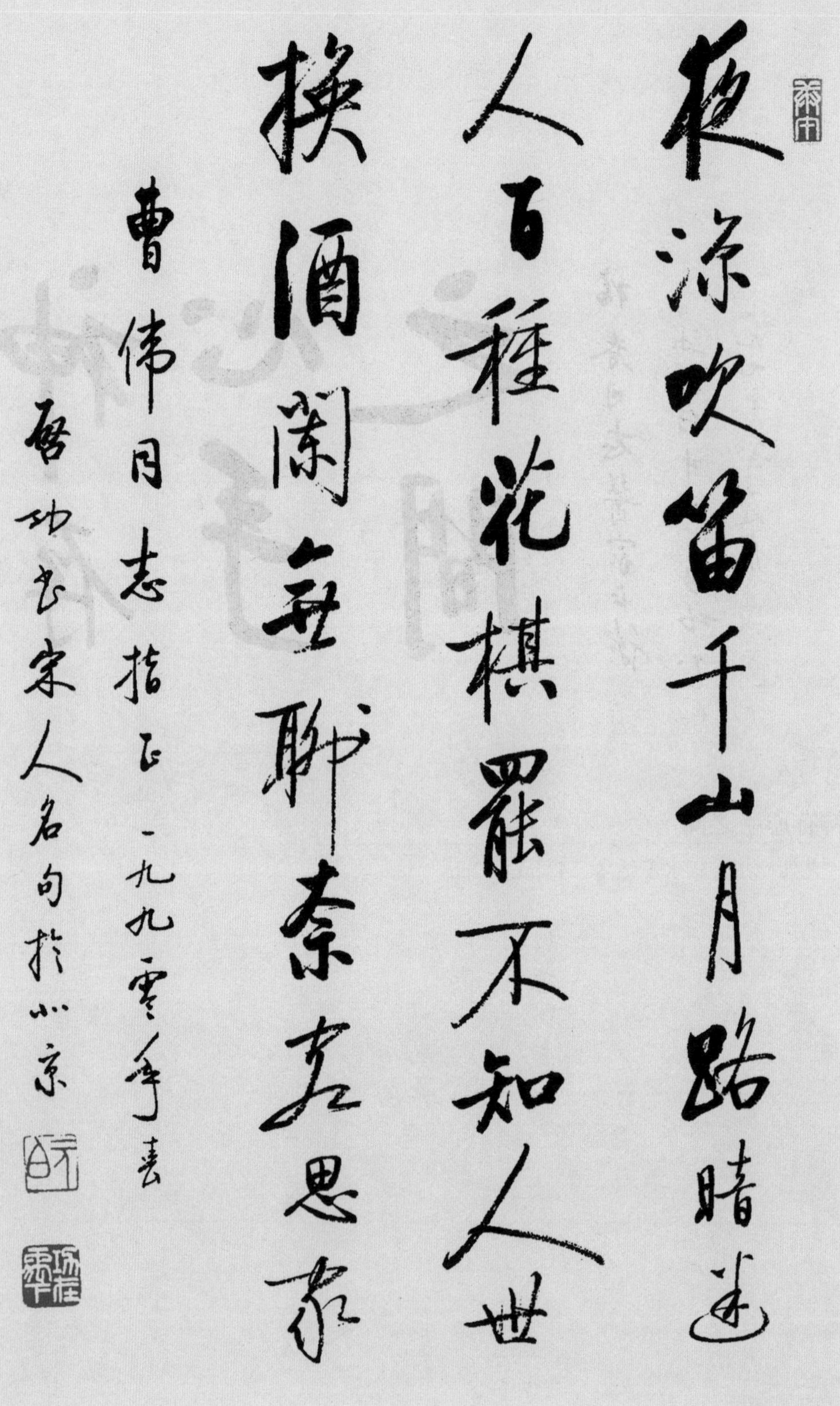

夜凉吹笛千山月

一九九〇年作　水墨纸本　66cm×44cm　个人收藏

潇洒桐庐郡，竹引泉令人思杜牧无卖不漏湲此范帝又小诗谁稍来为家室之此保新日志二陕一九九零年春志功

潇洒桐庐郡

一九九〇年作　水墨纸本　64cm×34cm　个人收藏

赠友人

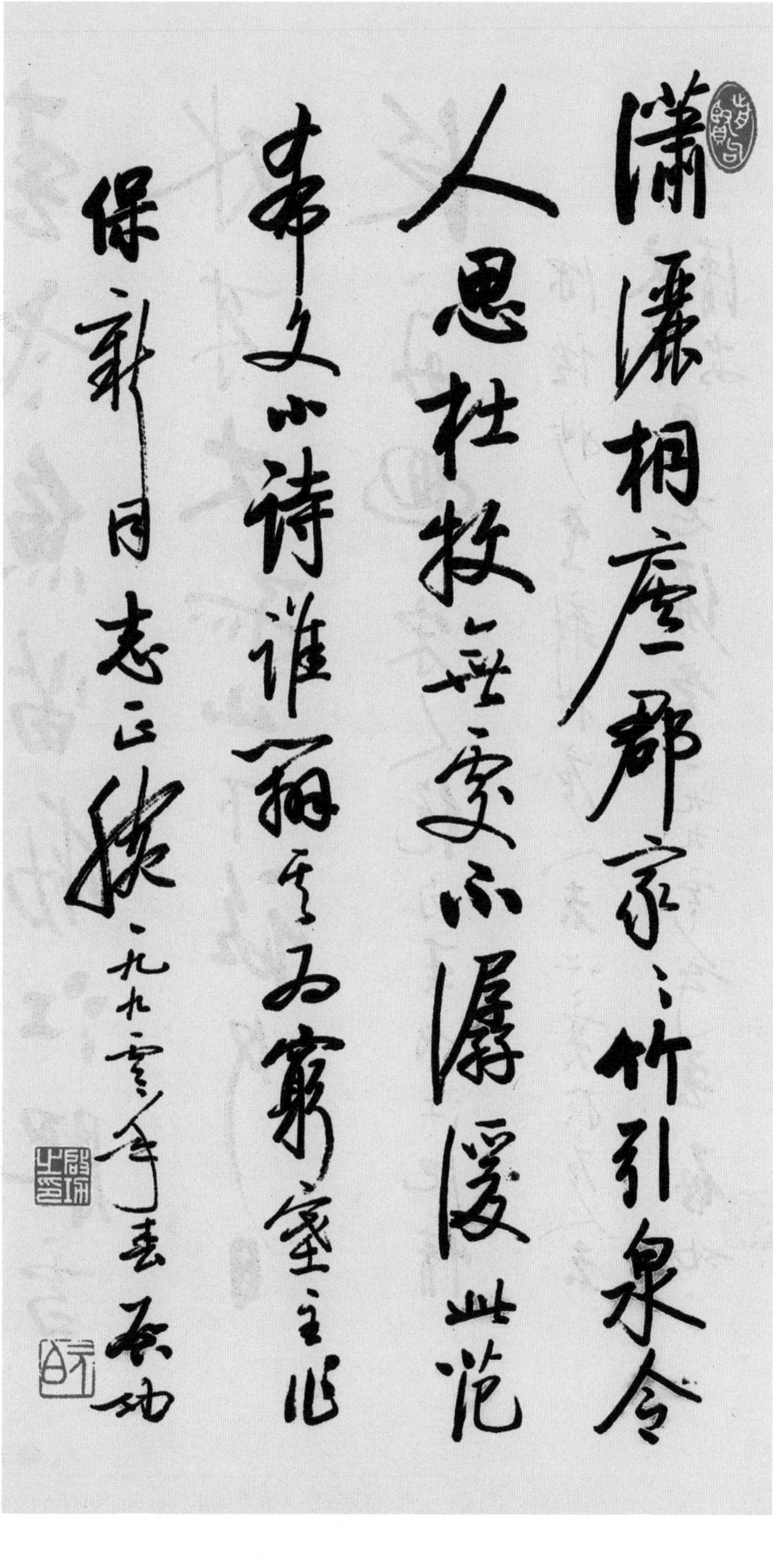

春老魚苗動
水才大子孤山下語只日
長每回 宋人絕句春戌江肥情

你語妙至新揽彥人志六三奏於彥人志

文苓清亩日志僕賞一九九零年春啟功

春戌魚苗動江肥雪

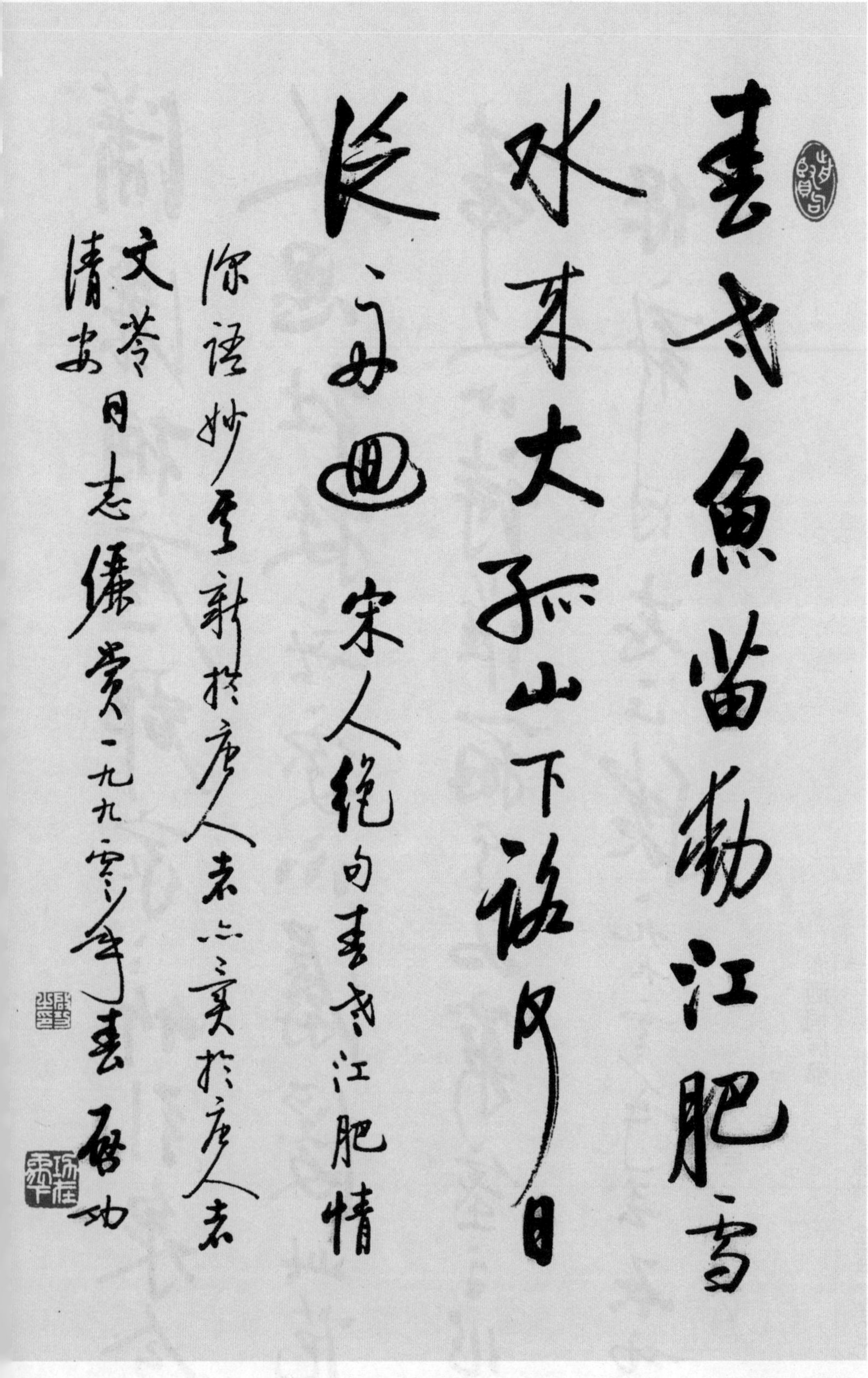

春老鱼苗动

一九九〇年作　水墨纸本　66cm×44cm　个人收藏

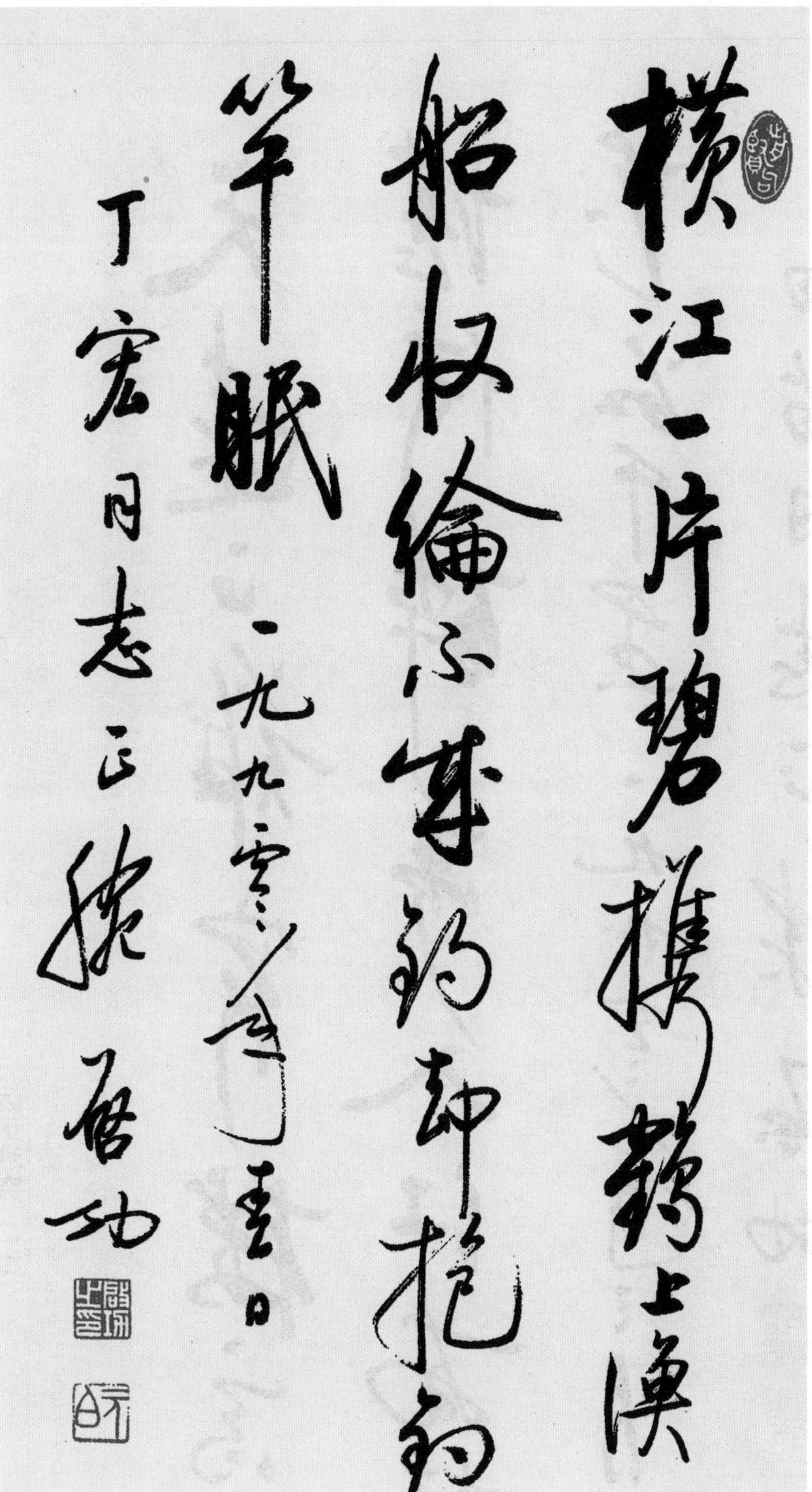

横江一片碧

一九九〇年作　水墨纸本　63cm×44cm　个人收藏

赠友人

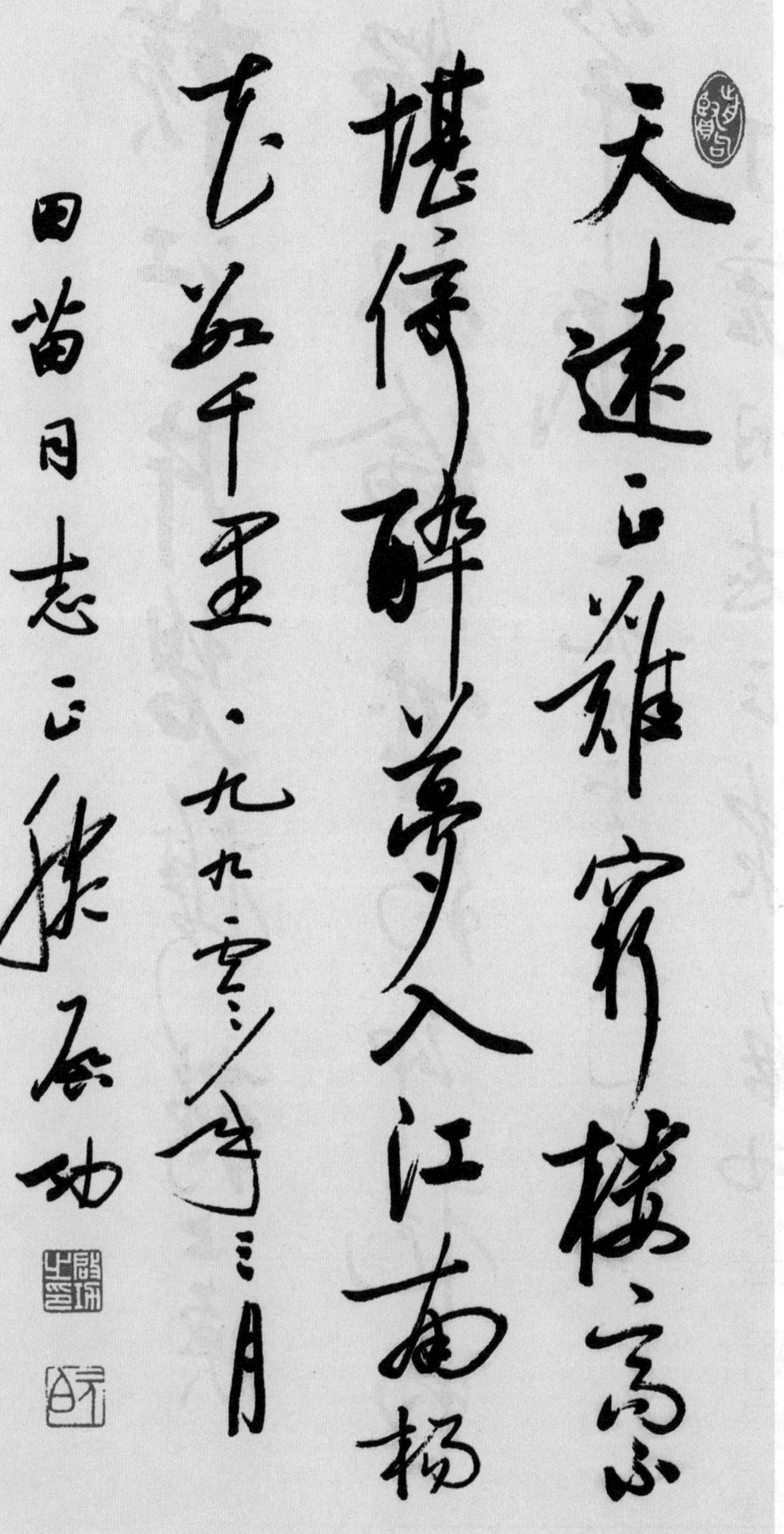

天远正难穷（二）

一九九〇年作　水墨纸本　63cm×34cm　个人收藏

山鸟无凡音

山鸟无凡音，山云无俗状

引得诗僧伫时侍藜杖

一九九〇年三月正宋人句

绍祥同志正 启功

山鸟无凡音

一九九〇年作　水墨纸本　63cm×32cm　个人收藏

赠友人

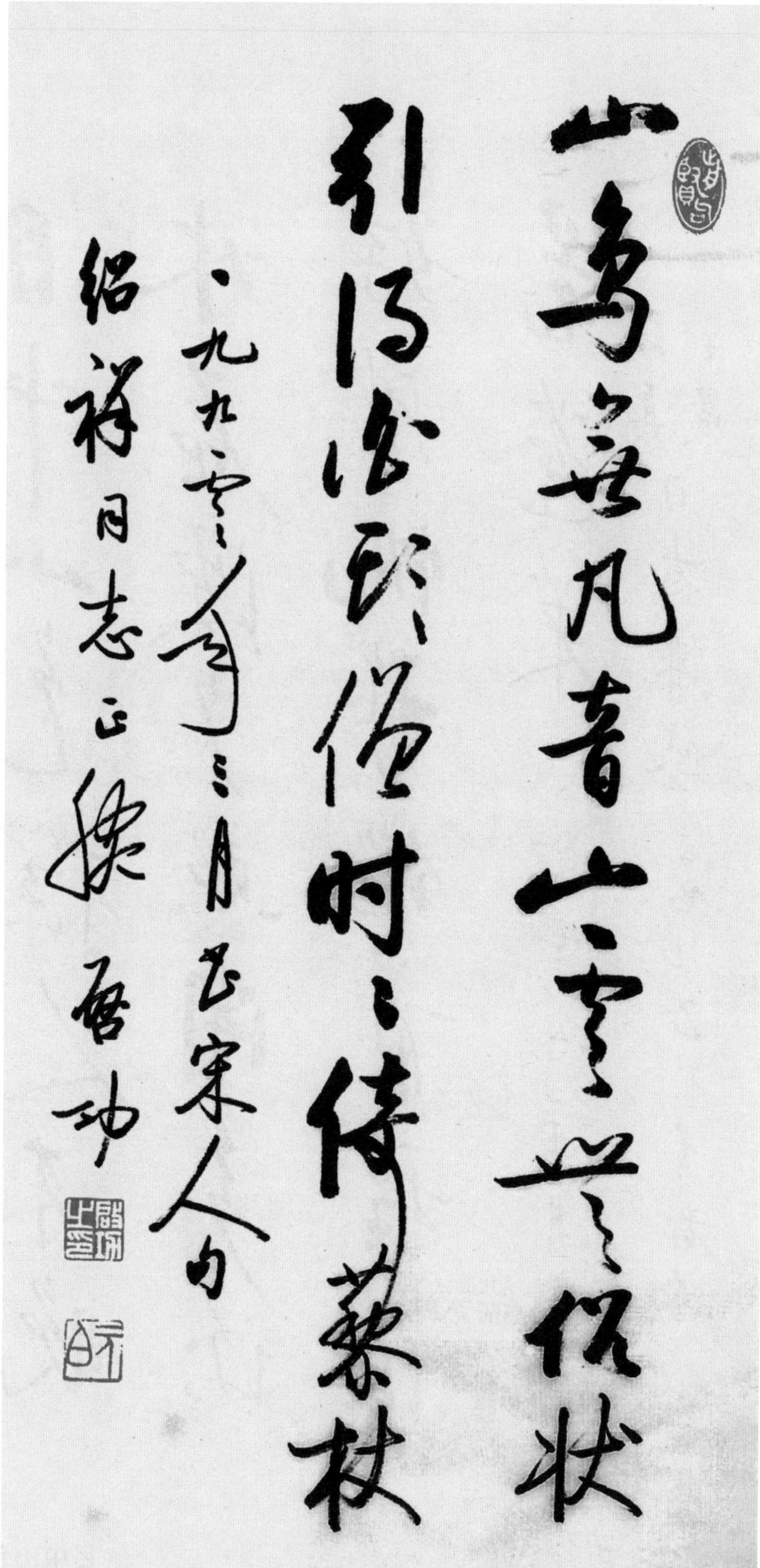

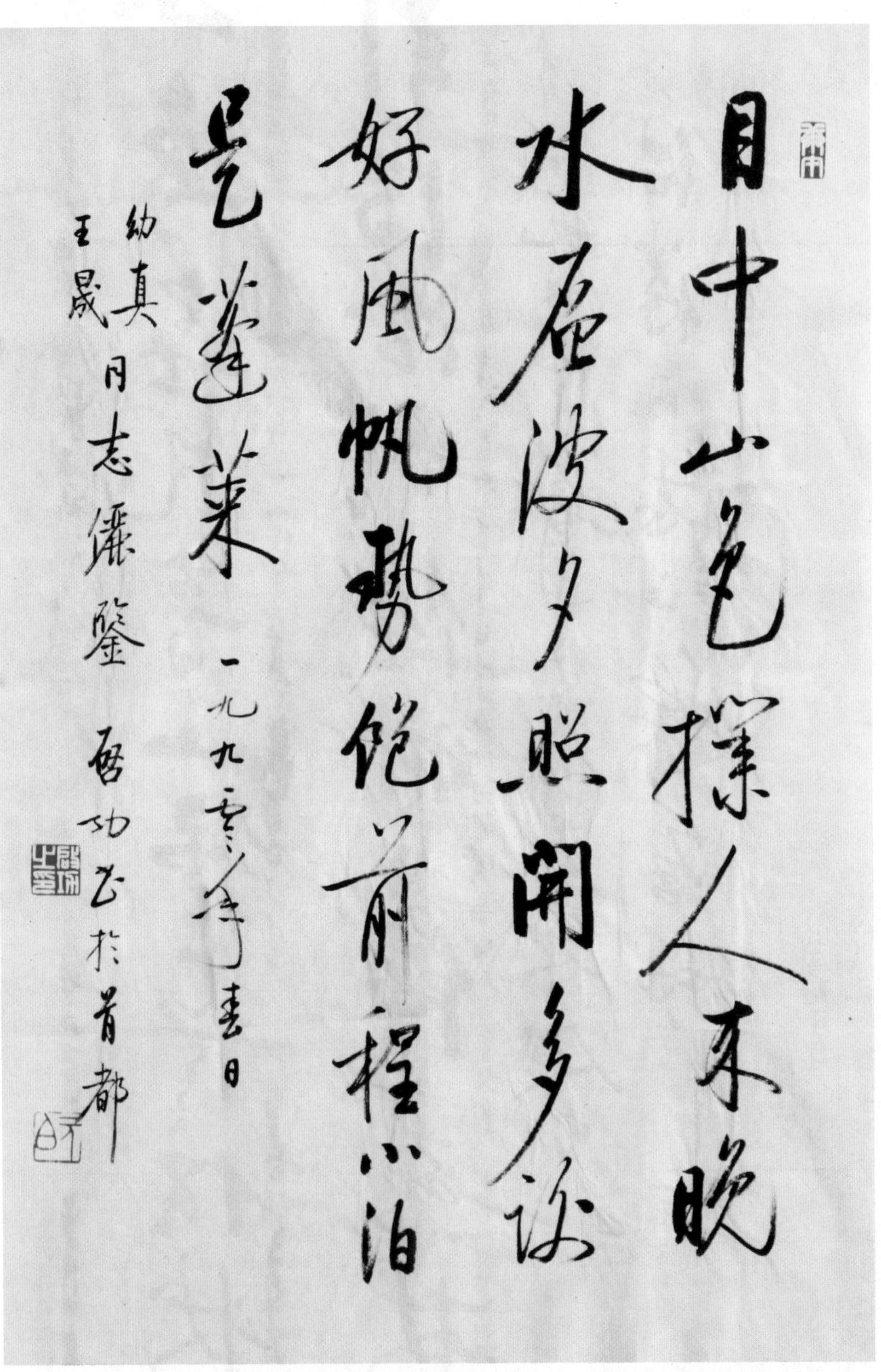

目中山色扑人来

一九九〇年作　水墨纸本　45cm×68cm　个人收藏

硯务首南唐，歙山推石王膝辉随，
点滴费墨有锋铠，撰著惊文苑，
收罗富宝藏千秋，论雅好何让，
米襄阳　一九九〇季夏日

薄章先生属题乞正　启功

赠友人

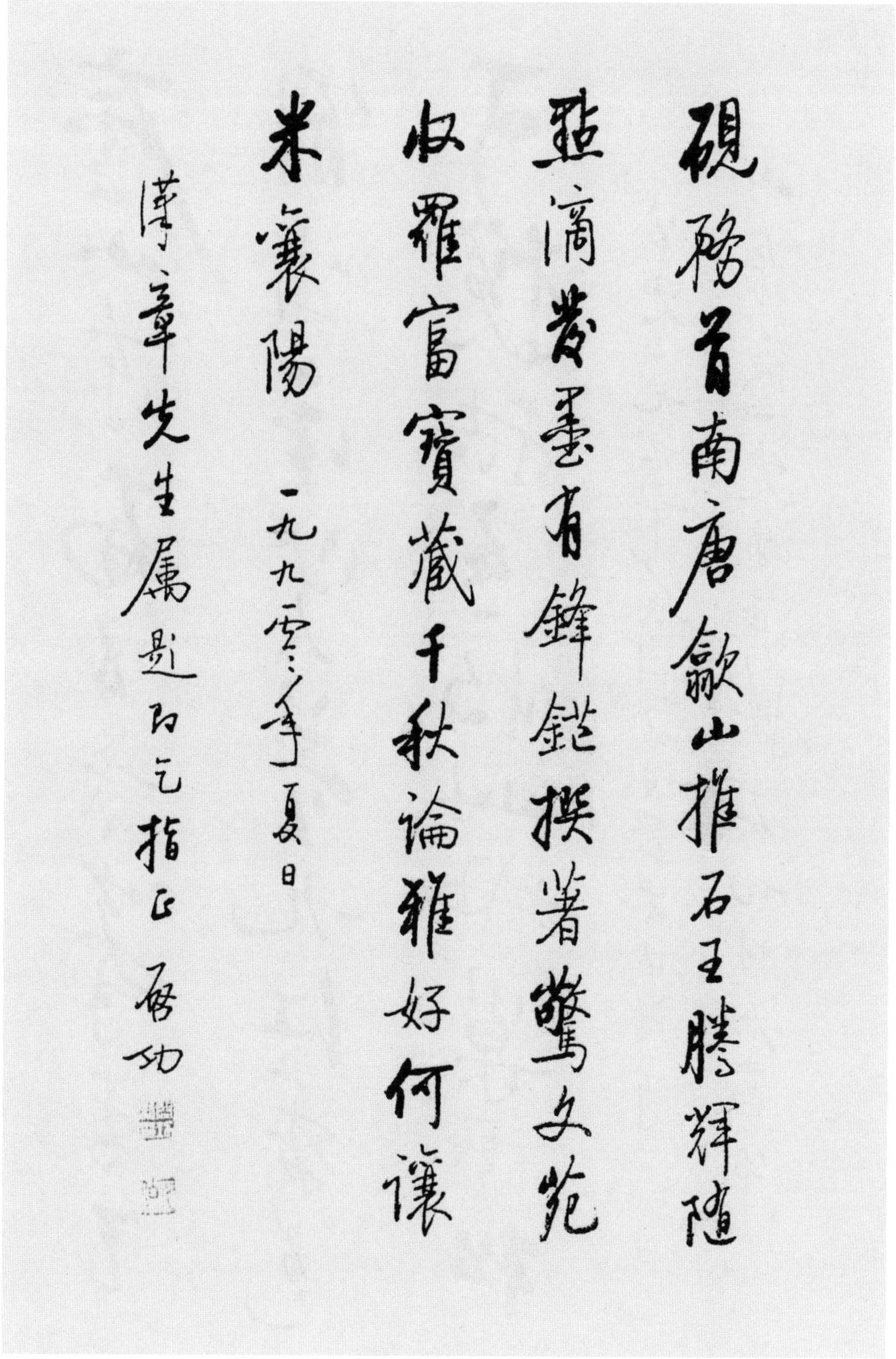

砚务首南唐

一九九〇年作　水墨纸本　32cm×20cm　个人收藏

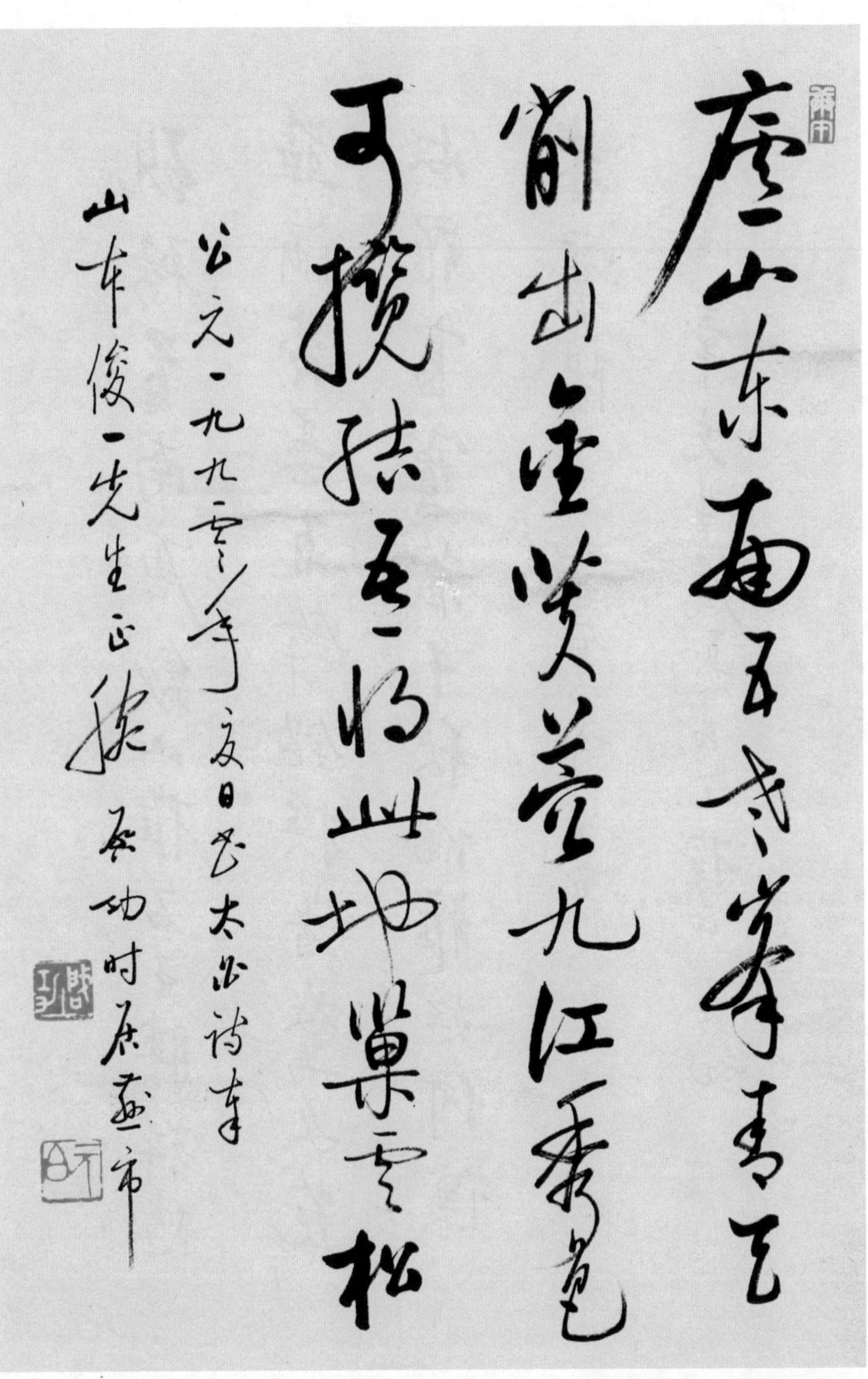

庐山东南五老峰（六）

一九九〇年作　水墨纸本　66cm×45cm　个人收藏

欲寻轩槛倒清樽　江上
烟云向晚昏　须倩东
风吹散尽明朝却待入
华园　一九九〇年友正庞人句

海滕日志正腕唇功时辰北京

欲寻轩槛倒清樽（一）

一九九〇年作　水墨纸本　58cm×37cm　个人收藏

赠友人

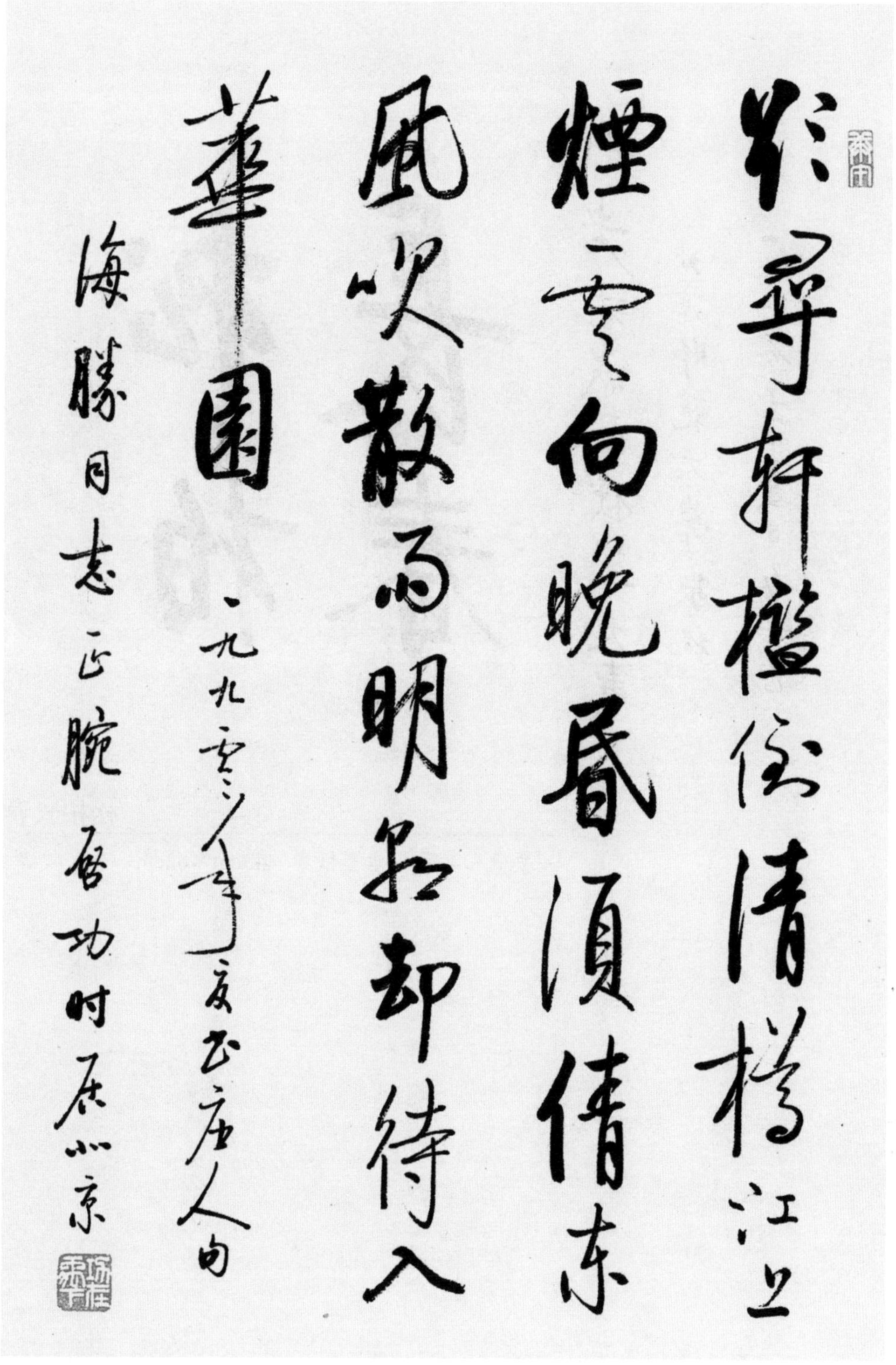

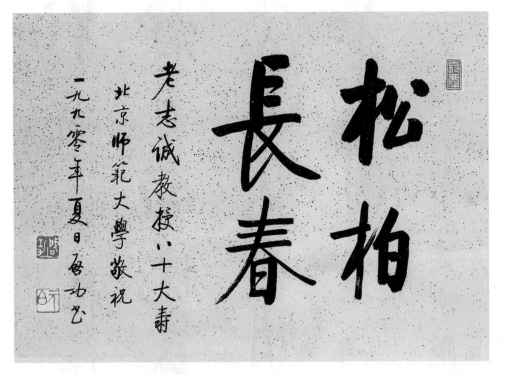

松柏长春

一九九〇年作　水墨纸本　43cm×62cm　个人收藏

李白乘舟将欲行 忽闻岸上踏歌声 桃花潭水深千尺 不及汪伦送我情

榮伍先生雅正 一九九〇年夏 启功

李白乘舟将欲行
一九九〇年作　水墨纸本　88.5cm×42cm　个人收藏

赠友人

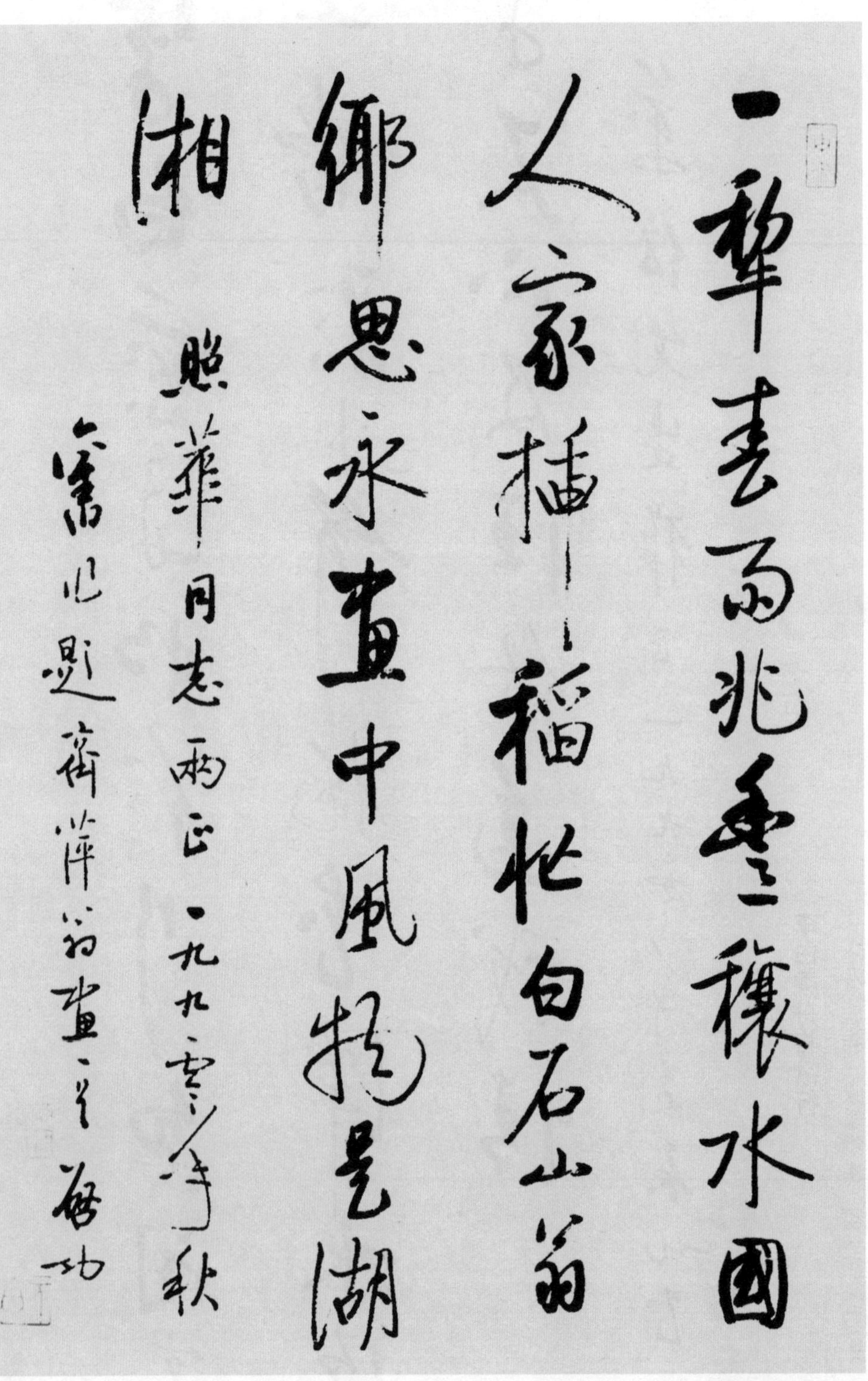

一犁春雨兆丰穰

一犁春雨兆丰穰

一九九〇年作 水墨纸本 68cm×46cm 个人收藏

荒荒坤轴悠悠天枢

载要其端载闻其符

超超神明返返堂来

往千载兮之谓乎

邹羿日志正腕一九九零年秋启功

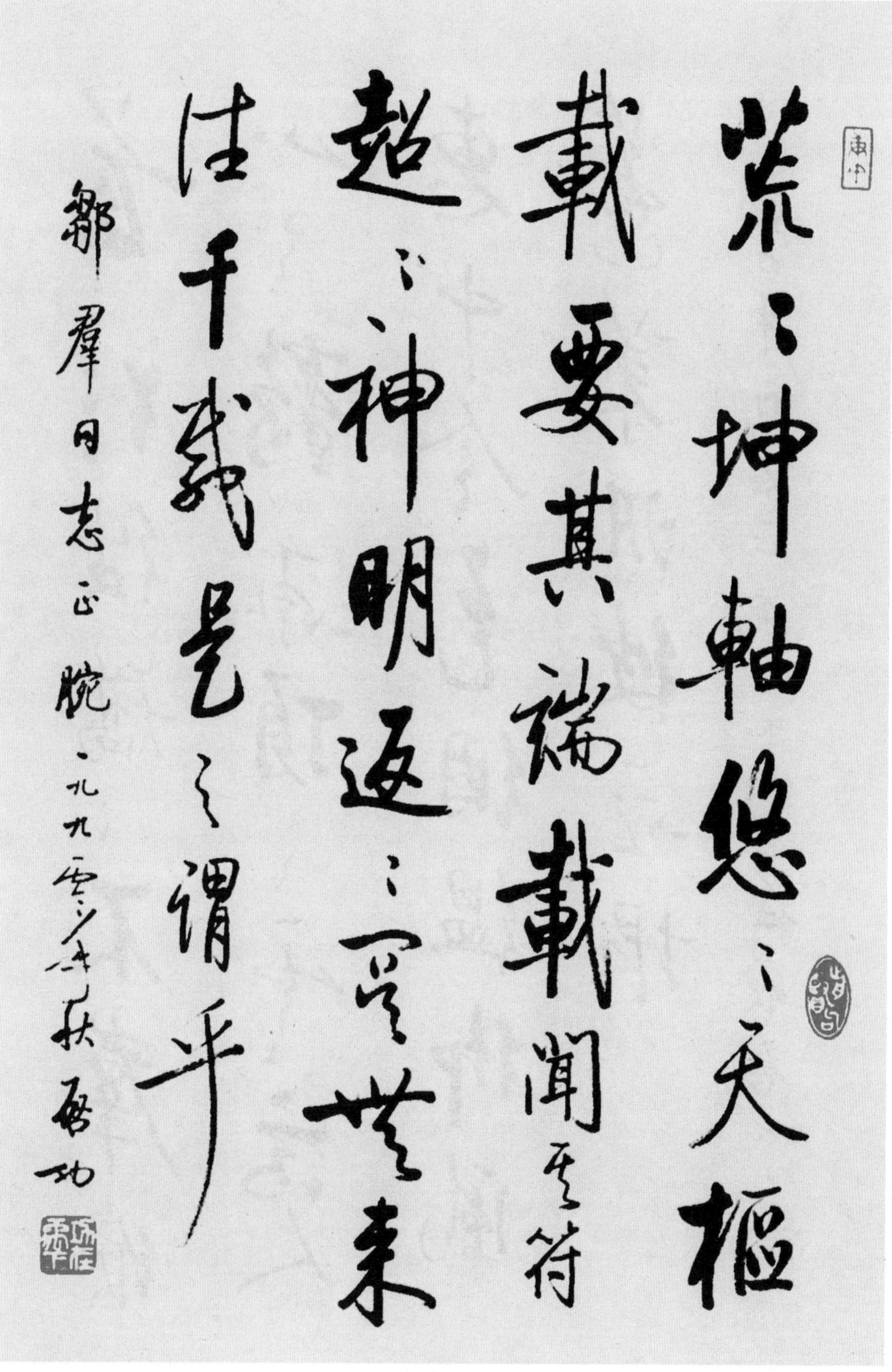

荒荒坤轴

一九九〇年作　水墨纸本　68cm×46cm　个人收藏

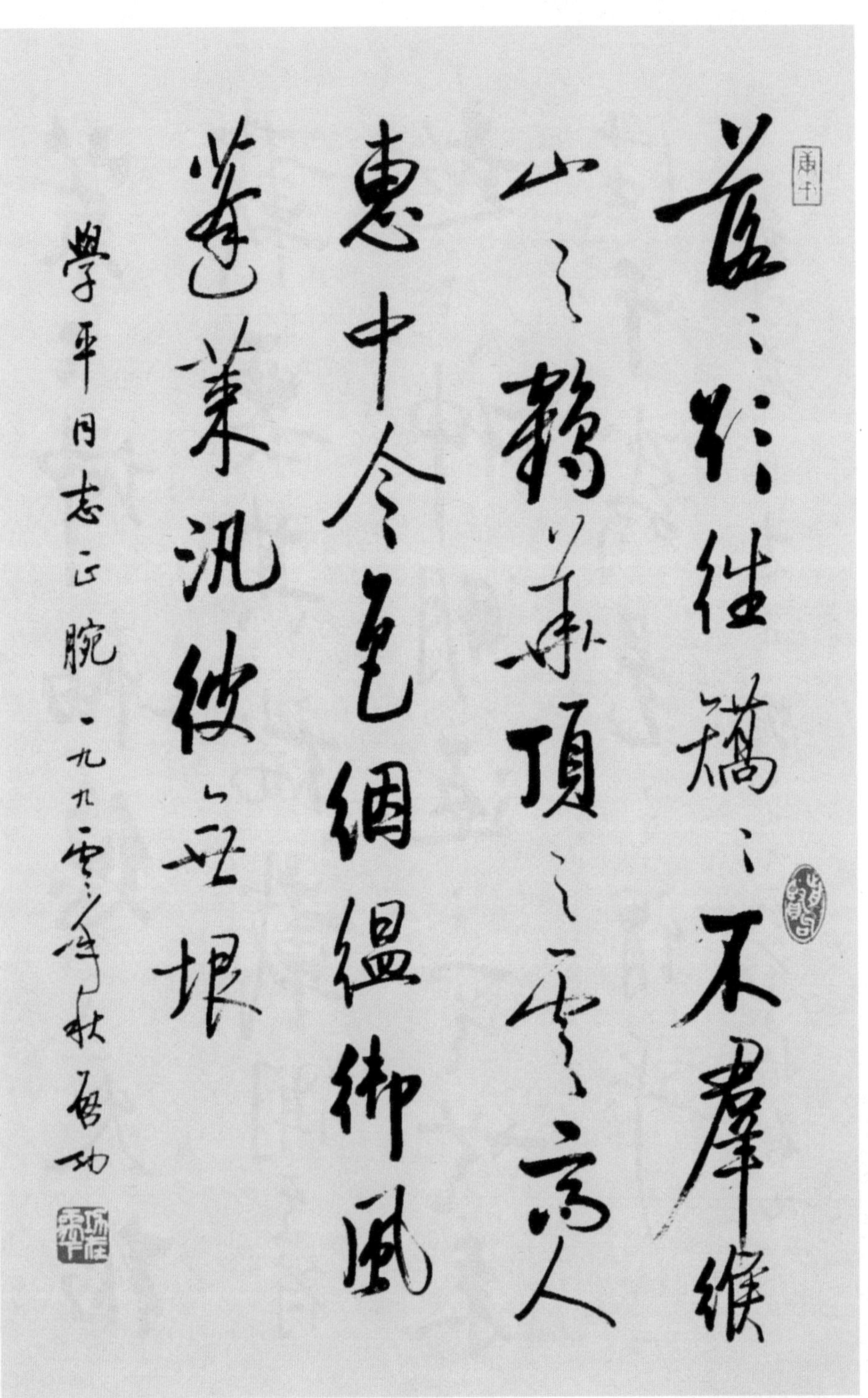

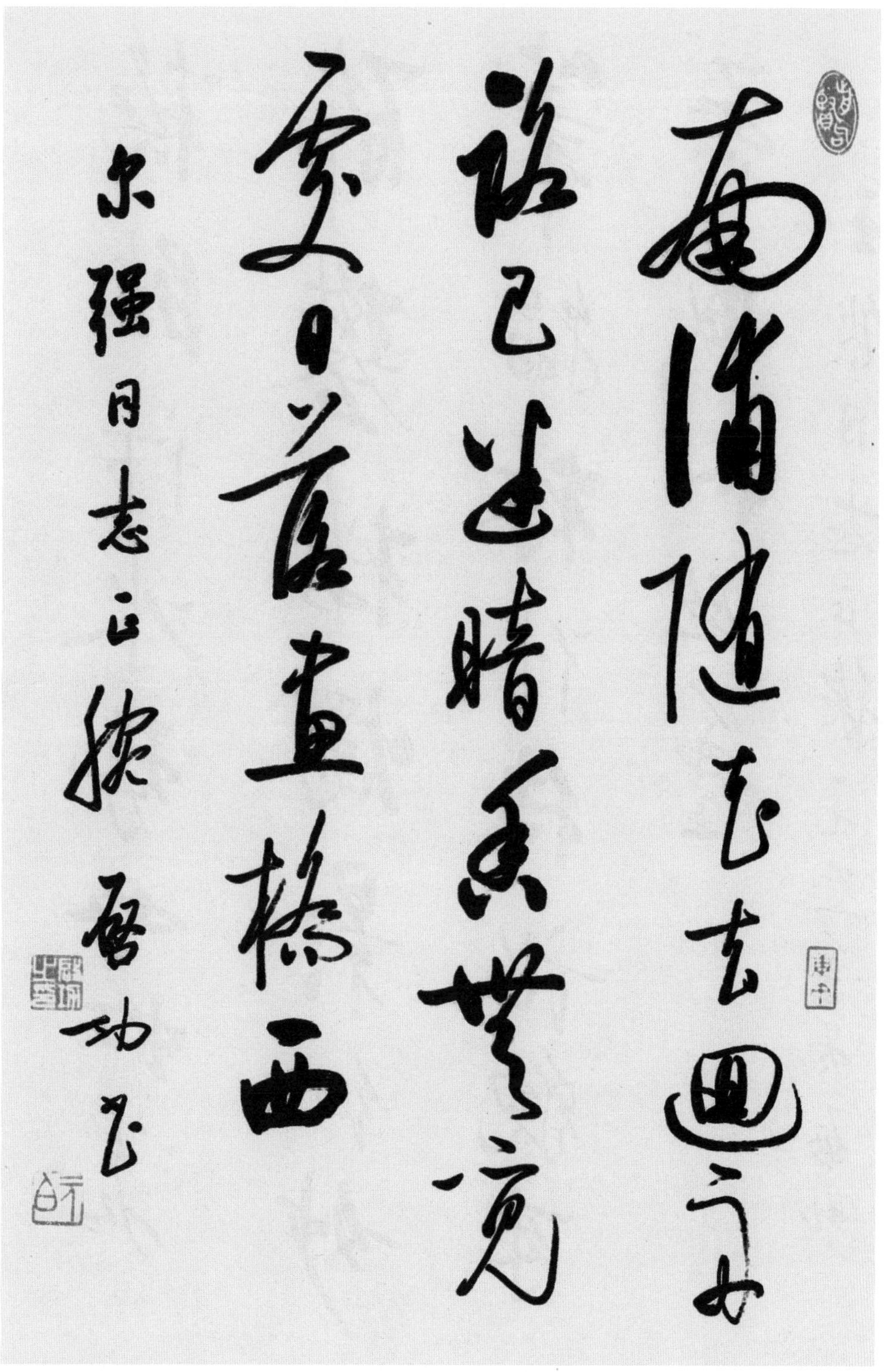

南浦随花去（三）

一九九〇年作　水墨纸本　45cm×68cm　个人收藏

桥临汴水势如虹

醉攀楼槛烛影红妙

笔拟林张待诏貌求

尽盛似熙宁

王然曰志正俟一九九一年夏吴启功

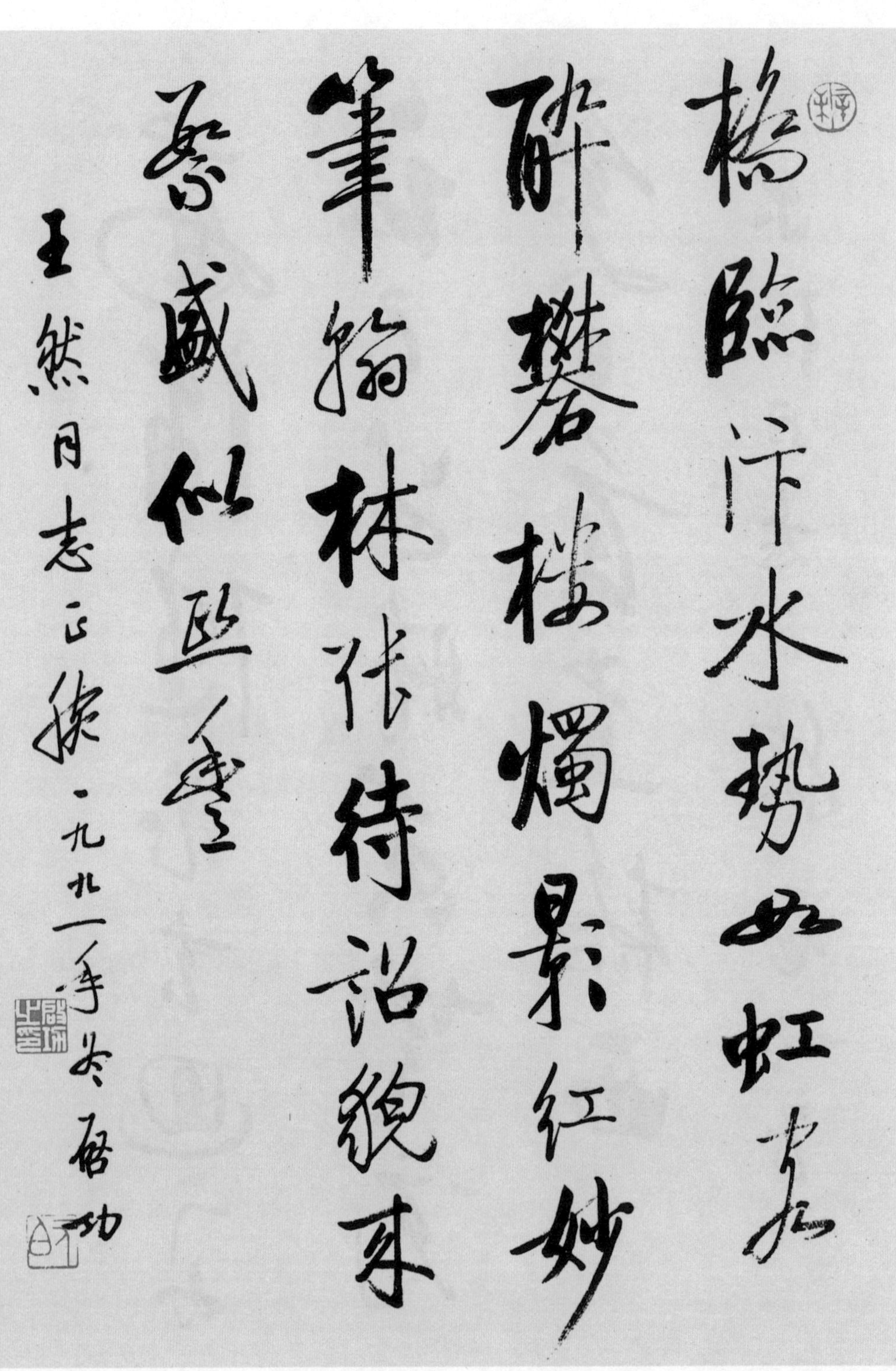

桥临汴水势如虹

一九九一年作　水墨纸本　60cm×40cm　个人收藏

春入江南草木丛小
溪风暖日冲融卧游
风窗曾相见柳睛
睛花的惜惠棠
富贵日志正 启功
一九九一年共每功

赠友人

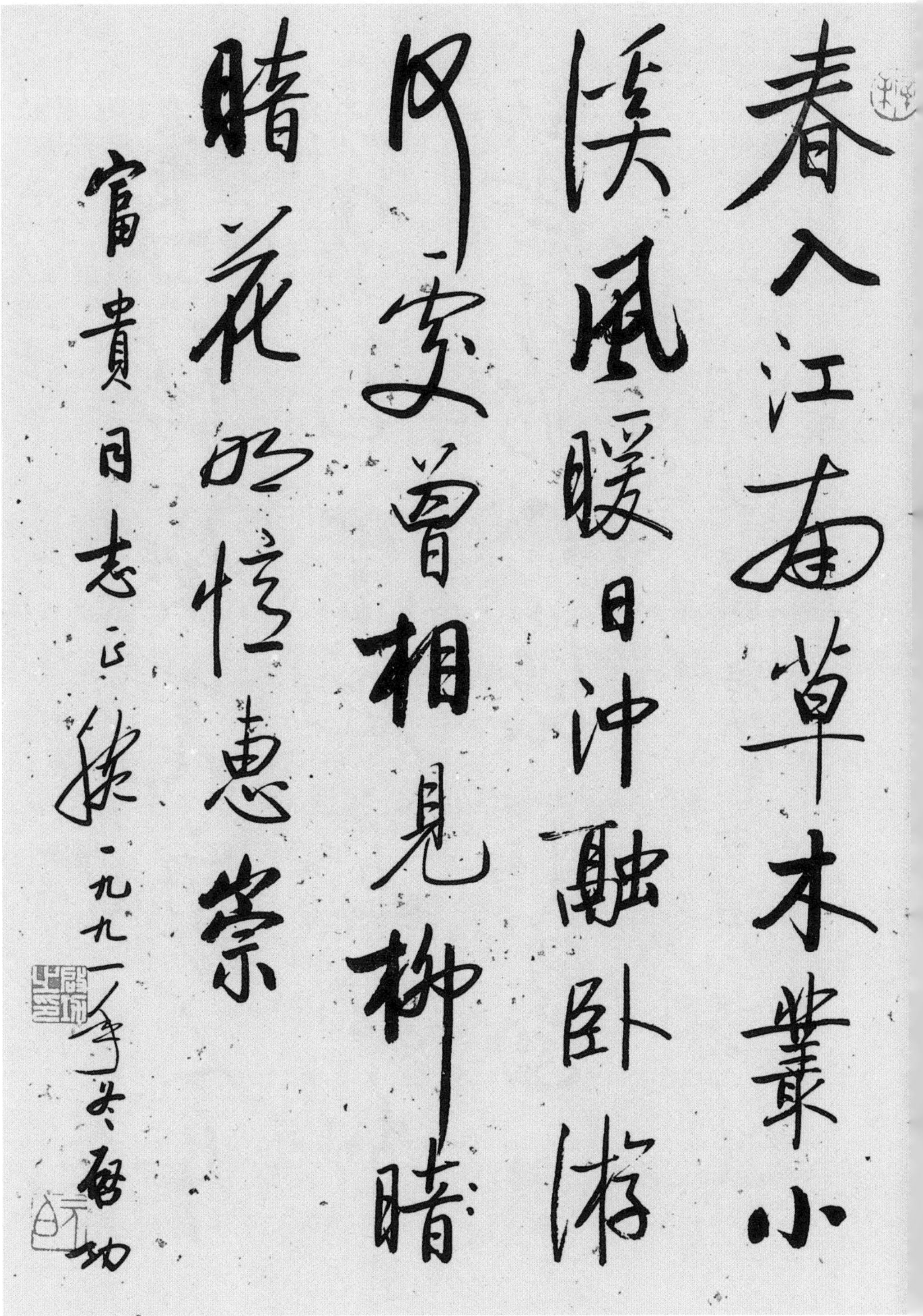

春入江南草木丛

一九九一年作　水墨纸本　58cm×38cm　个人收藏

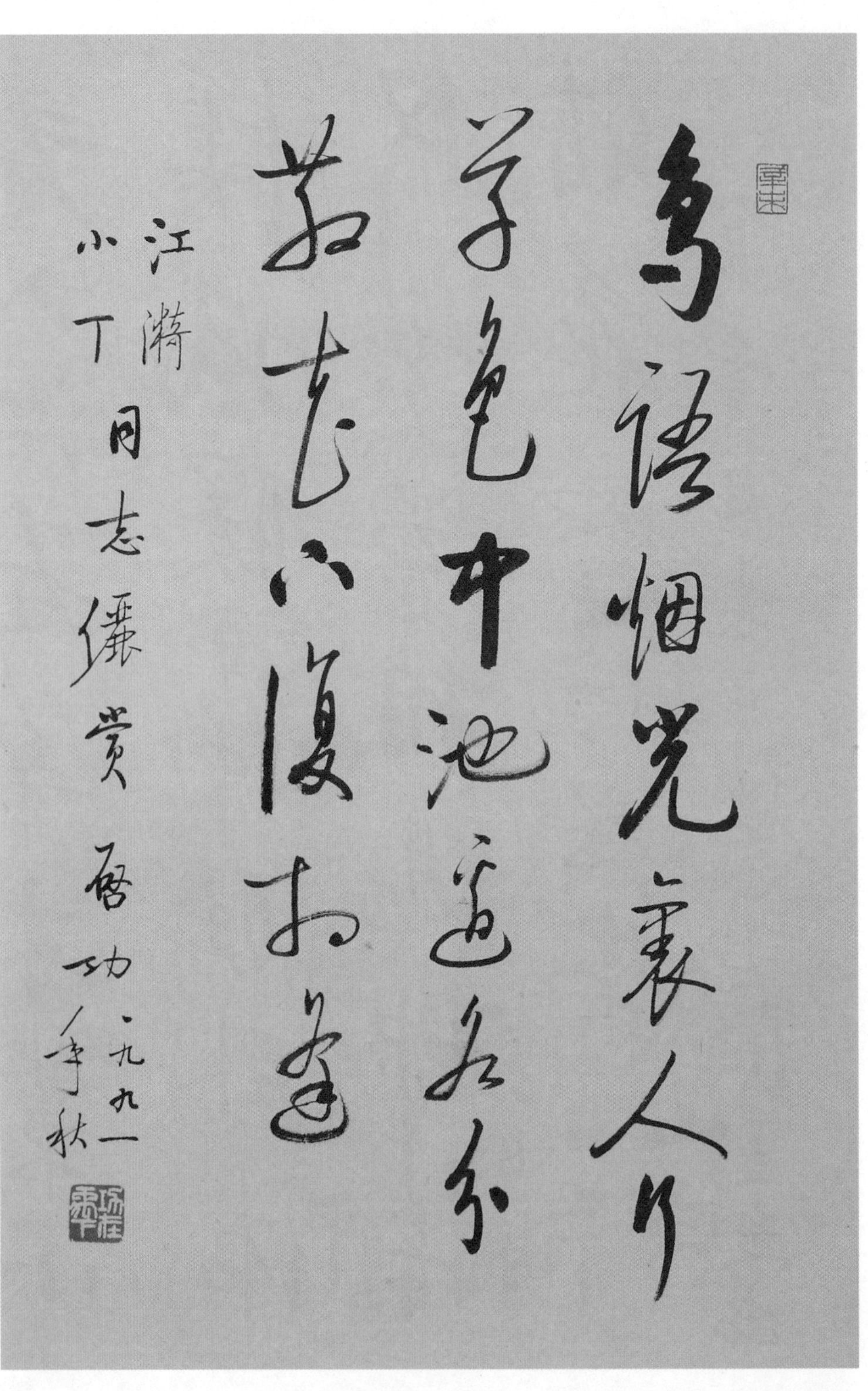

鸟语烟光里

一九九一年作　水墨纸本　68cm×45cm　个人收藏

方池開曉色圓月下秋

陰巳忝千里興還挼七

倚琴 唐人絕句一首錄兩

鳳蓬日志屬书阳气

正使 一九九一年冬玉 啟功

方池开晓色

一九九一年作　水墨纸本　60cm×41cm　个人收藏

赠友人

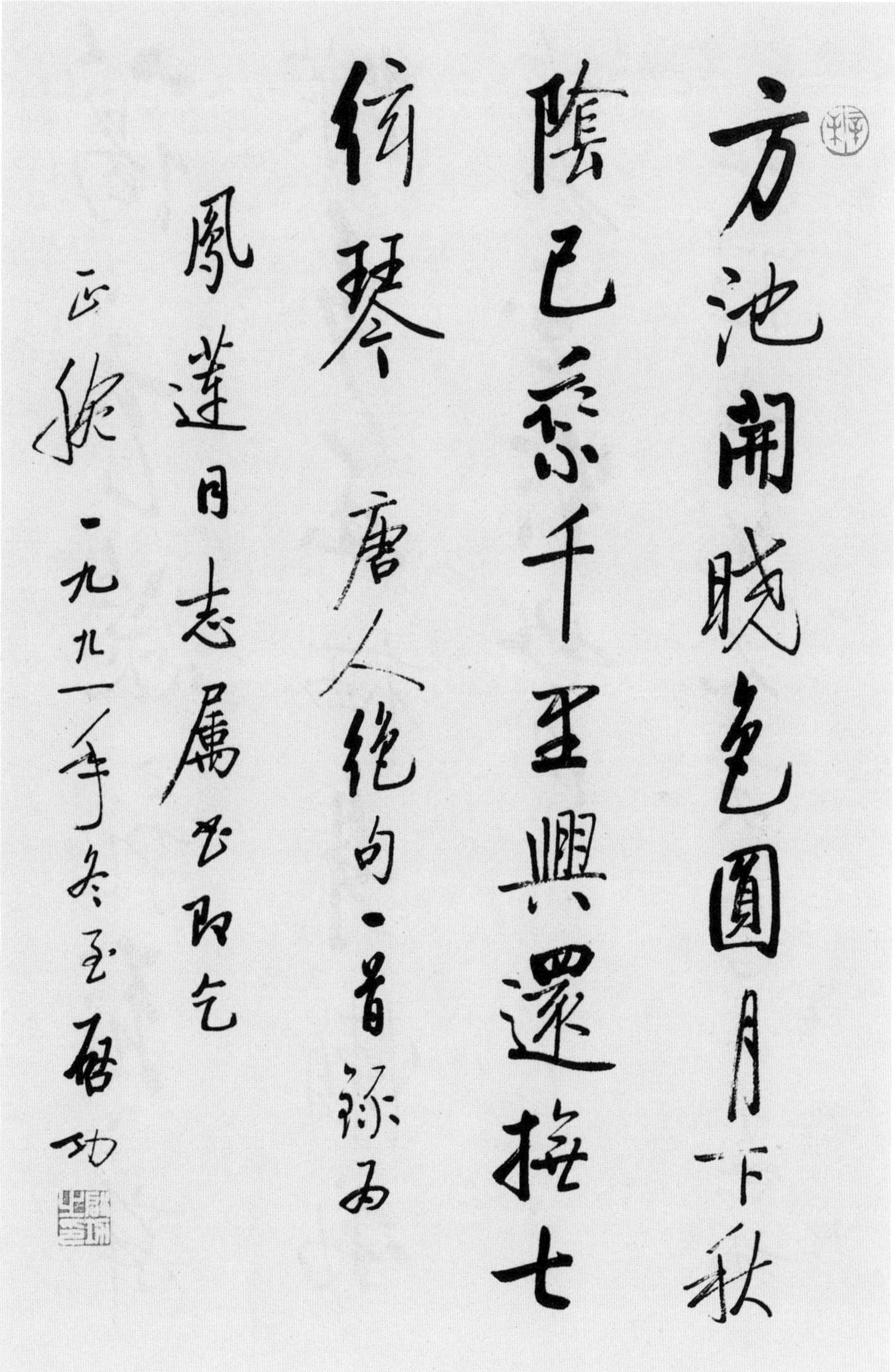

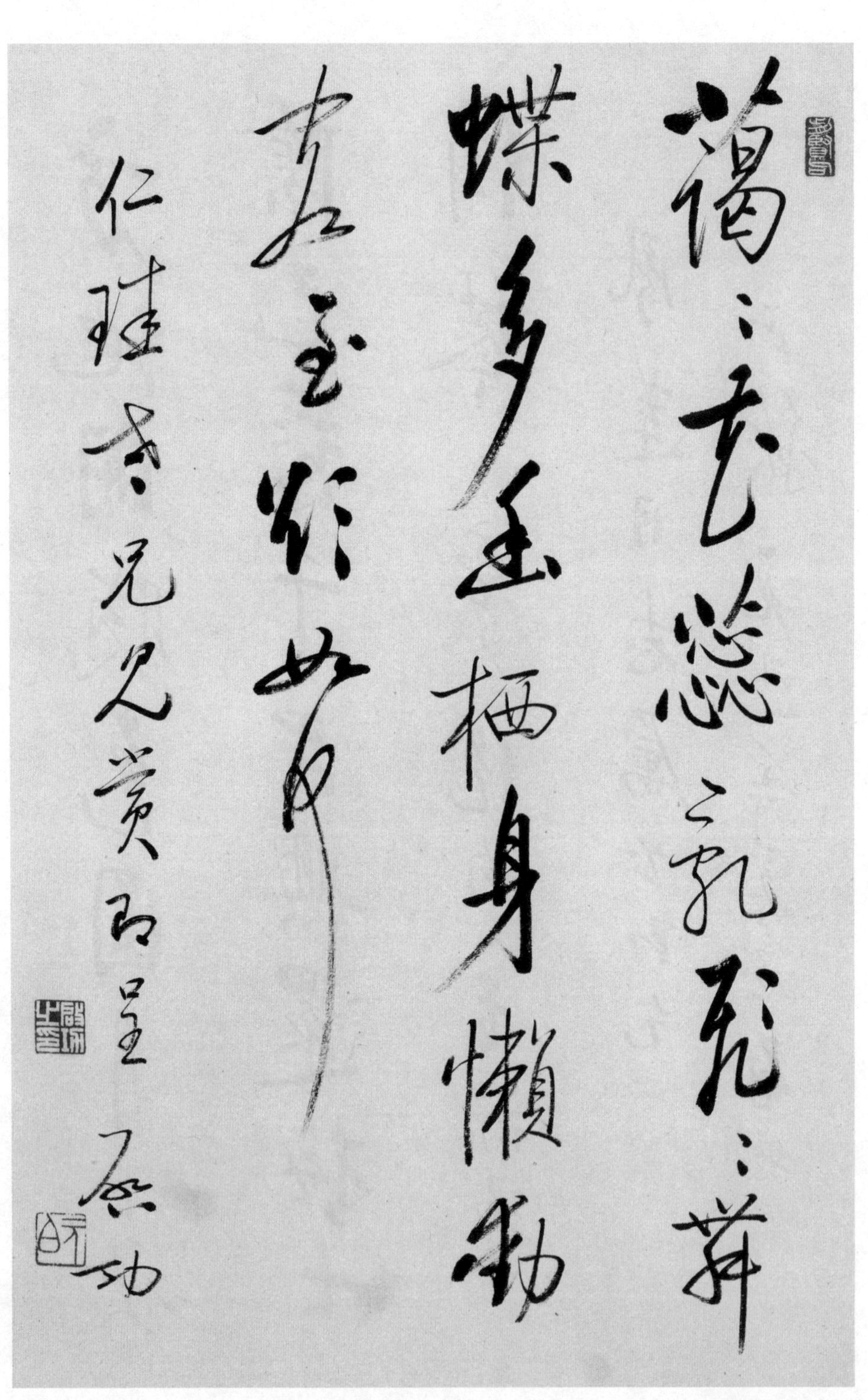

蔼蔼花蕊乱

一九九一年作　水墨纸本　45cm×68cm　个人收藏

黄沙直上白雲間一片孤城

萬仞羌笛何須怨楊柳

春光不度玉門買王季凌詩

以郛茂倩本為長 珠申啓功

仁和同志諫賞拙出偶見此幀以石有可取實自愧尔款教斜芓力屬宛姑以求教且為涘希 功

黄沙直上白云间（二）

一九九一年作　水墨纸本　108cm×48cm　个人收藏

赠友人

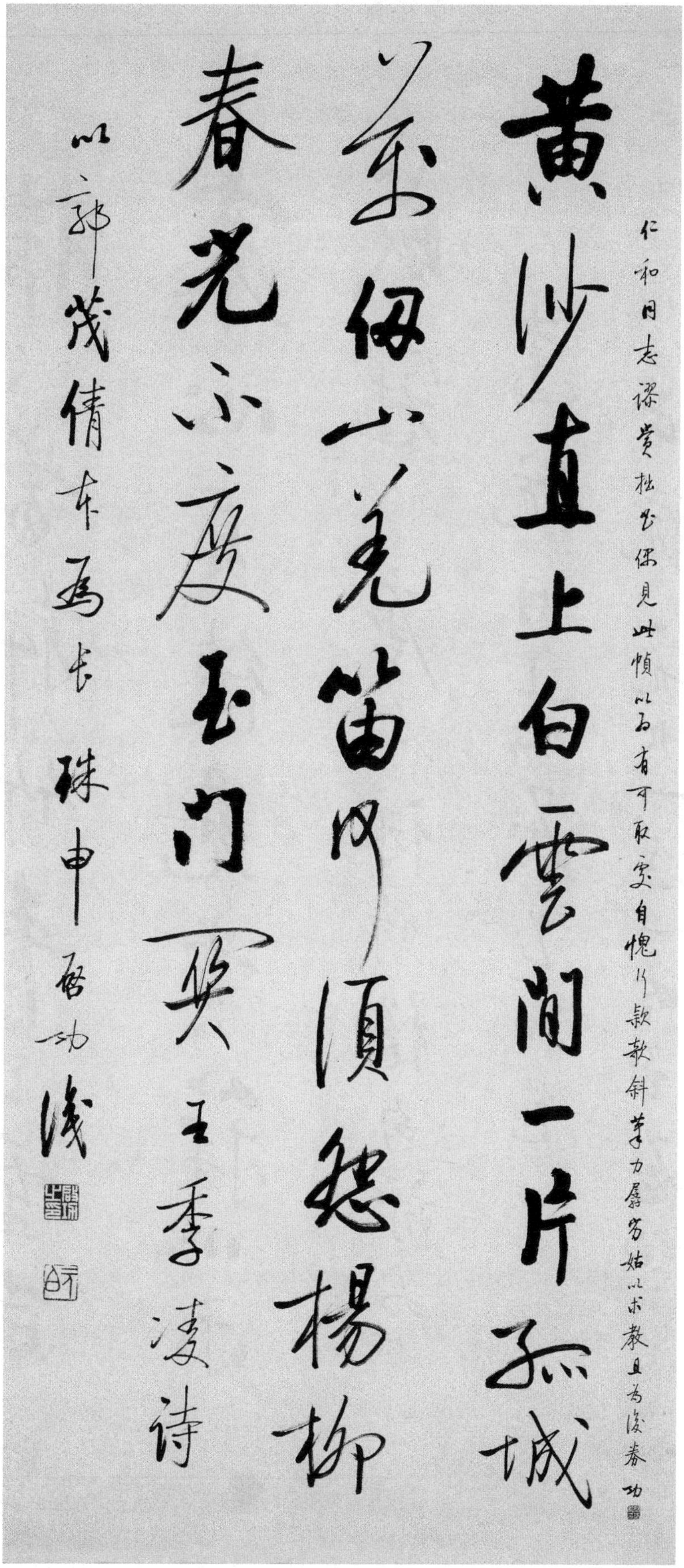

擢擢当轩竹青青重岁寒

心贞徒见赏箨小未成冠

唐人咏竹绝句馀为

建航日志压艺阳气

正腕一九九一季冬至启功

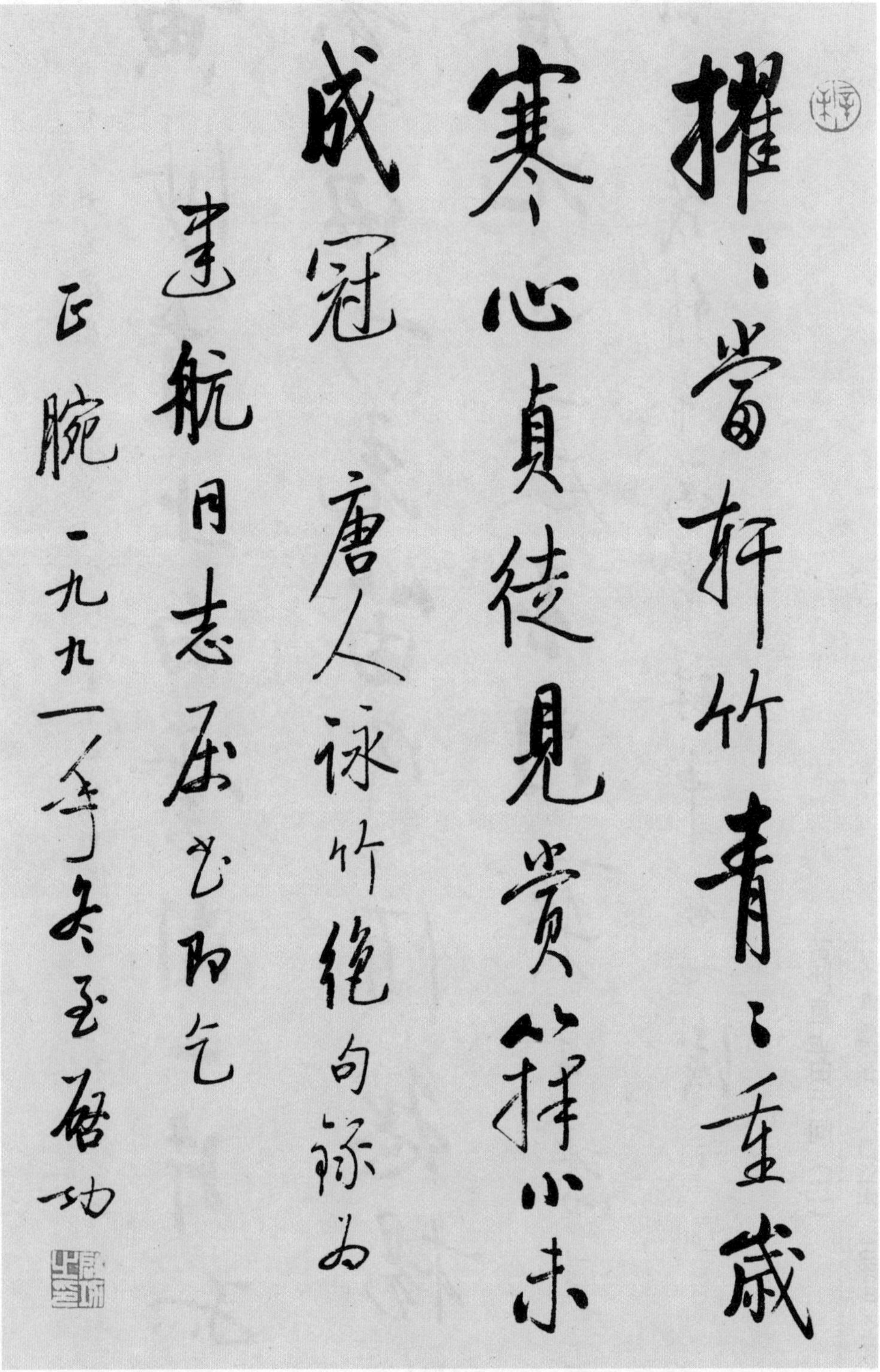

擢擢当轩竹

一九九一年作　水墨纸本　60cm×42cm　个人收藏

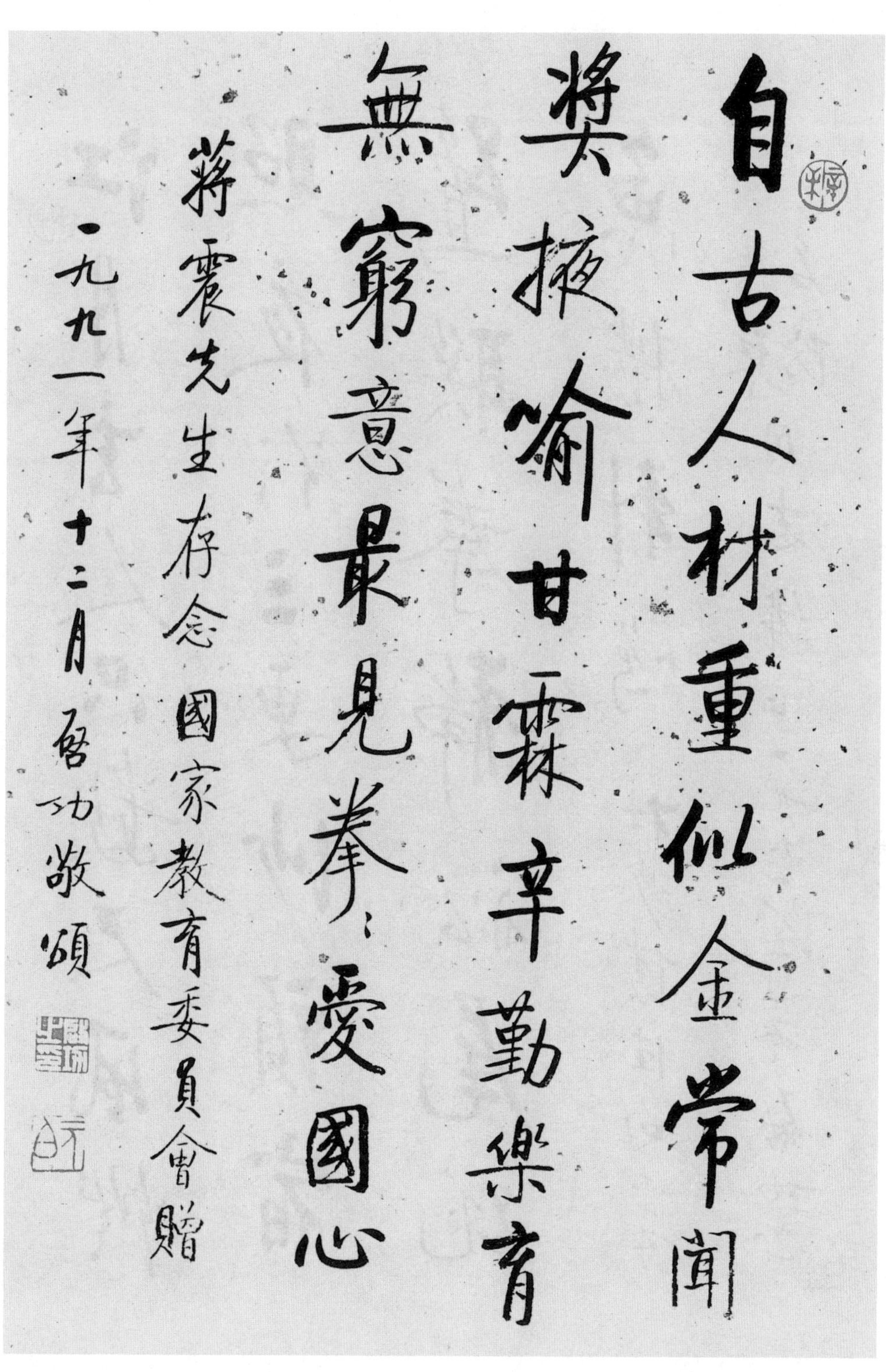

自古人材重似金常聞

獎掖喻甘霖辛勤樂育

無窮意最見拳拳愛國心

蔣震先生存念 國家教育委員會贈

一九九一年十二月 啓功敬頌

自古人材重似金

一九九一年作 水墨纸本 60cm×40cm 个人收藏

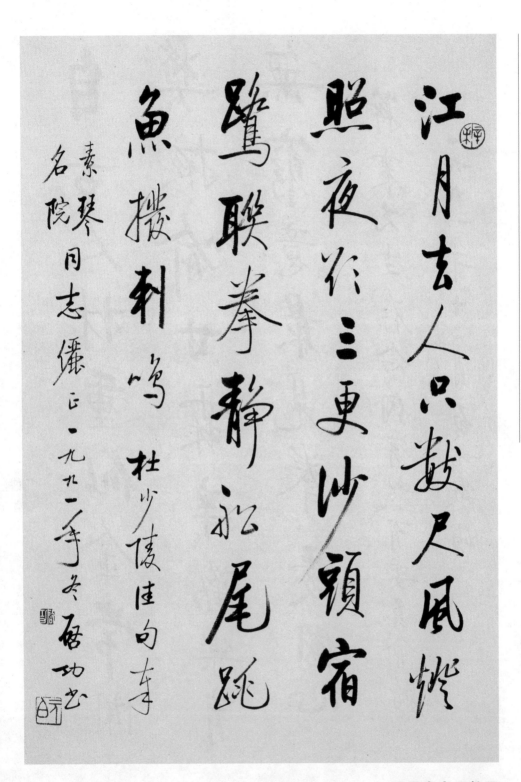

江月去人只数尺风恍

照夜衔三更沙頭宿

鷺聯拳静祝尾跳

魚撥剌鸣　杜少陵佳句李

素琴

名院同志儷正　一九九一年冬　启功书

江月去人只数尺

一九九一年作　水墨纸本　62cm×43.5cm　个人收藏

众鸟高飞尽孤云

独去闲相看两不厌

只有敬亭山

繁锦日志属书太白名句以应

正腕一九九一年冬至玉 启功

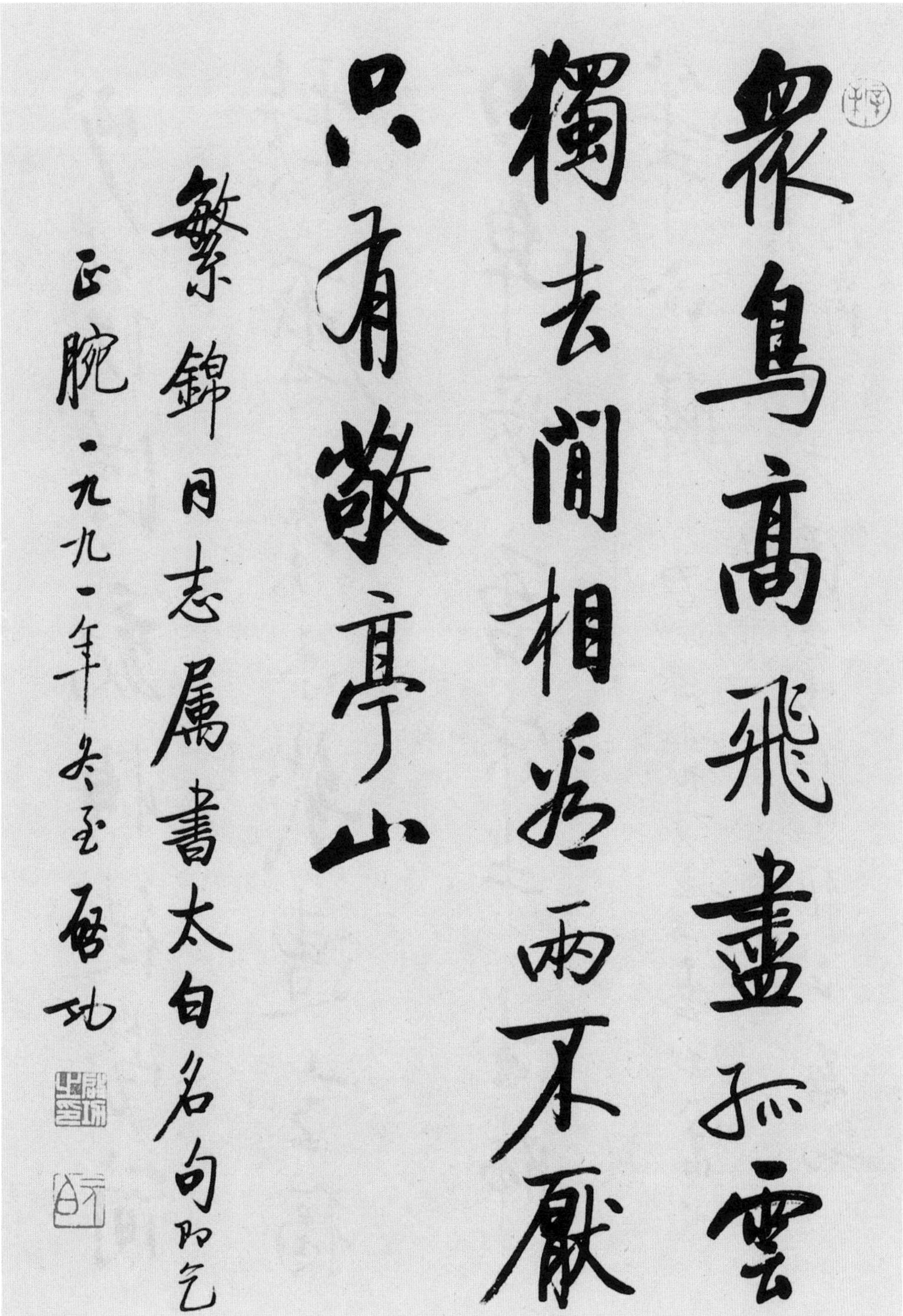

众鸟高飞尽（三）

一九九一年作　水墨纸本　60cm×42cm　个人收藏

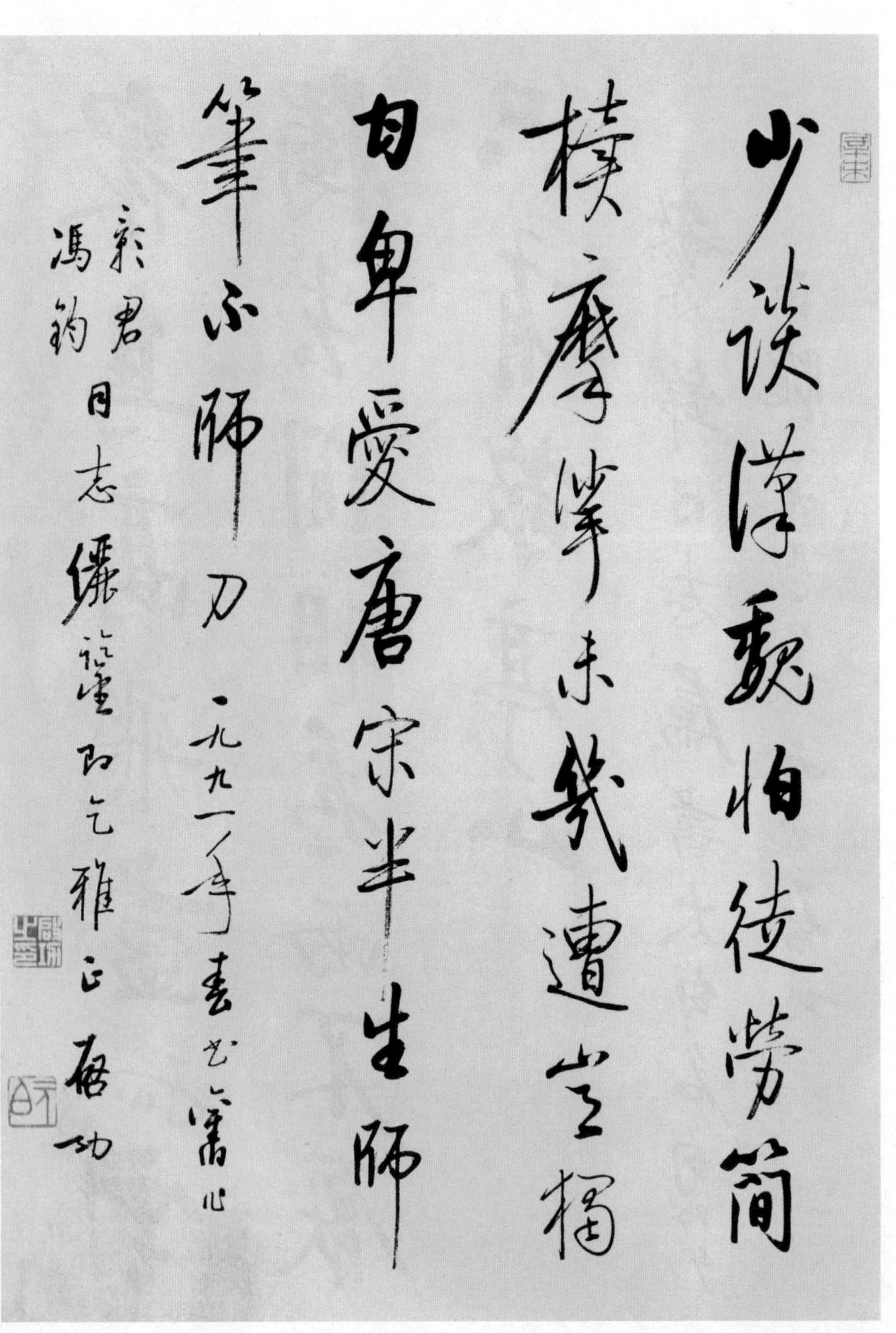

少谈汉魏怕徒劳，横磨岁未几遭埋。自卑爱唐宋半生师，笔不师刀。

一九九一年春艺术需心。亲君日志，俪龛正气雅正，每功，冯韵。

少谈汉魏怕徒劳

一九九一年作　水墨纸本　67cm×46cm　个人收藏

倦客悲愁闻路远眼
昭亮阔府去桥贪乘白
旧横秋浦不觉青林
汲晚深 一九九一年夏日

培祖大醫師正𠻘 启功

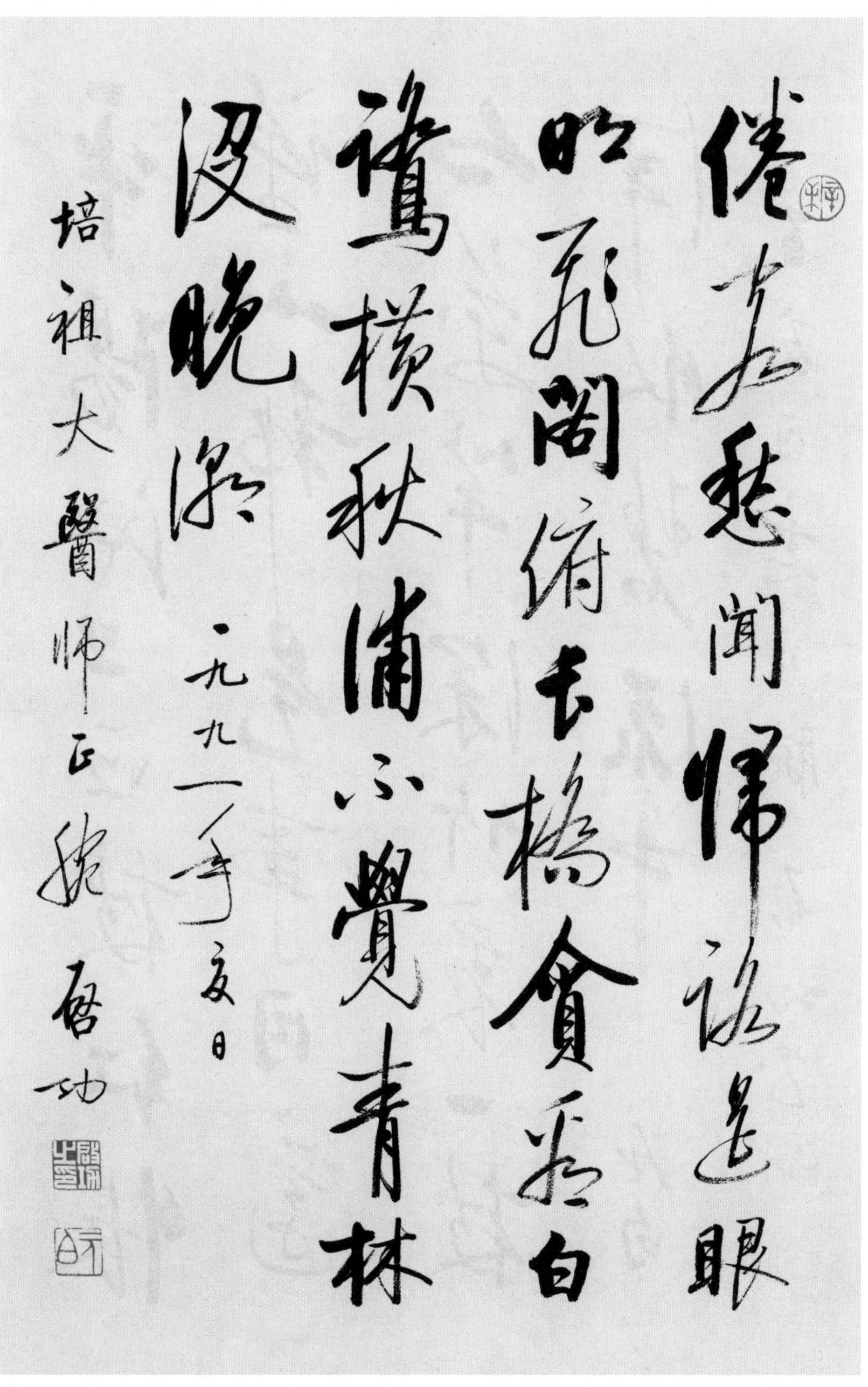

倦客愁闻归路遥

一九九一年作　水墨纸本　158cm×106cm　个人收藏

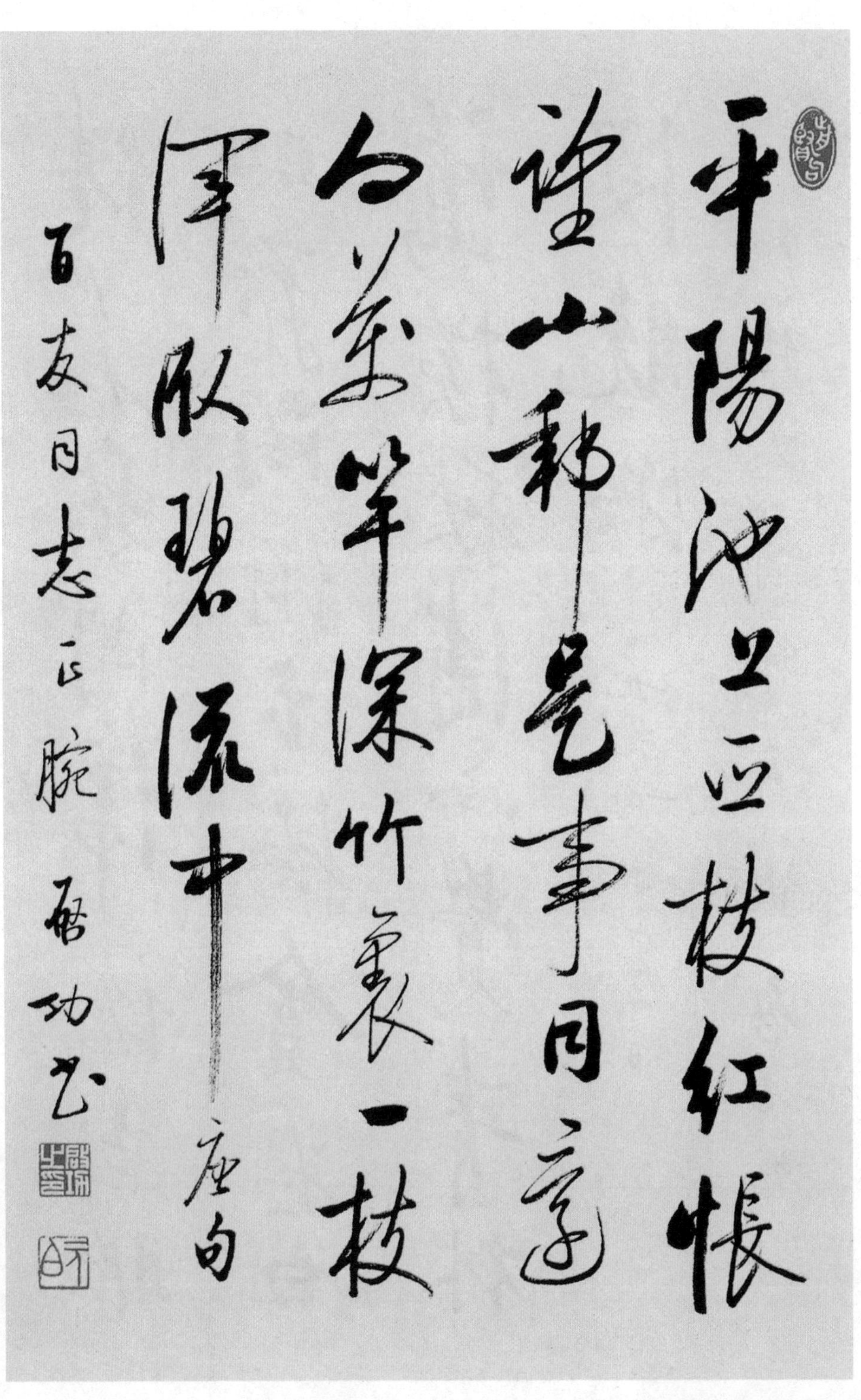

平阳池上亚枝红

一九九一年作　水墨纸本　64cm×42cm　个人收藏

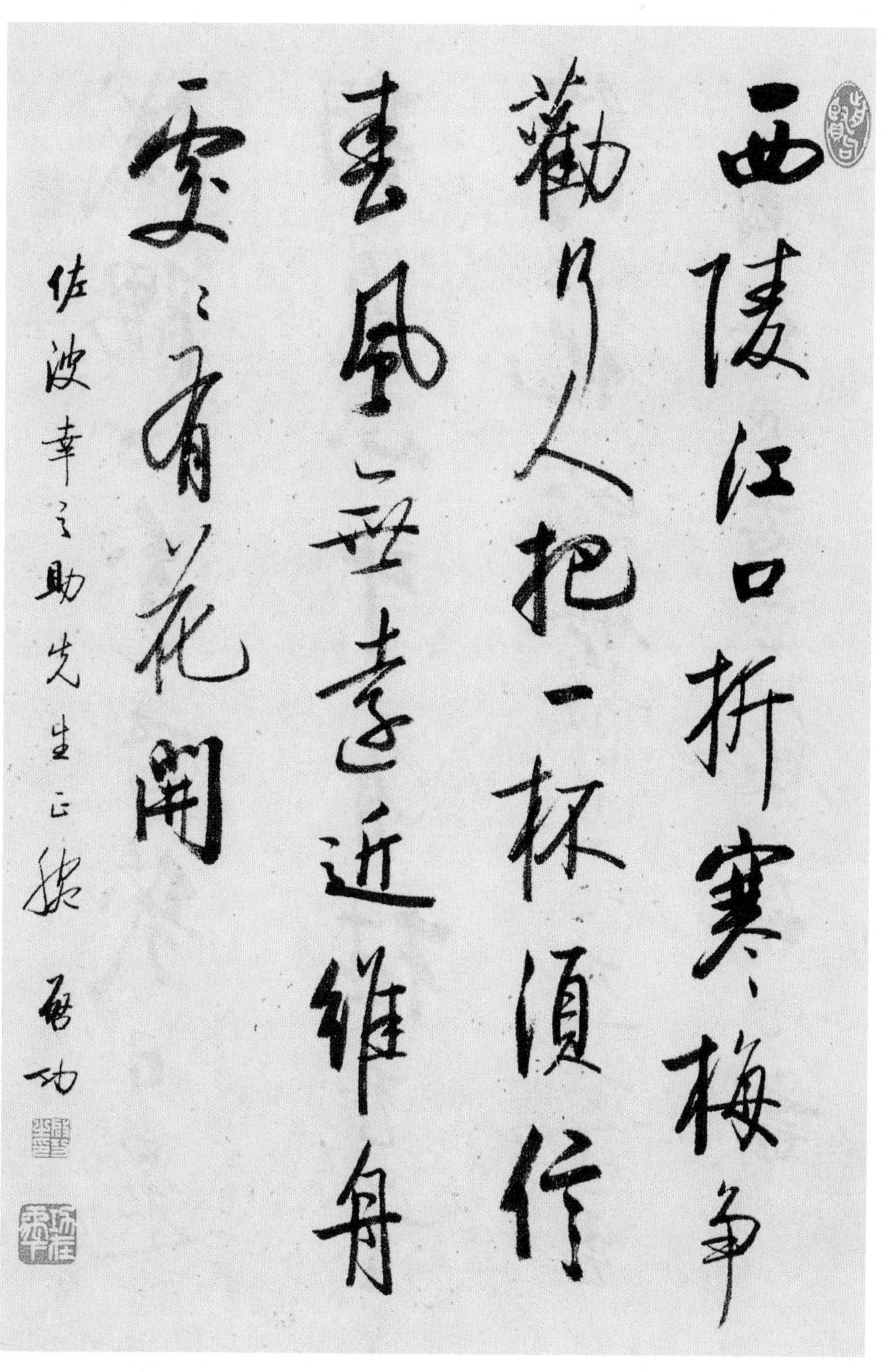

西陵江口折寒梅，勸阻人把一杯須作東風一笑幸近維舟雪々有花開

佐波幸之助先生正 啟功

西陵江口折寒梅

一九九一年作　水墨纸本　64cm×42cm　个人收藏

赠友人

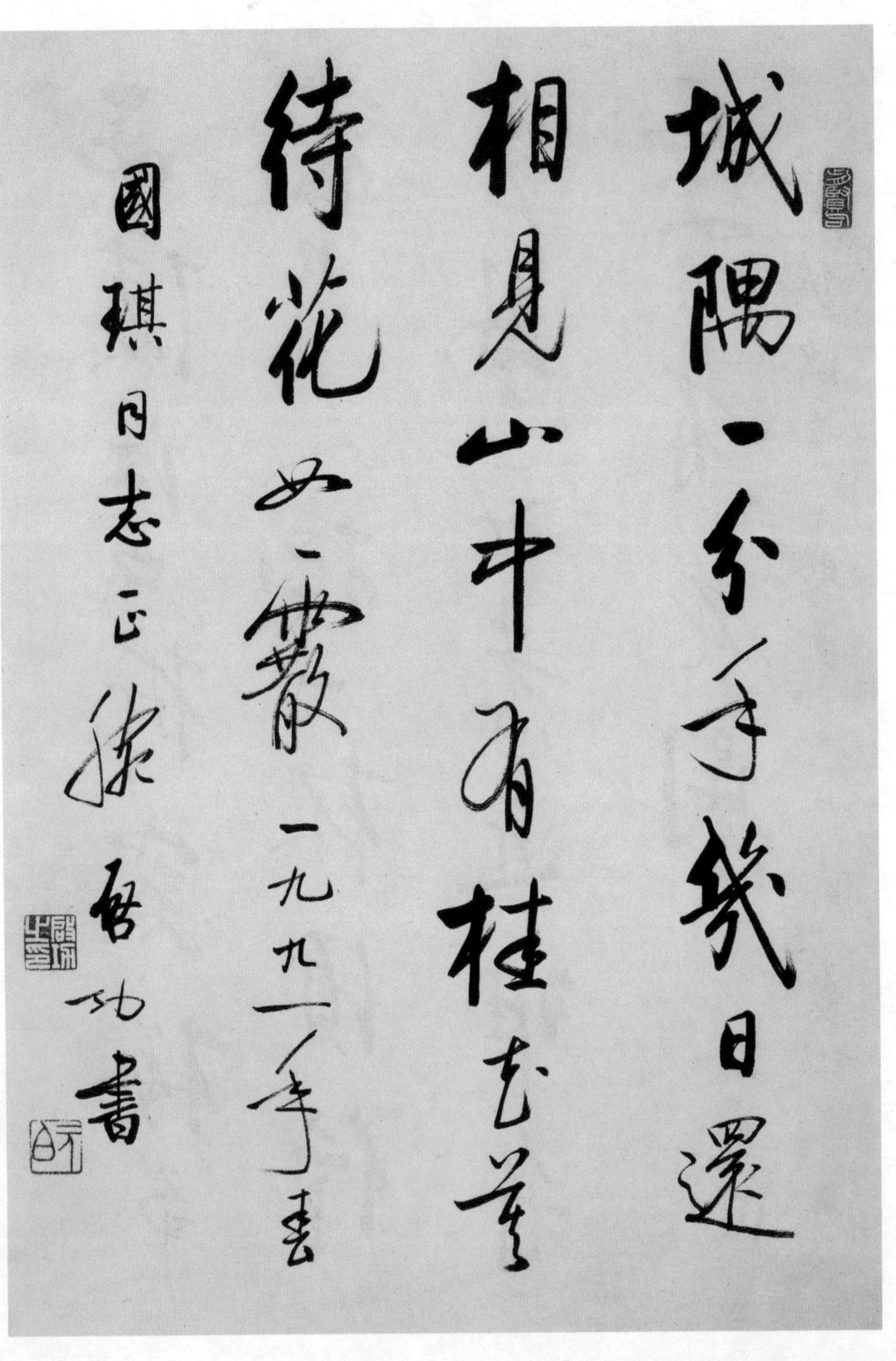

城隅一分手

一九九一年作　水墨纸本　62cm×40cm　个人收藏

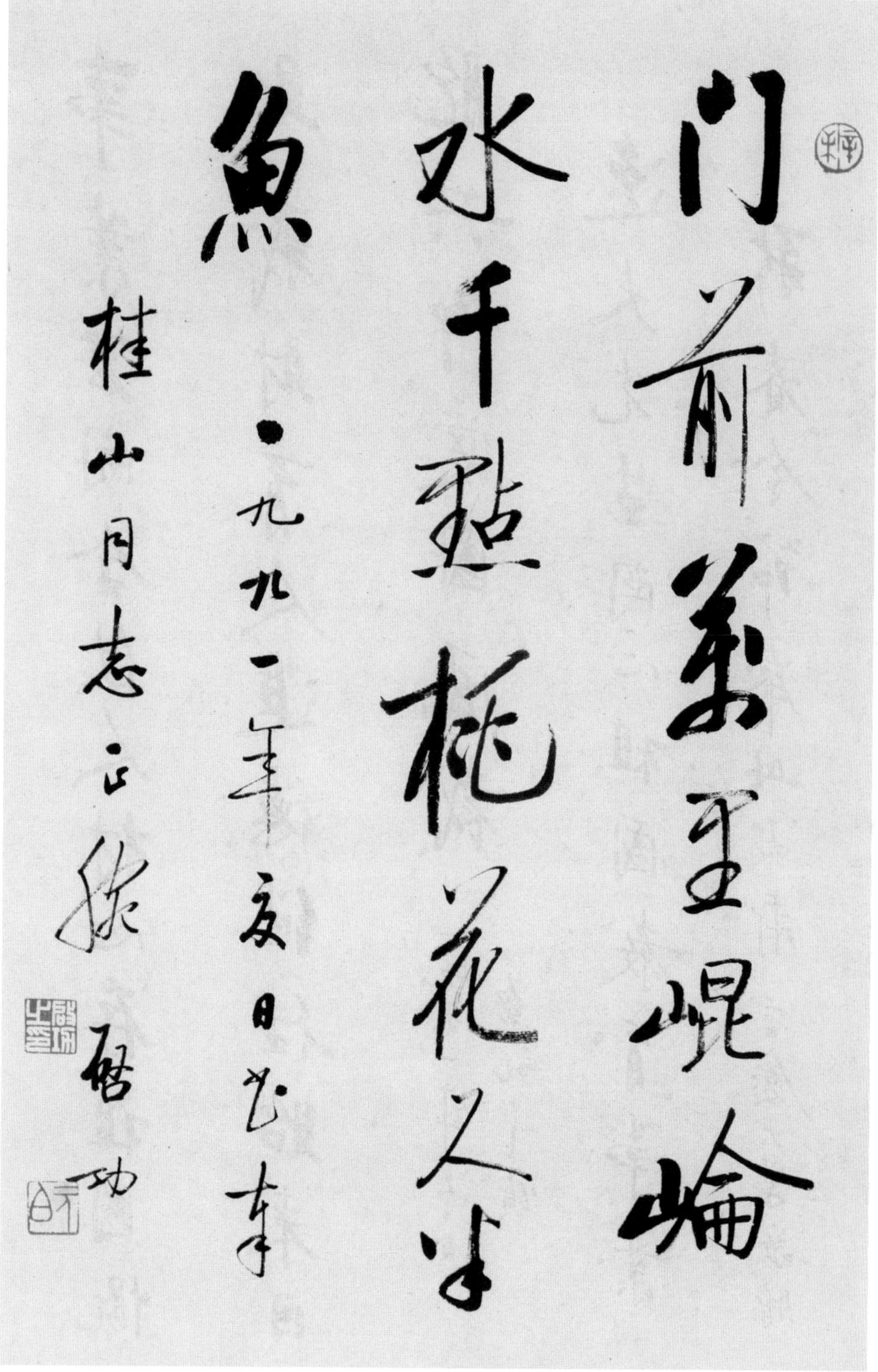

门前万里昆仑水

一九九一年作　水墨纸本　46cm×68cm　个人收藏

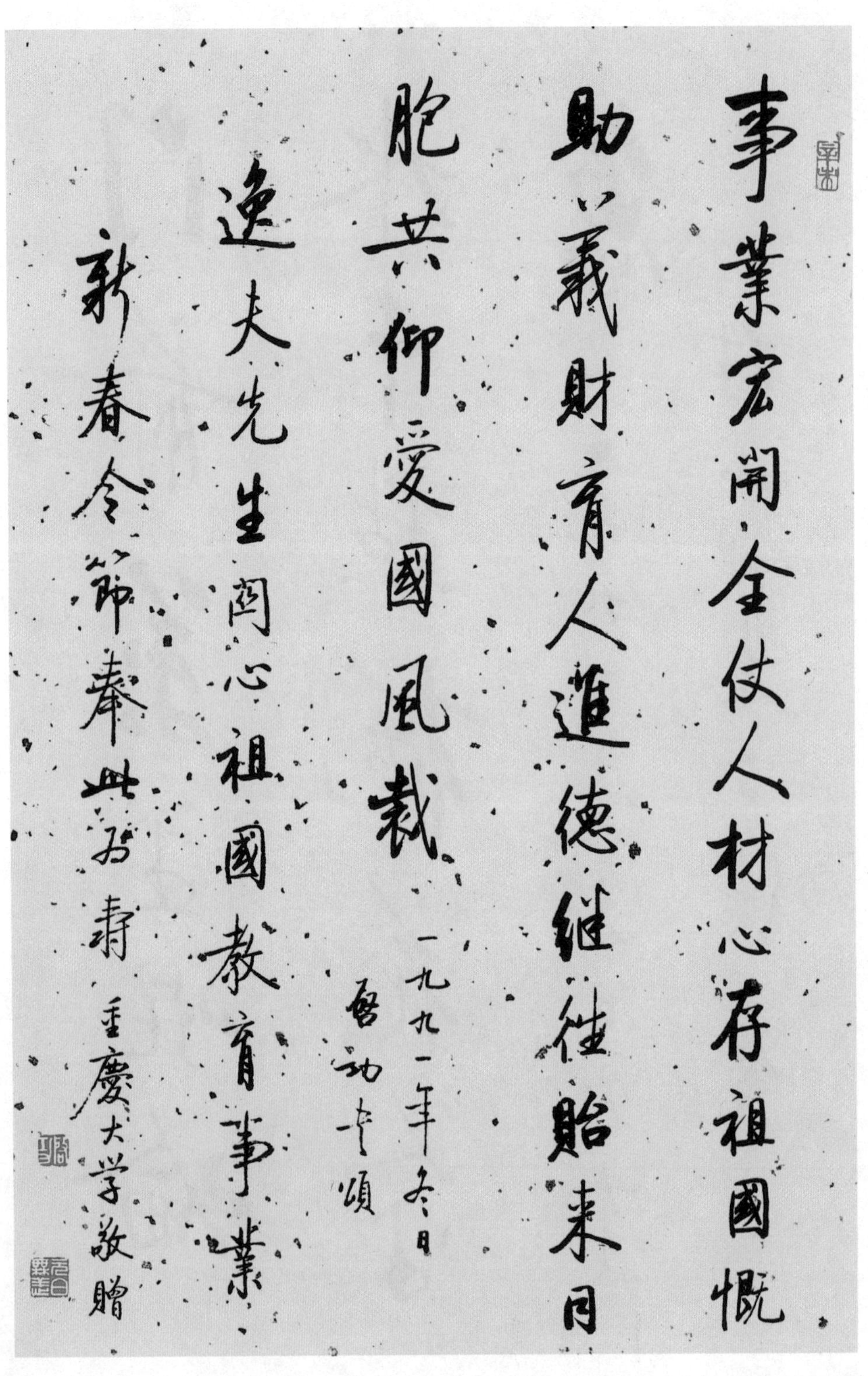

事业宏开，全仗人材心存祖国慨，助以义财育人进德继往贻来日　一九九一年六月　启功卒颂

胞共仰爱国风裁

逸夫先生商心祖国教育事业、

新春令节奉此书寿　重庆大学敬赠

事业宏开

一九九一年作　水墨纸本　60cm×40cm　个人收藏

解落三秋叶能开二月花过江千尺浪入竹

萬竿斜 唐人詠竹絕句

一九九二年冬日也李白澤龍郎先生正俟啟功

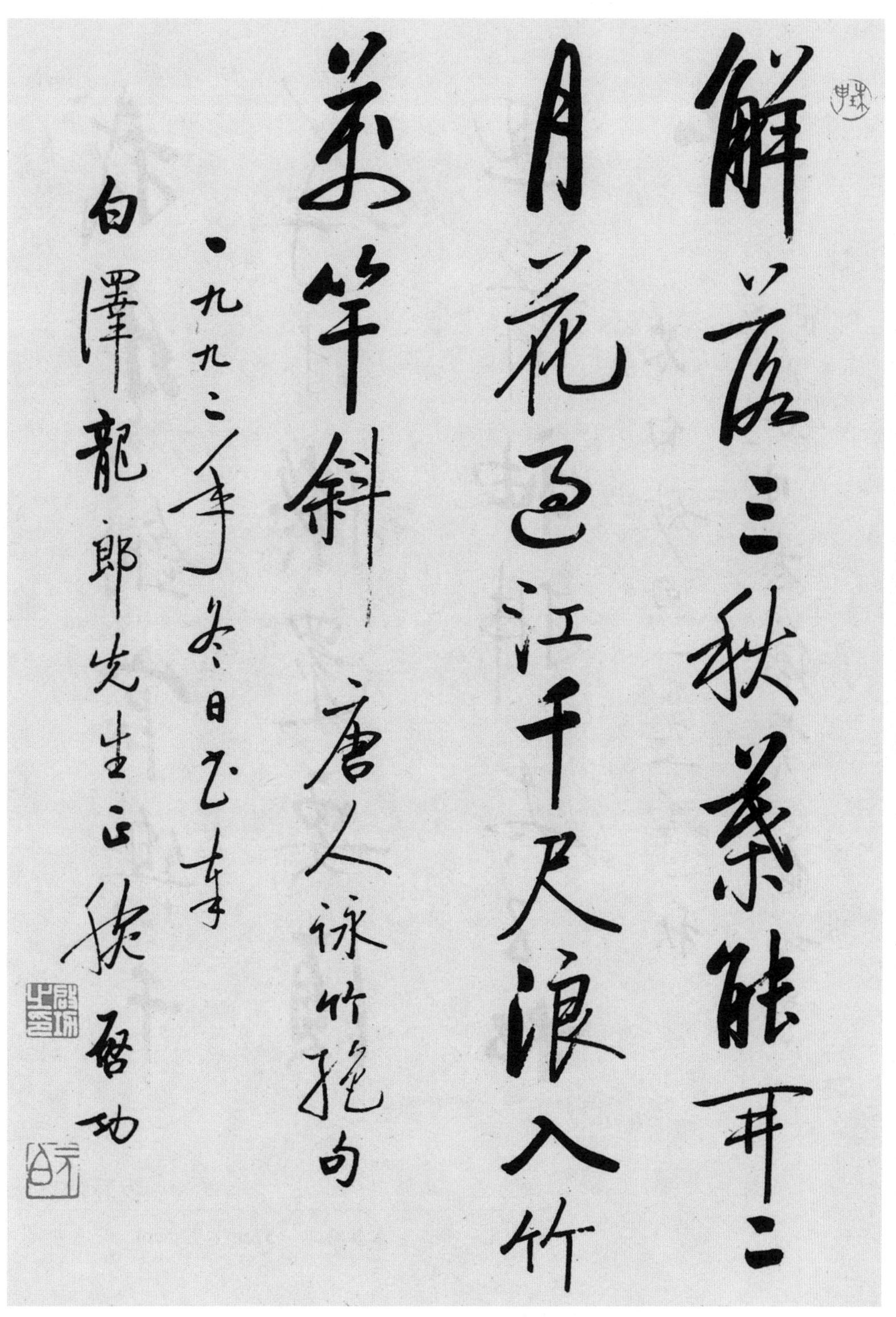

解落三秋叶

一九九一年作　水墨纸本　62cm×43cm　个人收藏

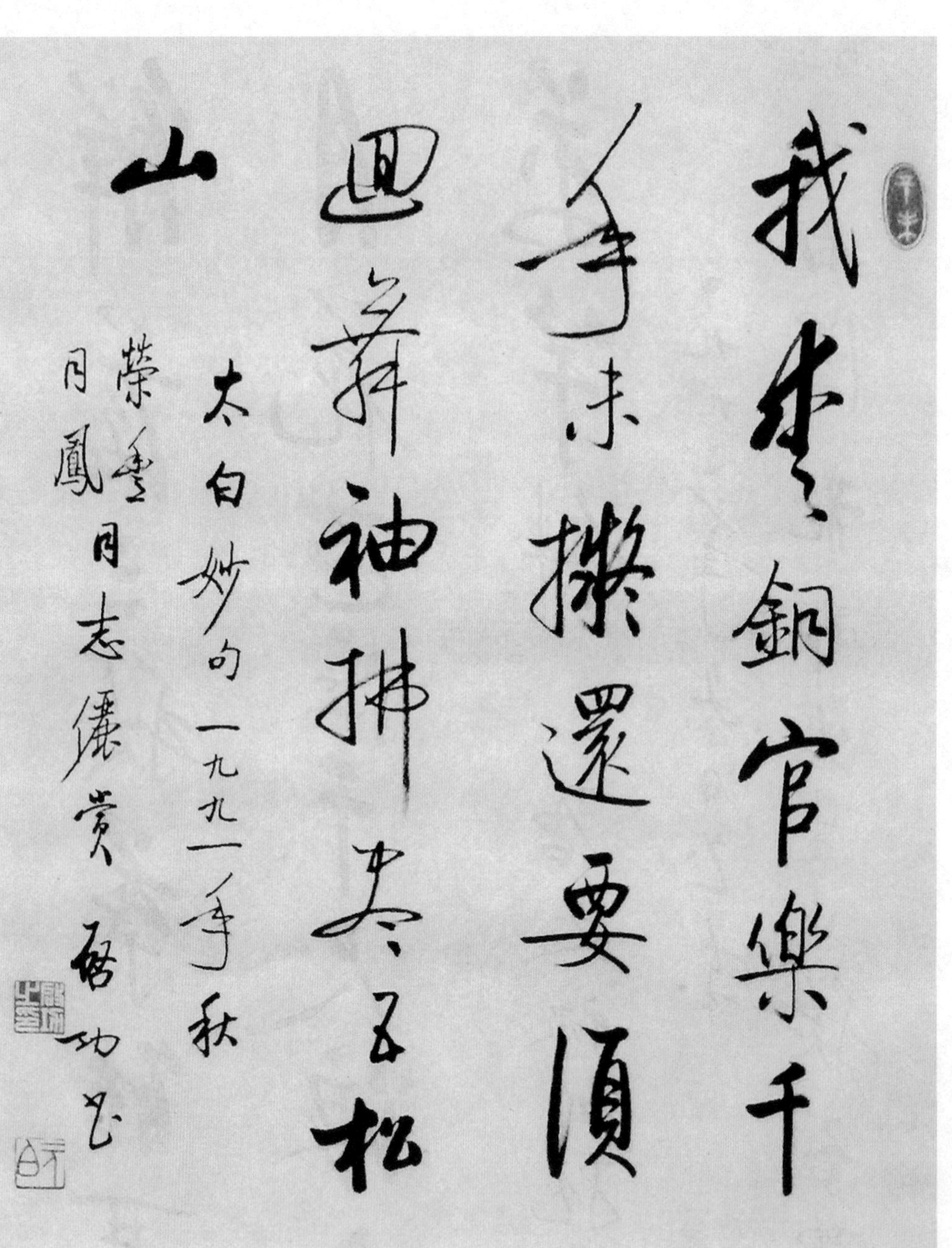

我爱铜官乐

一九九一年作　水墨纸本　57cm×72.5cm　个人收藏

寿域宏

开岁平平山川
间气毓人英百龄介
祝真初度此是长生
第一程春耕神州芳
草深天涯游子富佳
音巍我事业峥嵘
肇不负当年去国
心杜陵乡思泰孤
丛菊几时插满头识
浮中华天地大法璍一
寸六神州 古都静菊青诗海

为名徐季静菊乙杜诗卷三千

淑芳女士两正

启功

寿域宏开万里平

一九九一年作　水墨纸本　个人收藏

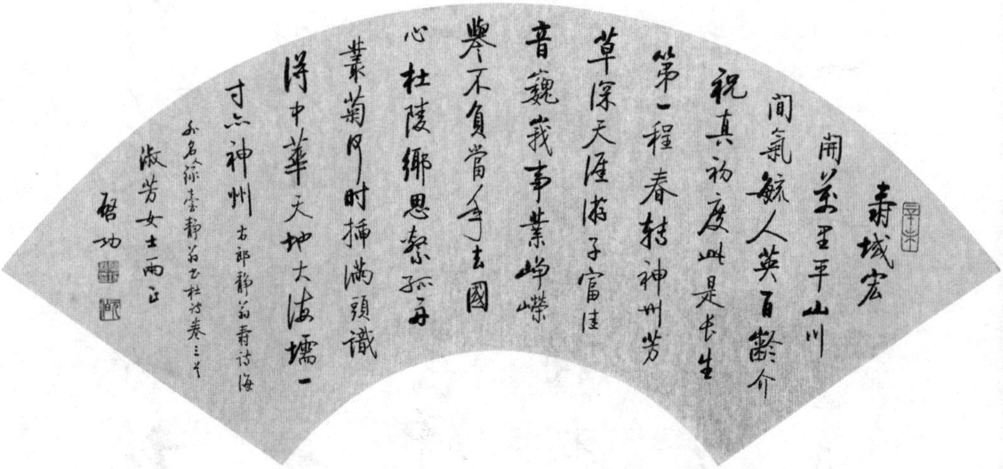

闻说珍丛紫竹林居然纸上见

萧森悬知造化无穷态尽出

粘毫一片心 公炜先生以花鸟插样

场俾写竹石二稚拔草盖为

京绪老同志以宜有徇知之合乎

一九九一季元月 启功

闻说珍丛紫竹林

一九九一年作　水墨纸本　个人收藏

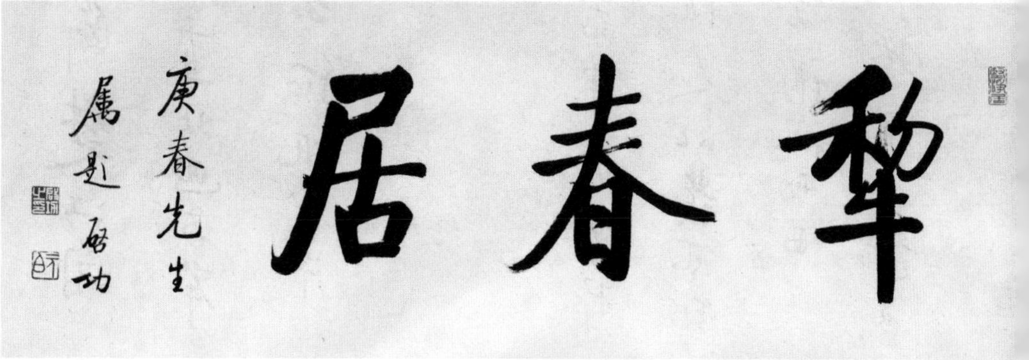

犁春居

一九九一年作　水墨纸本　35cm×129cm　个人收藏

天门中断楚江开
碧水东流直北回南岸
青山相对出孤帆一片
日邉来

太白絶句器宇恢宏拪
自昔賺後人以發风动
筆撖ミ应与谪仙所咟
龍友日志正狭
一九九二年冬
启功

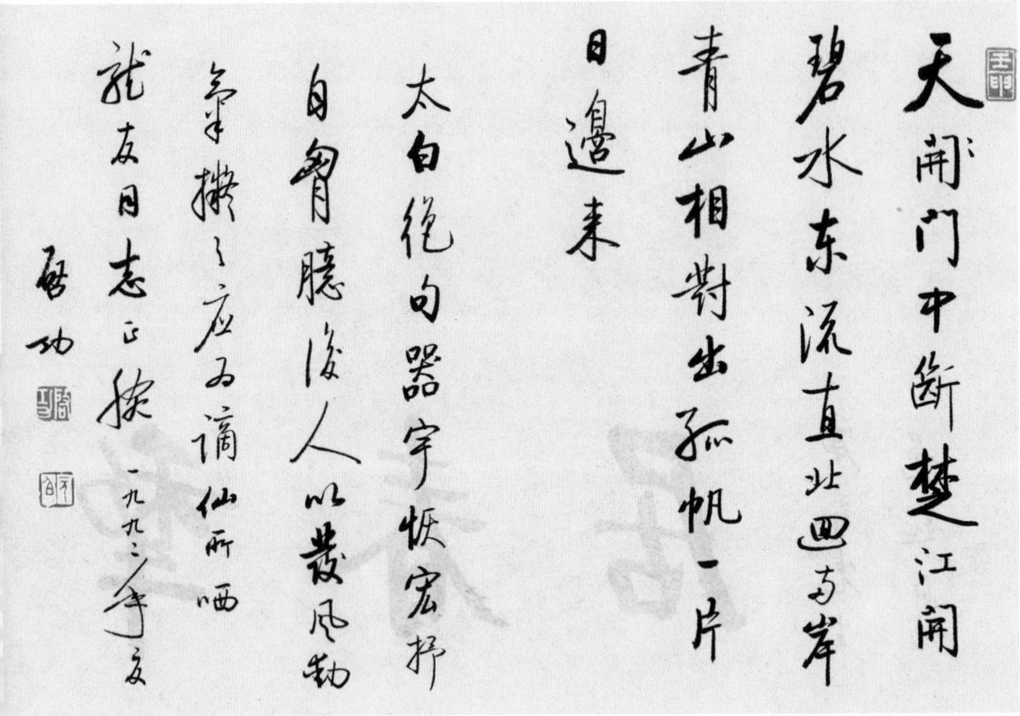

天门中断楚江开

一九九二年作　水墨纸本　28cm×42cm　个人收藏

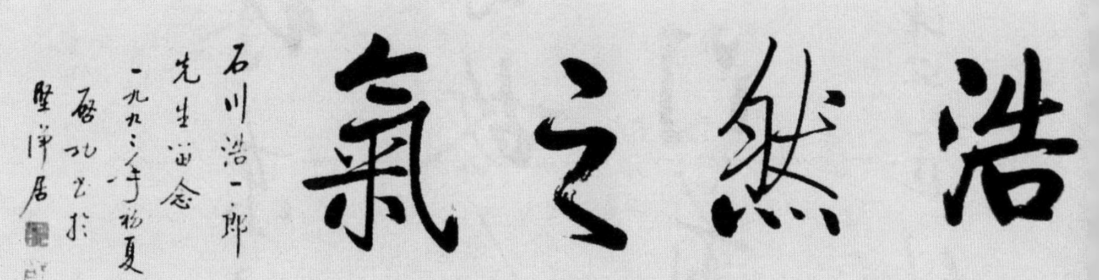

浩然之气

一九九二年作　水墨纸本　34cm×134cm　个人收藏

雨歇杨林东渡头 直岸无门前溪水流

日放程乡故人家在桃花

雨歇杨林东渡口永和三

仁柱先生正 徐启功

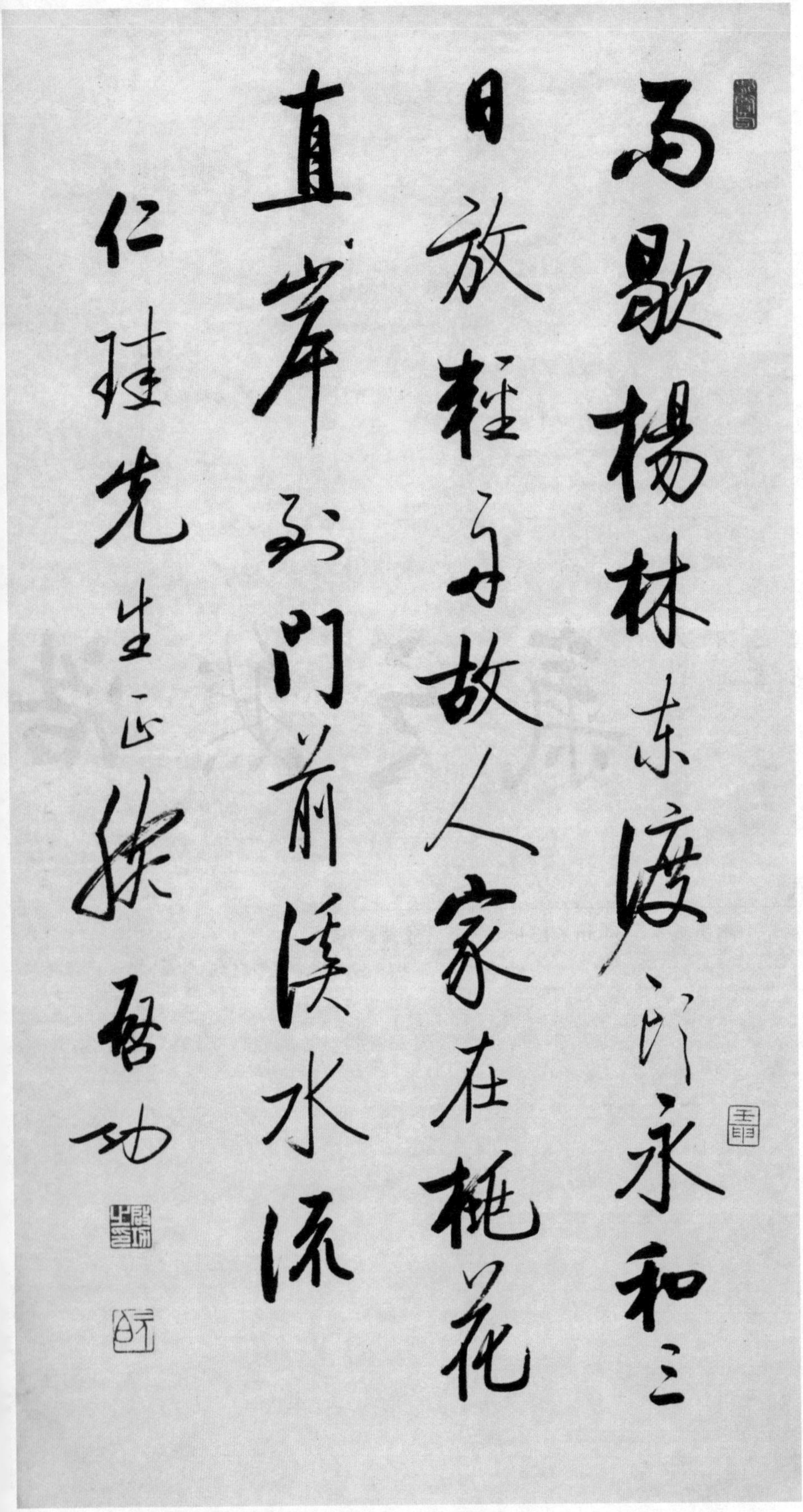

雨歇杨林东渡头（一）

一九九二年作 水墨纸本 91cm×50cm 个人收藏

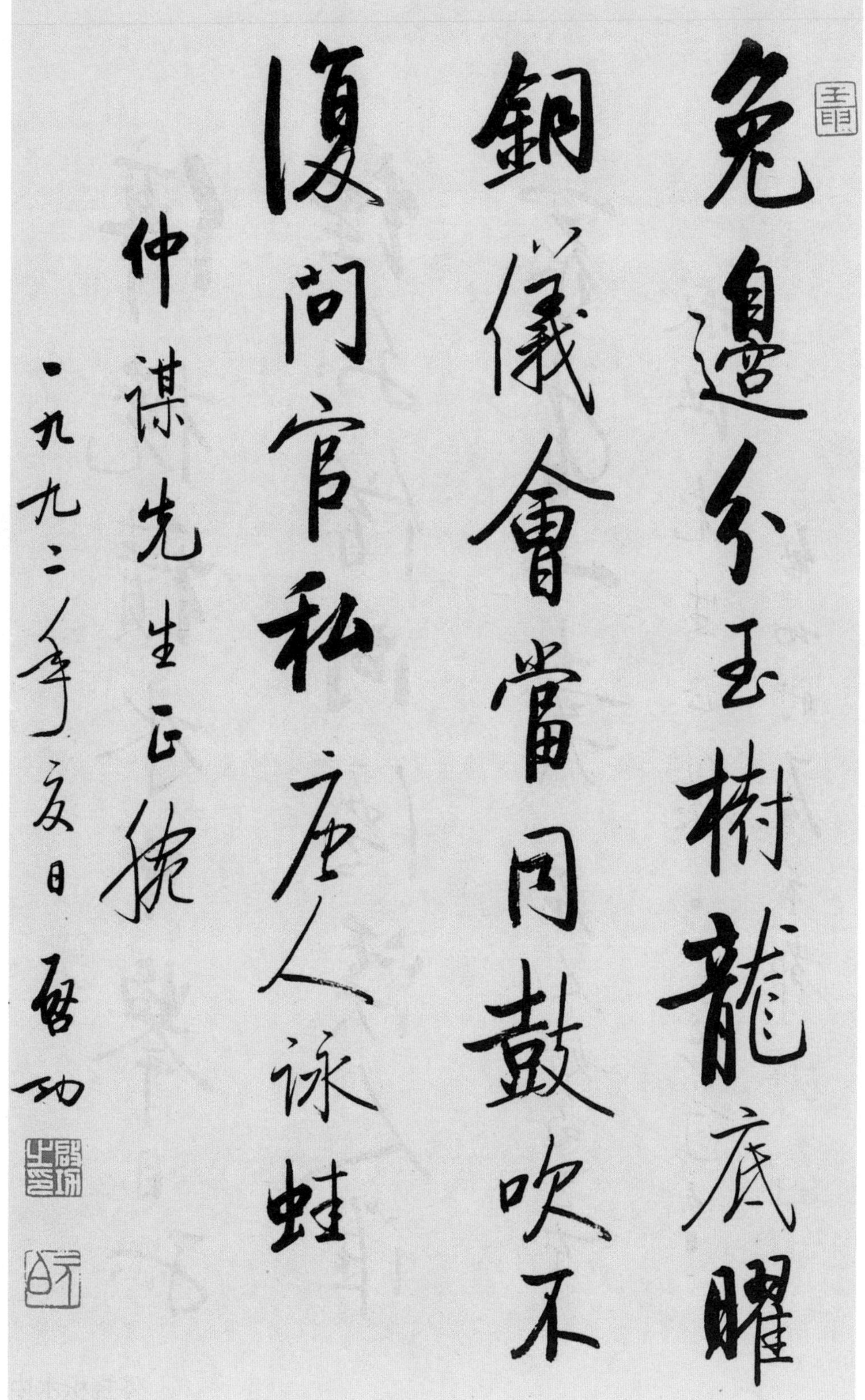

兔邊分玉樹龍底曜銅儀會當同鼓吹不復問官私庶人詠蛙

仲謀先生正俅

一九九二年夏日 啓功

兔边分玉树

一九九二年作　水墨纸本　60cm×42cm　个人收藏

赠友人

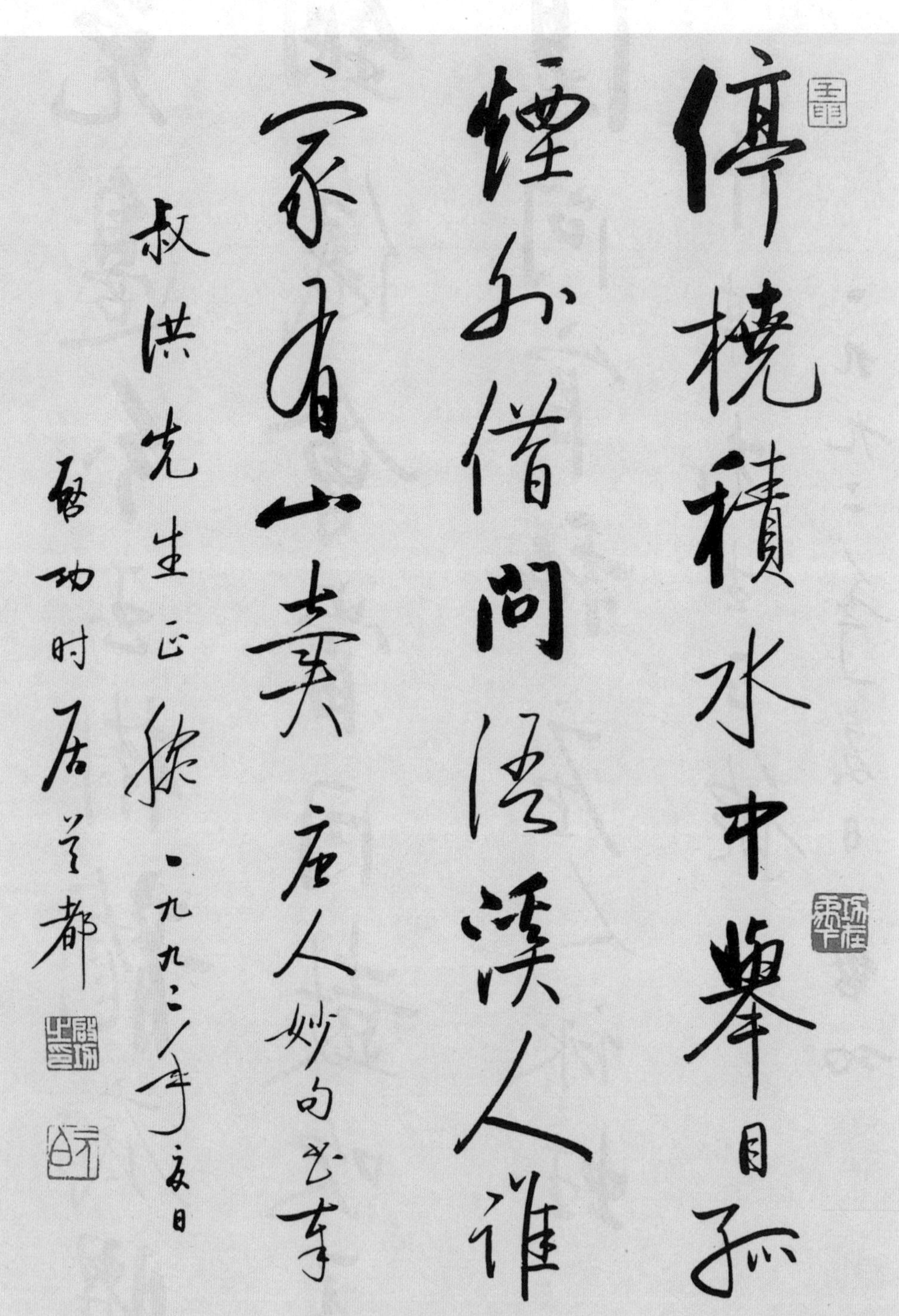

停桡积水中烟水借问清溪人谁家在山卖庄人妙句艺事

叔洪先生正 启功时居芝都 一九九二年夏日

停桡积水中

一九九二年作　水墨纸本　60cm×43cm　个人收藏

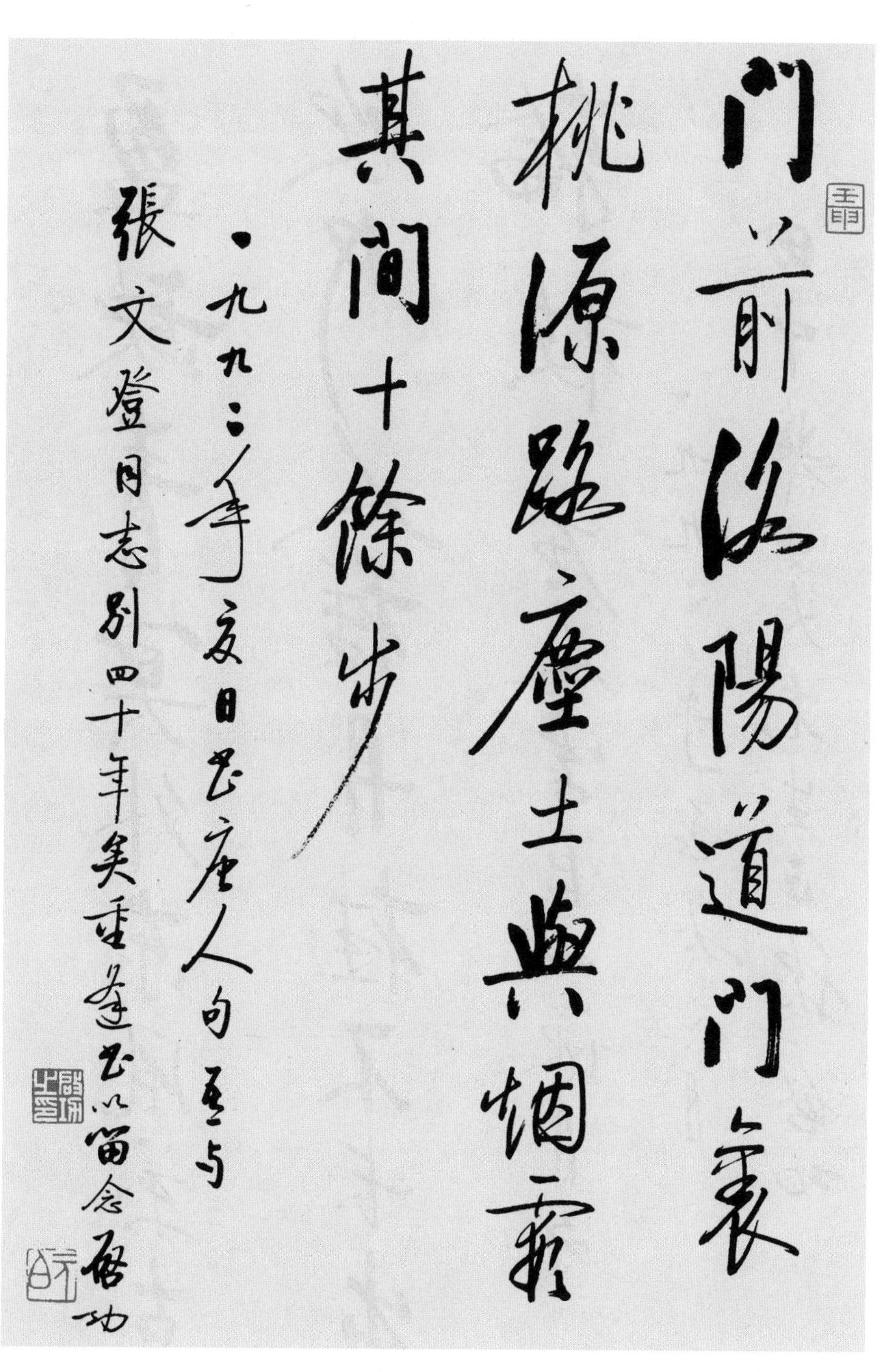

门前洛阳道，桃源路尘土与烟雾其间十余步

一九二九手友日见座人句至与

張文登曰志别四十年矣重逢以此留念启功

261

门前洛阳道

一九九二年作　水墨纸本　60cm×42cm　个人收藏

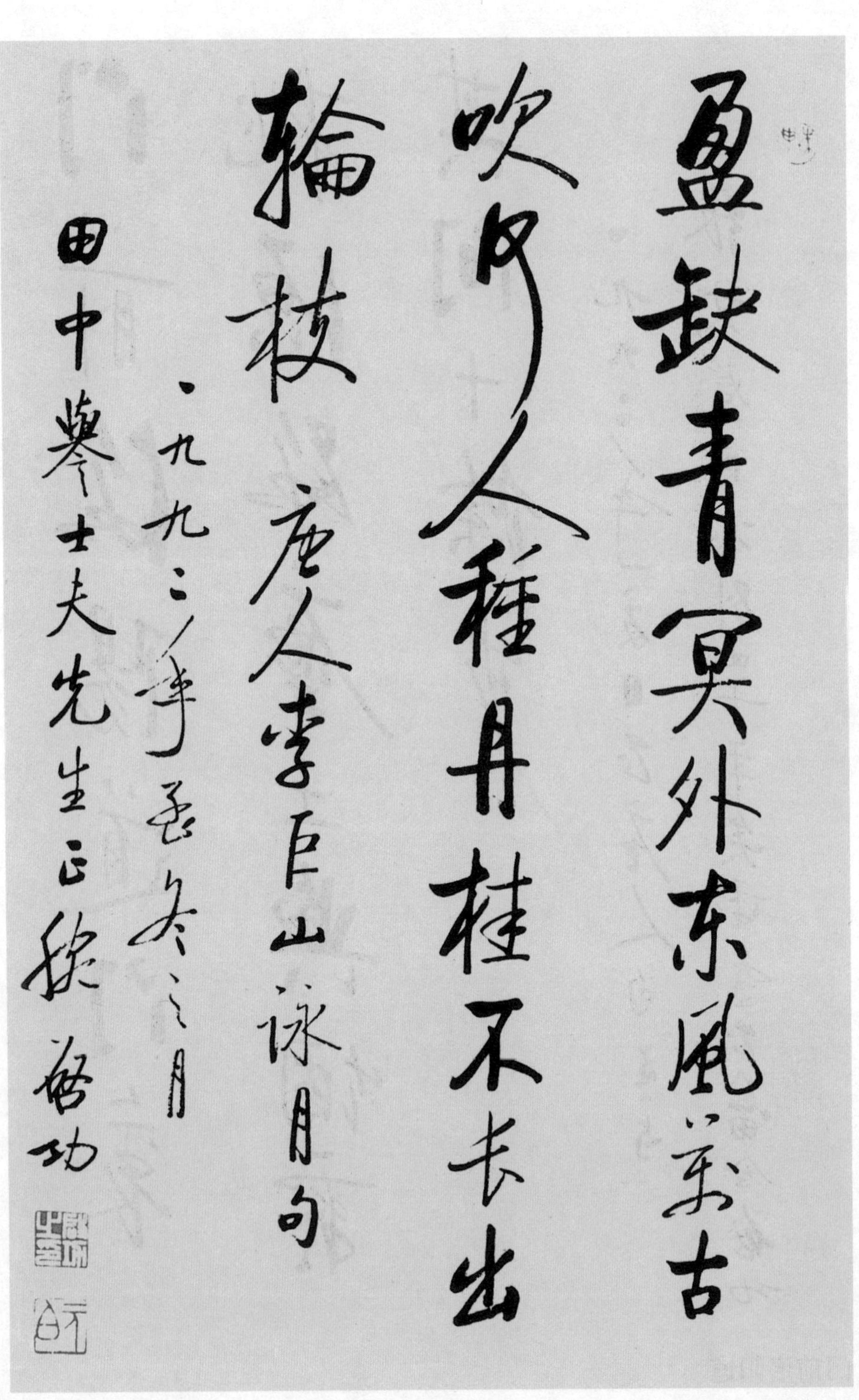

盈缺青冥外东风几万古

吹向人种丹桂不长出

轮枝 唐人李巨山咏月句

一九九二年岁冬三月

田中峯士夫先生正 启功

盈缺青冥外

一九九二年作　水墨纸本　62cm×43cm　个人收藏

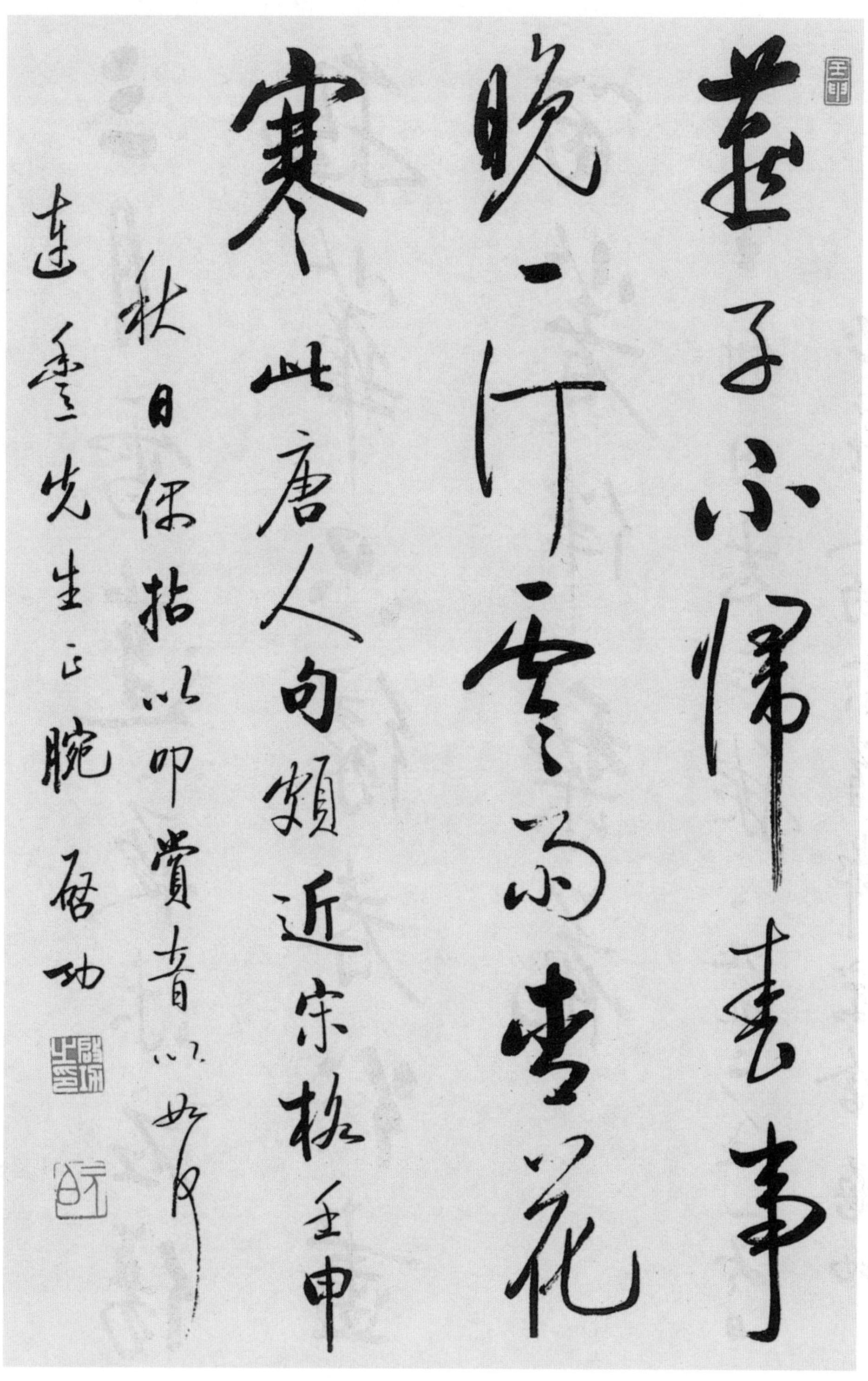

燕子不归春事晚晚行云雨春花

寒 此唐人句颇近宋格壬申秋日保拈以叩赏者心如月

连玺先生正腕 启功

燕子不归春事晚

一九九二年作　水墨纸本　60cm×42cm　个人收藏

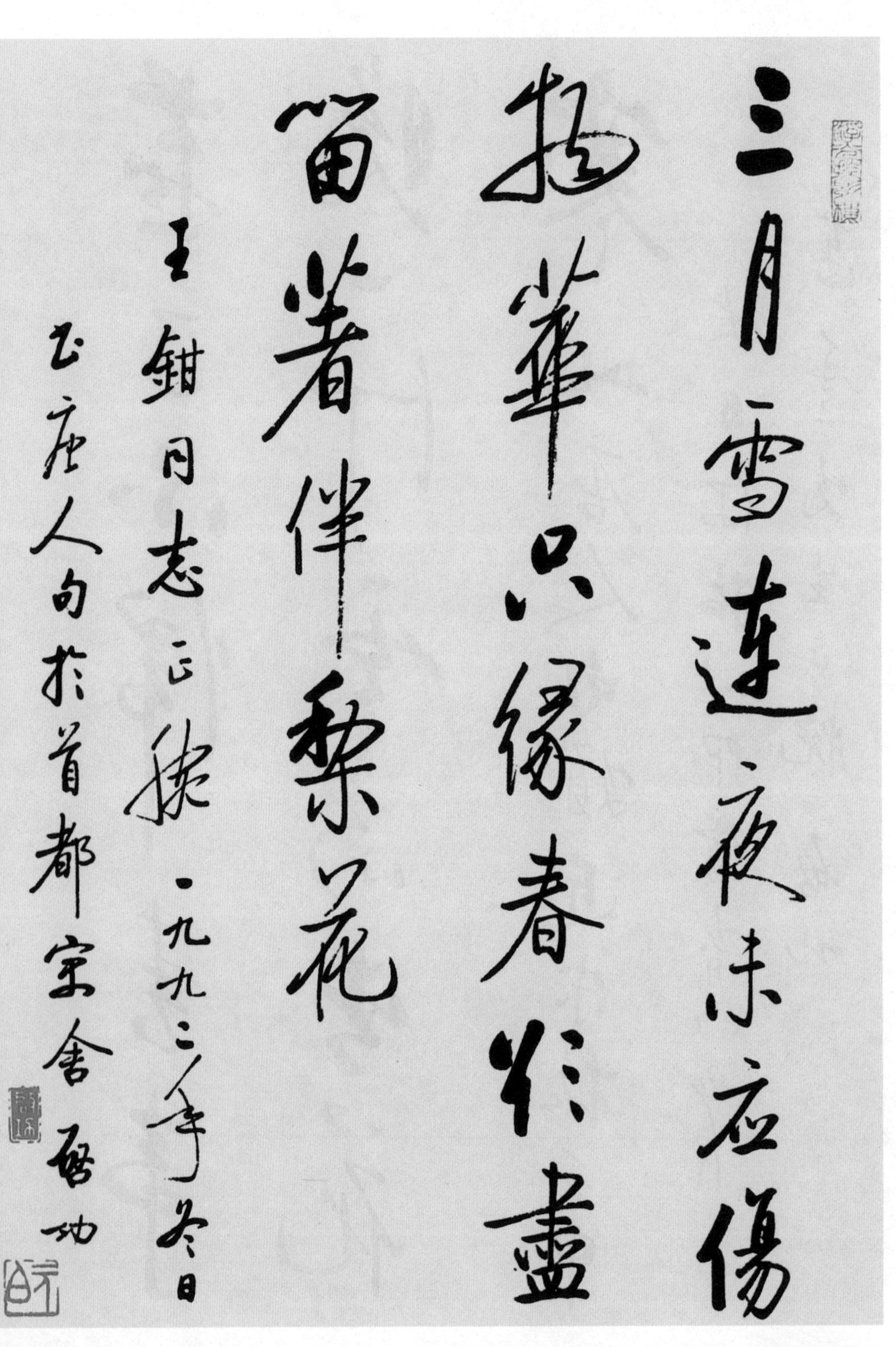

三月雪连夜

一九九二年作　水墨纸本　62cm×43cm　个人收藏

漫道春来好　狂风大
放颠　吹花随水去　翻
却钓鱼船

一九九二年冬日录杜少陵句

伟民同志正腕　启功

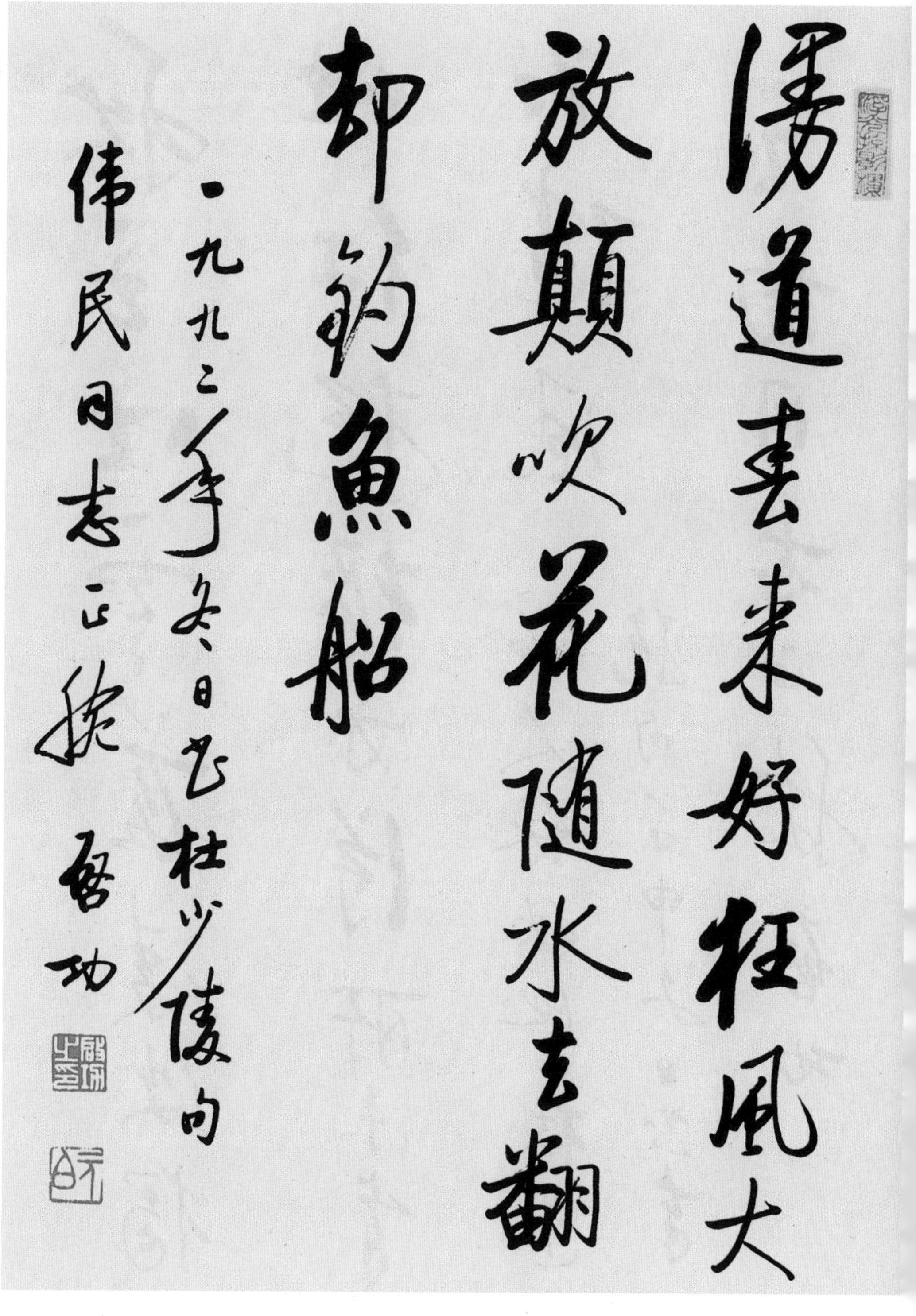

漫道春来好

一九九二年作　水墨纸本　62cm×43cm　个人收藏

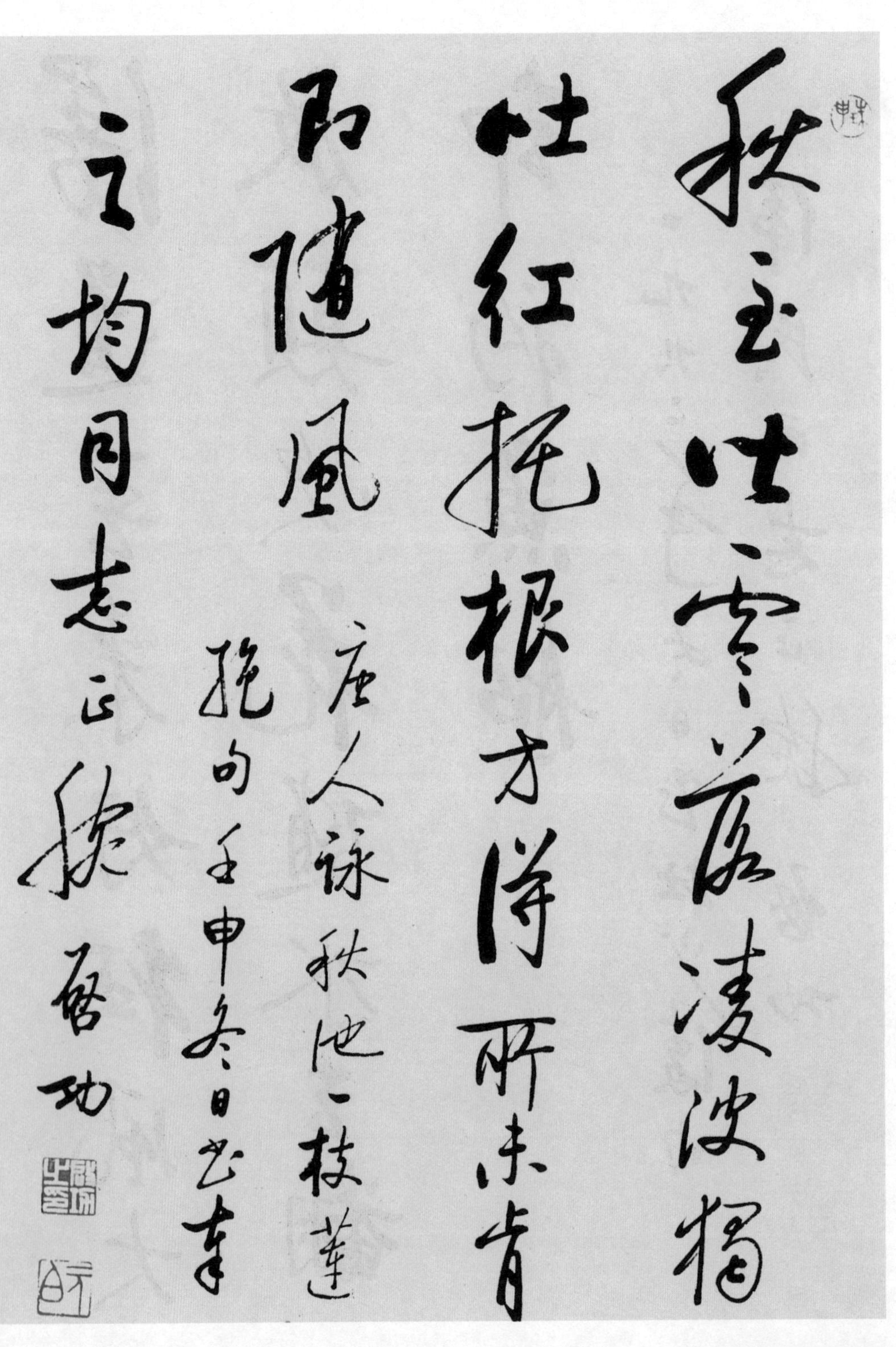

秋至吐零英凌波榴
吐红托根方得所未肯
乃随風

庄人詠秋池一枝蓮
挽句壬申冬日光生

秋至皆零落

一九九二年作　水墨纸本　62cm×43cm　个人收藏

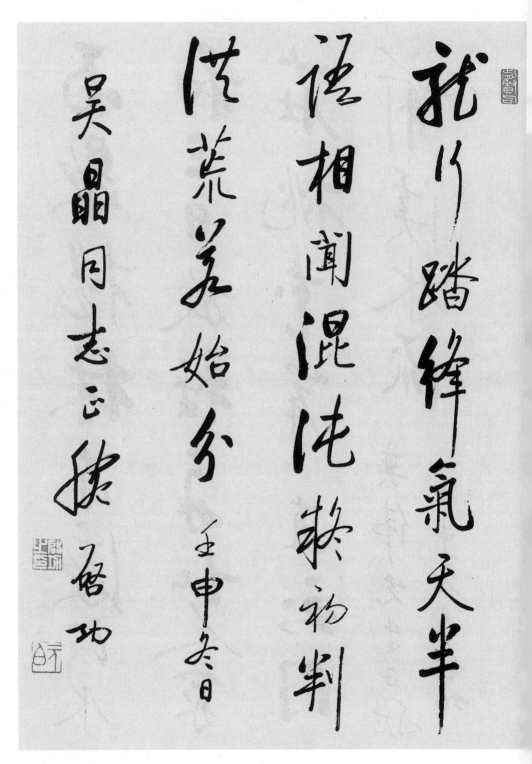

龙行踏绛气天半
语相闻混沌欺初判
性荒芒始分 壬申冬日
吴晶同志正 启功

龙行踏绛气

一九九二年作　水墨纸本　62cm×42cm　个人收藏

赠友人

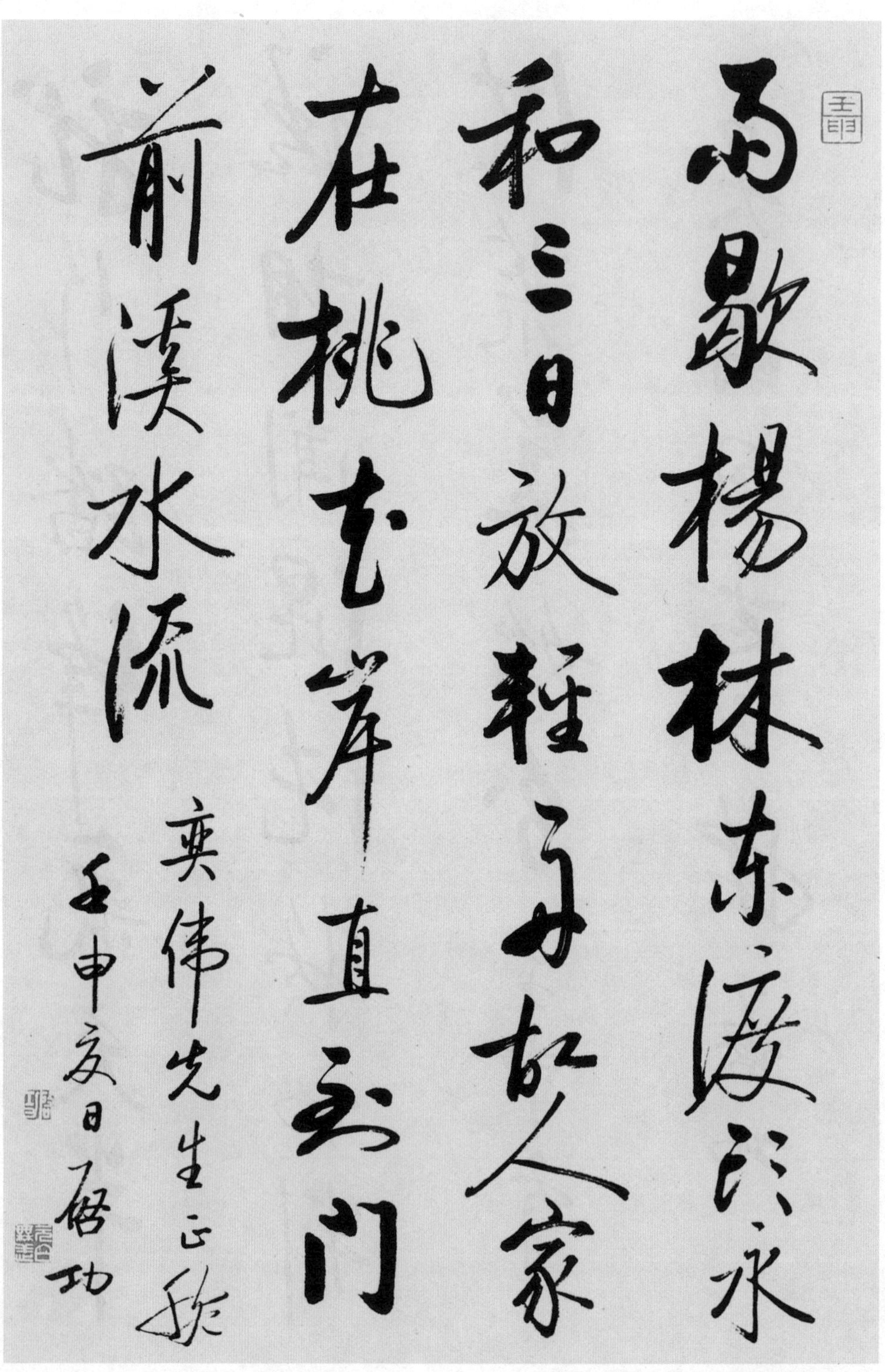

雨歇杨林东渡头（二）

一九九二年作　水墨纸本　60cm×42cm　个人收藏

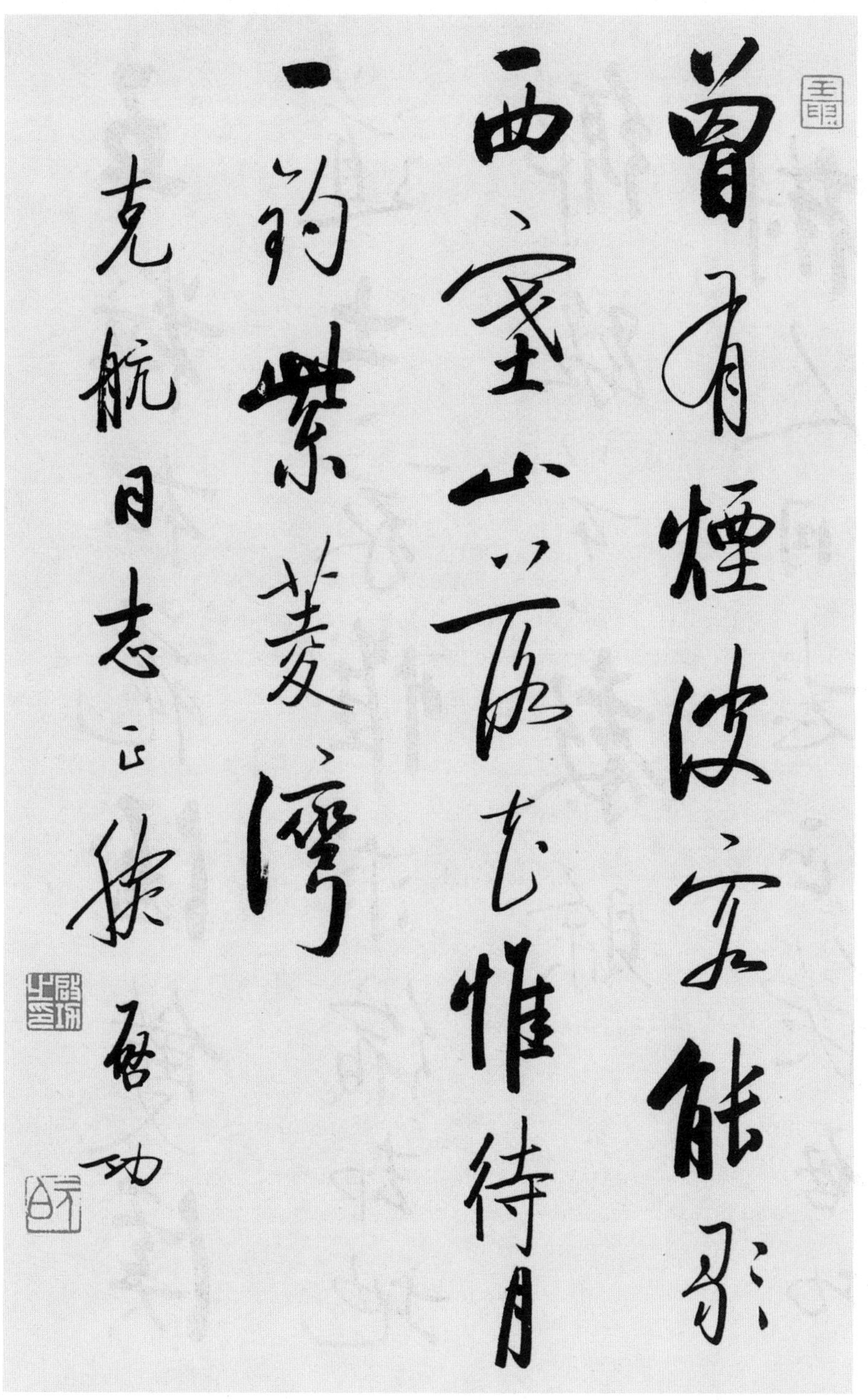

曾有煙波客能於西塞山顛飛惟待月一約紫菱灣

克航同志正 啟功

曾有烟波客

一九九二年作　水墨纸本　60cm×42cm　个人收藏

赠友人

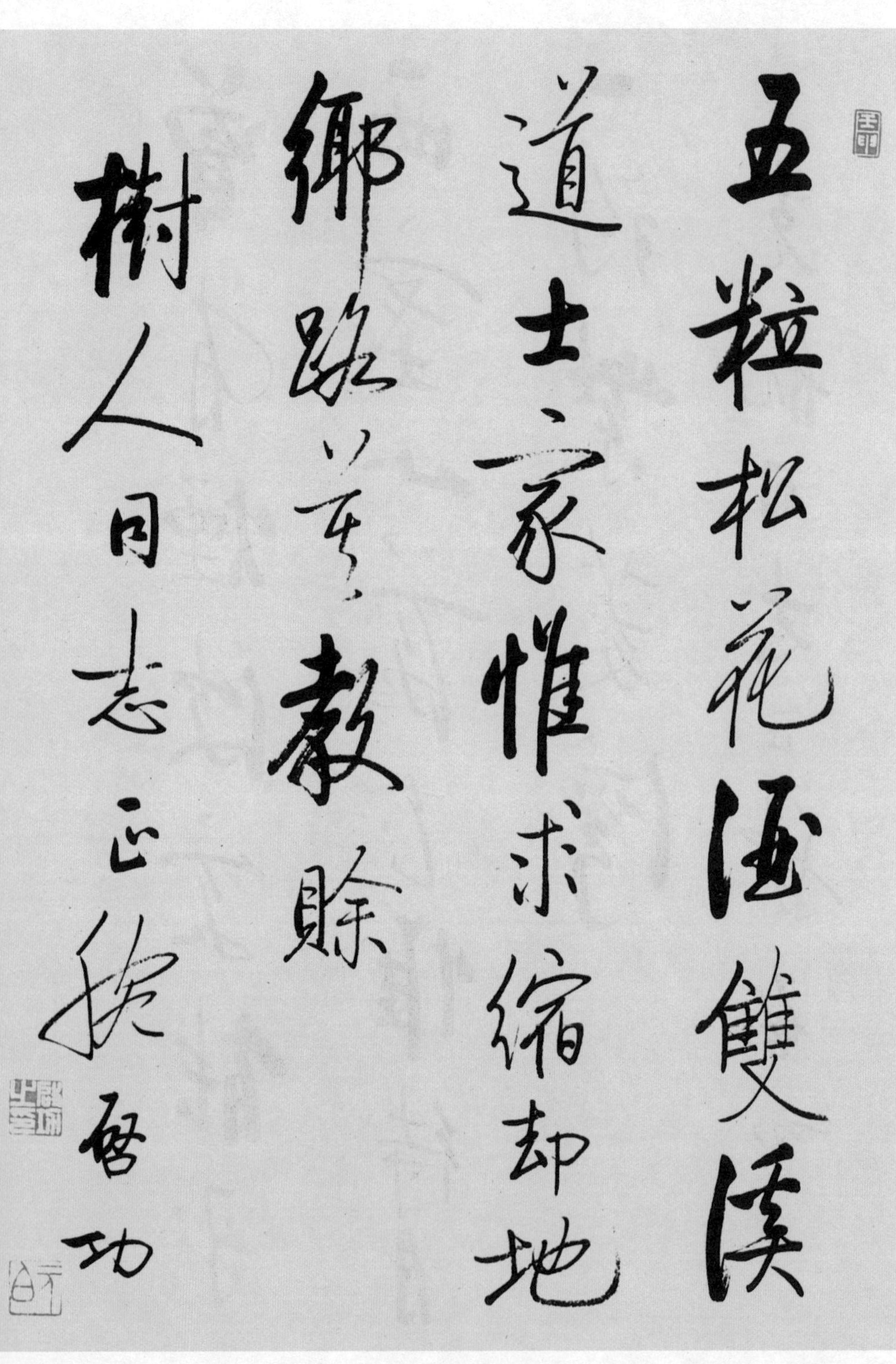

五粒松花酒，道士家惟求缩却地，乡路以赊敫赊。树人日志正

五粒松花酒

一九九二年作　水墨纸本　60cm×42cm　个人收藏

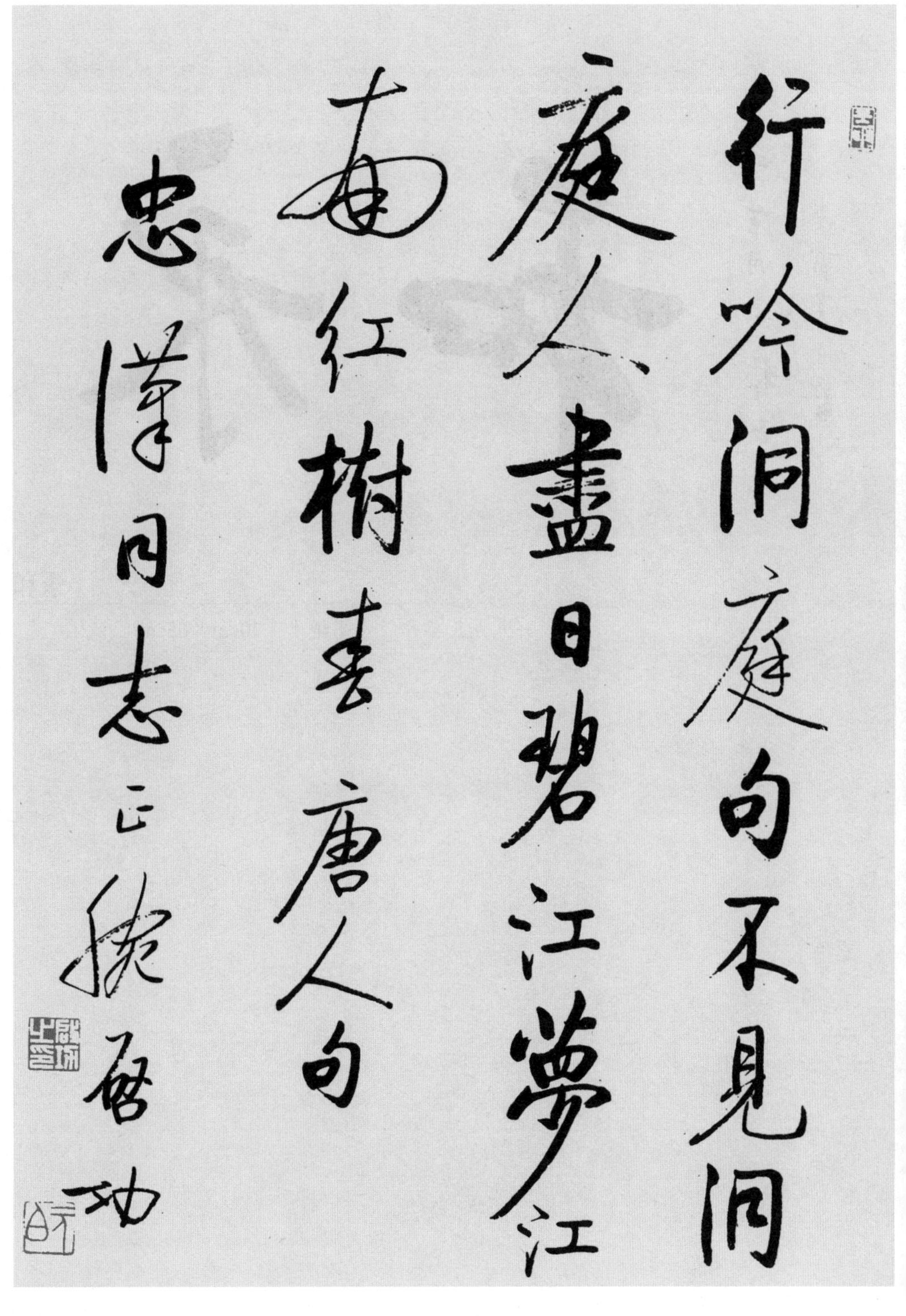

行吟洞庭句

一九九二年作　水墨纸本　60cm×42cm　个人收藏

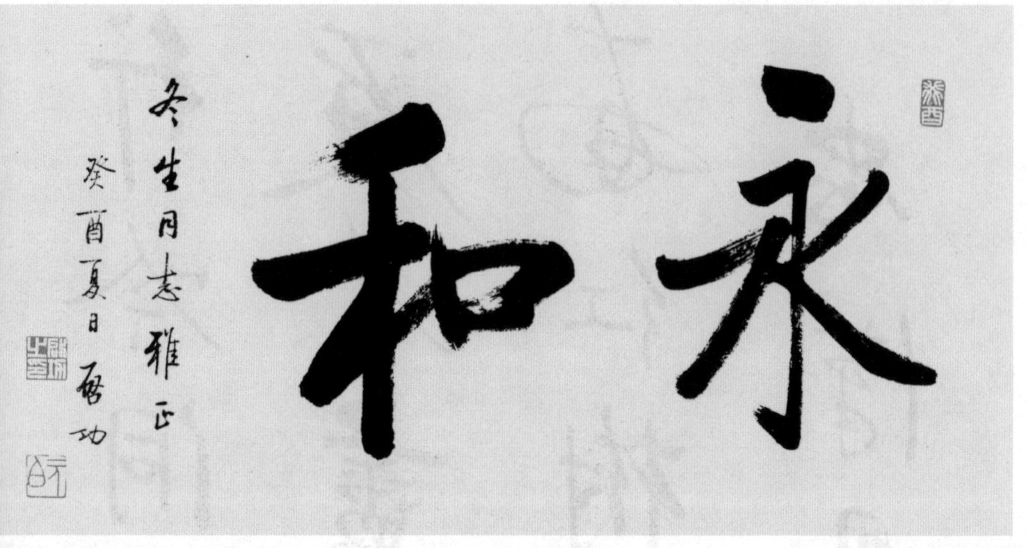

永和

一九九三年作　水墨纸本　30cm×65cm　个人收藏

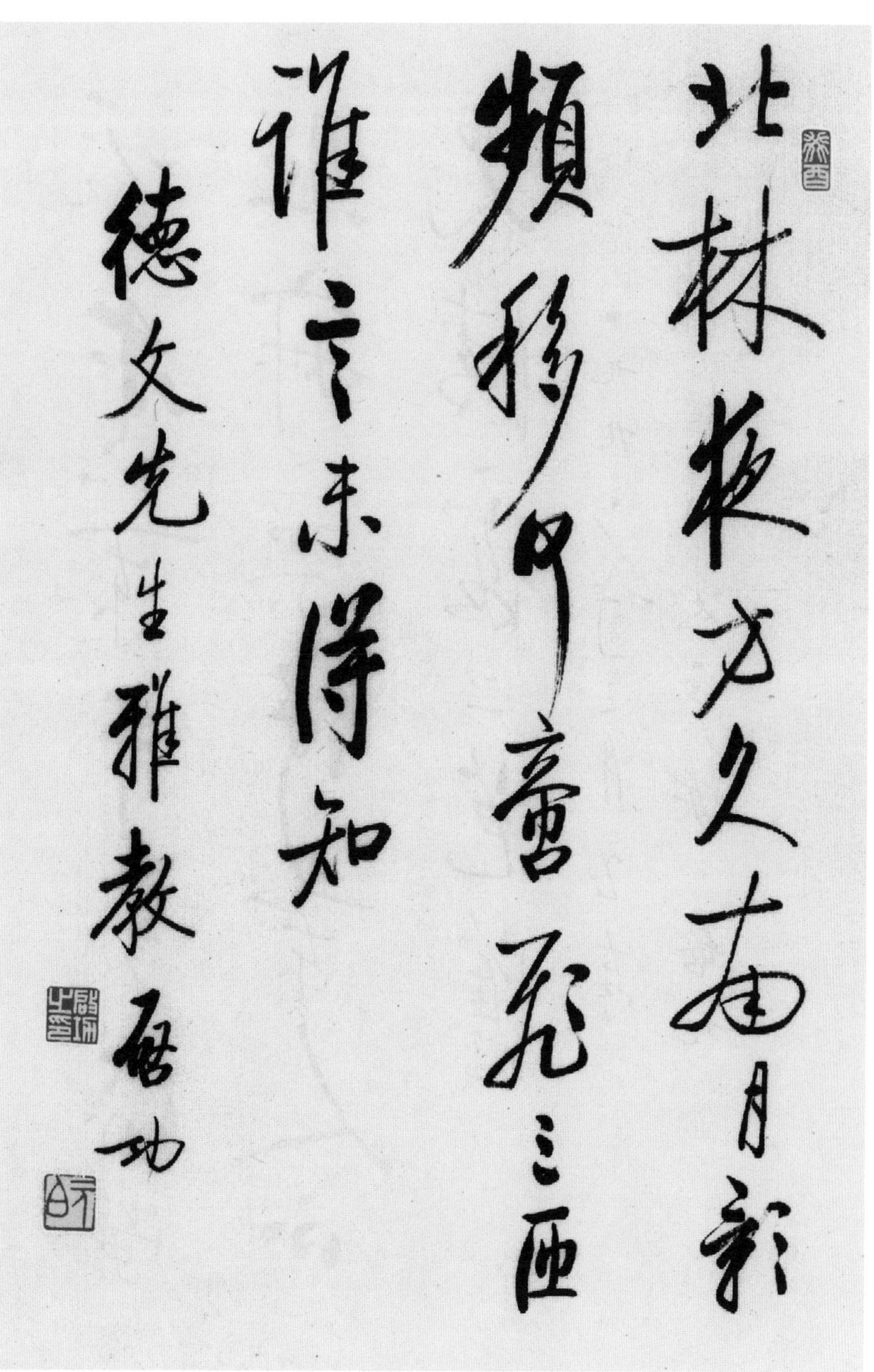

北林夜方久，頻移月向窗。
誰言不得意，依舊滿清光。
德久先生雅教 啟功

北林夜方久

一九九三年作 水墨纸本 45cm×68cm 个人收藏

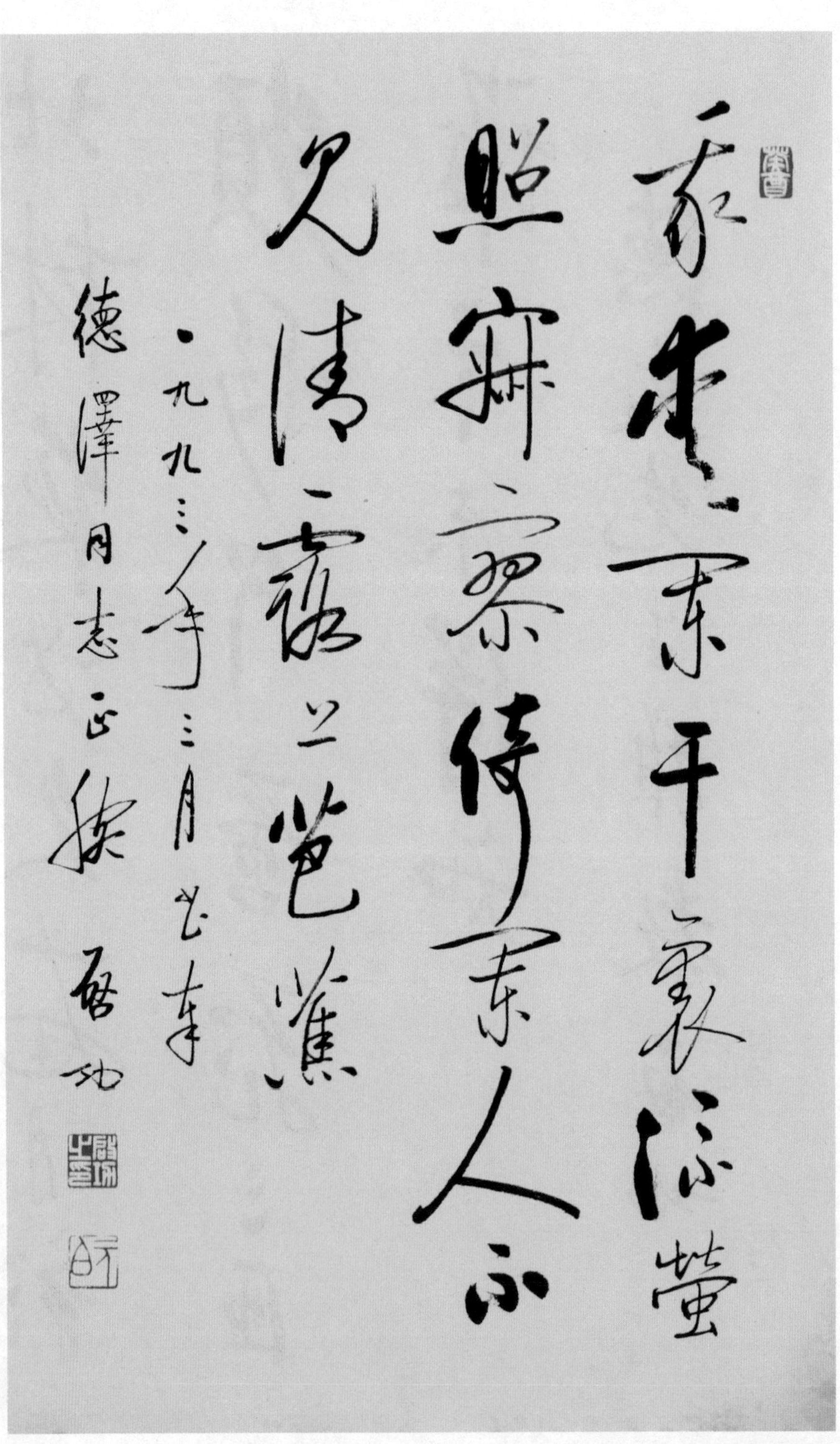

我爱阑干里

一九九三年作　水墨纸本　64cm×40cm　个人收藏

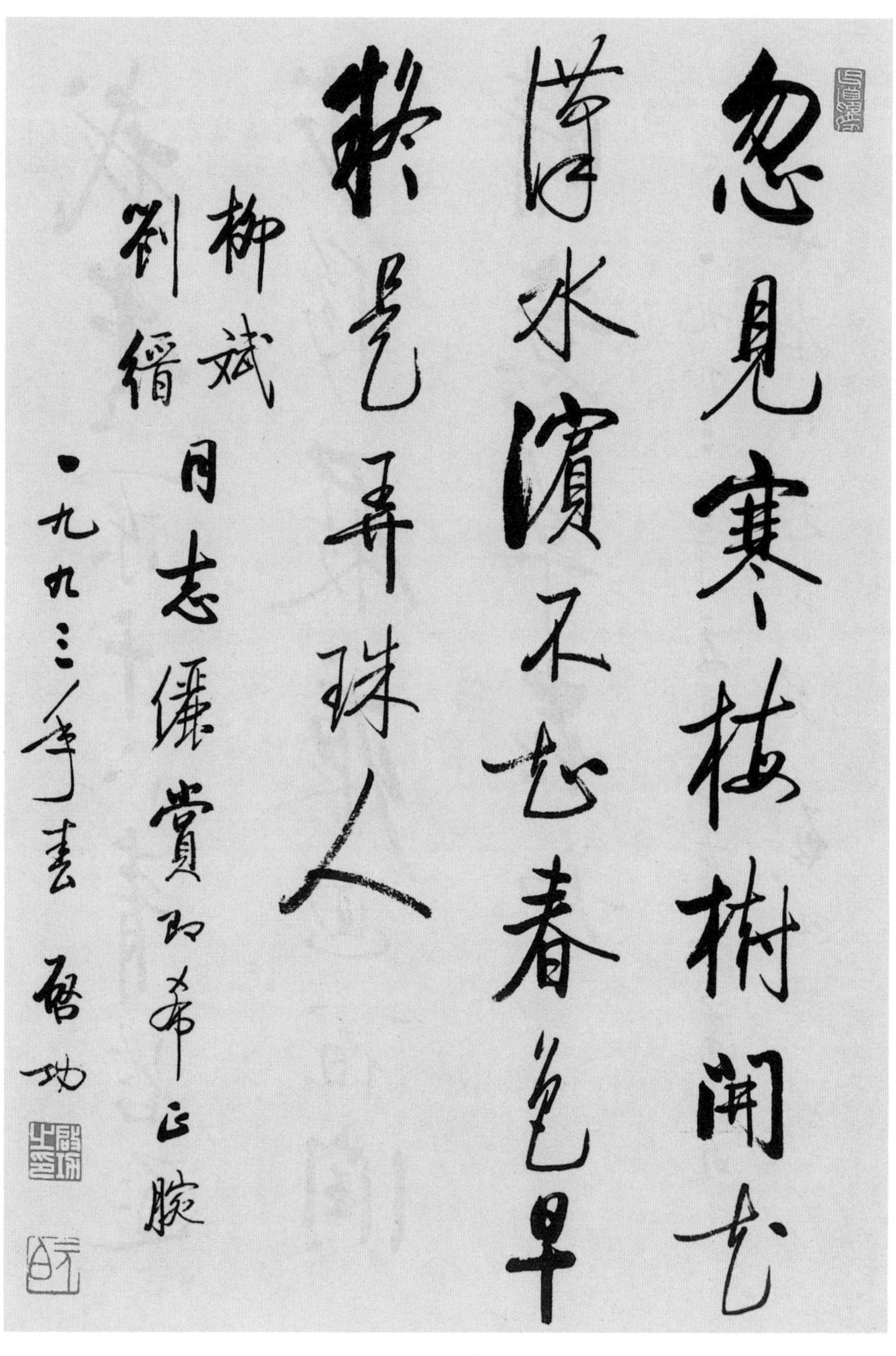

忽见寒梅树，溪水滨不觉春色早。黎花弄珠人。柳斌月志仪赏政希正腕。

一九三季末启功

忽见寒梅树

一九九三年作　水墨纸本　62cm×43cm　个人收藏

赠友人

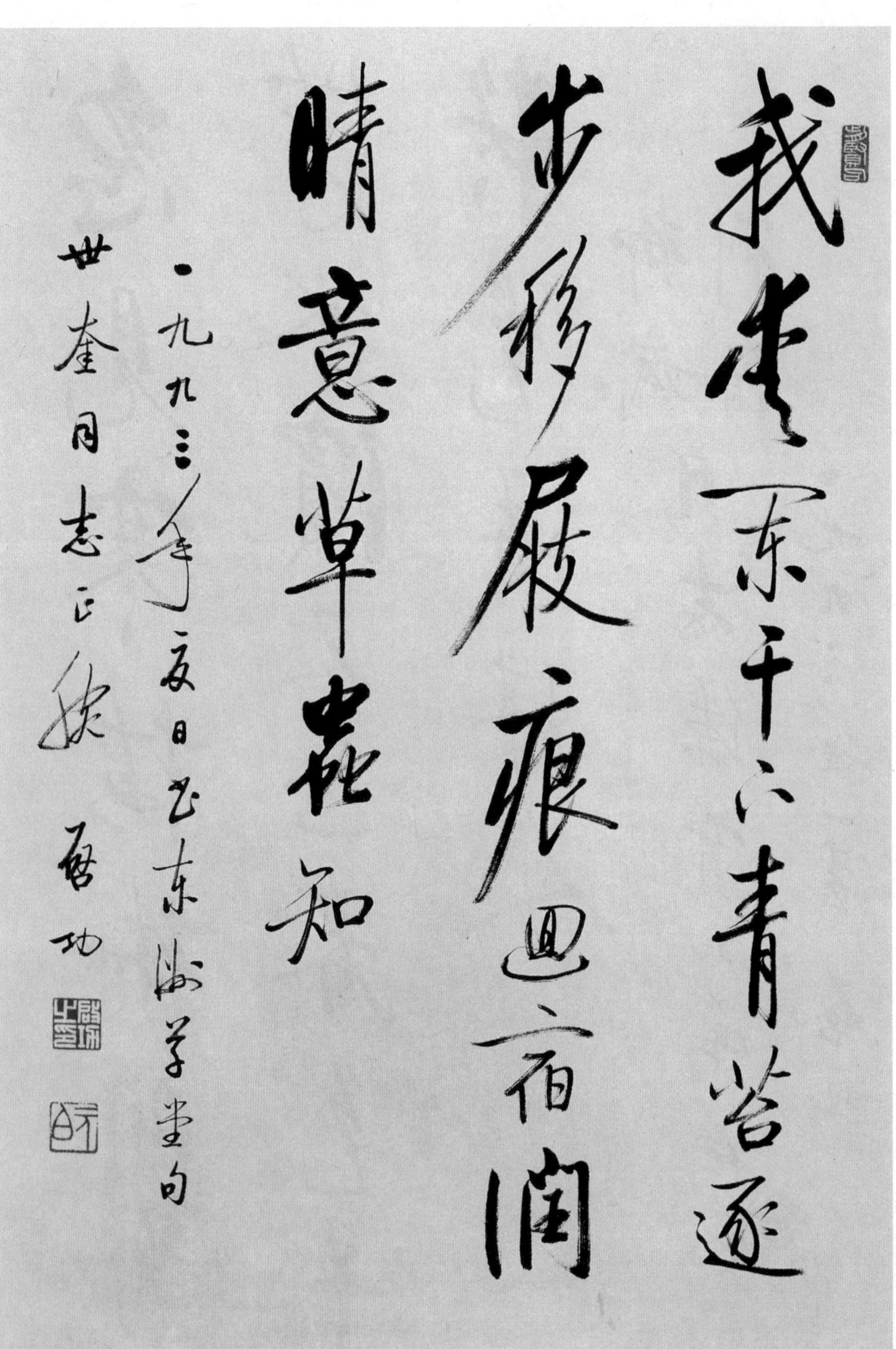

我来东干六青苔遂
步移展痕迥宿闻
晴意草虫知
一九九三年夏日北京师学堂句
世奎同志正笑　启功

我爱阑干下

一九九三年作　水墨纸本　45cm×68cm　个人收藏

国艳洛阳来何人主贵

栽六窠依次瘦玉朵小园

开月季拟人面黄杨领众

材宗公晨起早商立短墙

限烹茶有牡丹六窠去时溪

正队病辛未成咏今忽省忆

乃山东友人所赠者

中继同志为正一九九三年夏

启功八十又一

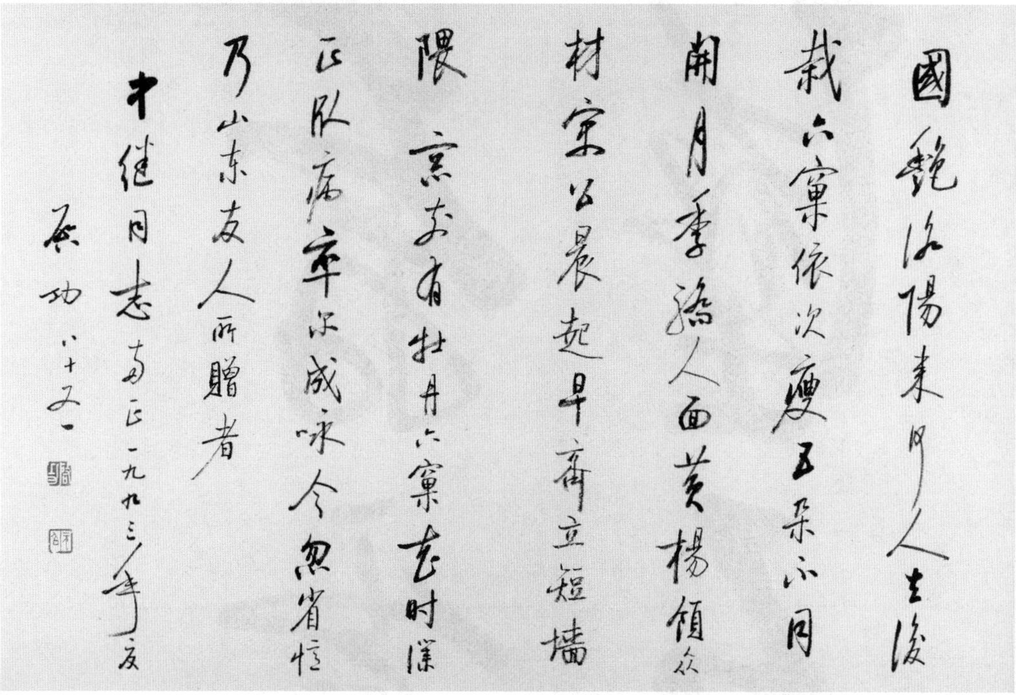

国艳洛阳来

一九九三年作　水墨纸本　40cm×57.4cm　个人收藏

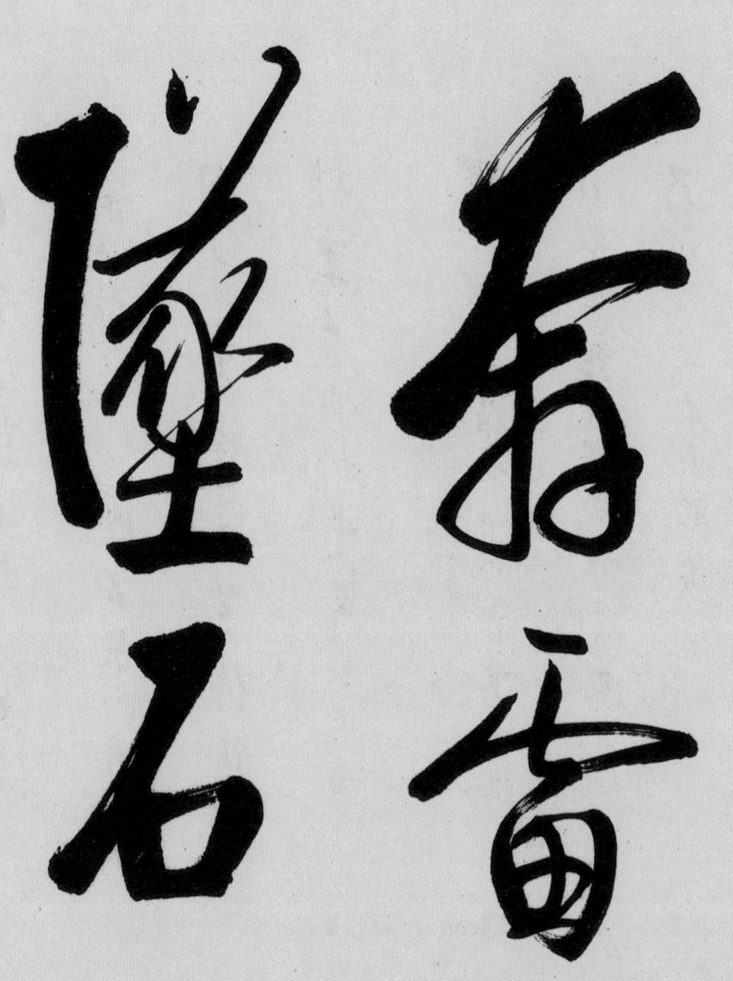

奔雷坠石

篠原宗一先生雅正 乙巳正贪风夏日 启功

奔雷坠石

一九九三年作　水墨纸本　70cm×38cm　个人收藏

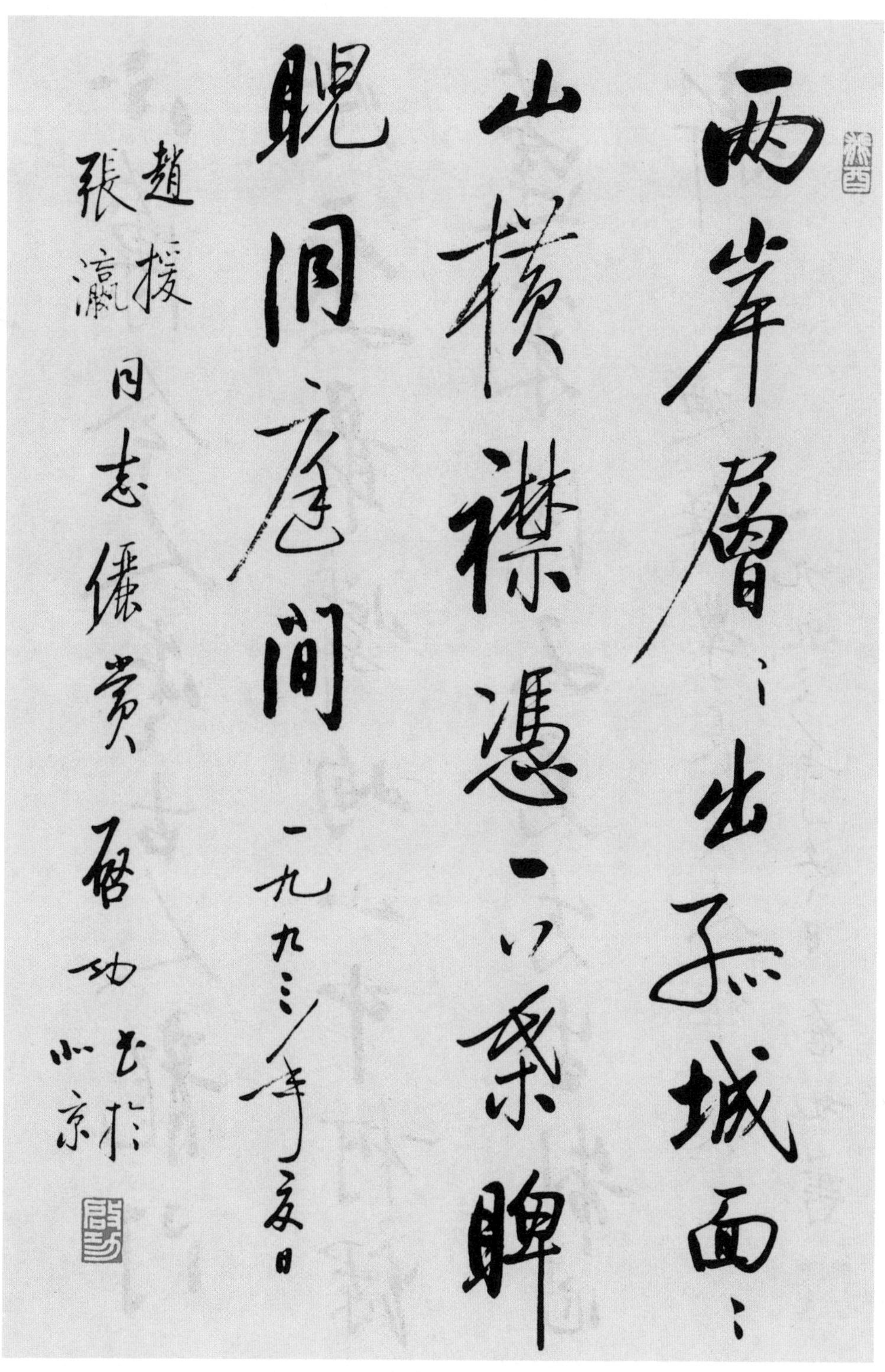

两岸层层出，山横襟凭一凭睥睨洞庭间。

一九九三年夏日

赵援张瀛同志俪赏 启功书作小京

279

两岸层层出

一九九三年作　水墨纸本　63cm×42cm　个人收藏

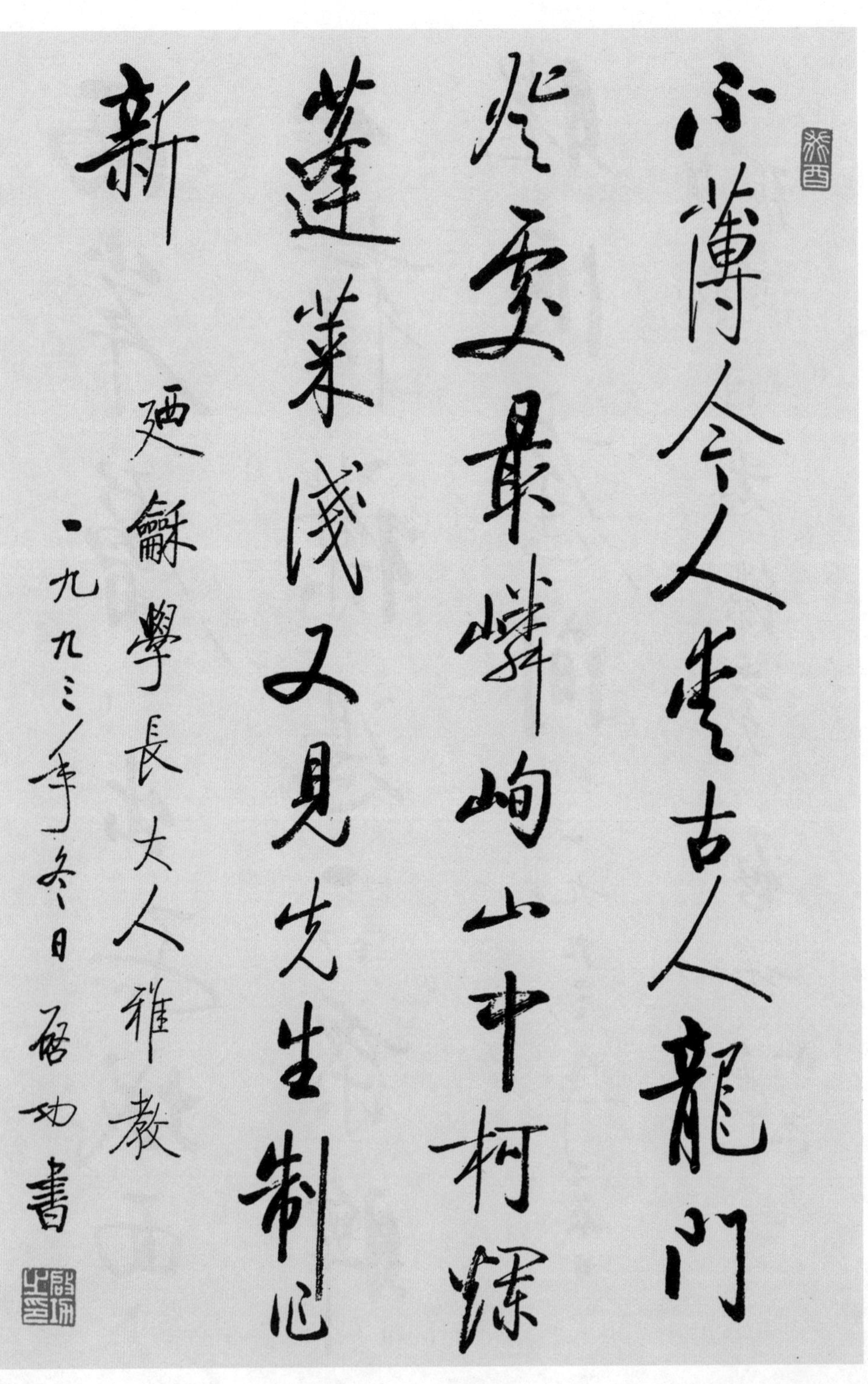

不薄今人爱古人

一九九三年作　水墨纸本　59cm×42cm　个人收藏

陳籬豆花雨遠水

荻蘆煙忽弄月中

笛於開江上船

石倉絕句澳浮所賞專飛李
宏偉同志正 啟功

贈友人

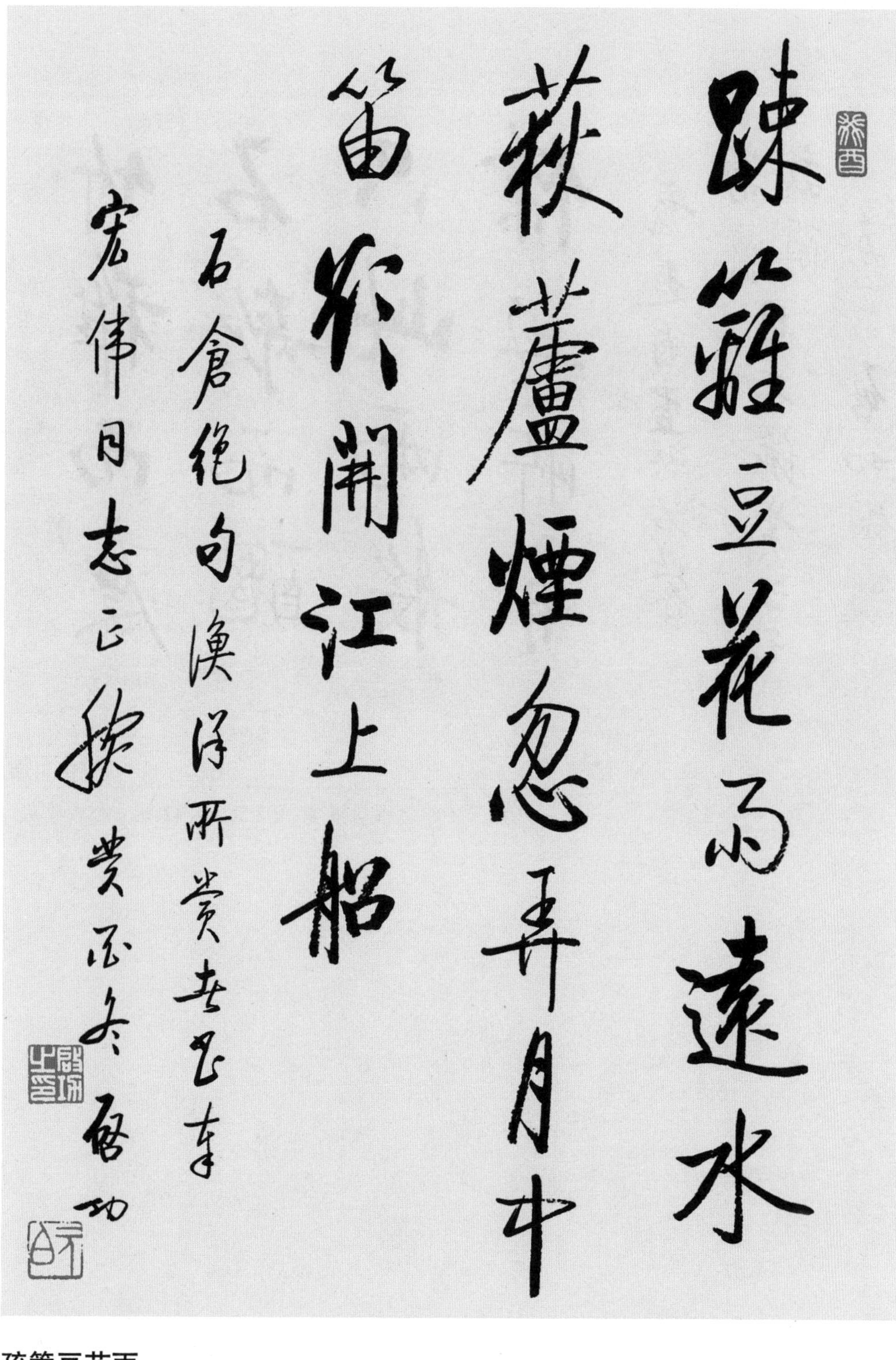

疏篱豆花雨

一九九三年作　水墨纸本　60cm×42cm　个人收藏

竹稚而瘦
石欹而醜
只此两般
餘無所有

戲題自畫竹石寄
菊孫月志儷賞政之
敦蘭　友正　啟功

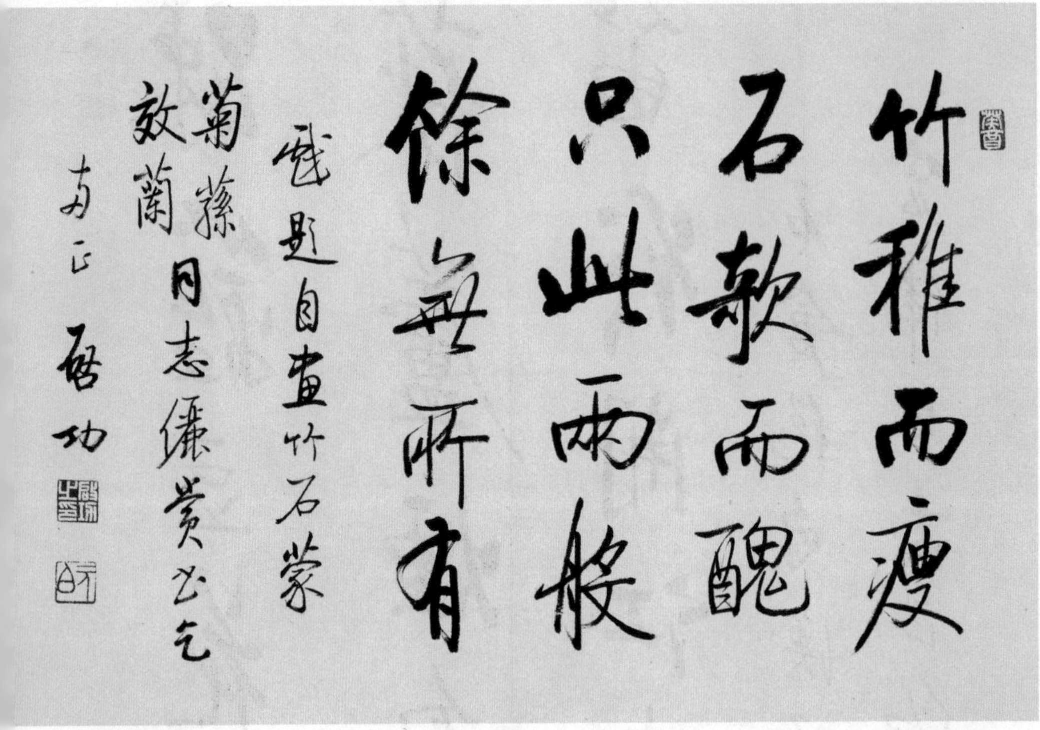

竹稚而瘦

一九九三年作　水墨纸本　62.5cm×42cm　个人收藏

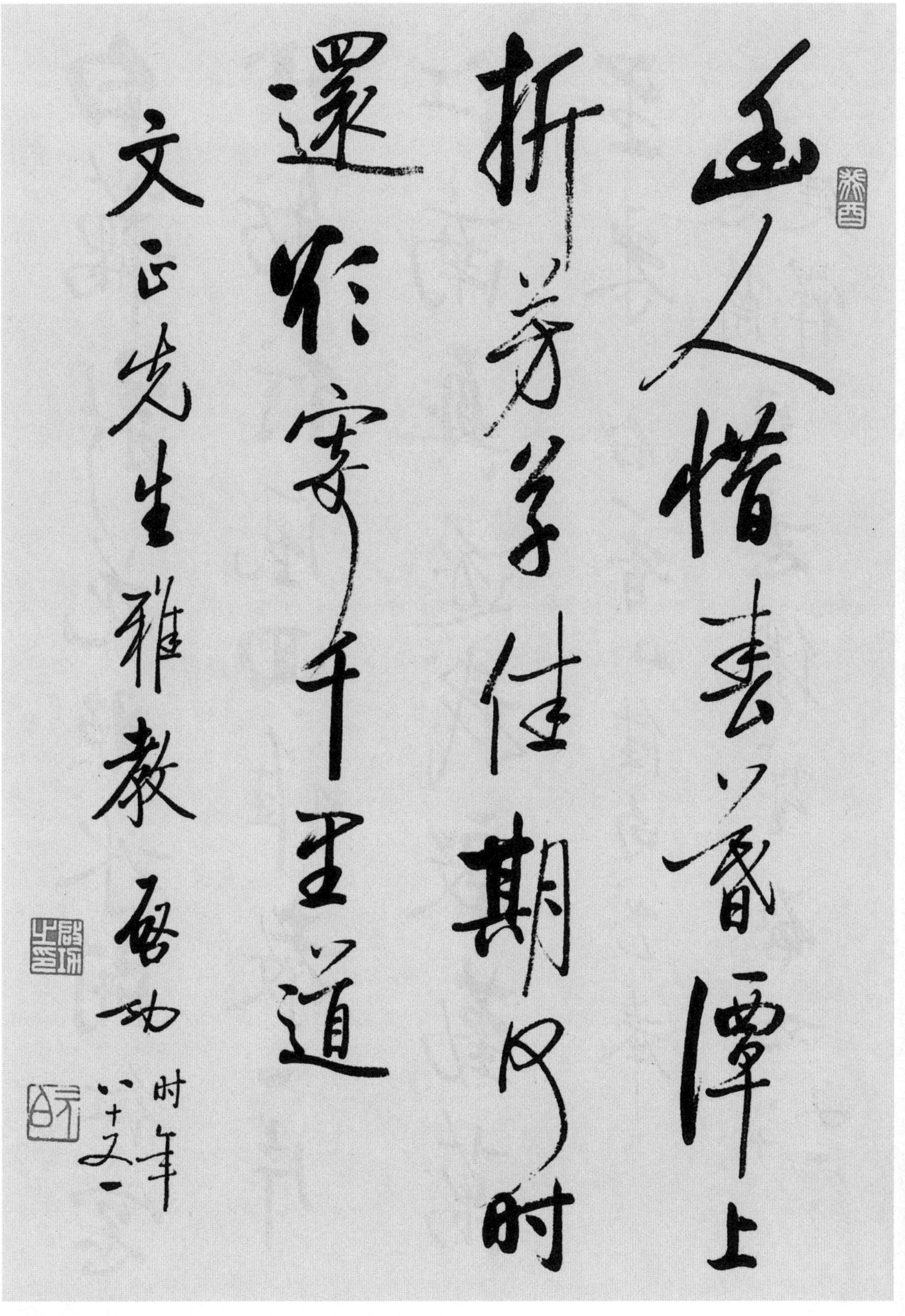

幽人惜春暮

折芳尊佳期时

还作寄千里道

幽人惜去以登潭上

文正先生雅教 启功 时年八十又一

幽人惜春暮

一九九三年作　水墨纸本　60cm×42cm　个人收藏

白藕新花照水开红窗

小舫行风四谁教一片

江南真逐我殷勤萬

玉来 白香山佳句艺奉

惠蘭

建祥日志儀篋启功八十一

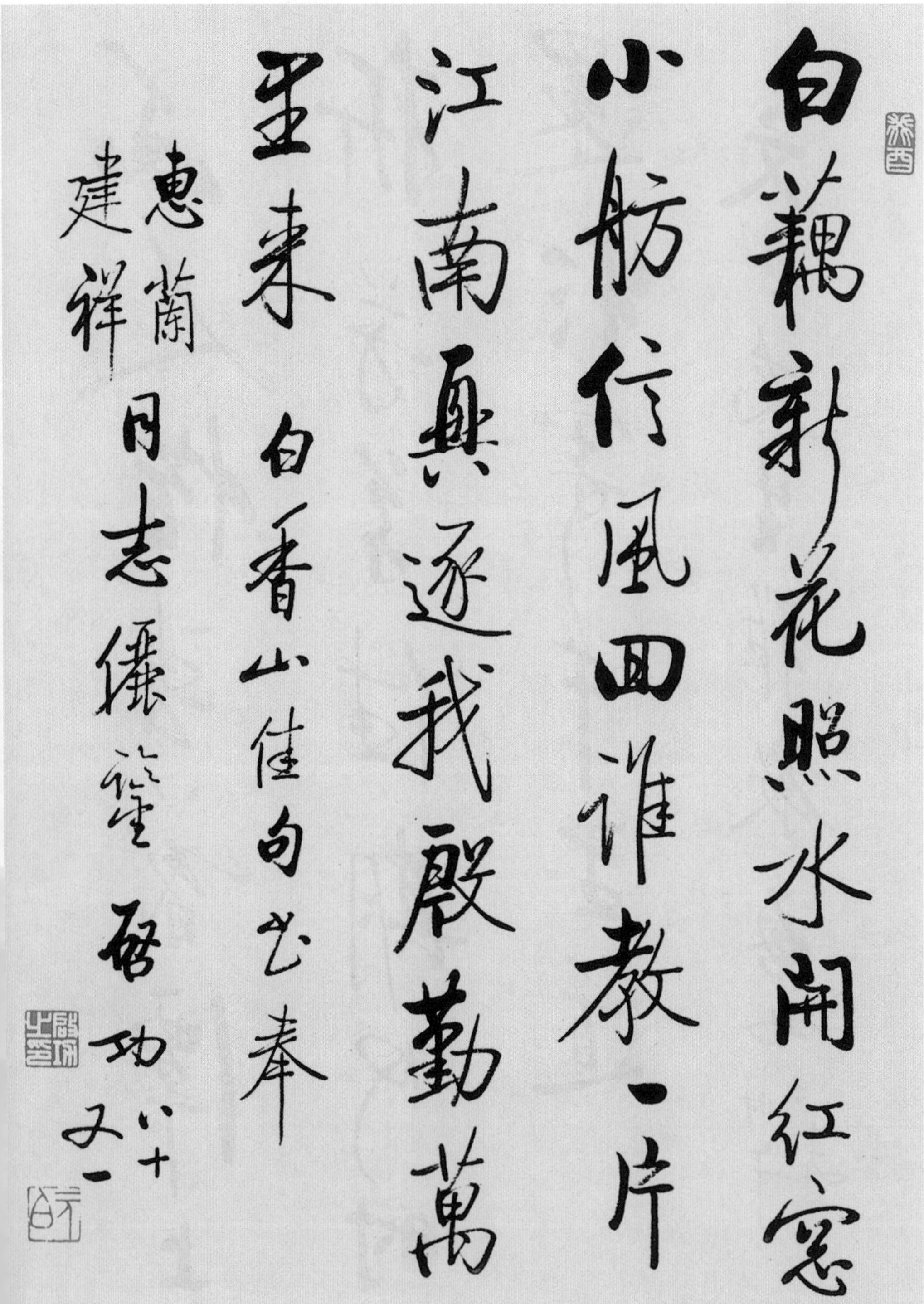

白藕新花照水开

一九九三年作　水墨纸本　60cm×43cm　个人收藏

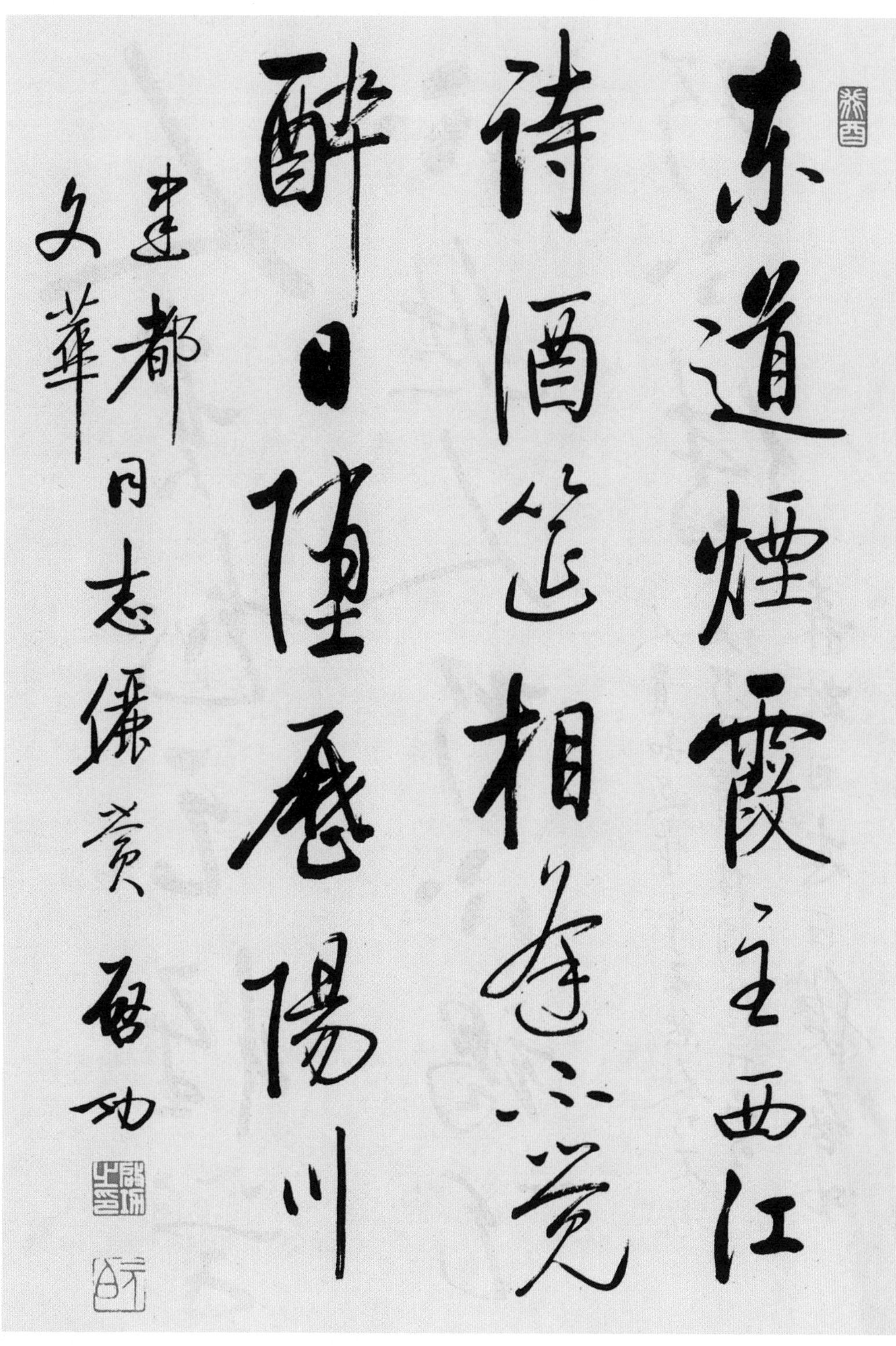

东道烟霞主

一九九三年作　水墨纸本　62cm×43cm　个人收藏

赠友人

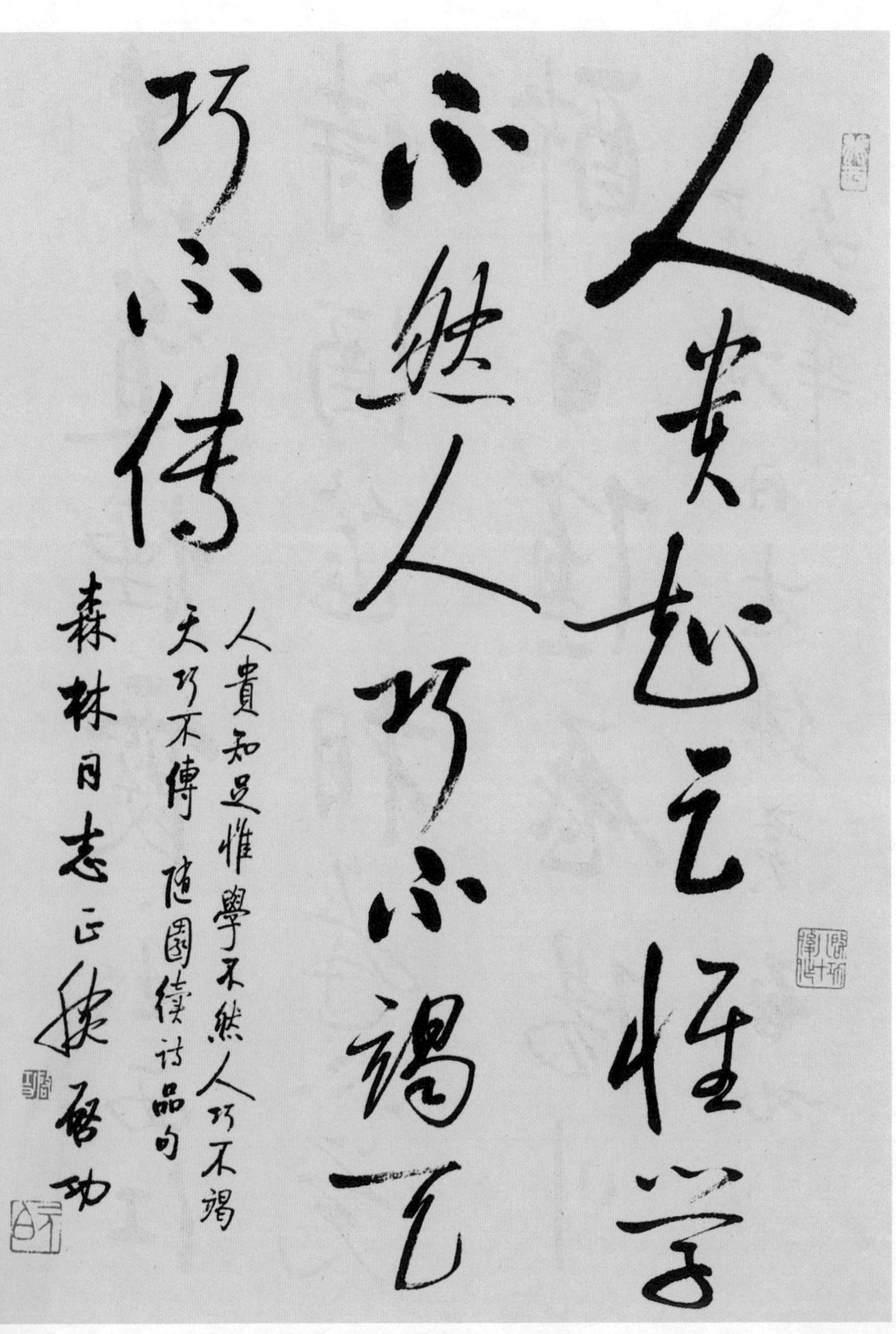

人贵知足

一九九三年作　水墨纸本　62cm×42cm　个人收藏

李唐可比李思训健笔
嵋崚今乃之此是居庸山
一角�“安国”手不胜知
古题灵怀画一首乙亥
贾震日志仪教 启功
江凌日志仪教

赠友人

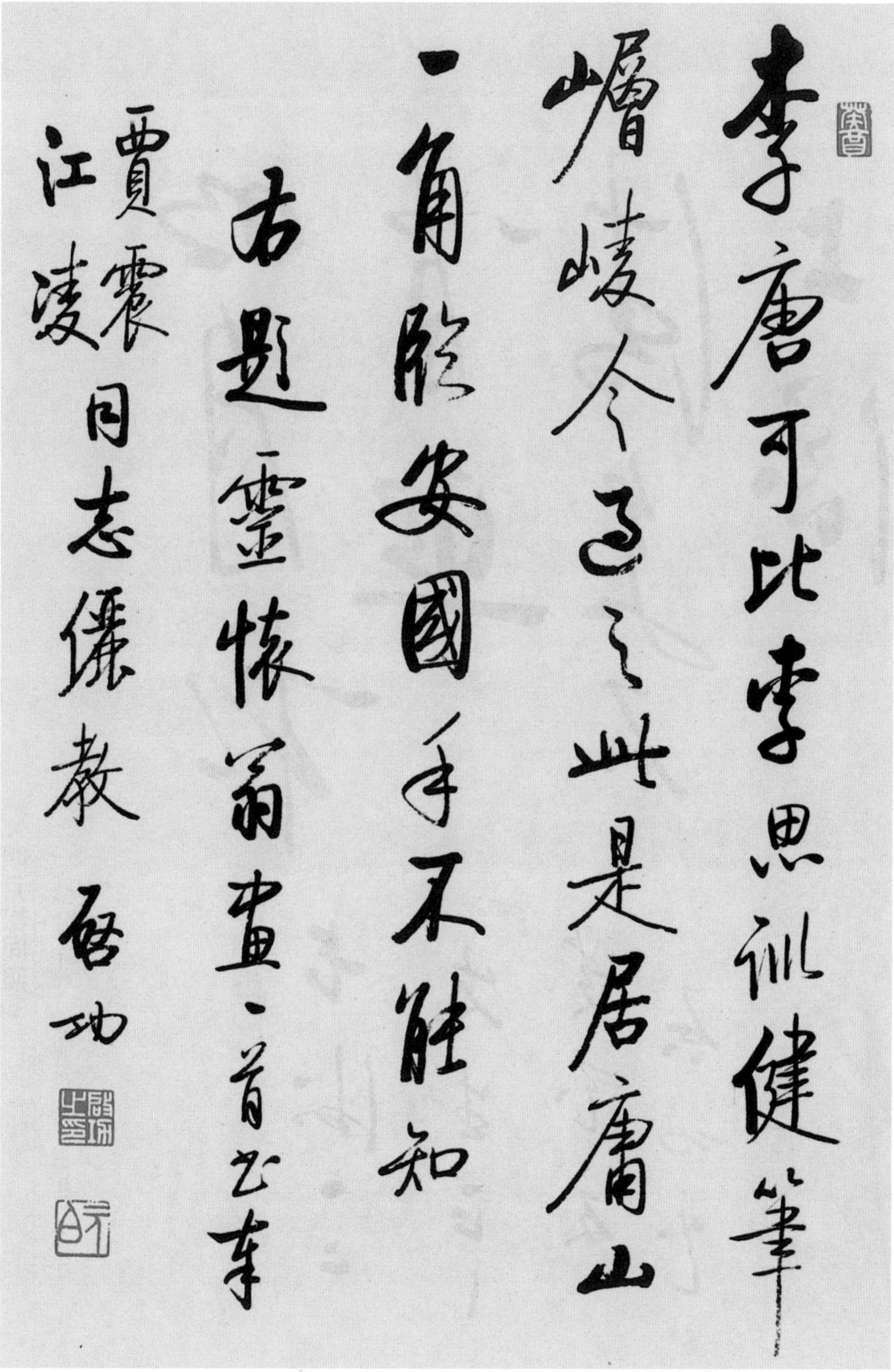

李唐可比李思训

一九九三年作　水墨纸本　63cm×43cm　个人收藏

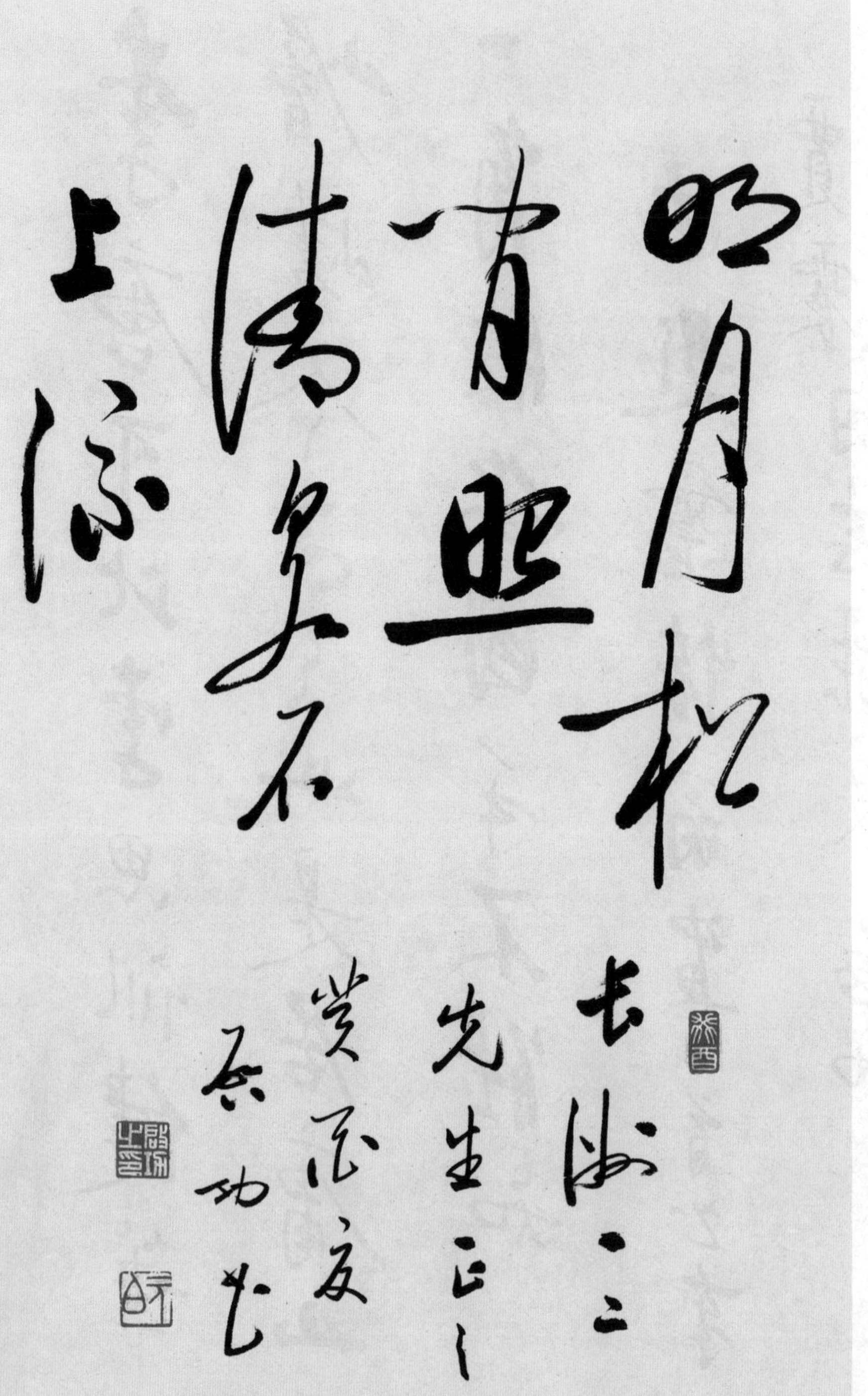

明月松间照

一九九三年作　水墨纸本　70cm×38cm　个人收藏

观花匦禁

一九九三年作　水墨纸本　70cm×38cm　个人收藏

观书匦禁

吞吐大荒

由是函笔

变化以狂

榊原滋

先生

正俟

贶正秋日

启功

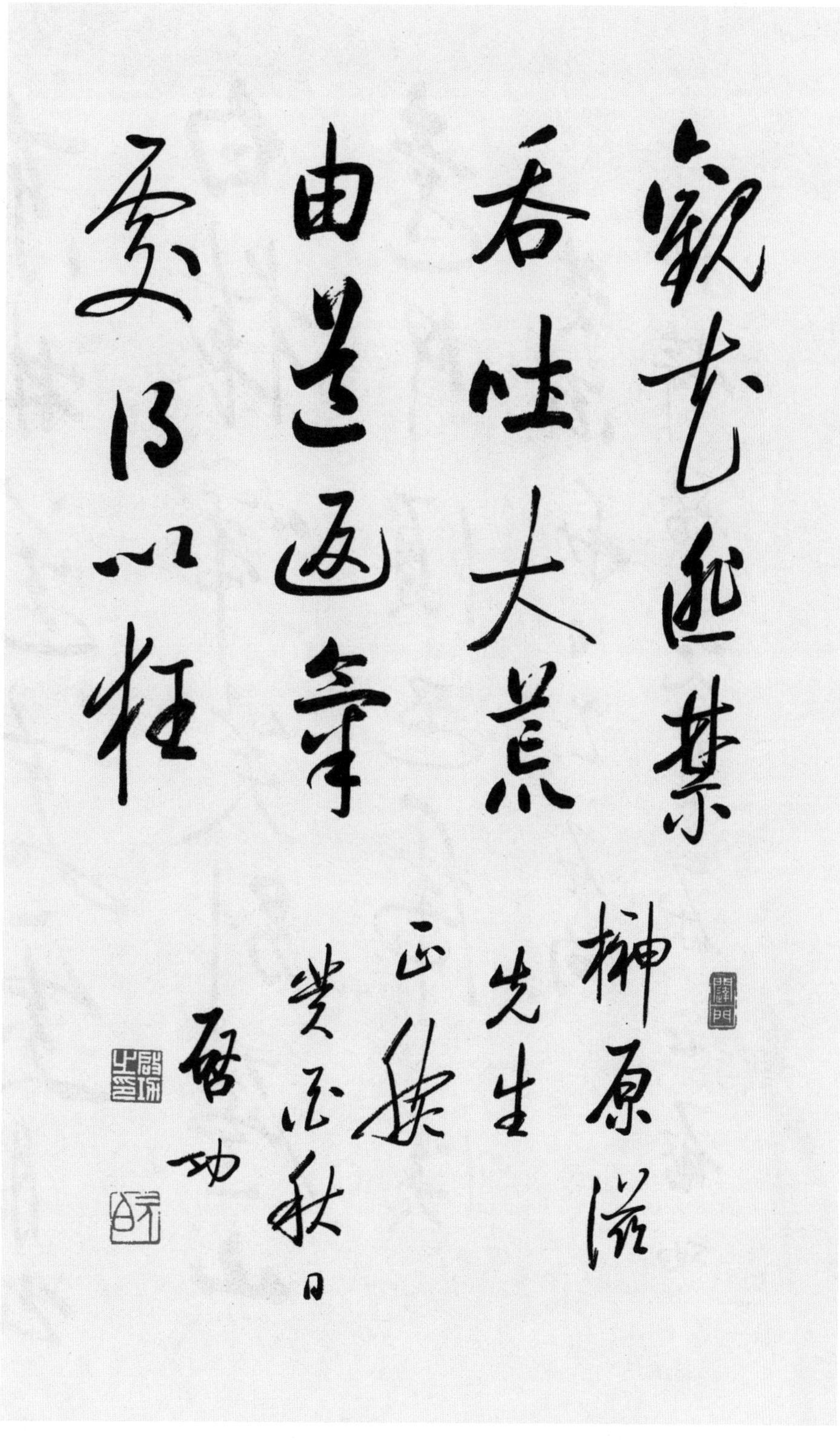

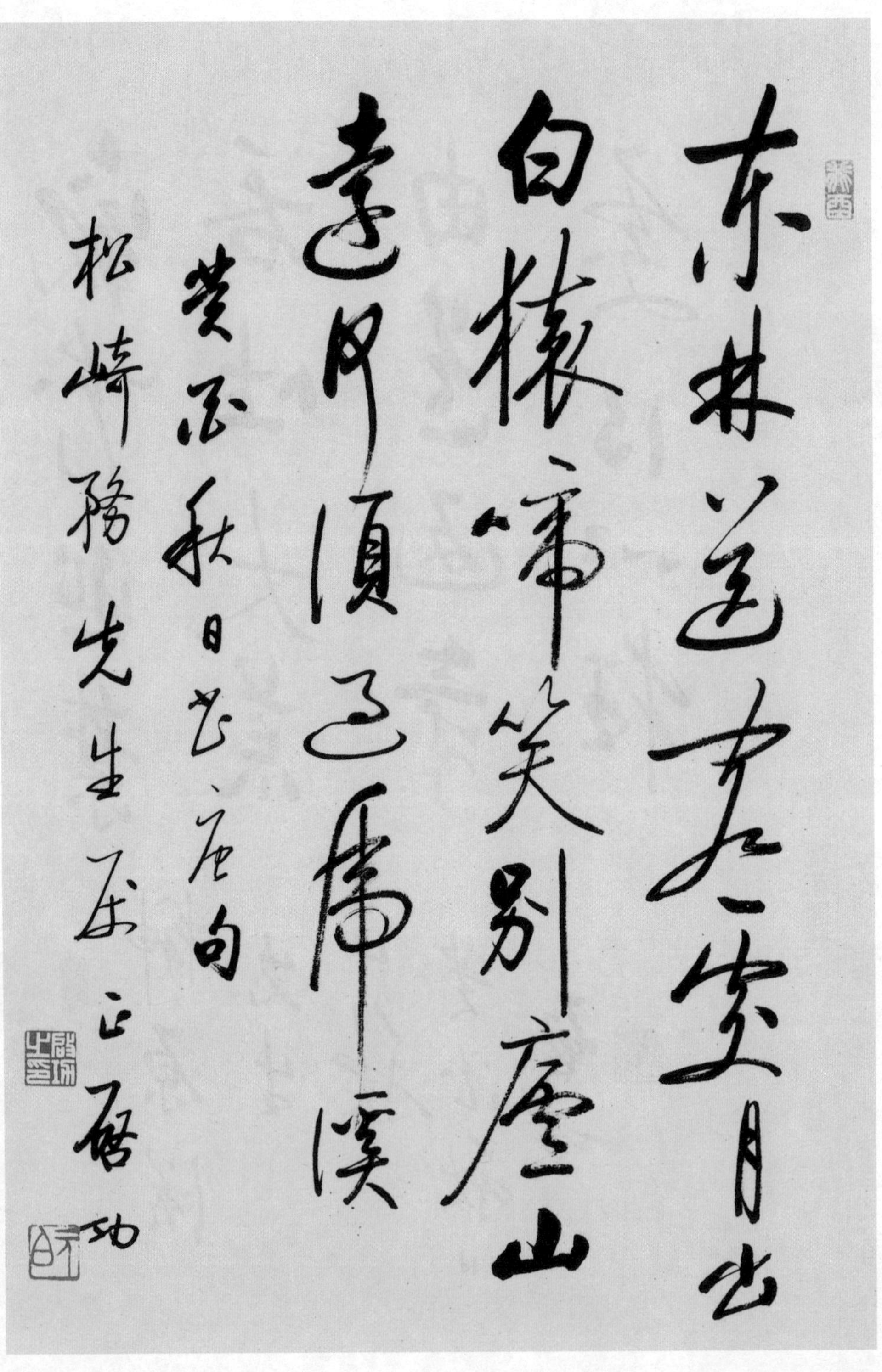

东林送客处，白猿啼笑别庐山。远公顶已属庐溪。

黄丕秋日书右句

松崎务先生正正 启功

东林送客处

一九九三年作　水墨纸本　45cm×68cm　个人收藏

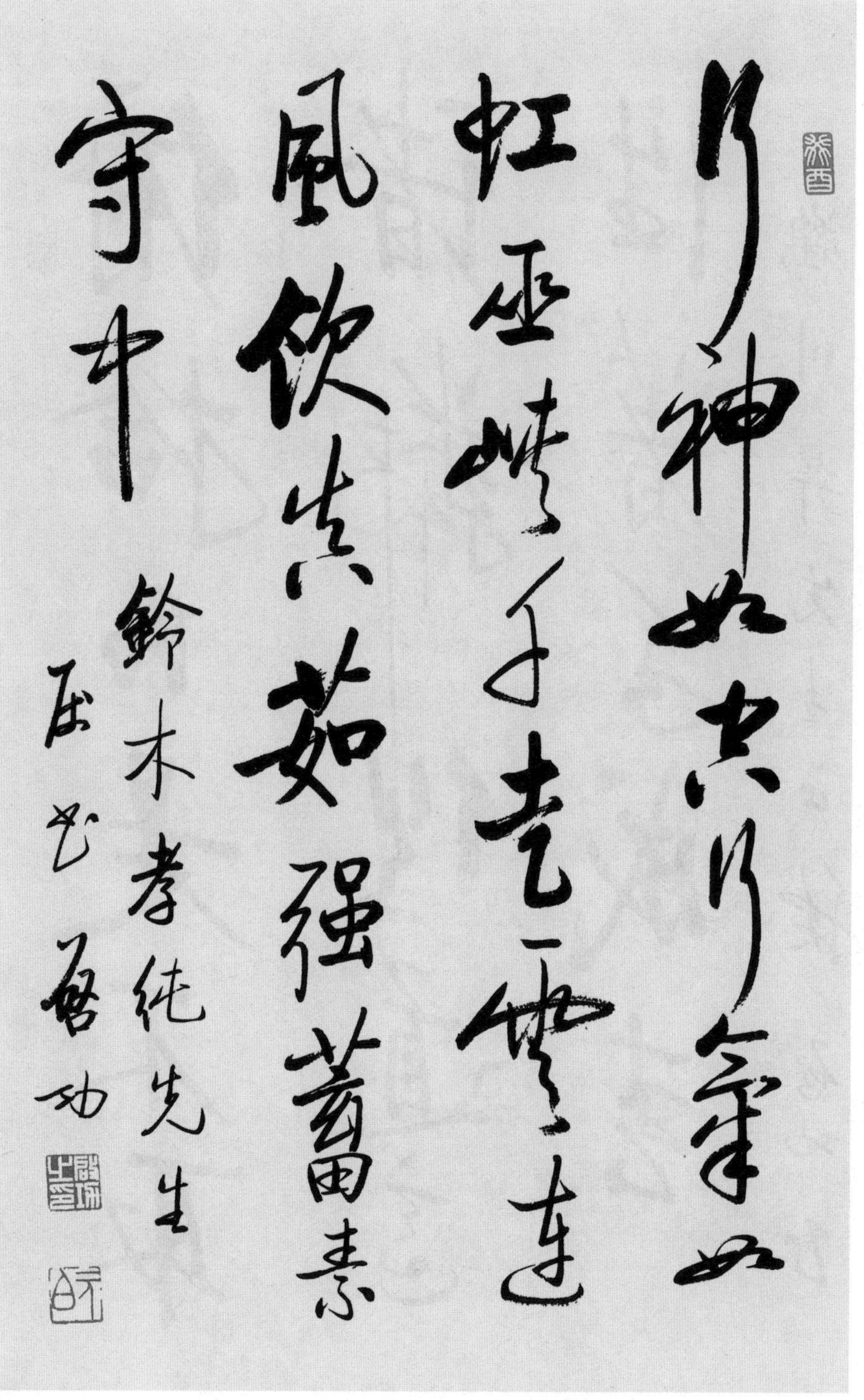

行神如空

一九九三年作　水墨纸本　68cm×43cm　个人收藏

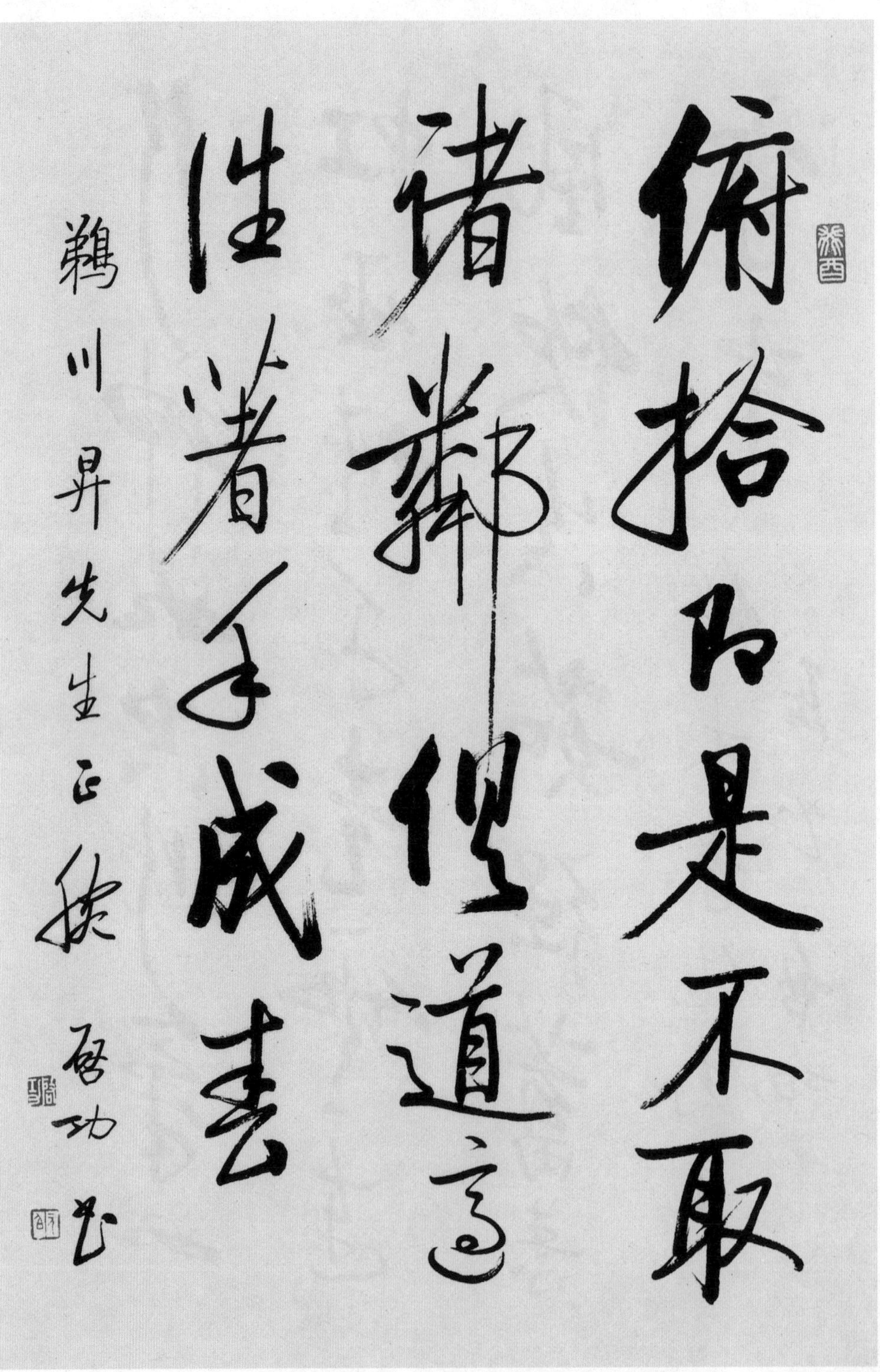

俯拾即是　不取
诸邻　俱道适
往　著手成春

鹏川昇先生正
启功书

俯拾即是

一九九三年作　水墨纸本　65cm×40cm　个人收藏

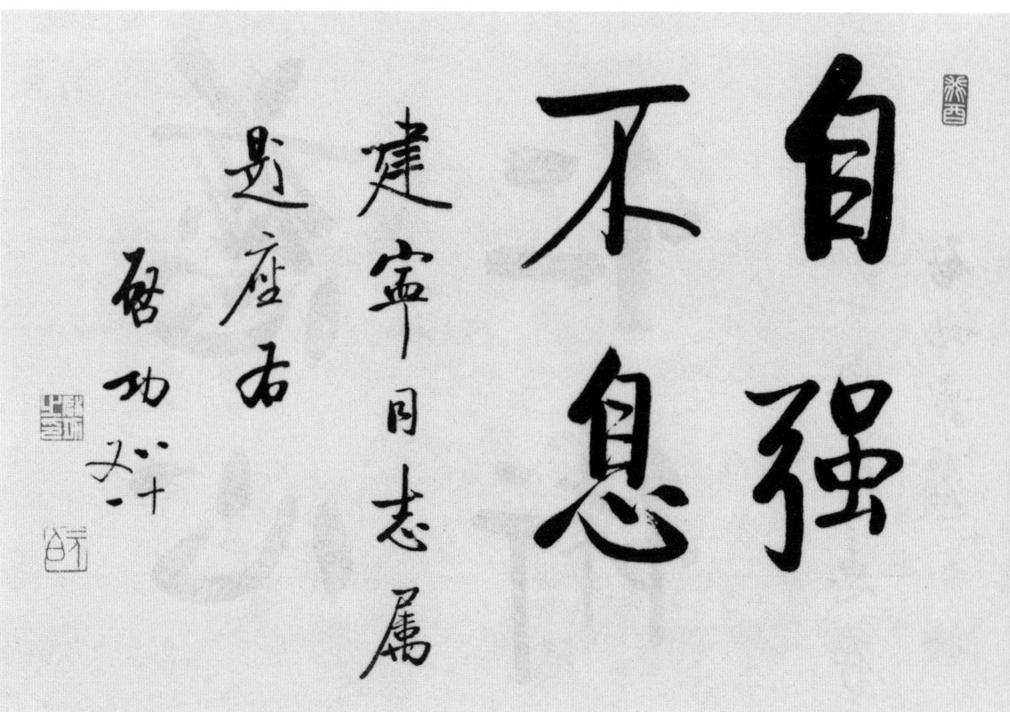

自强不息（二）

一九九三年作　水墨纸本　38cm×58cm　个人收藏

赠友人

慈心仁术

一九九三年作　水墨纸本　38cm×52cm　个人收藏

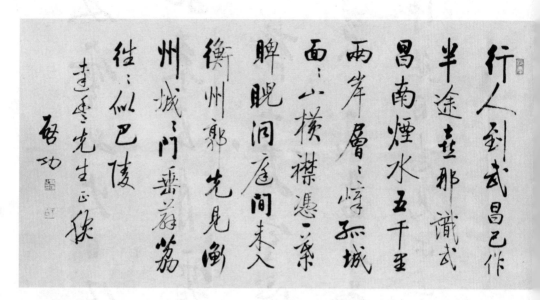

行人到武昌己作
半途喜那識武
昌南煙水五千里
兩岸層～峙孤城
面～山橫襟憑一案
脾睨洞庭間未入
衡州郭先見衡
州城～門蠶菇笱
往～似巴陵
連悲先生正拔
啟功

行人到武昌

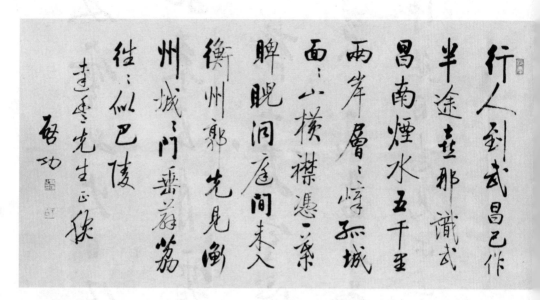

一九九三年作　水墨纸本　64cm×126.5cm　个人收藏

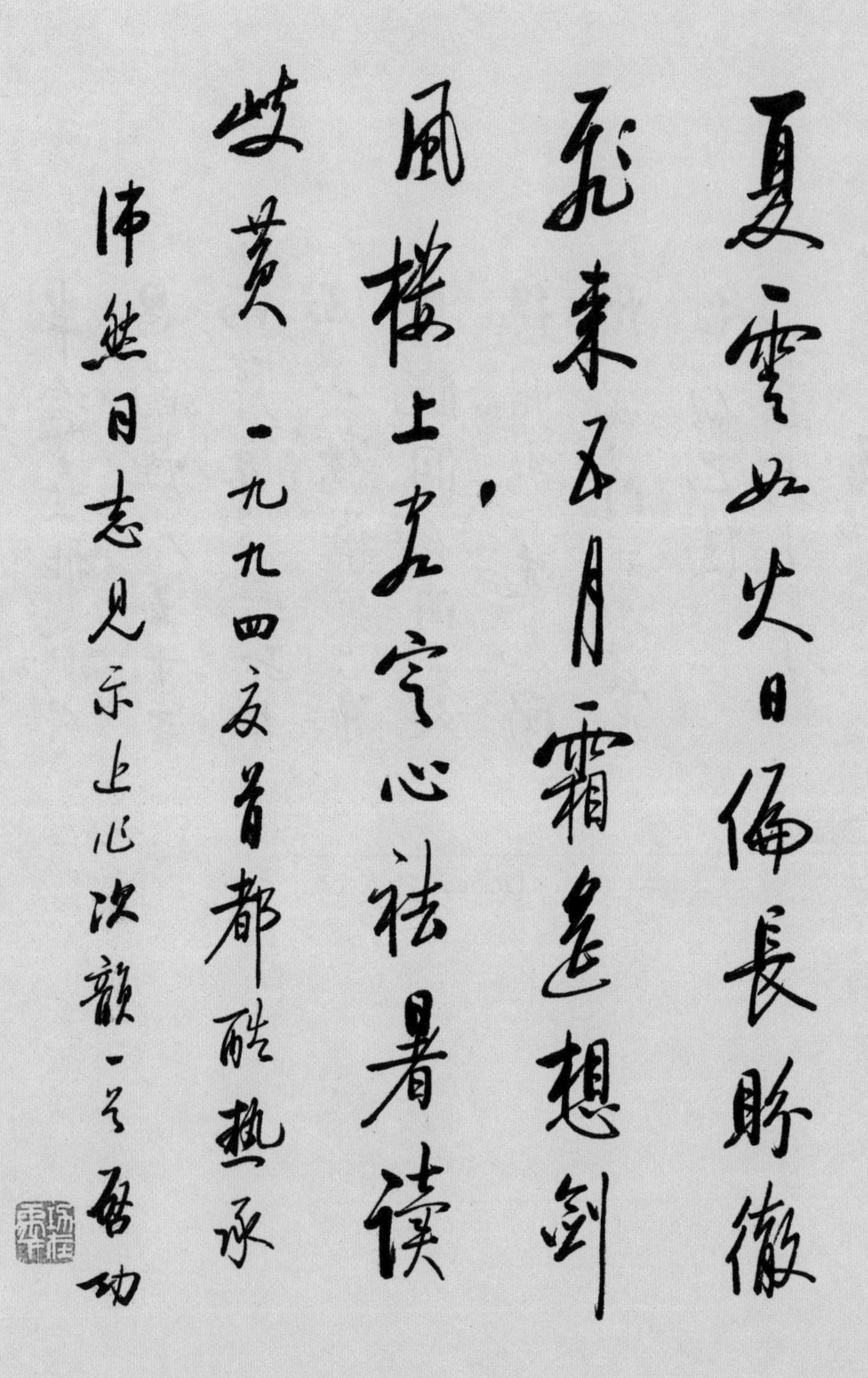

夏云如火日偏长

一九九四年作　水墨纸本　67cm×44cm　个人收藏

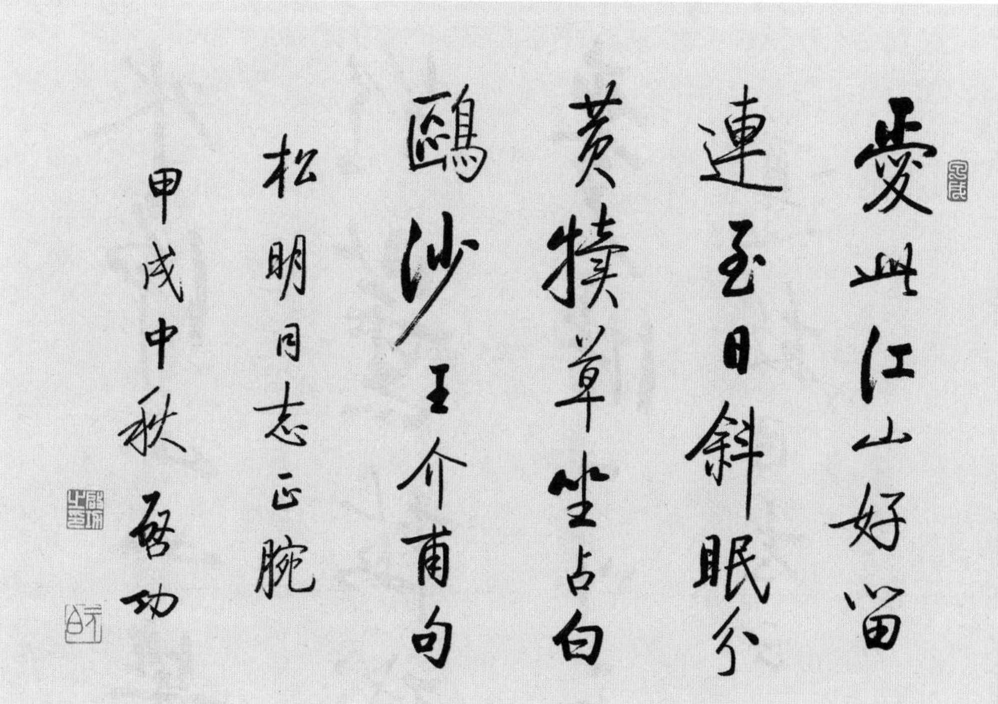

爱此江山好（一）

一九九四年作　水墨纸本　46cm×68cm　个人收藏

水净山如染风暄草
作业梅残数点雪
枣岸一川雪　甲戌中秋

道故日志正　启功

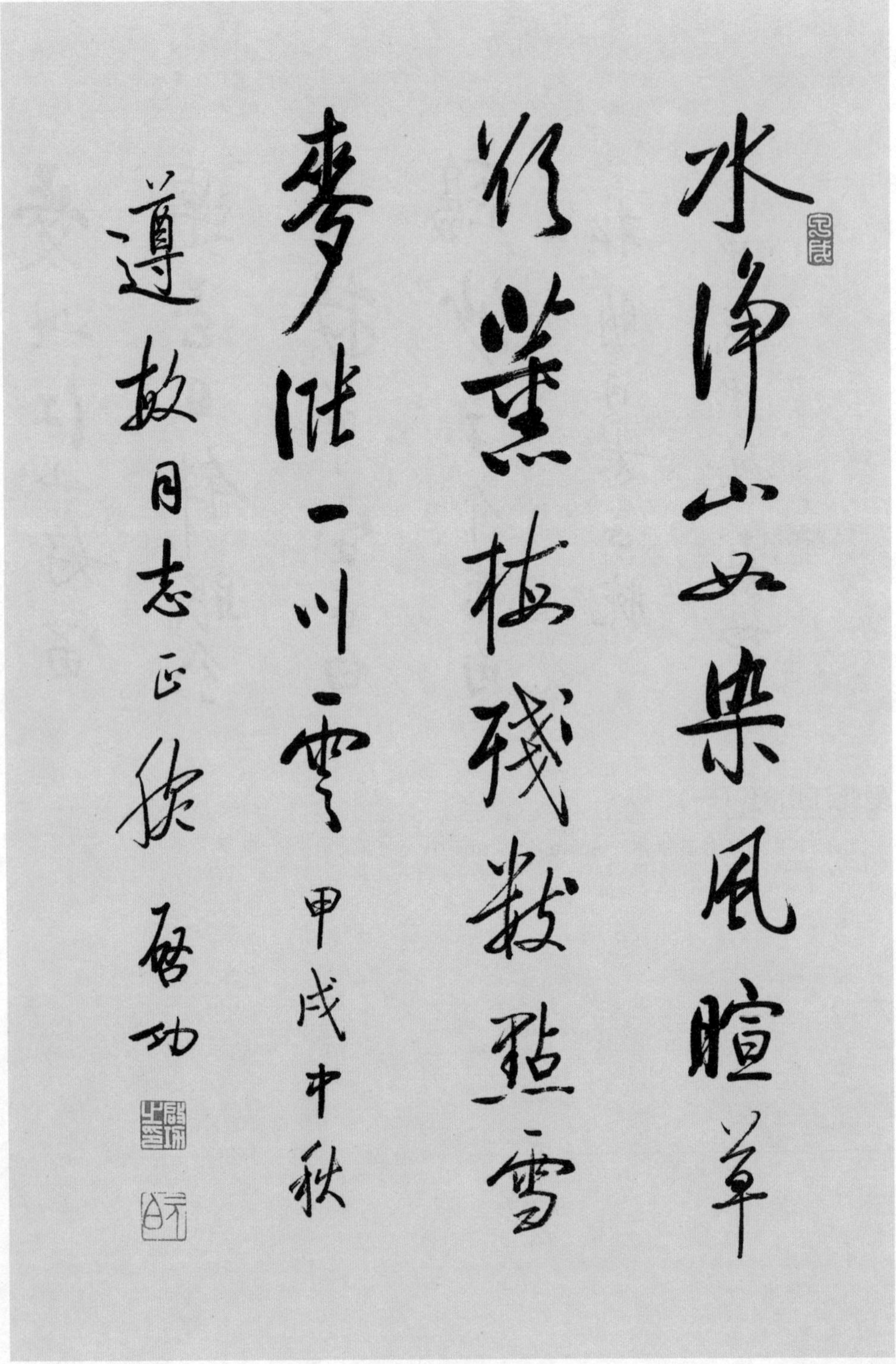

水净山如染

一九九四年作　水墨纸本　64cm×43cm　个人收藏

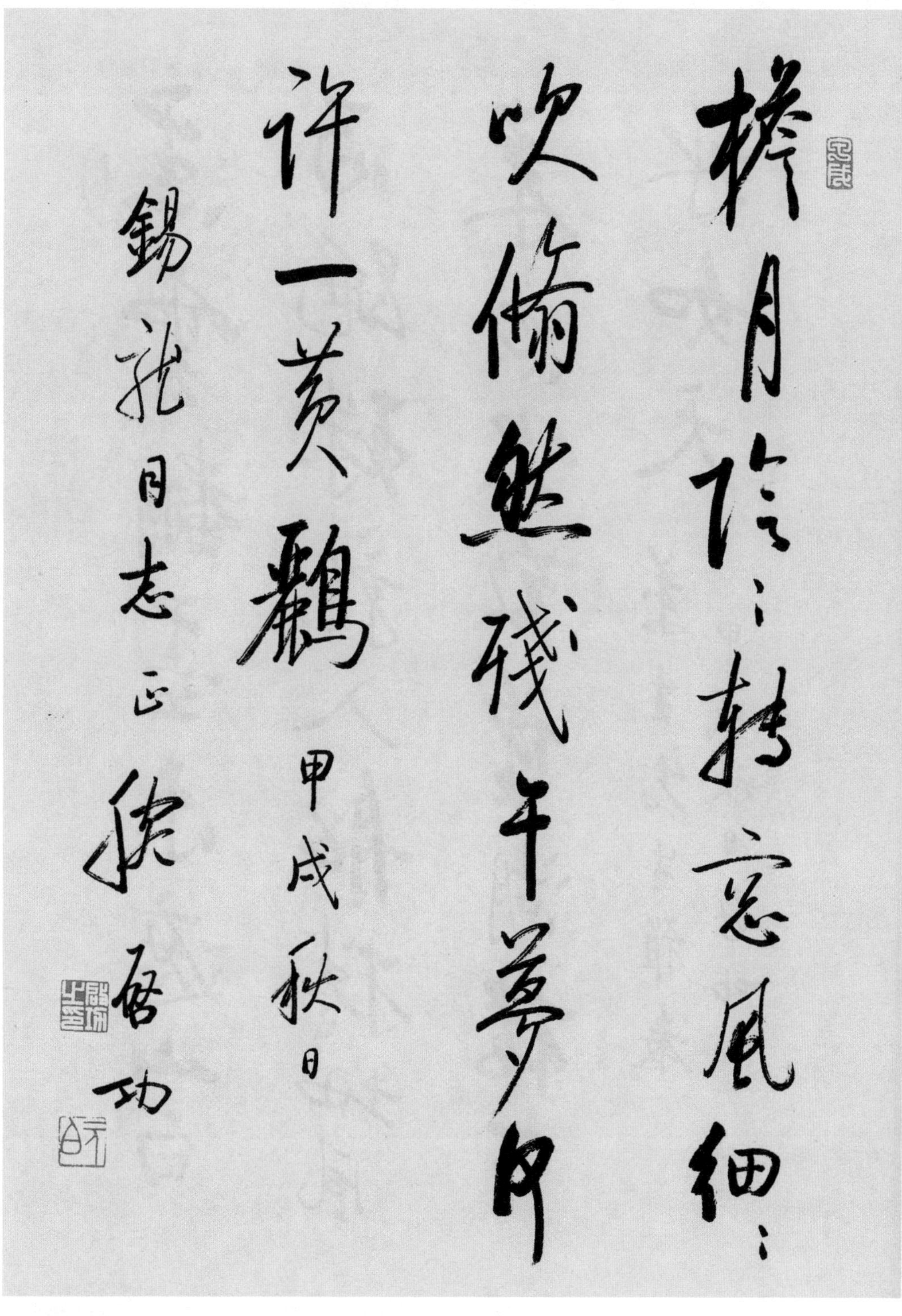

檐月阴阴转
一九九四年作　水墨纸本　60cm×42cm　个人收藏

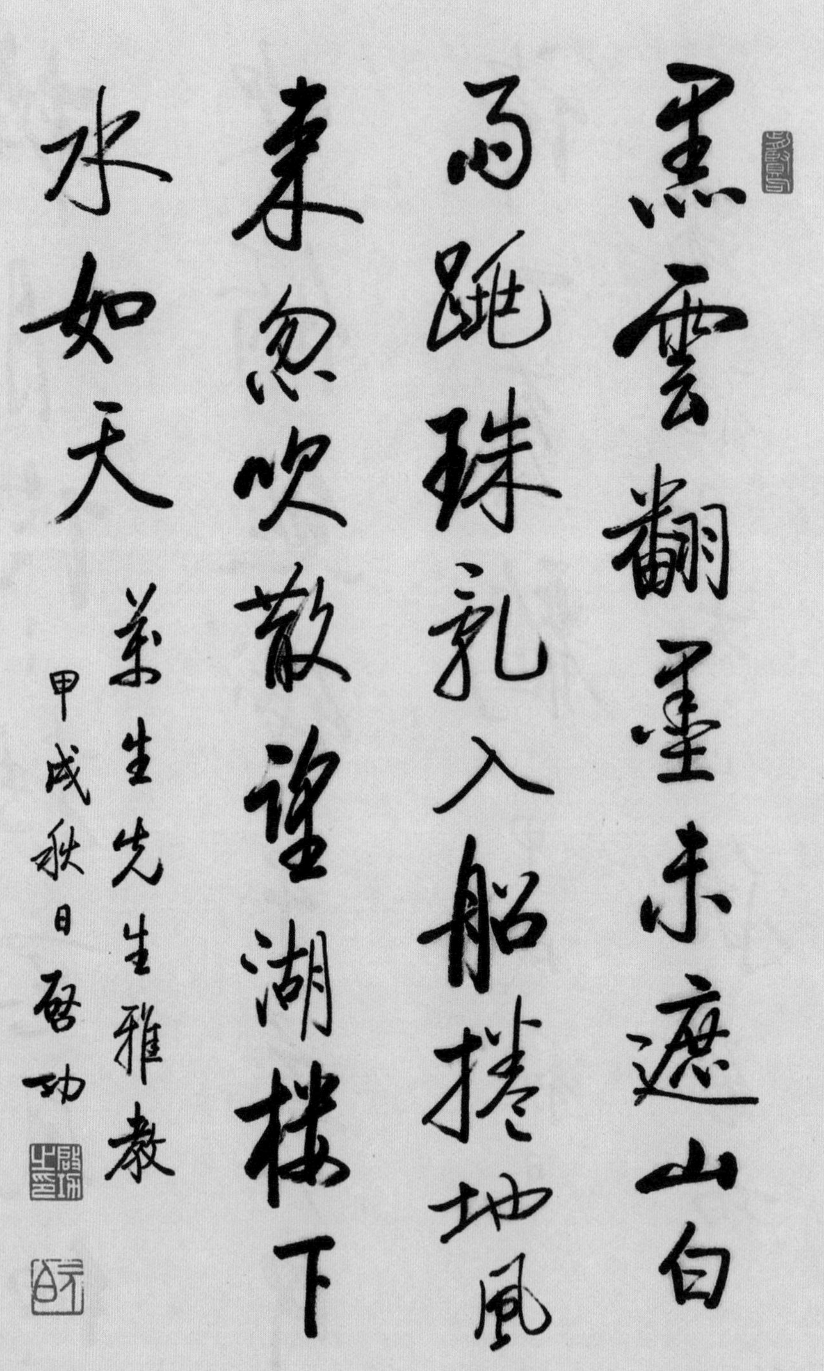

黑云翻墨未遮山

一九九四年作　水墨纸本　64cm×43cm　个人收藏

爱此江山好留连玉
日斜眠分黄犊坐
占白鸥沙王介甫小诗
多罢相後作古多逸兴
潘岳先生正腕 一九九四年秋 启功

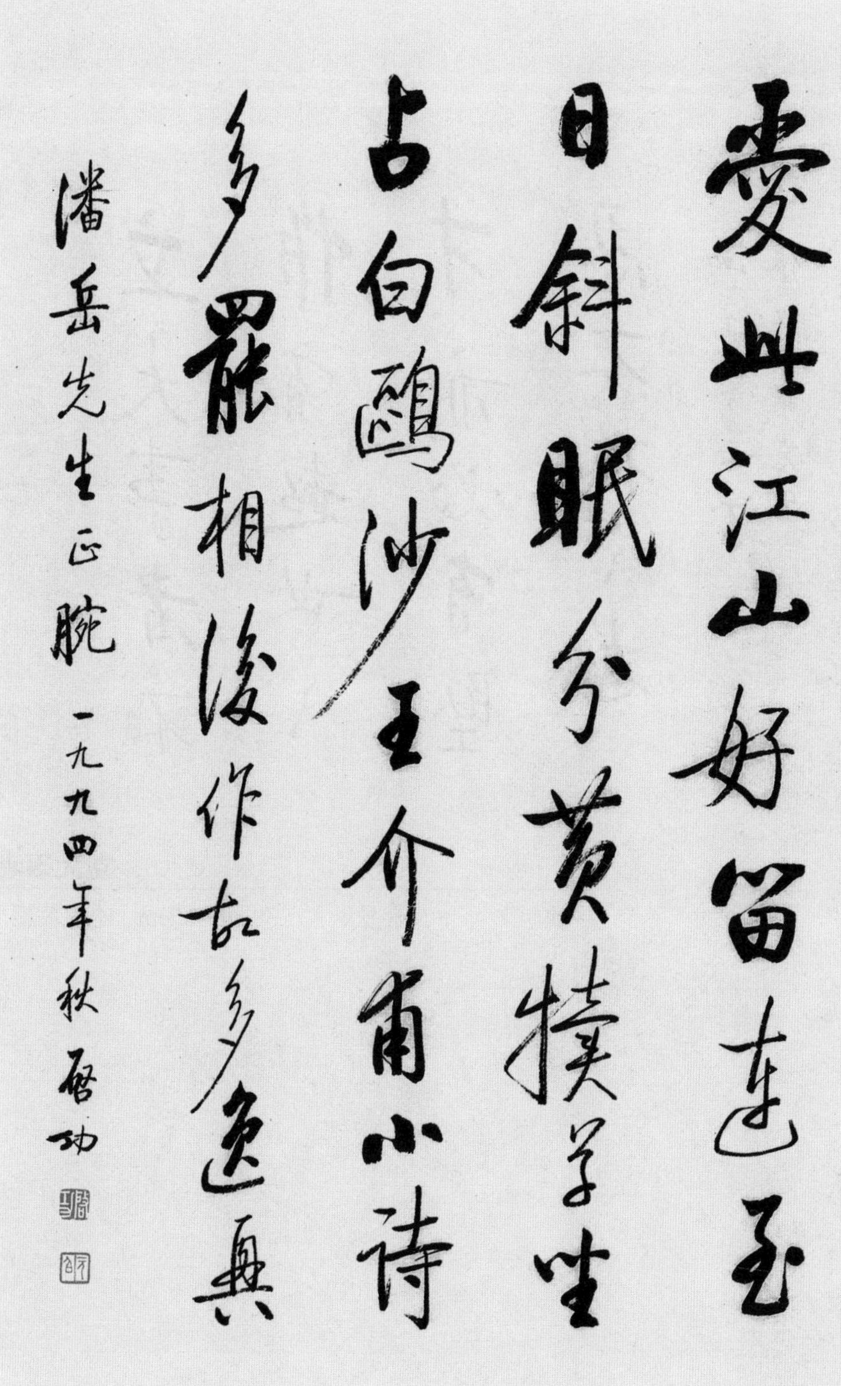

爱此江山好（二）

一九九四年作　水墨纸本　64cm×43cm　个人收藏

立大事者，不惟有超世之才，亦必有坚忍不拔之志。

温瑞芳女士
张保罗先生俪鉴
北京航空航天大学敬赠
一九九四年十月八日启功书

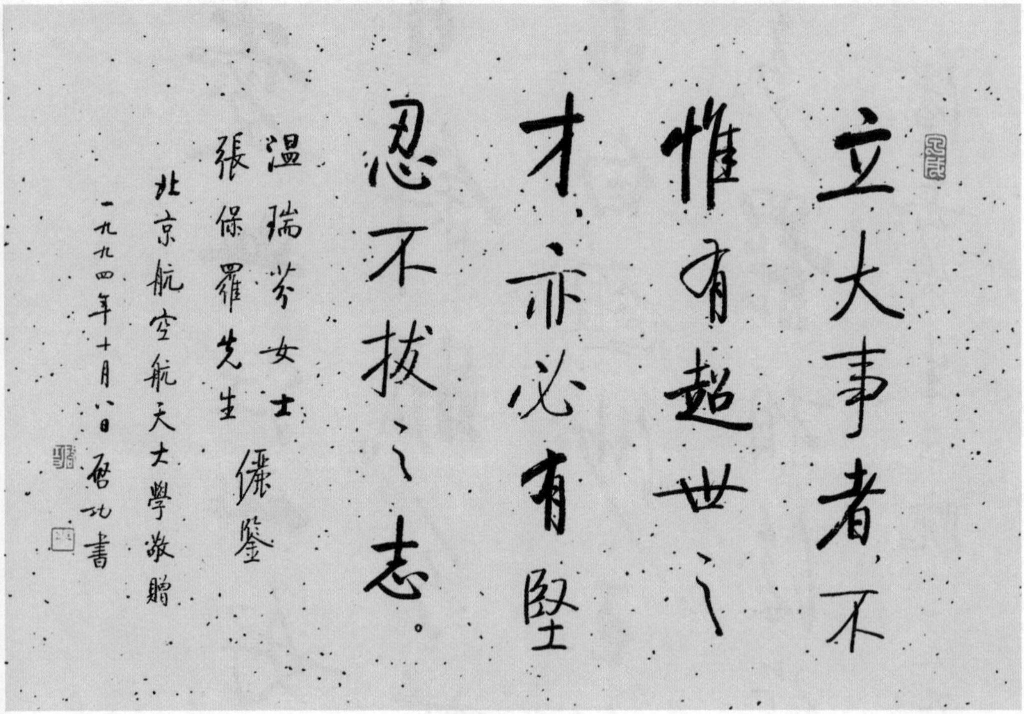

立大事者

一九九四年作　水墨纸本　38cm×57cm　个人收藏

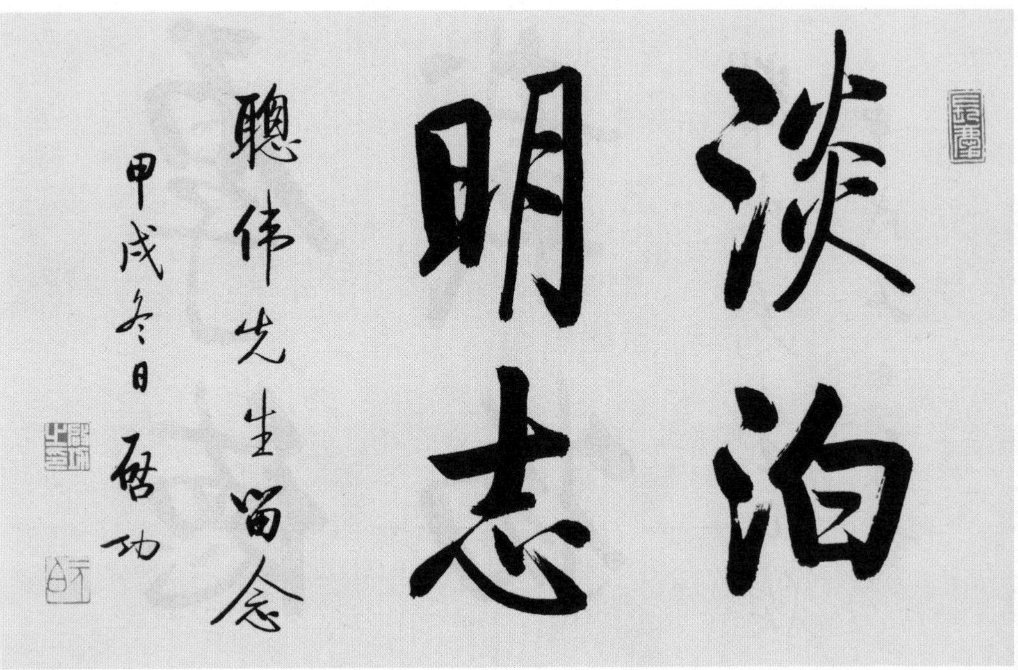

淡泊明志

一九九四年作　水墨纸本　34cm×54cm　个人收藏

赠友人

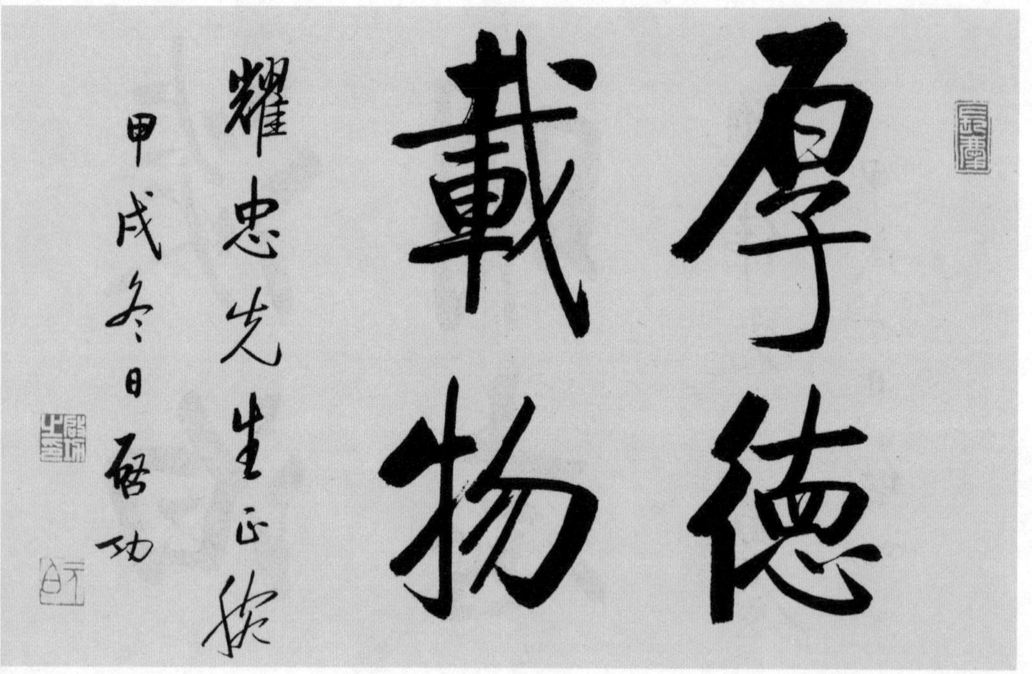

厚德载物（二）

一九九四年作　水墨纸本　34cm×54cm　个人收藏

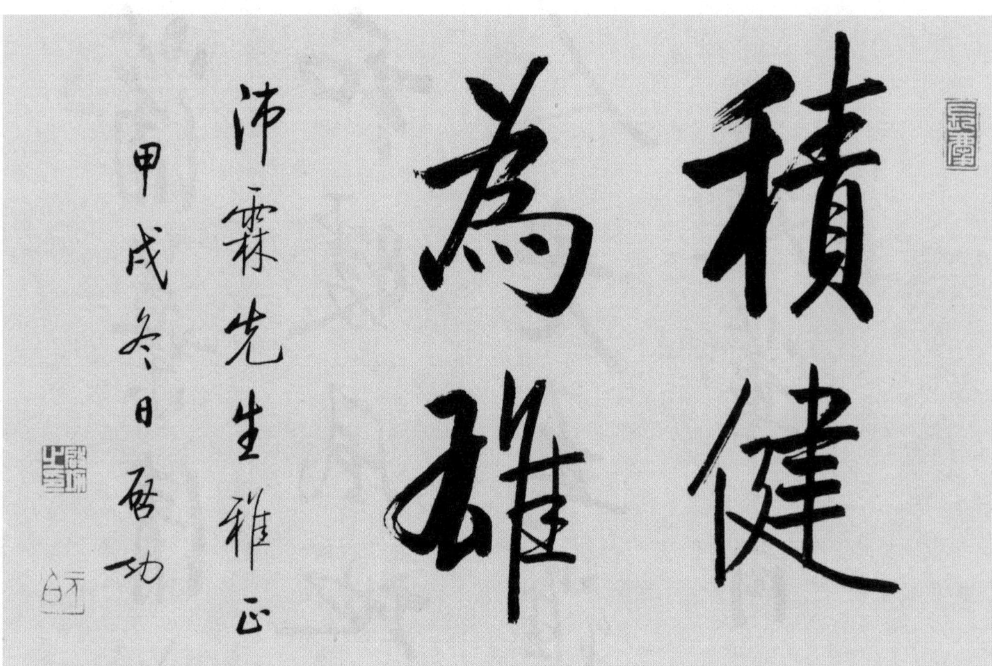

积健为雄

一九九四年作　水墨纸本　34cm×54cm　个人收藏

赠友人

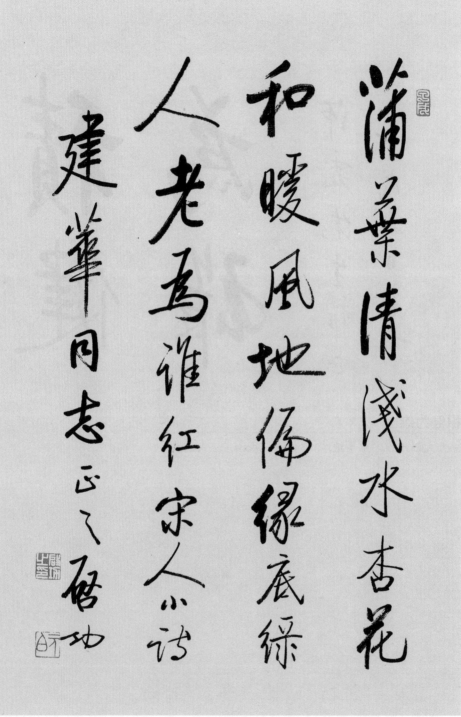

蒲葉清淺水杏花
和暖風地偏緣底綠
人老為誰紅宋人小詩
建華同志正之啟功

蒲叶清浅水

一九九四年作　水墨纸本　64cm×43cm　个人收藏

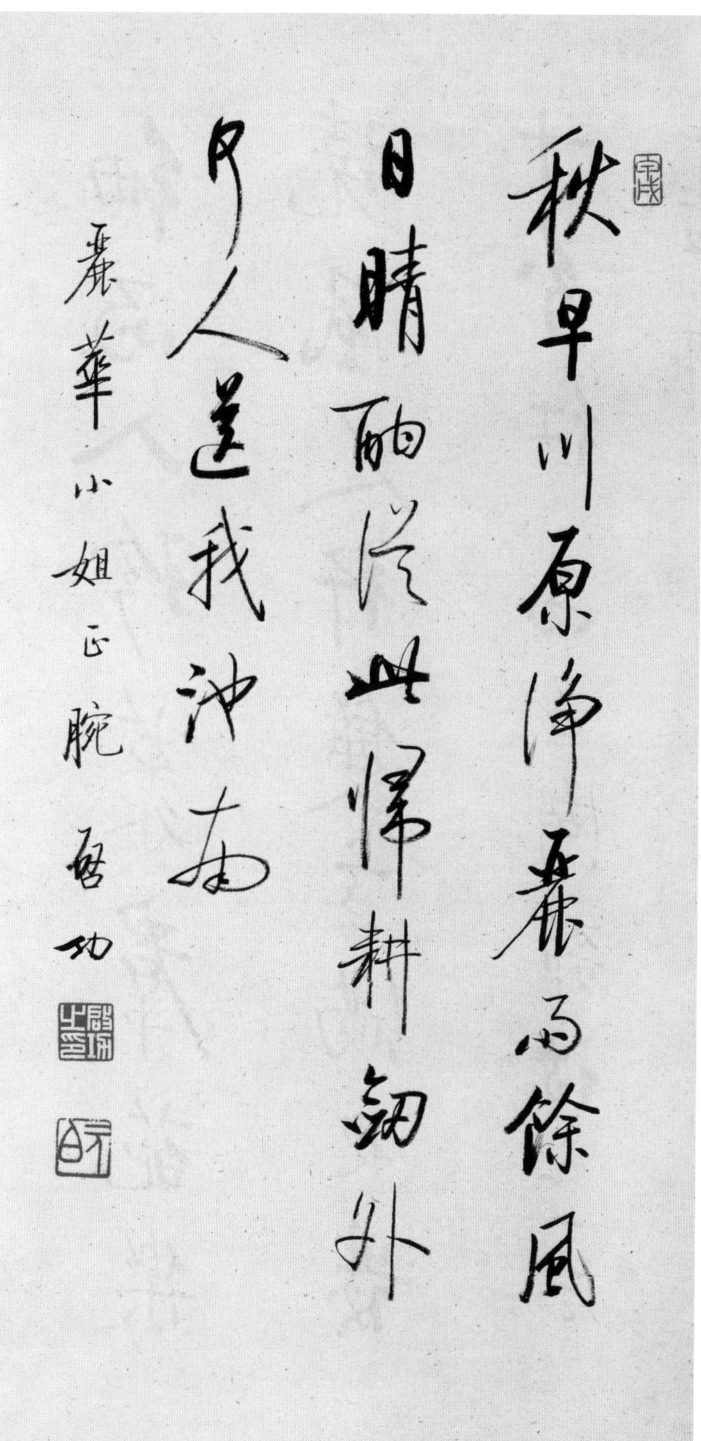

秋早川原净丽

一九九四年作　水墨纸本　63cm×32cm　个人收藏

赠友人

细雨入珍丛群芭乐
晓风人行双立满花发
十分红　西子湖杂诗之一章

王伟杜素珍同志俪教　启功八十二

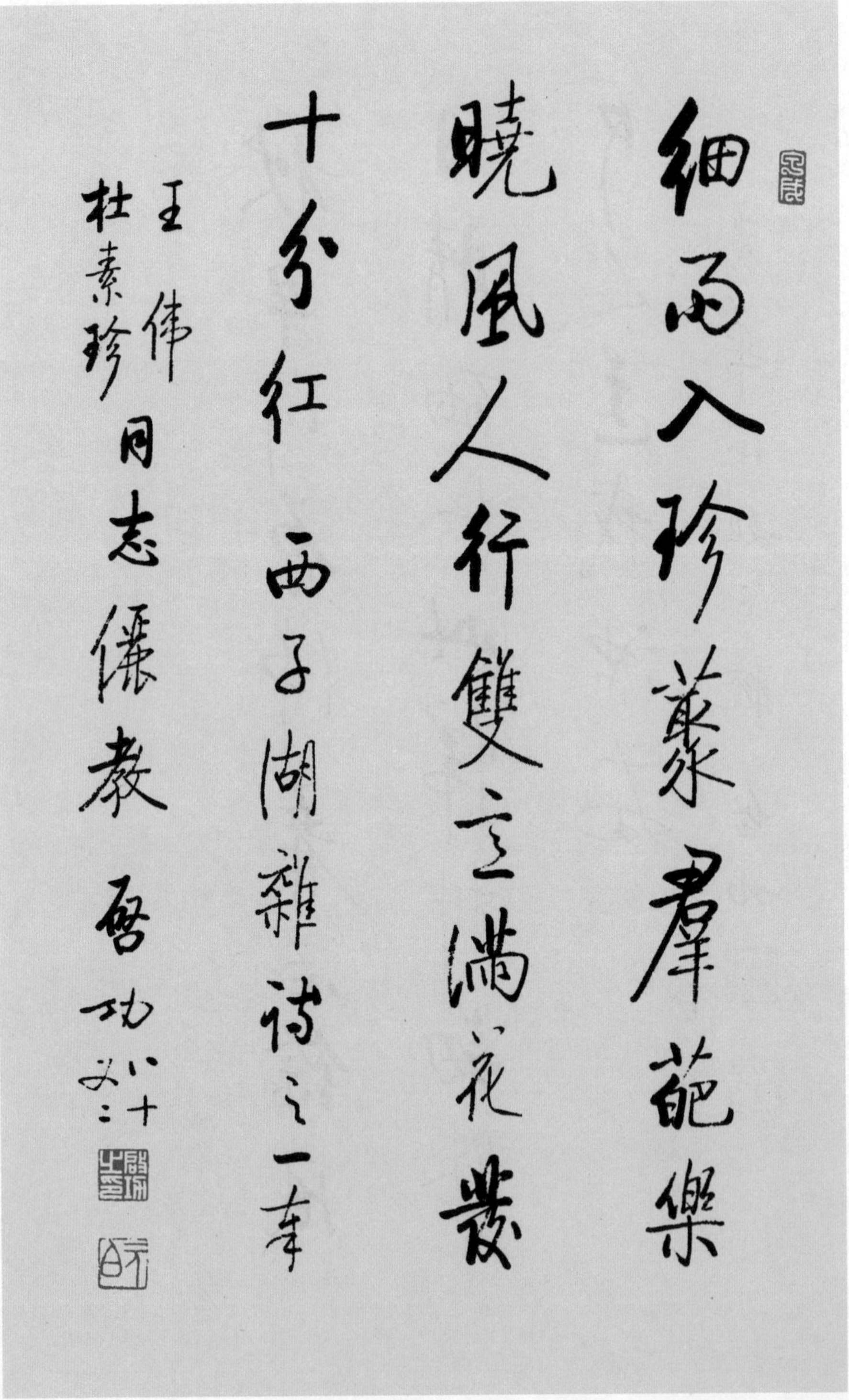

细雨入珍丛

一九九四年作　水墨纸本　64cm×43cm　个人收藏

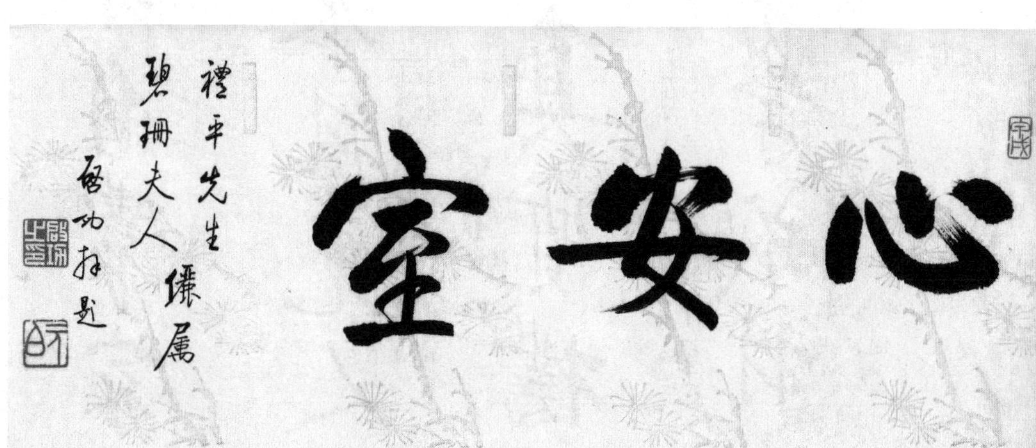

心安室

一九九四年作　水墨纸本　34cm×90cm　个人收藏

来自农家江绍干

山水风光人乐见

天真质朴之画师

自学成材之模范

江绍干同志

专画展览

开幕志贺

一九九四年秋日

启功题于

首都

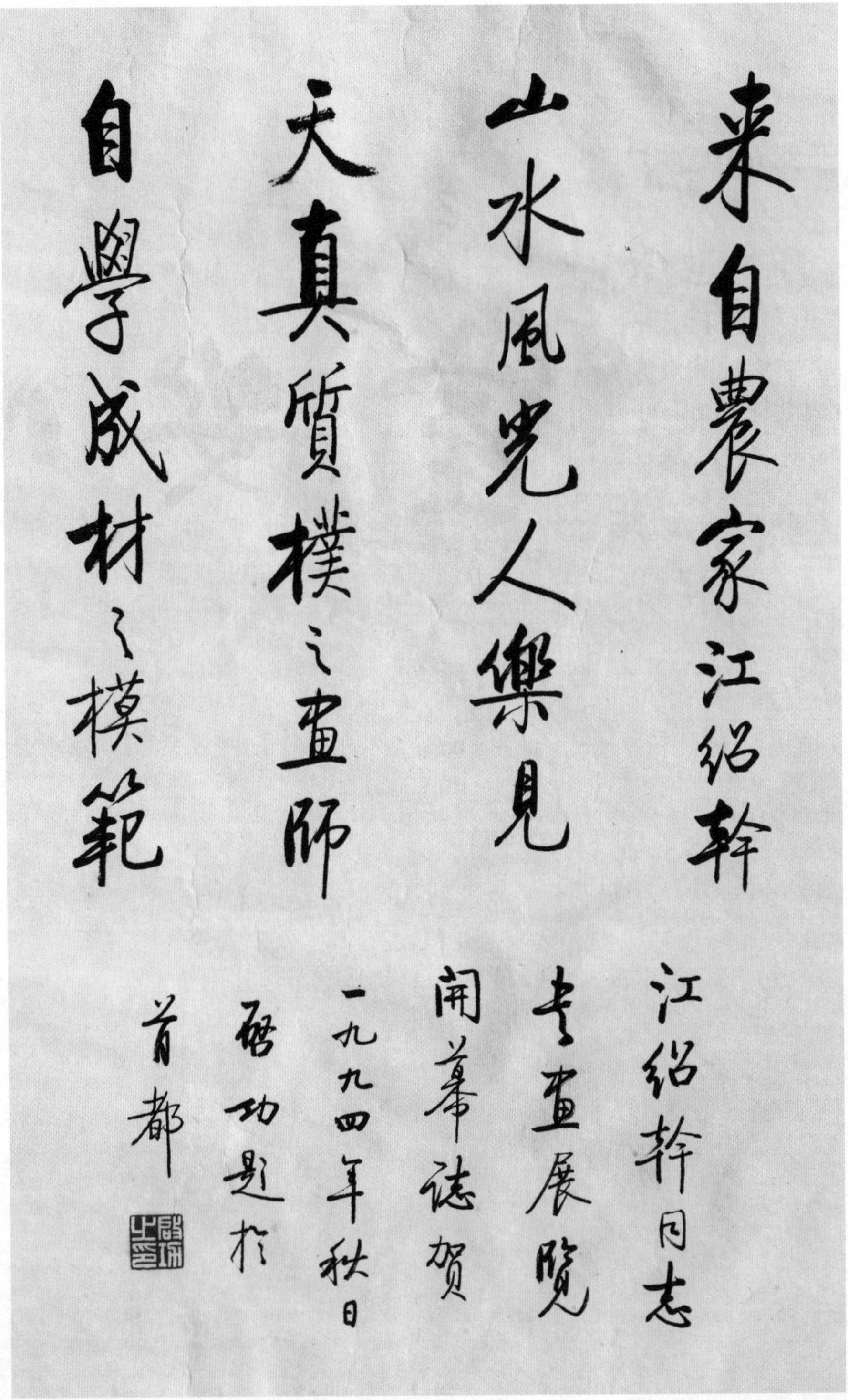

来自农家江绍干

一九九四年作　水墨纸本　56.6cm×83.8cm　个人收藏

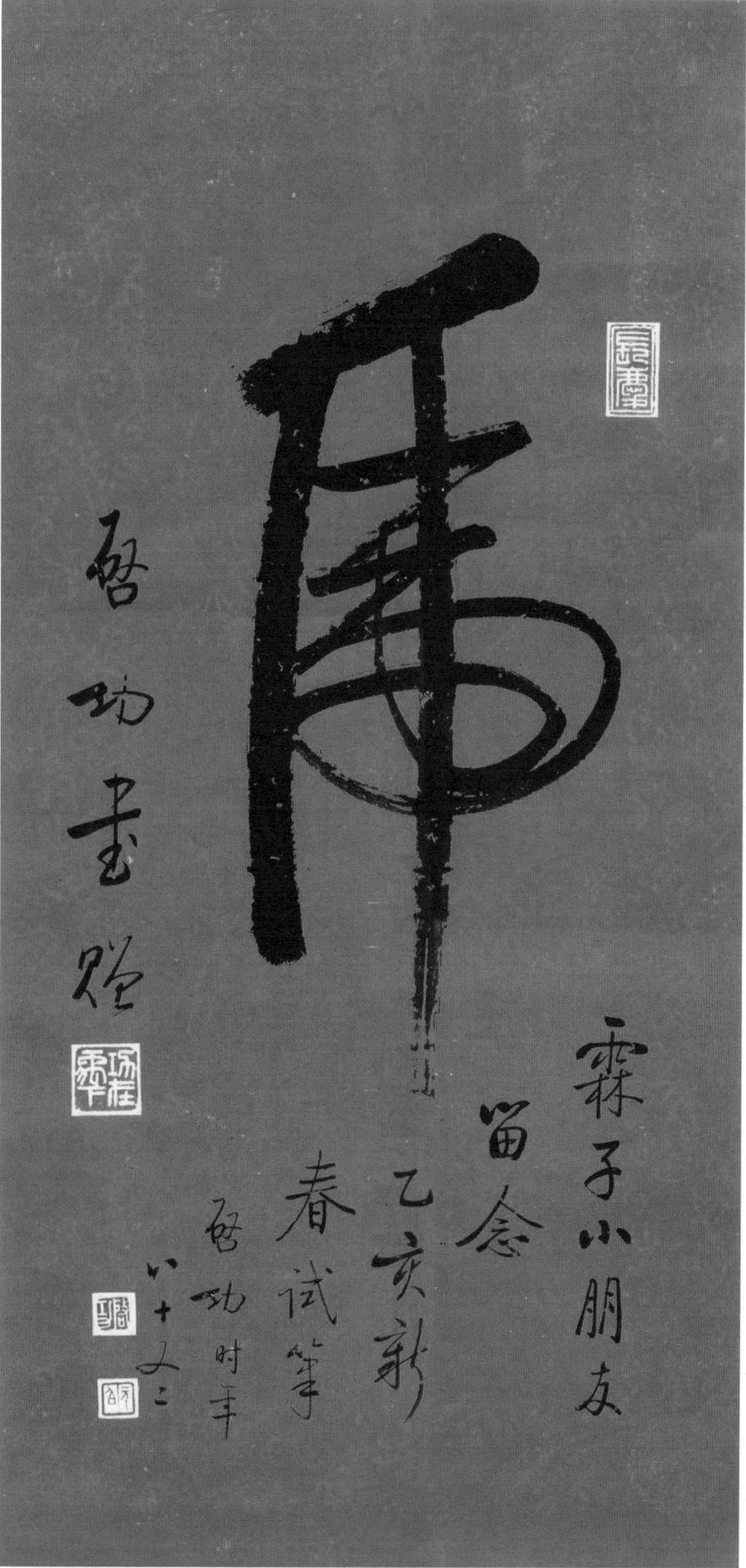

虎（二）

一九九五年作　水墨纸本　34cm×68cm　个人收藏

赠友人

冻云四合雪漫漫　谁解
当机作水蕴只为眼
中花未瞥启窗粉赏
玉琅玕

世俊先生正绕

乙亥新春　启功书

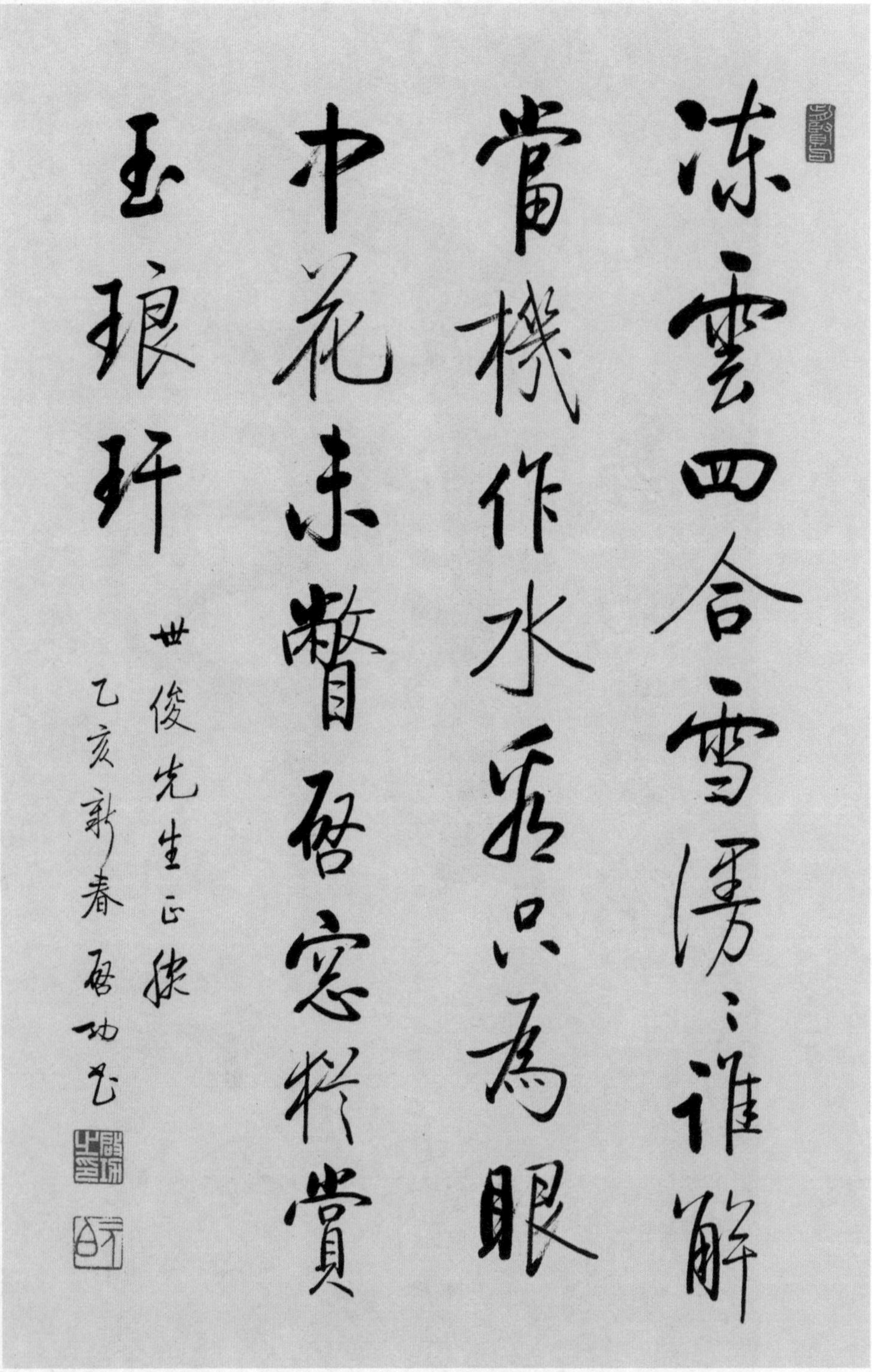

冻云四合雪漫漫（赠世俊）

一九九五年作　水墨纸本　64cm×43cm　个人收藏

北人惆怅忆荆溪自往
萧山闭户不曾出诗
名满世间 唐人名句乙奉

立达
凌遂月志俨鉴 一九九五年春日
启功 时年八十又二

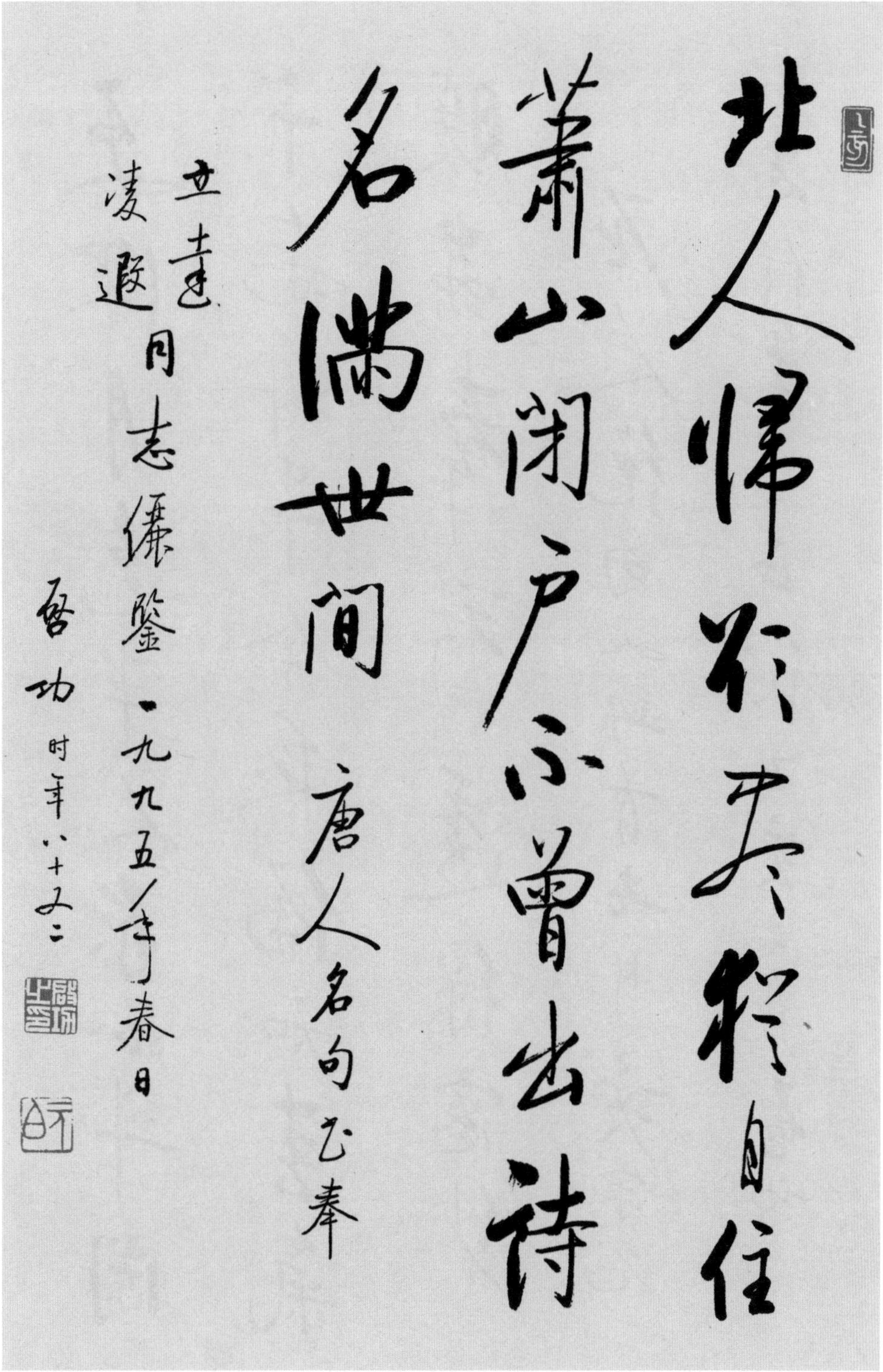

北人归欲尽

一九九五年作　水墨纸本　64cm×43cm　个人收藏

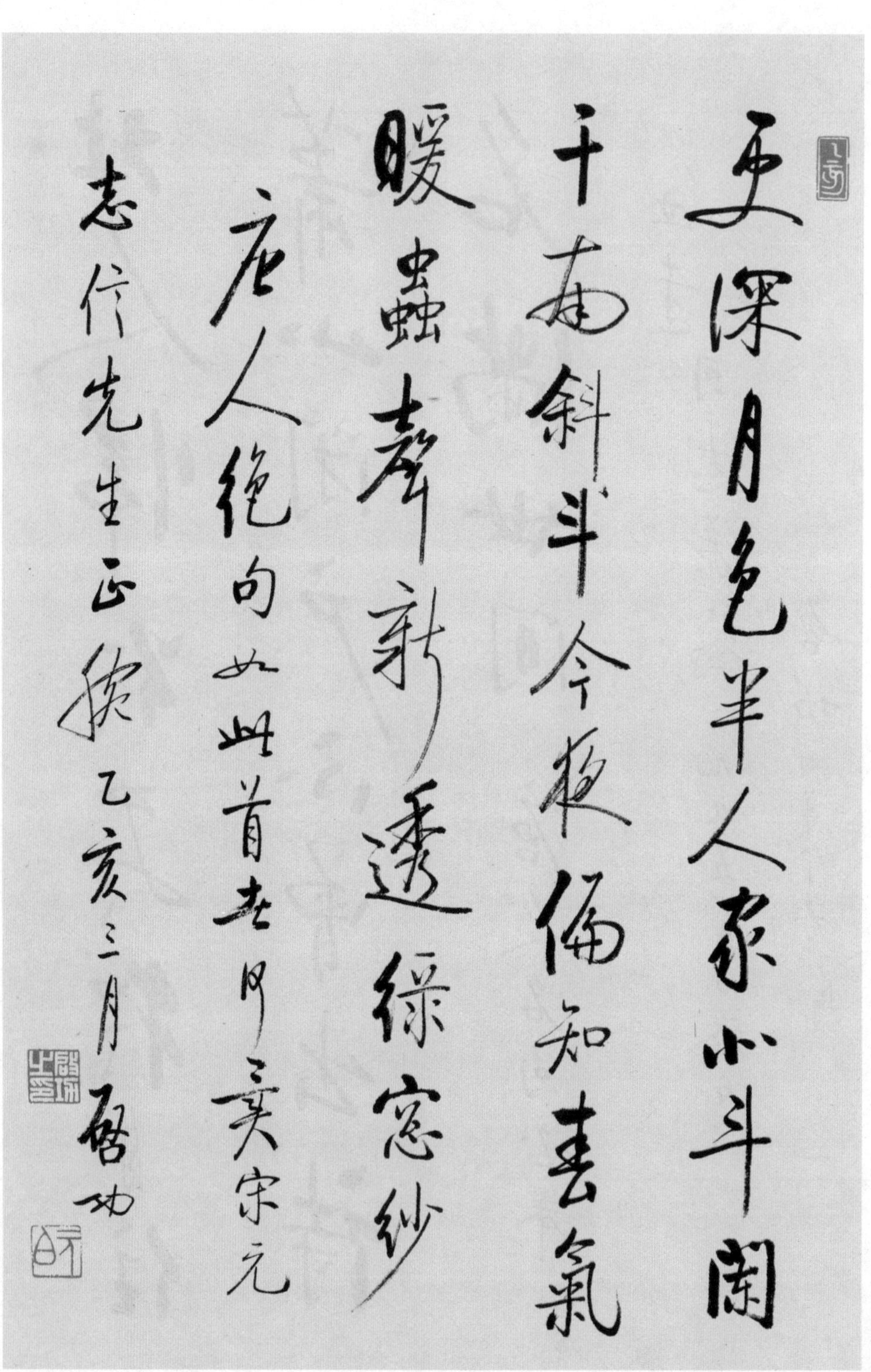

更深月色半人家，小斗阑
干西斜斗今夜偏知春气
暖虫声新透绿窗纱
庄人绝句如此首去门美宋元
志仁先生正俵乙亥三月启功

更深月色半人家

一九九五年作　水墨纸本　64cm×43cm　个人收藏

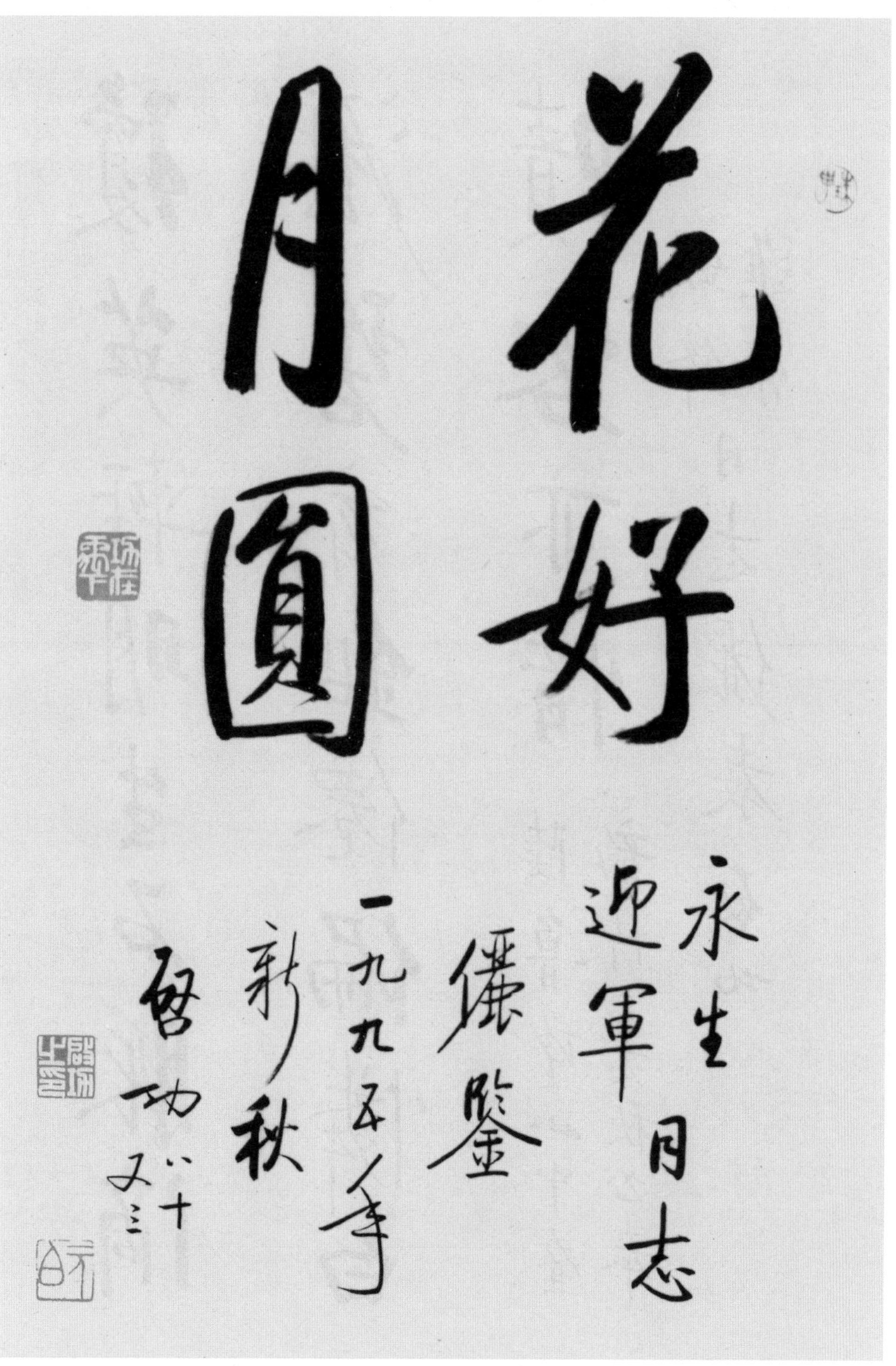

花好月圆

迎军月志
永生

儀鑒

一九九五年

新秋

启功八十又三

赠友人

花好月圆

一九九五年作　水墨纸本　54cm×37cm　个人收藏

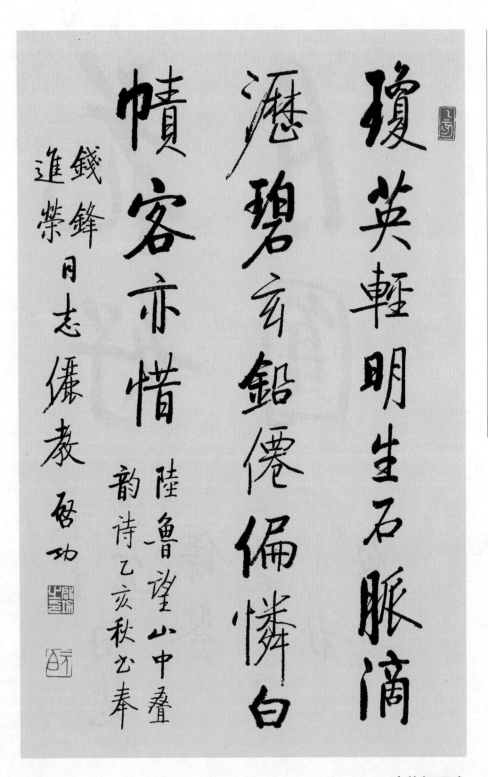

瓊英輕明生石脈滴瀝碧玄鉛僊偏憐白幘客亦惜

陸魯望山中疊韻詩乙亥秋公奉

錢鋒進紫日志儷教 啓功

琼英轻明生

一九九五年作　水墨纸本　65cm×43cm　个人收藏

采采流水，蓬蓬遠春。窈窕深谷，時見美人。碧桃滿樹，風日水濱。柳陰路曲，流鶯比鄰。乘之愈往，識之愈真。如將不盡，與古為新。

乙亥秋日乙待品奉

志浩月志正腕 啟功八十又三

贈友人

采采流水

一九九五年作　水墨紙本　65cm×43cm　个人收藏

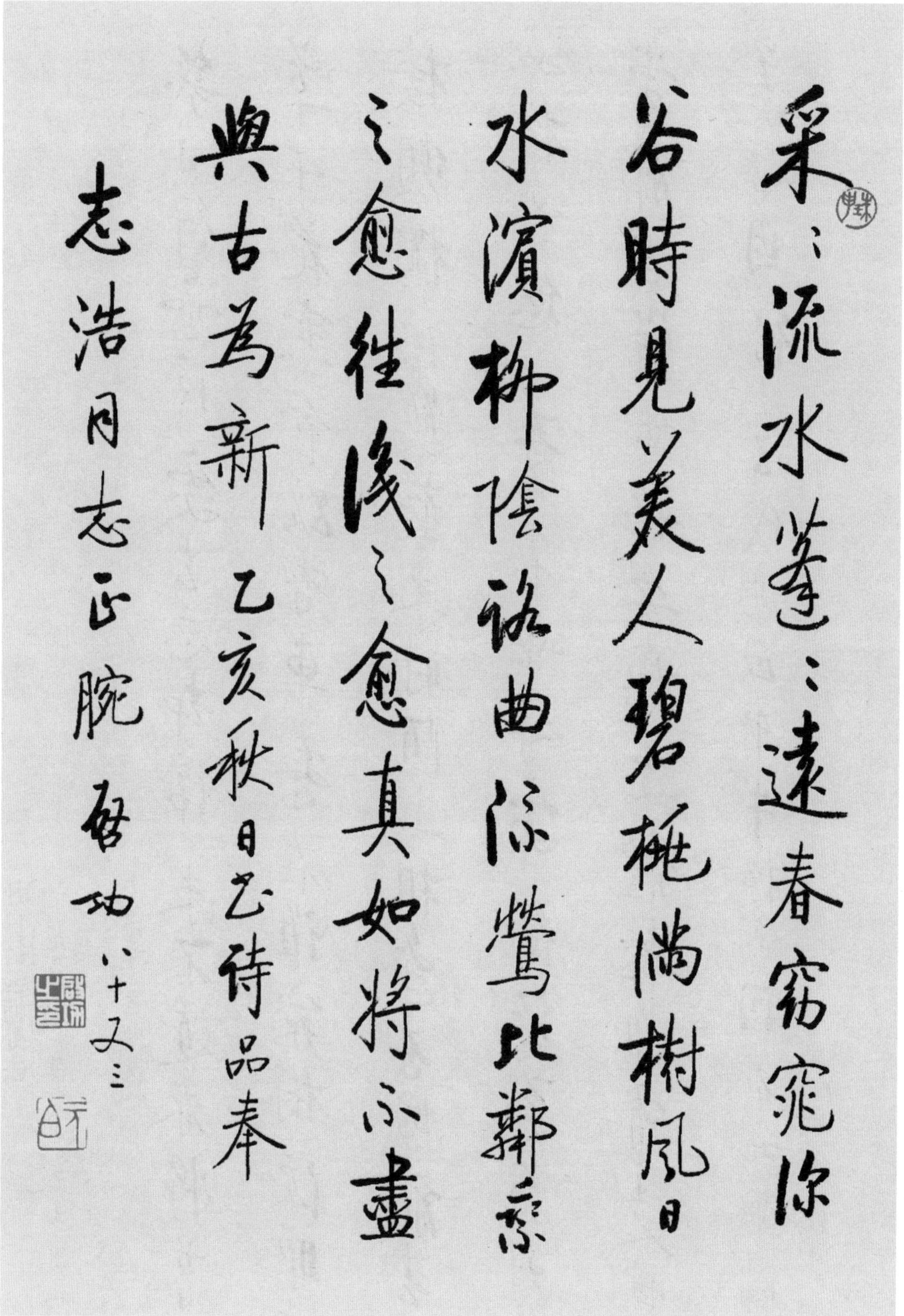

几日行云何处去

一九九五年作　水墨纸本　62cm×33cm　个人收藏

几日行云何处去，忘却归来，不道春将暮。百草千花寒食路，香车系在谁家树。　泪眼倚楼频独语，双燕来时，陌上相逢否。撩乱春愁如柳絮，梦里无寻处。

衡泥燕子却来时，尝傍游梁安稳栖。体轻惟有主人怜。莫好因缘　五代冯正中牛松卿词　启功

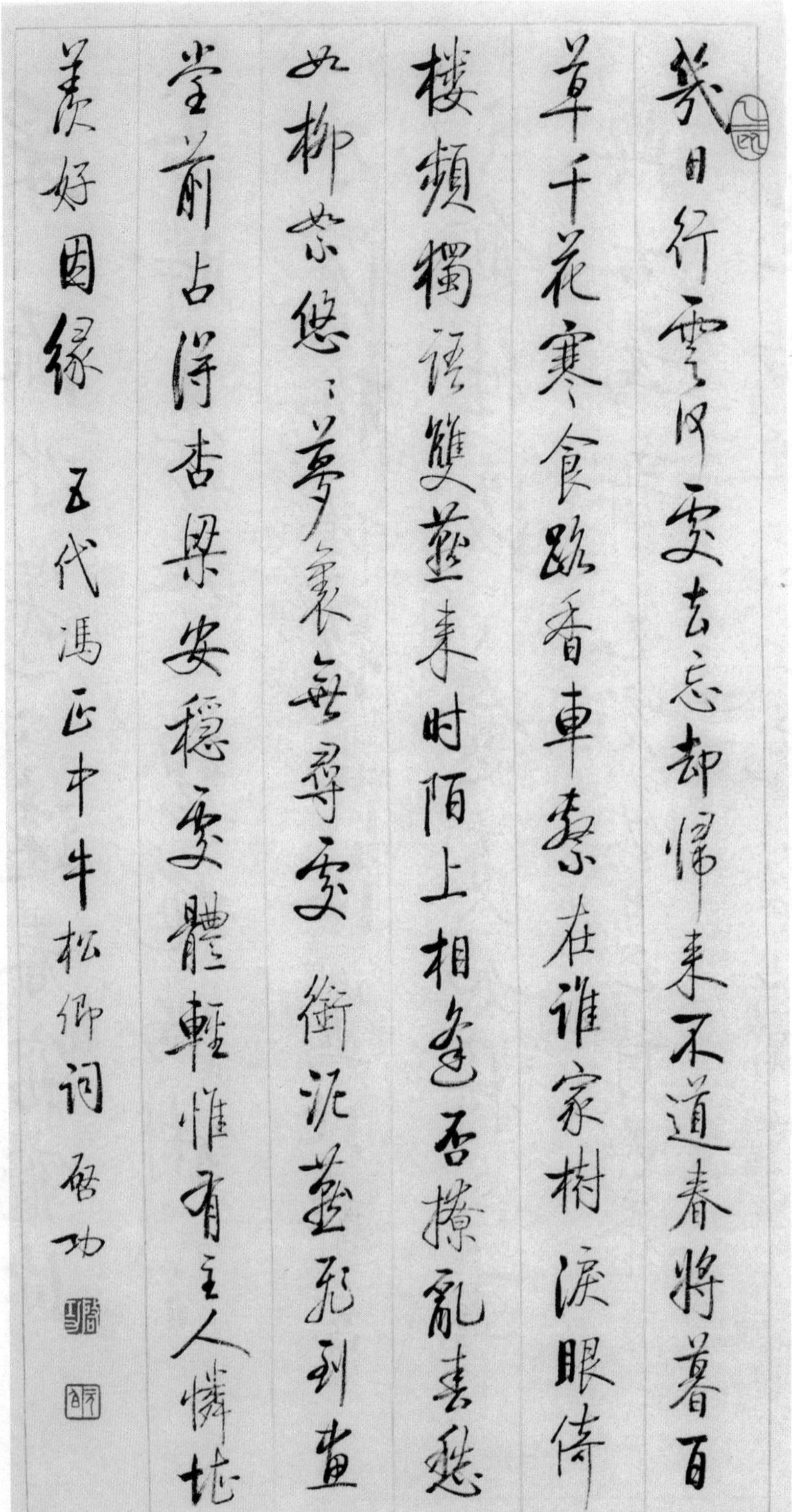

玉壶买春，赏雨茅屋。坐中佳士，左右修竹。白云初晴，幽鸟相逐。眠琴绿阴，上有飞瀑。落花无言，人淡如菊。书之岁华，其曰可读。采采流水，蓬蓬远春。窈窕深谷，时见美人。碧桃满树，风日水滨。柳阴路曲，流莺比邻。乘之愈往，识之愈真。如将不尽，与古为新。司空表圣诗品一首　启功

玉壶买春

一九九五年作　水墨纸本　62cm×33cm　个人收藏

赠友人

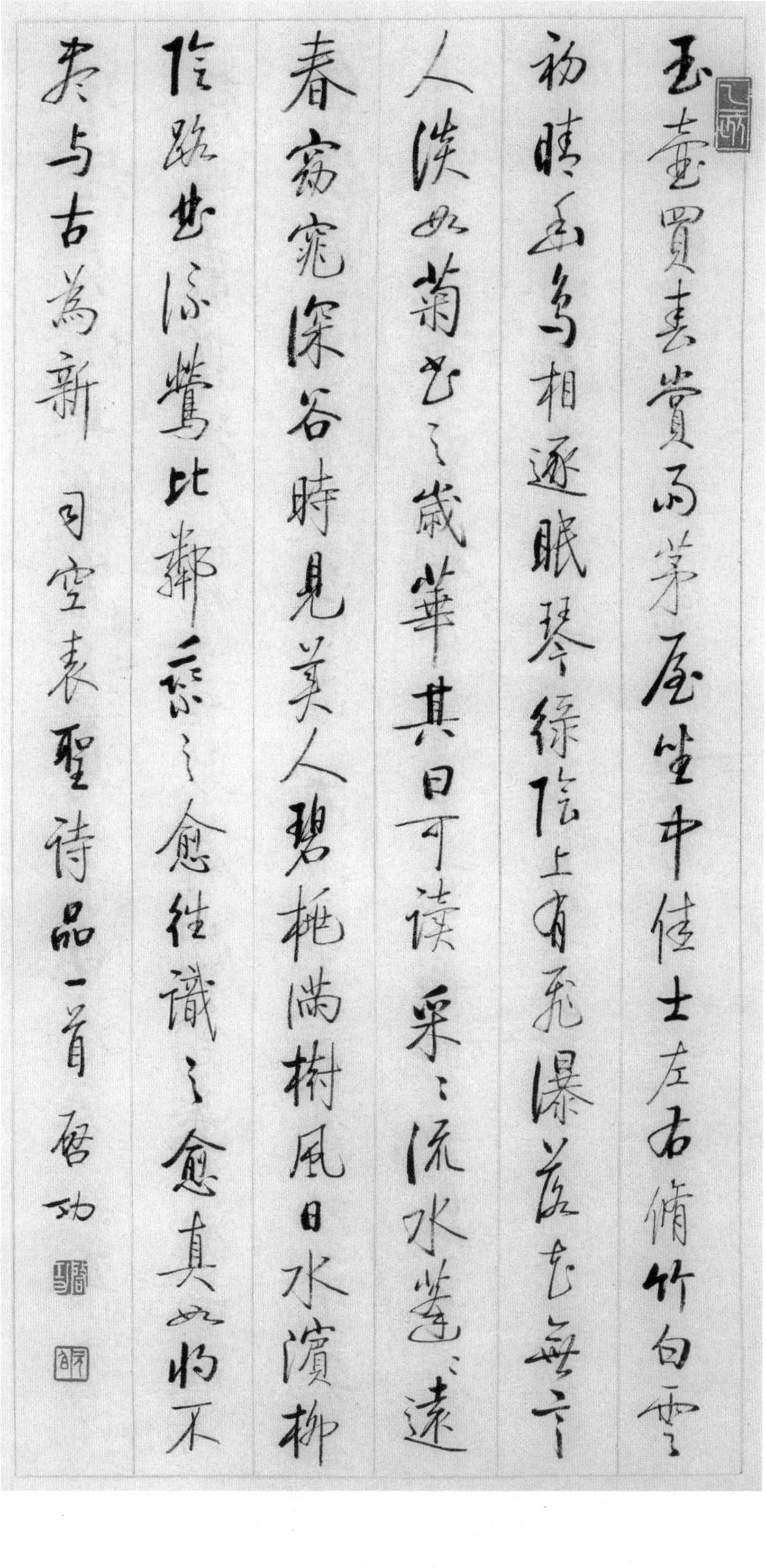

望极春城上开筐迎鸟巢白花篓外染青

柳橙前梢池水霓为政厨烟觉远庖西川

供宏眼惟有此江郊南海春天外功曹笺

月程峡雪笼树小湖口苍船明交趾丹砂

重韶州白葛輼辇君因旅去时寄锦官城

立新同志正书少陵诗乙亥秋启功

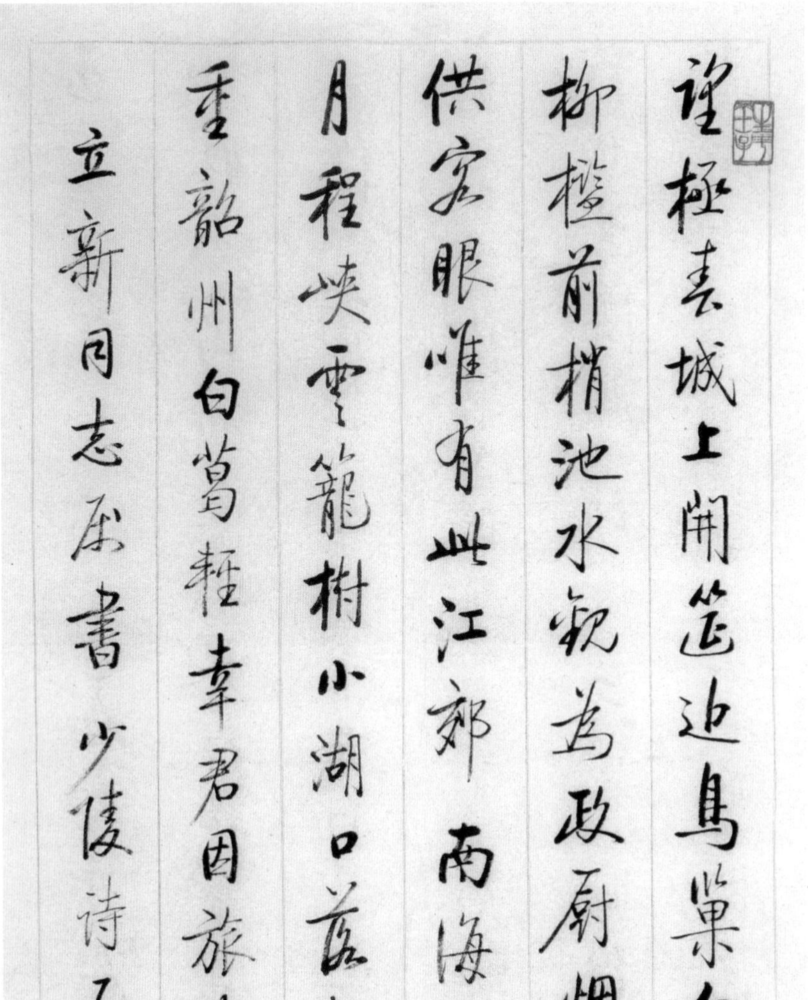

望极春城上

一九九五年作　水墨纸本　62cm×33cm　个人收藏

东籬半世蹉跎竹裹游亭小宇婆娑有个
池塘醒时渔笛醉后渔歌 歠子陵他應唤
我孟光台我待學他笑我如今倒大江湖
也趁风波 枯藤老樹昏鸦小橋流水平沙
古道西风瘦馬夕陽西下斷腸人在天涯
元人馬东籬散曲二首乙亥秋 啟功

东篱半世蹉跎

一九九五年作 水墨纸本 62cm×33cm 个人收藏

赠友人

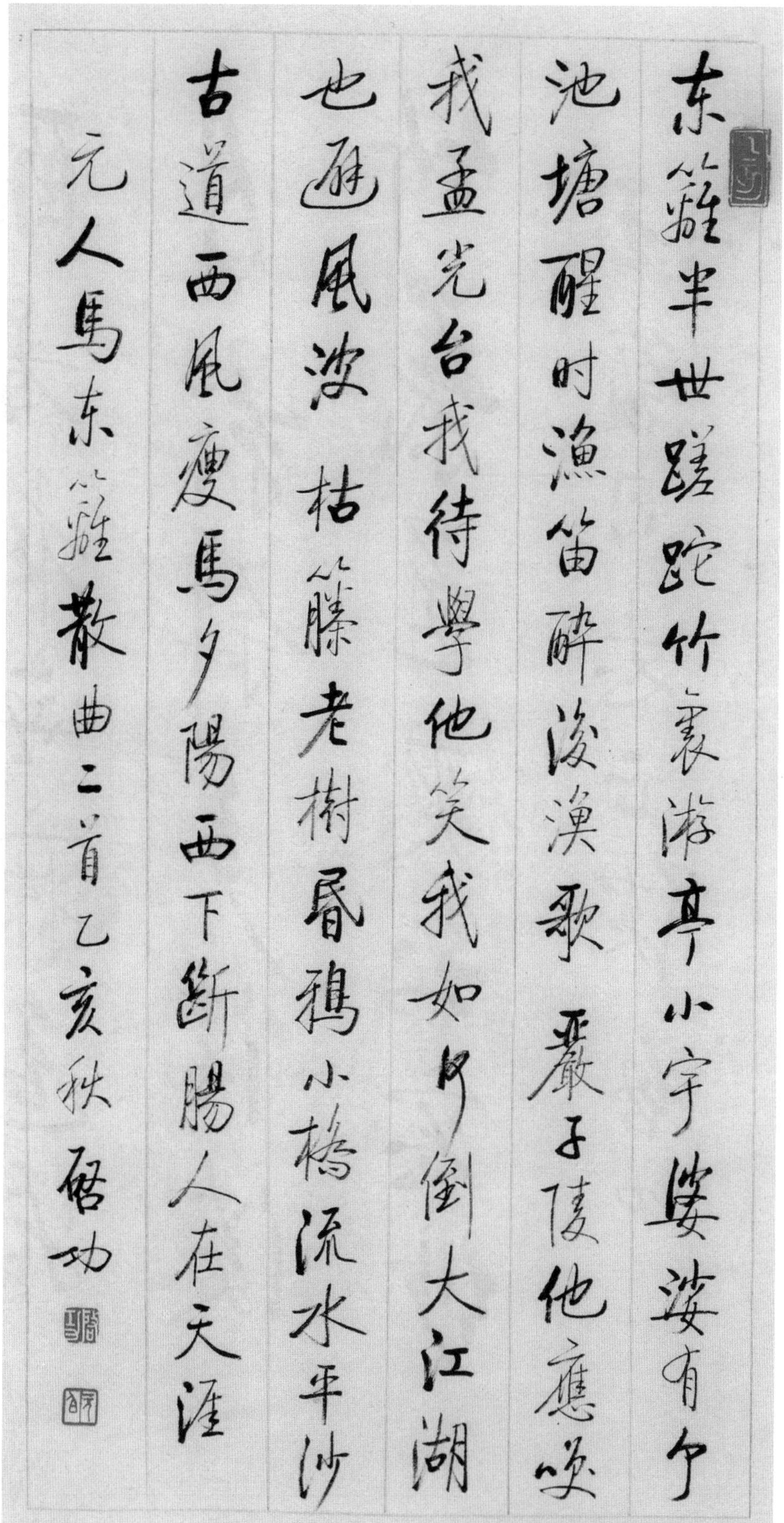

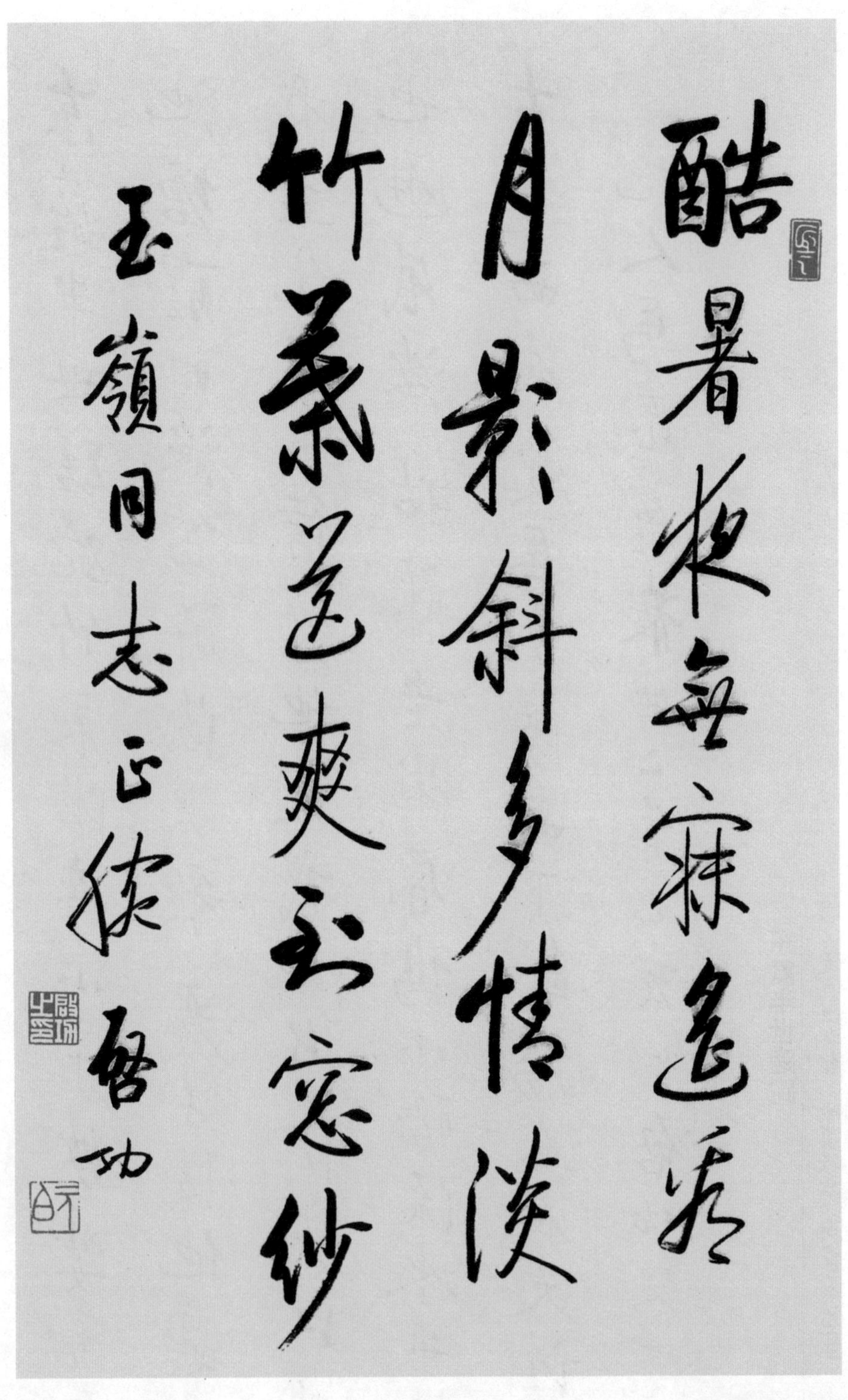

酷暑夜无寐

一九九五年作　水墨纸本　64cm×43cm　个人收藏

神存富貴始輕

黃金霧餘水畔

紅杏在林金榜匾

滿伴君移票取

之自是良禅羨襟

乙亥秋日摘藝詩品

性奎大醫師正俠

啟功書於北京

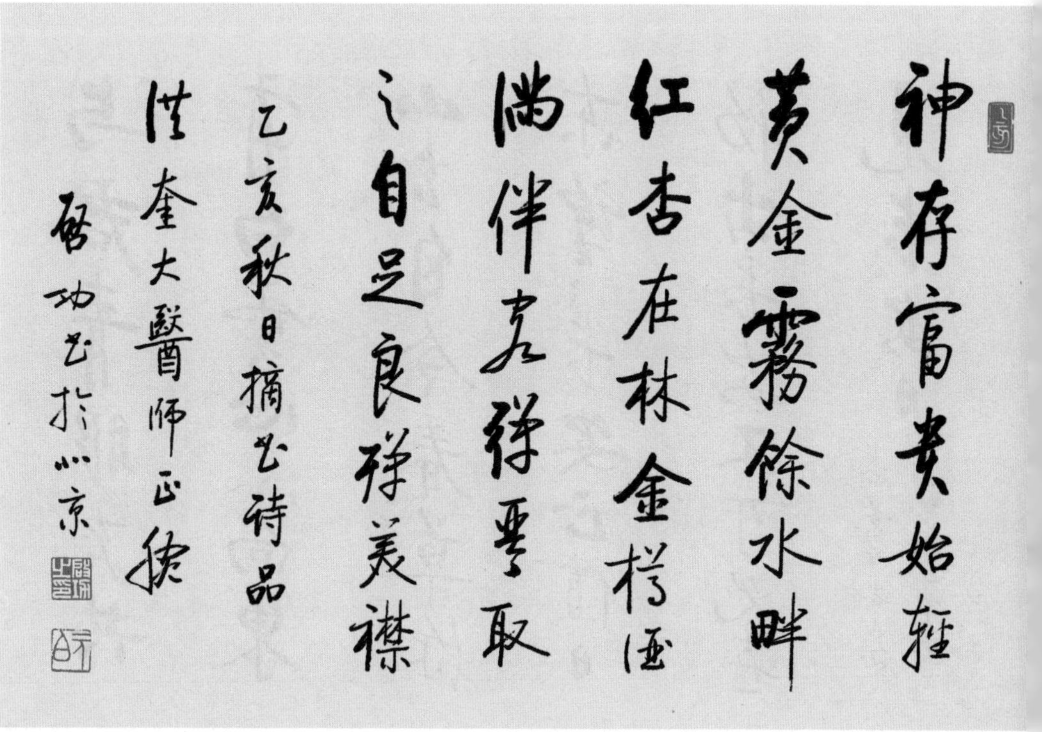

神存富贵

一九九五年作　水墨纸本　46cm×65cm　个人收藏

与君青眼客共有白云心不向东山去自令春草深东望长安正值日初出长安不可见更见长安日

秦景日志正谈

启功乙亥句

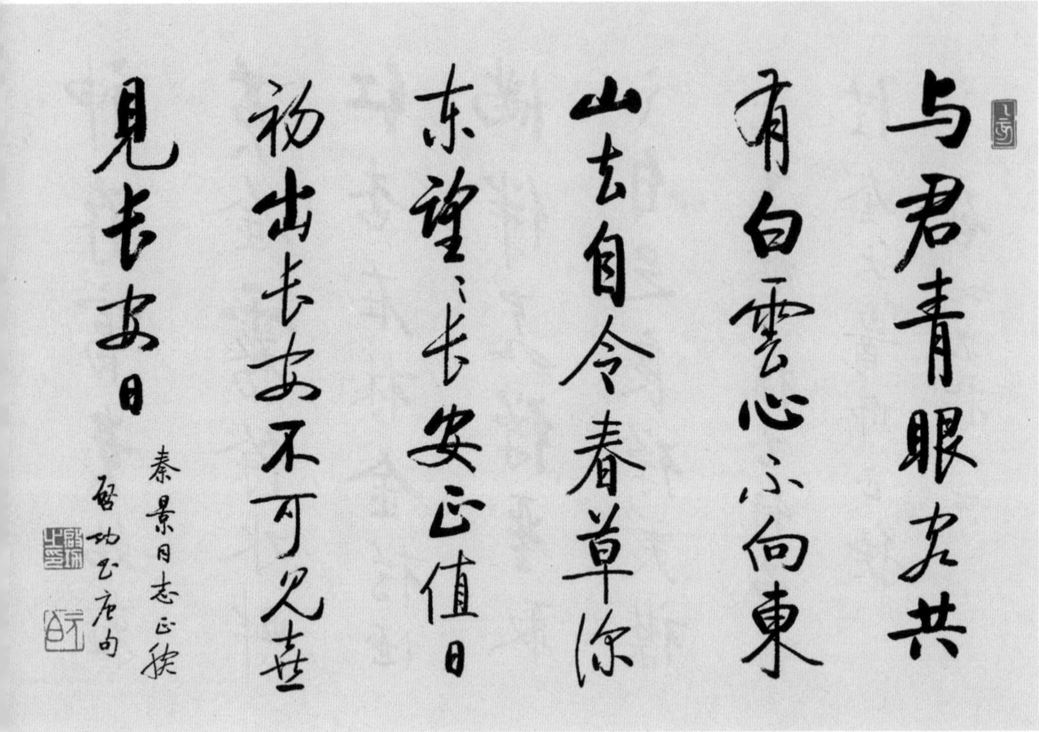

与君青眼客

一九九五年作　水墨纸本　42cm×64cm　个人收藏

雨歇楊林東渡頭永和
三日放輕舟故人家在桃
花岸直到門前溪水流
棠春先生雅教 启功 時年八十又三

雨歇杨林东渡头（三）

一九九五年作　水墨纸本　90cm×42cm　个人收藏

赠友人

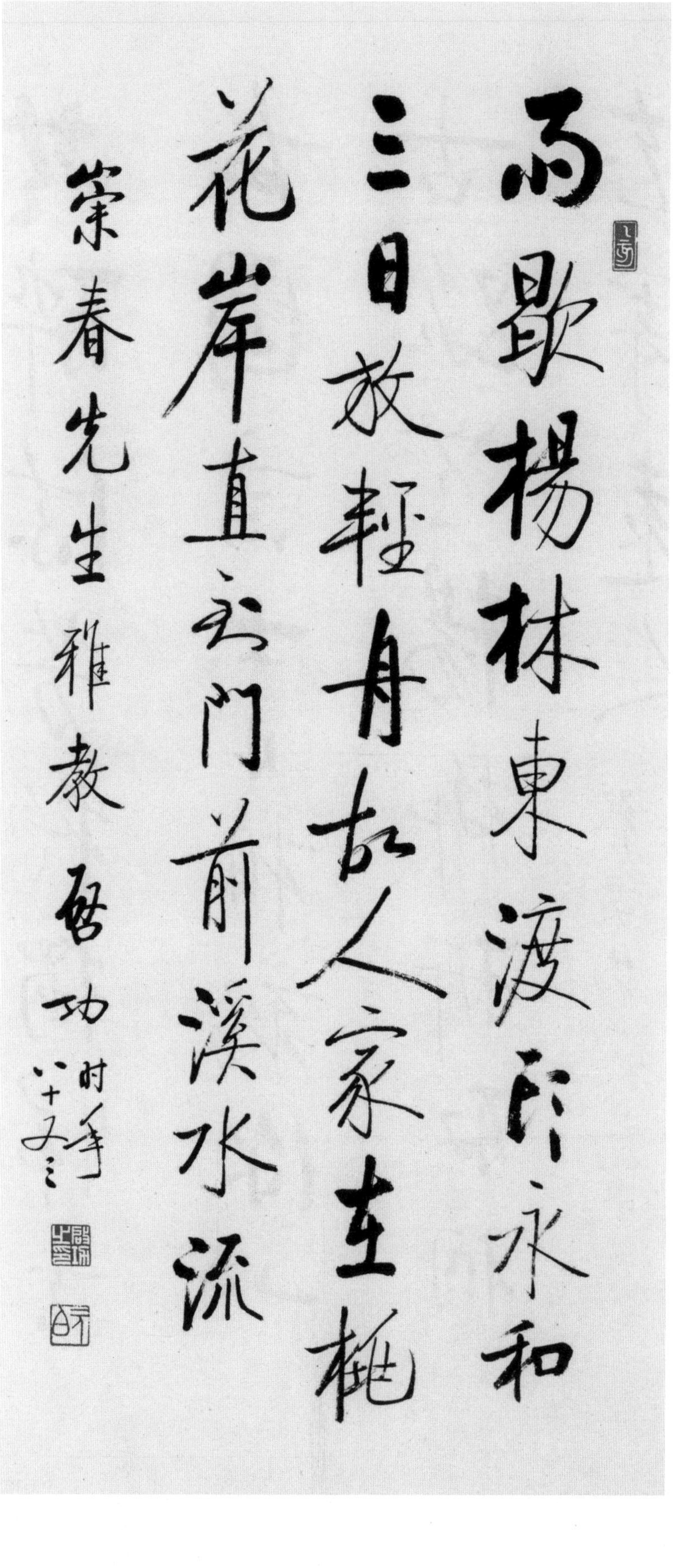

共醉凄芳粉独归去
故园高士日相亲徐山
古路芳杨柳折取桐
玄寄远人

张昊先生正伏

启功 时年八十又三

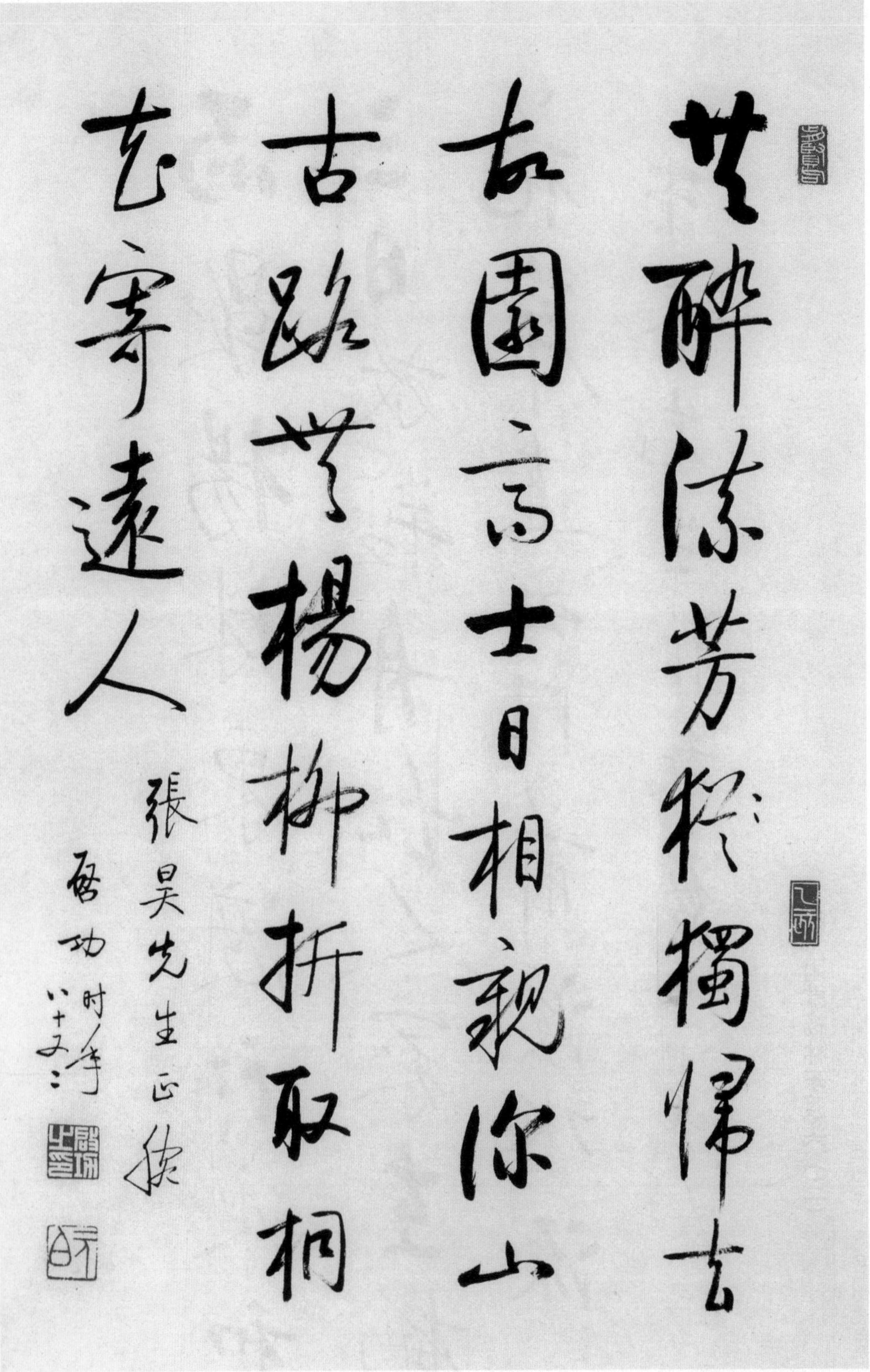

共醉流芳独归去

一九九五年作　水墨纸本　64cm×43cm　个人收藏

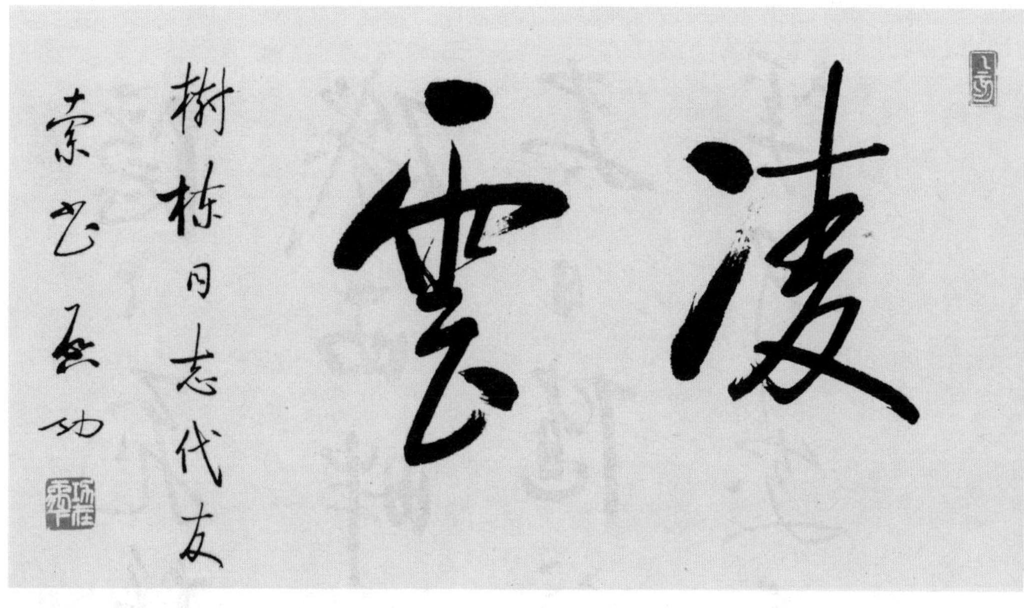

凌云

一九九五年作　水墨纸本　30cm×55cm　个人收藏

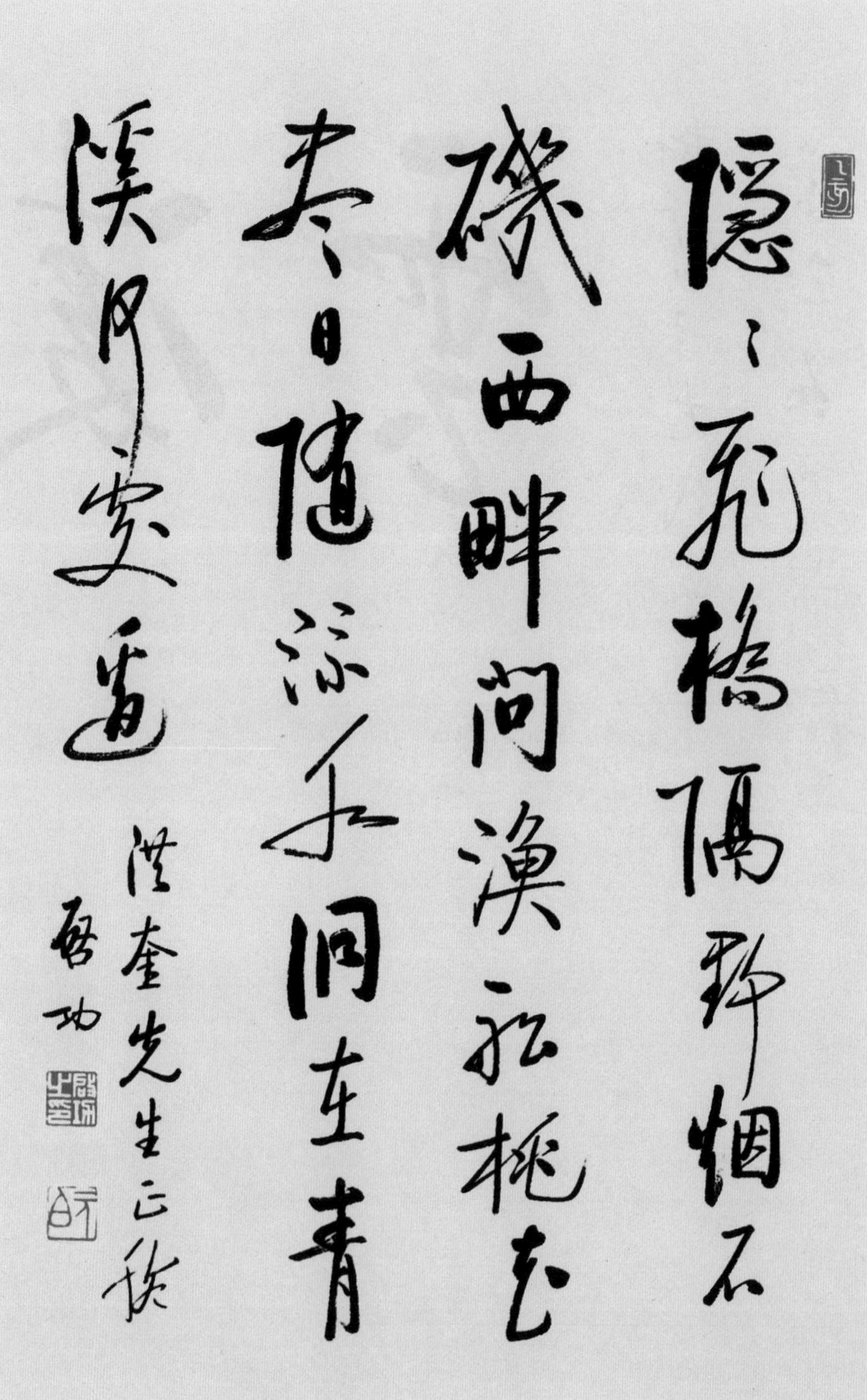

隐隐飞桥隔野烟

一九九五年作　水墨纸本　66cm×43cm　个人收藏

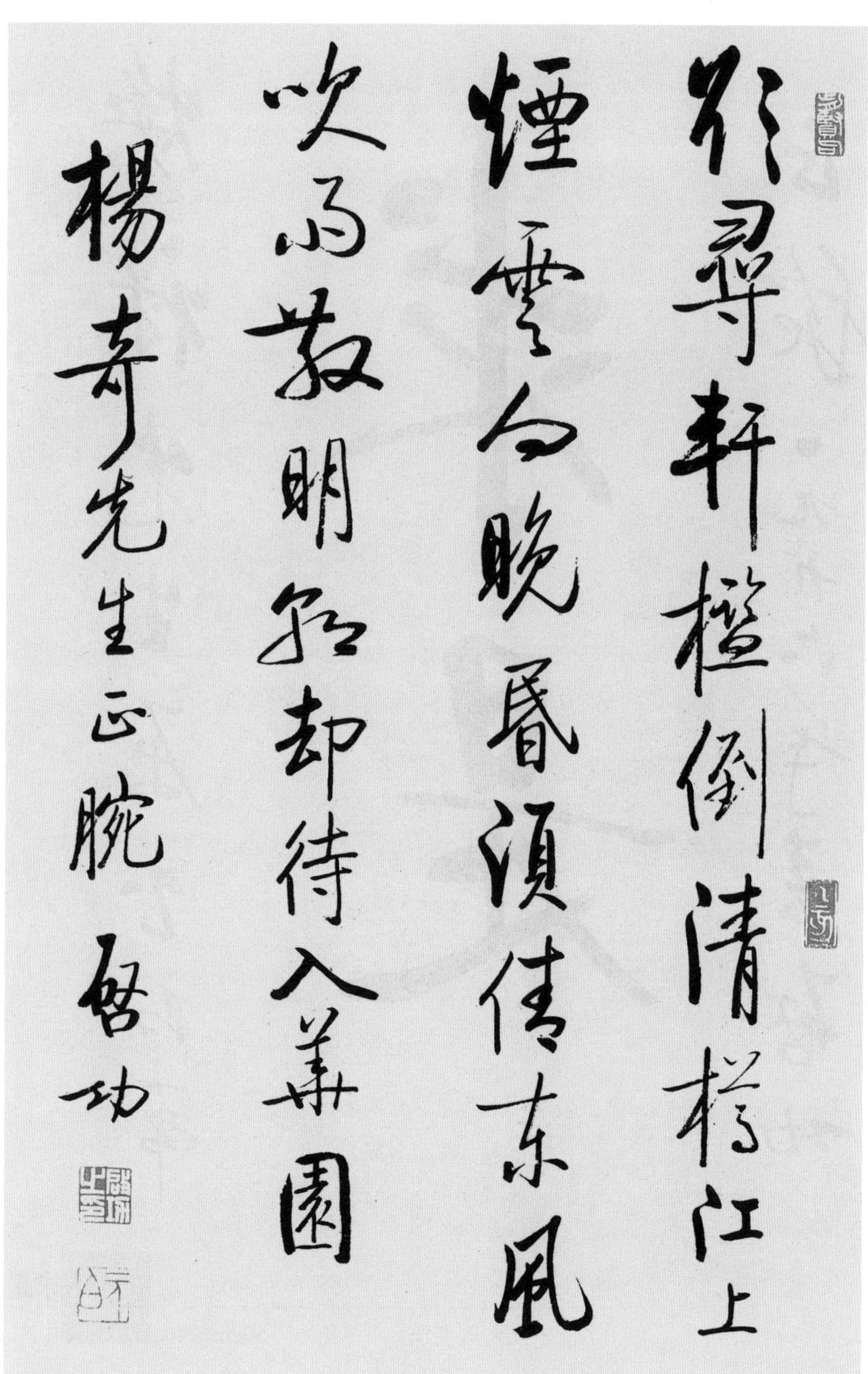

欲寻轩槛倒清樽（二）

一九九五年作　水墨纸本　62cm×43cm　个人收藏

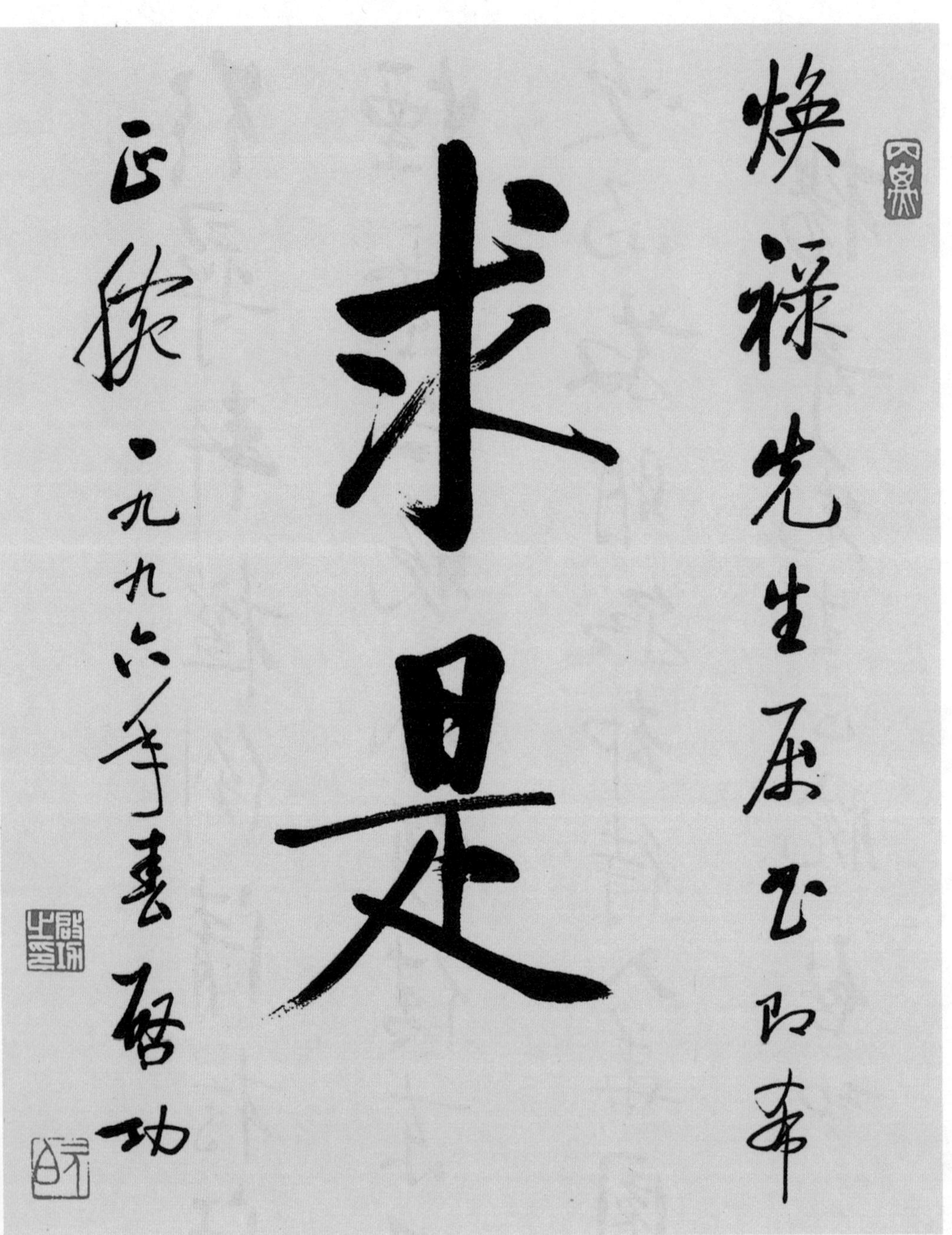

求是

一九九六年作　水墨纸本　50cm×40cm　个人收藏

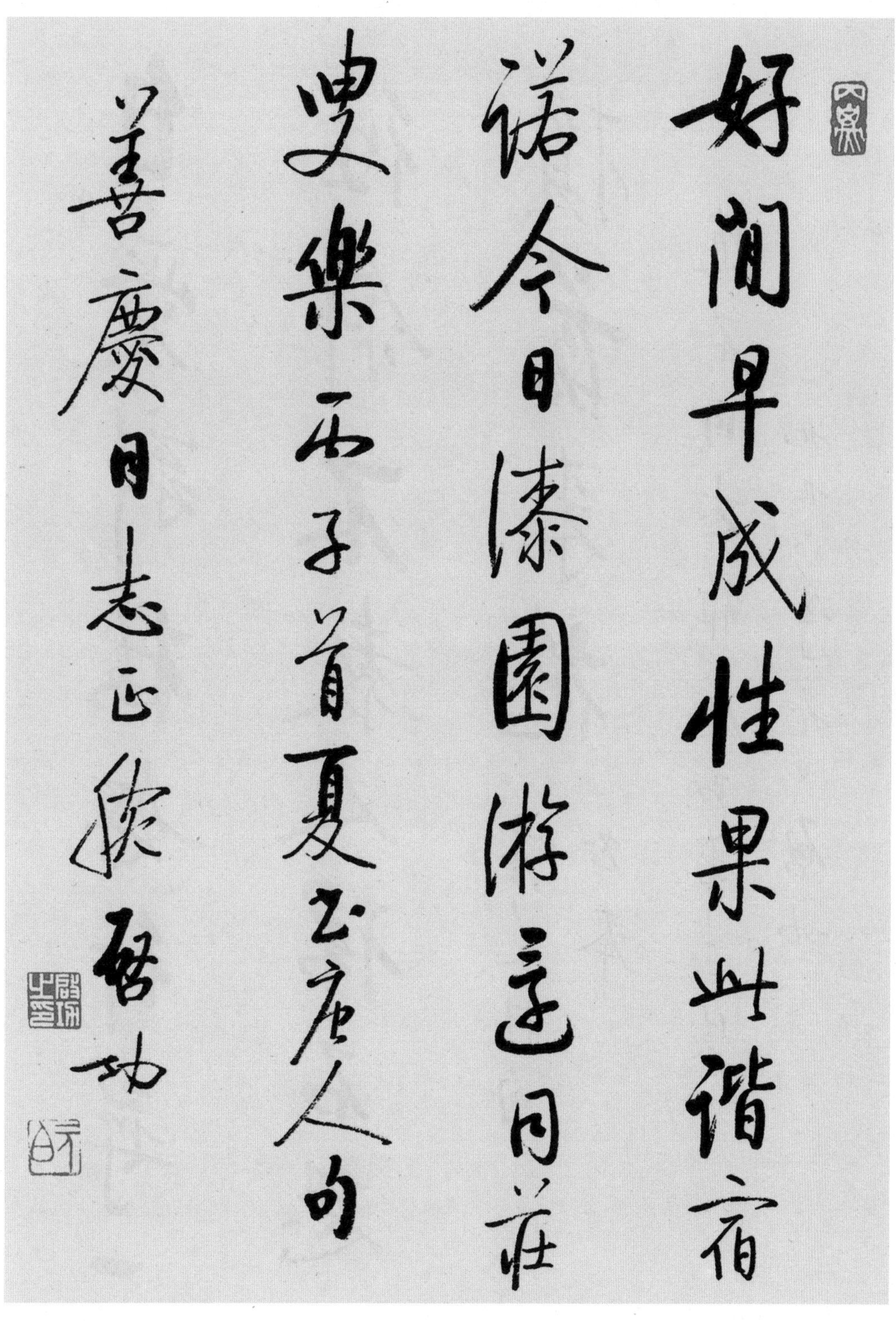

好闲早成性果此偕宿诺今日漆园游遥同莊叟樂而予首夏忽庼人句善慶日志正於啓功

好闲早成性

赠友人

一九九六年作　水墨纸本　60cm×40cm　个人收藏

自爱新梅好行寻一

径斜不教人扫石思

槙蒍柬花　唐人佳句

　　　　忘奉

趙玉同志雅属即希正倣

一九九六年冬日　启功

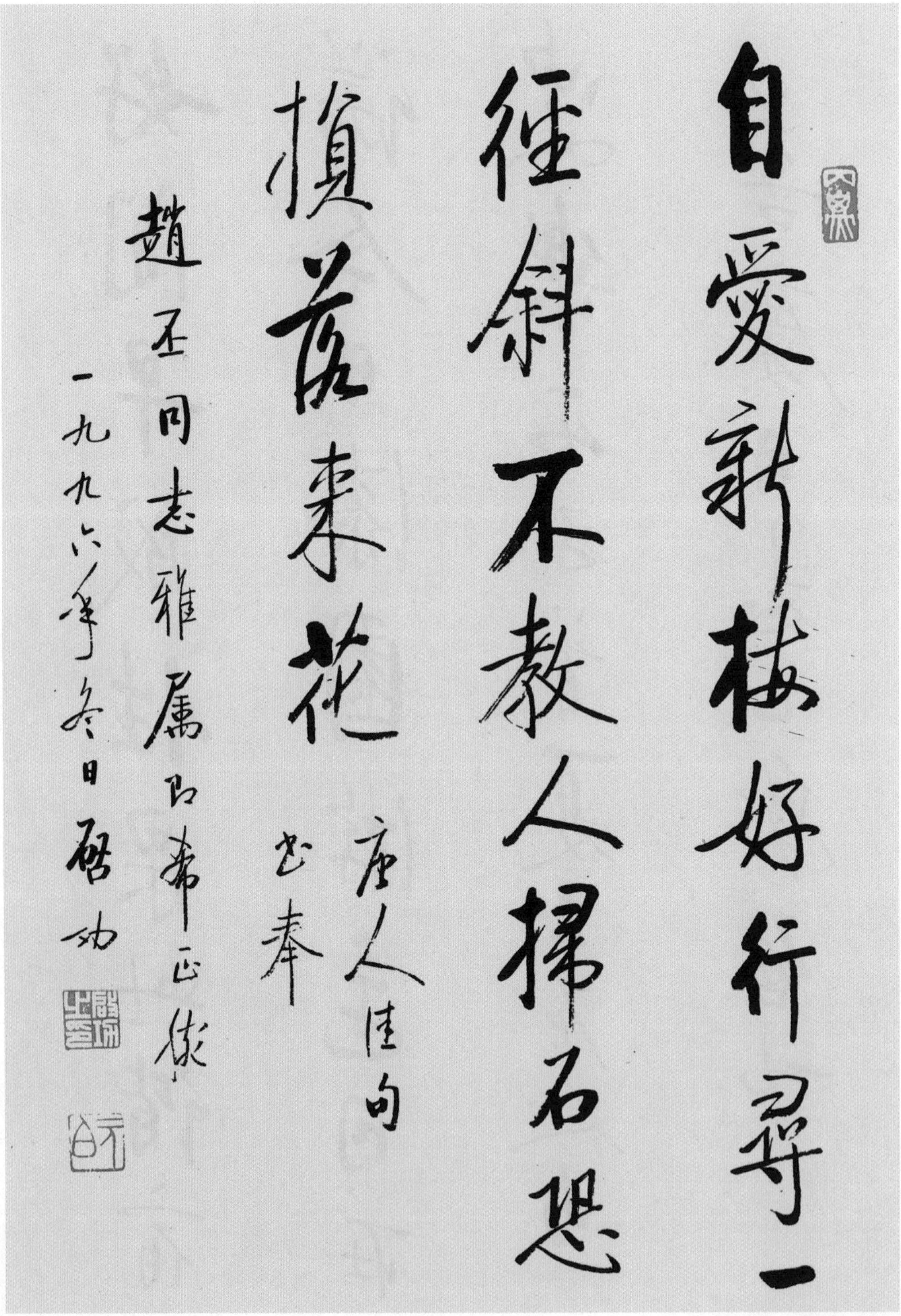

自爱新梅好

一九九六年作　水墨纸本　60cm×45cm　个人收藏

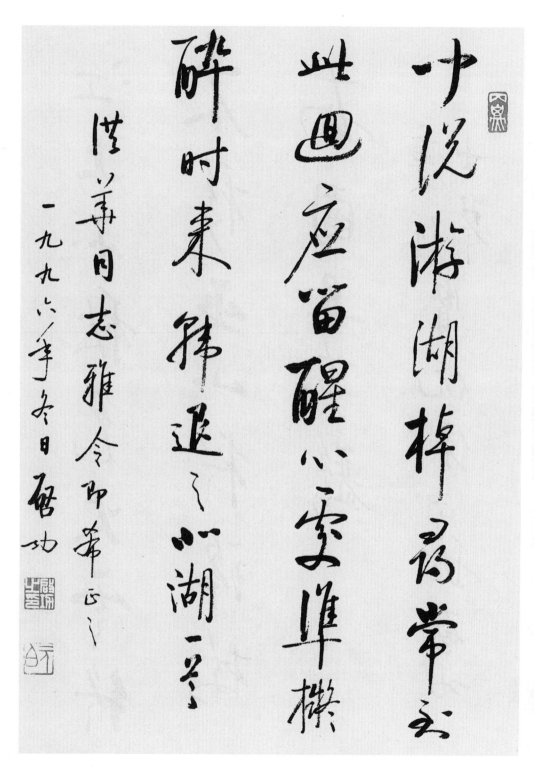

闻说游湖棹

一九九六年作　水墨纸本　60cm×45cm　个人收藏

333

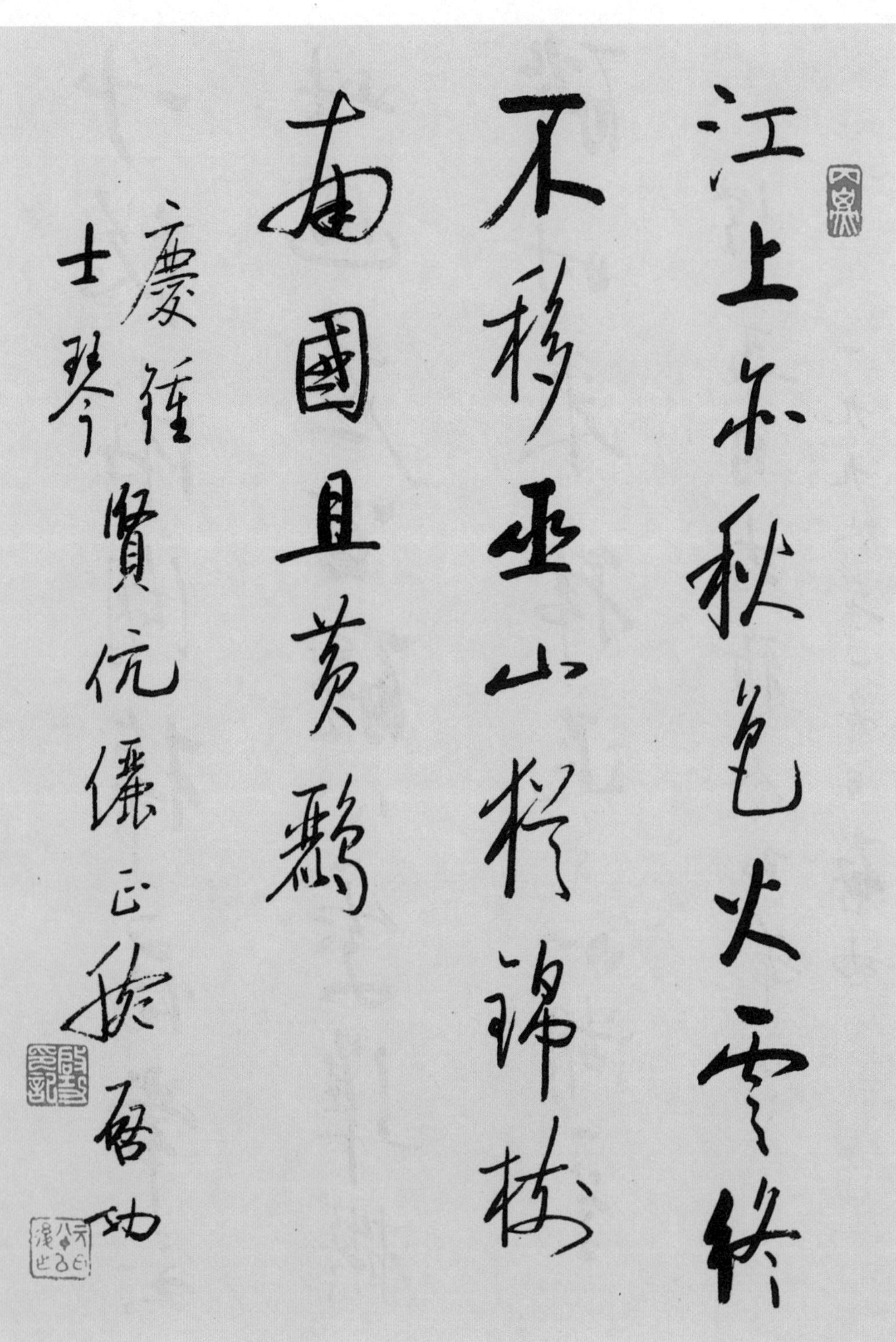

江上亦秋色

一九九六年作 水墨纸本 60cm×45cm 个人收藏

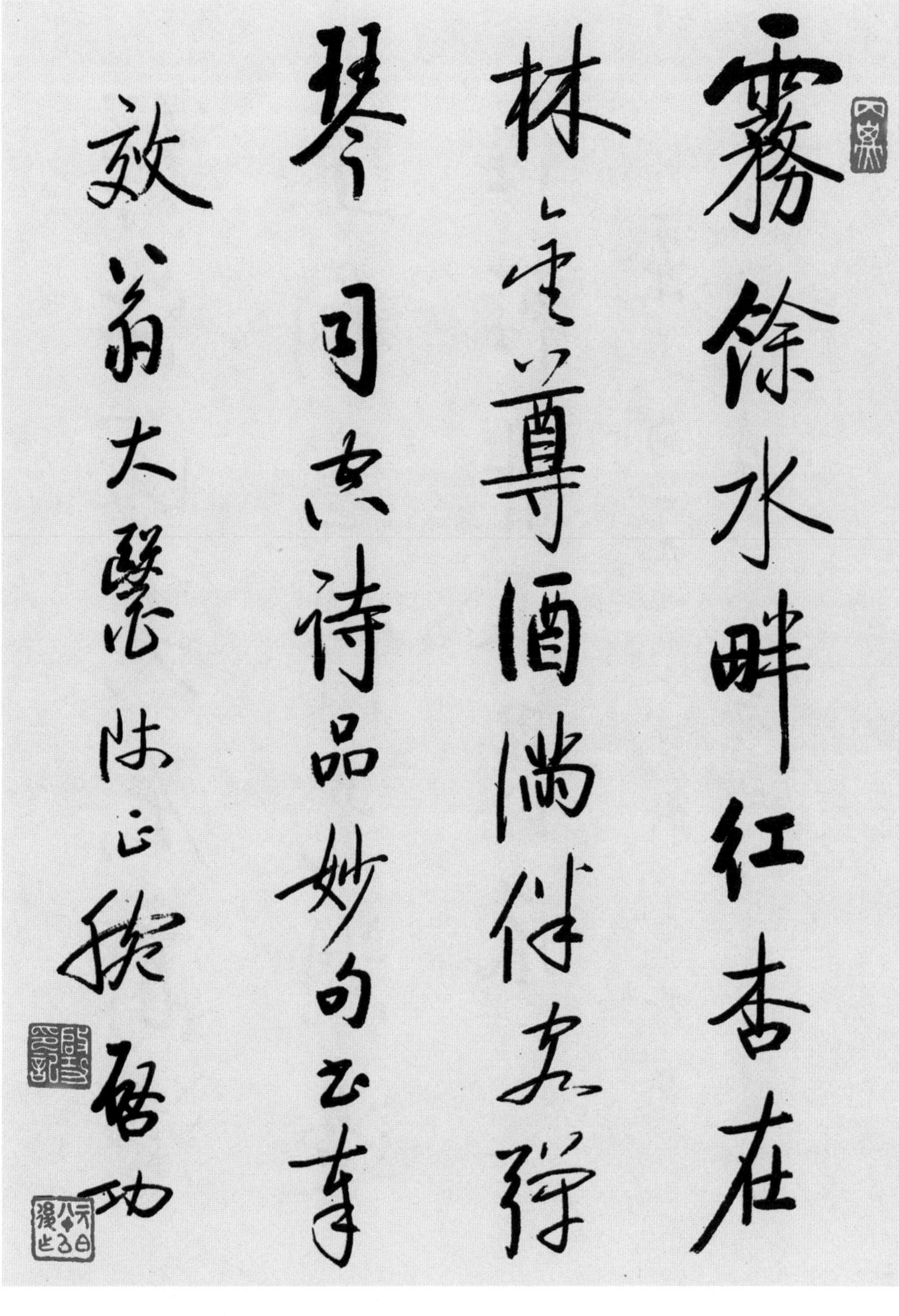

雾馀水畔（赠效翁大医师）

一九九六年作　水墨纸本　60cm×43cm　个人收藏

绿江深见底高浪
直翻空惯是湖边
任轻舟不畏风

古人句一九九六年新春书奉
世俊先生正腕启功时年八十三三

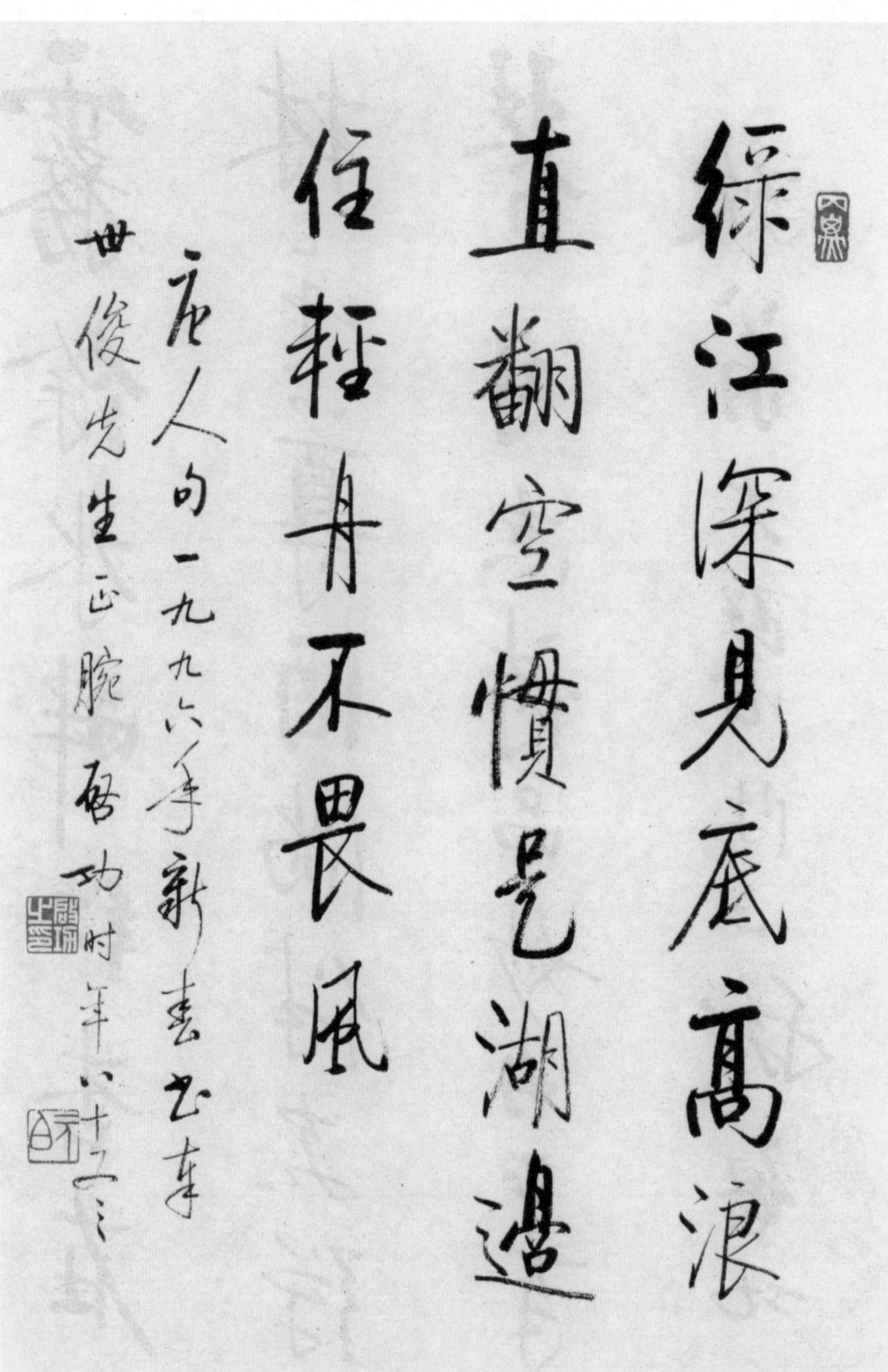

绿江深见底

一九九六年作　水墨纸本　65cm×43cm　个人收藏

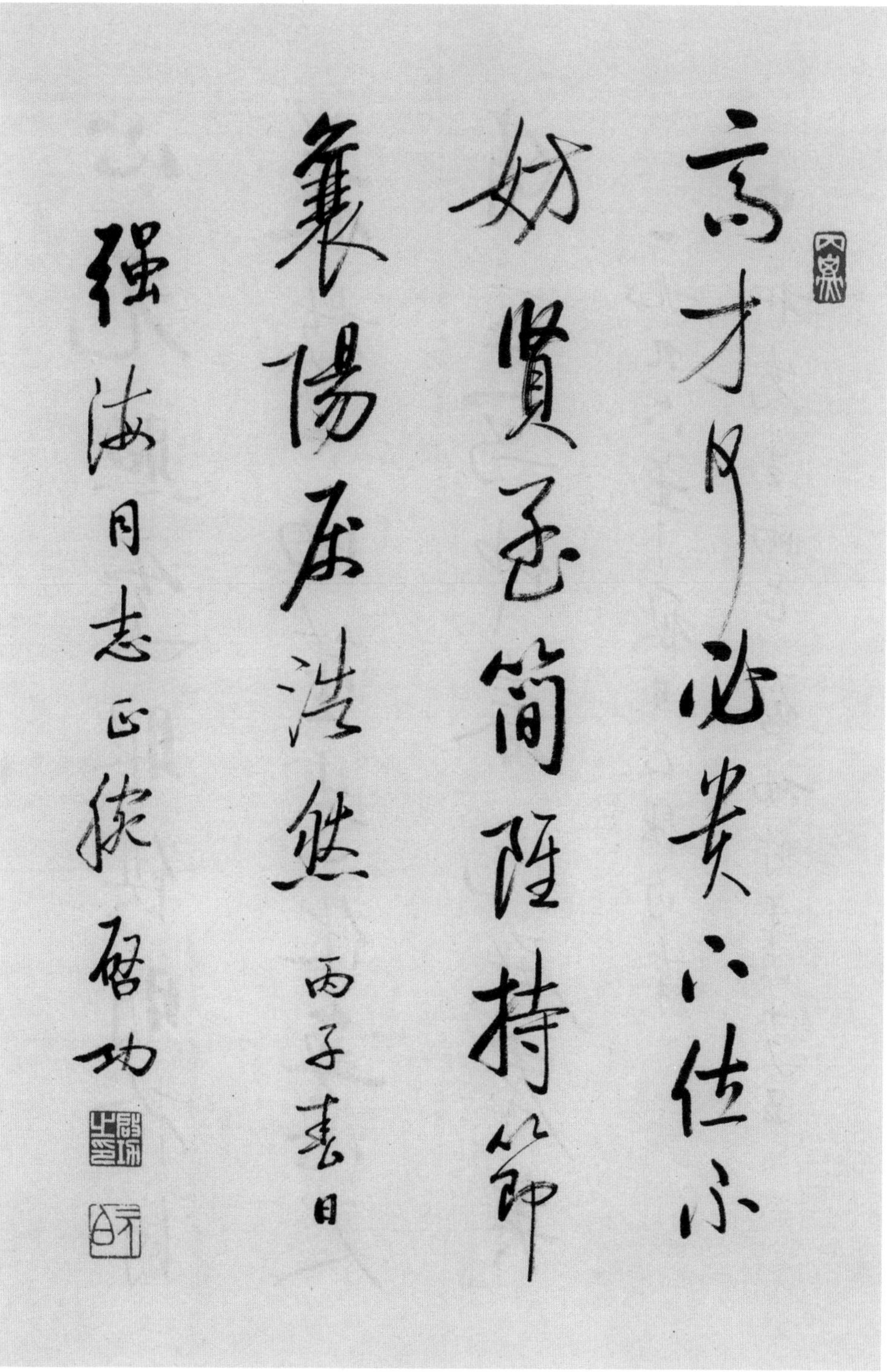

高才何必貴不但小妙賢玉簡陛持節襄陽居浩然丙子素日強海日志正侯啟功

高才何必贵

一九九六年作　水墨纸本　64cm×43cm　个人收藏

心光照季眼俱明拾得
花枝一两茎芽化无心人
有立写仲春晚殿群芙
一九六年秋日忆拈句李
中和先生两正 启功时年八十又五

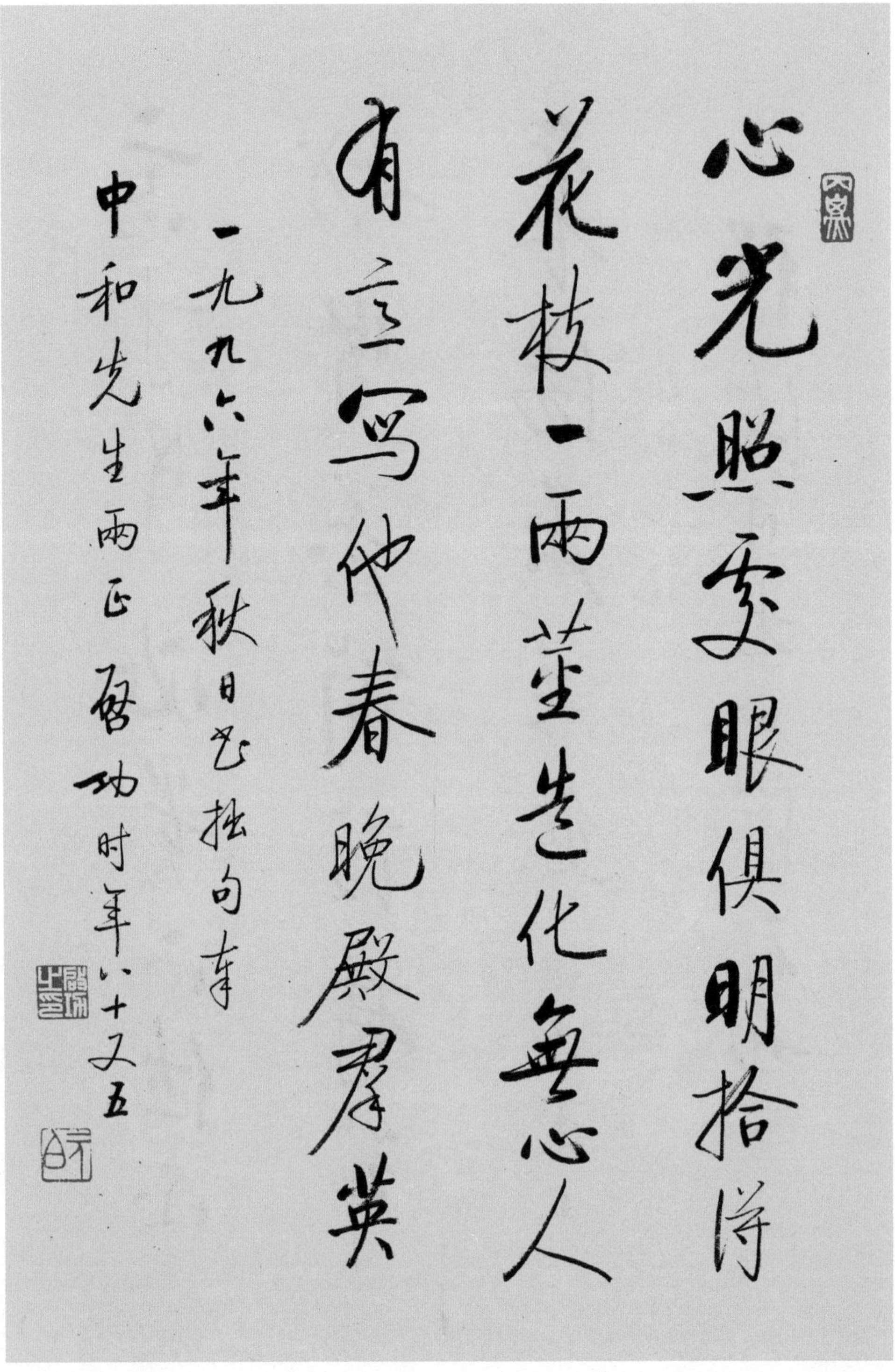

心光照处眼俱明

一九九六年作　水墨纸本　63cm×42cm　个人收藏

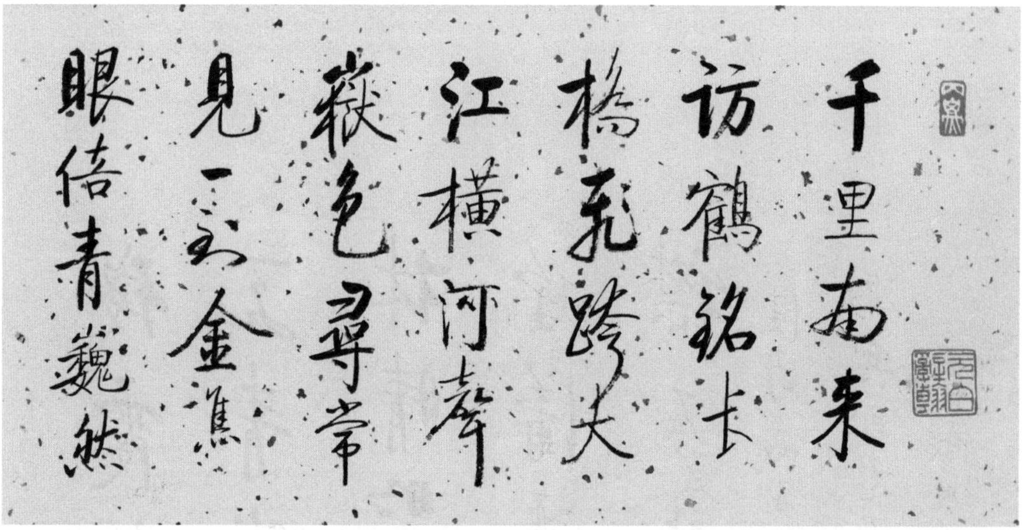

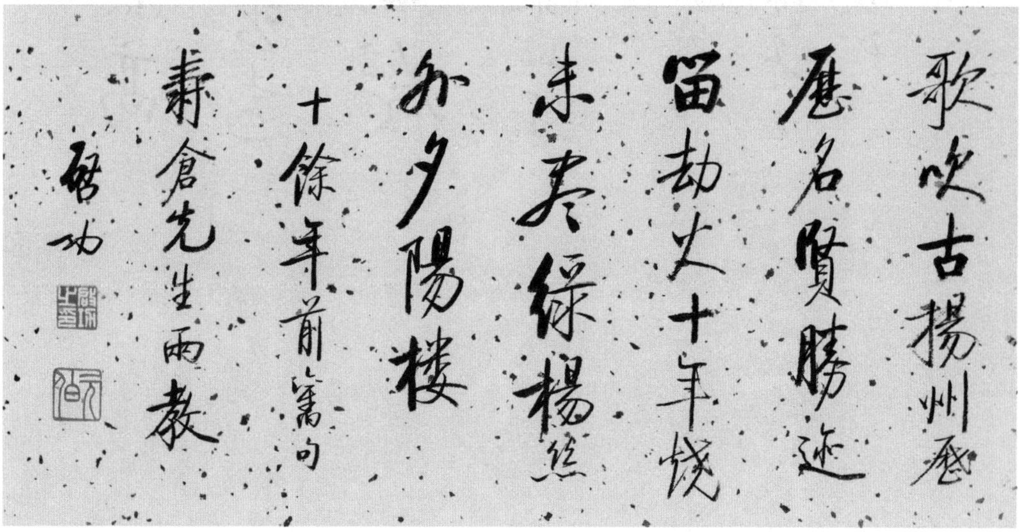

千里南来访鹤铭（诗两首）

一九九六年作　水墨纸本　30cm×118cm　个人收藏

残霞照高阁
尽青山出寺
林晴昭一灯
望潇潇此玉
襟 唐人佳承吉
住句丙子深冬应
冯兵同志属书
启功时年八十三

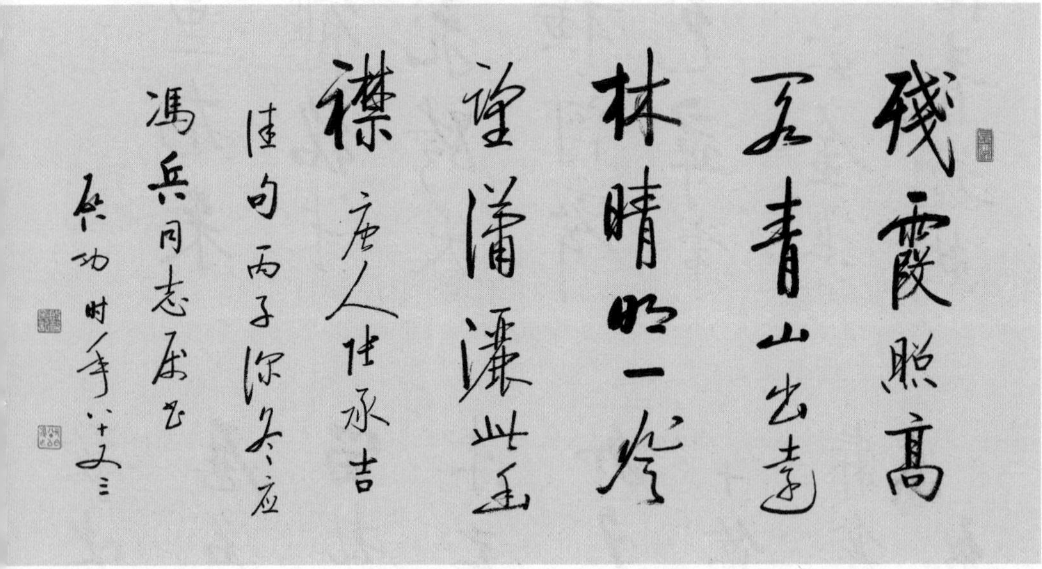

残霞照高阁

一九九六年作　水墨纸本　68cm×136cm　个人收藏

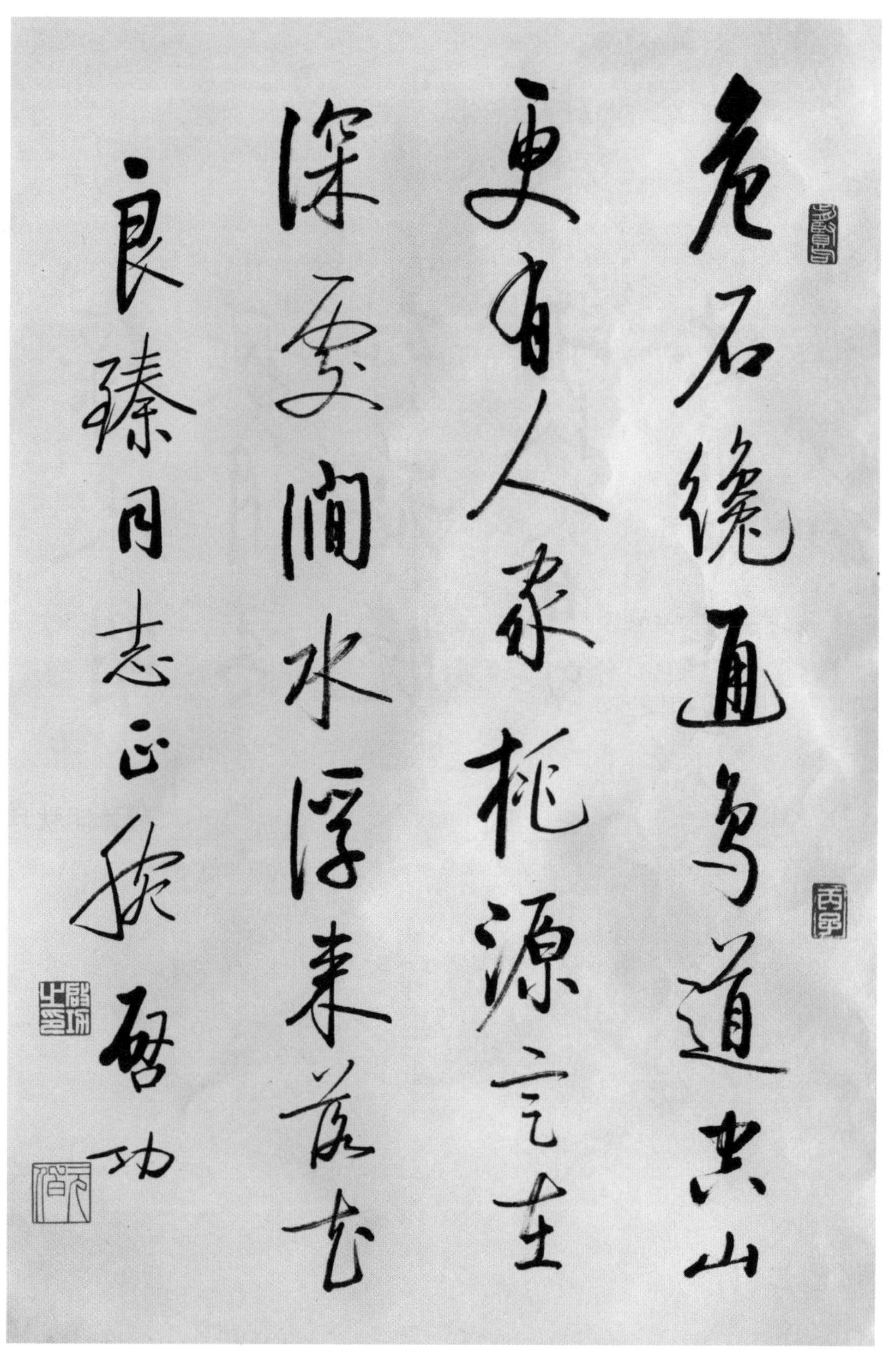

危石才通鸟道

一九九六年作　水墨纸本　68cm×45cm　个人收藏

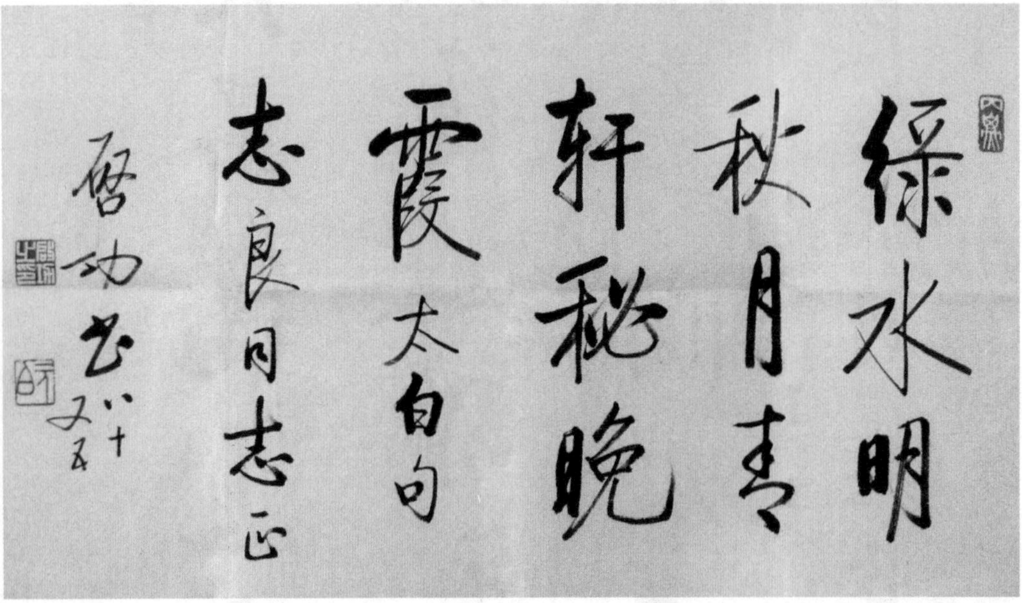

绿水明秋月

一九九六年作　水墨纸本　34cm×68cm　个人收藏

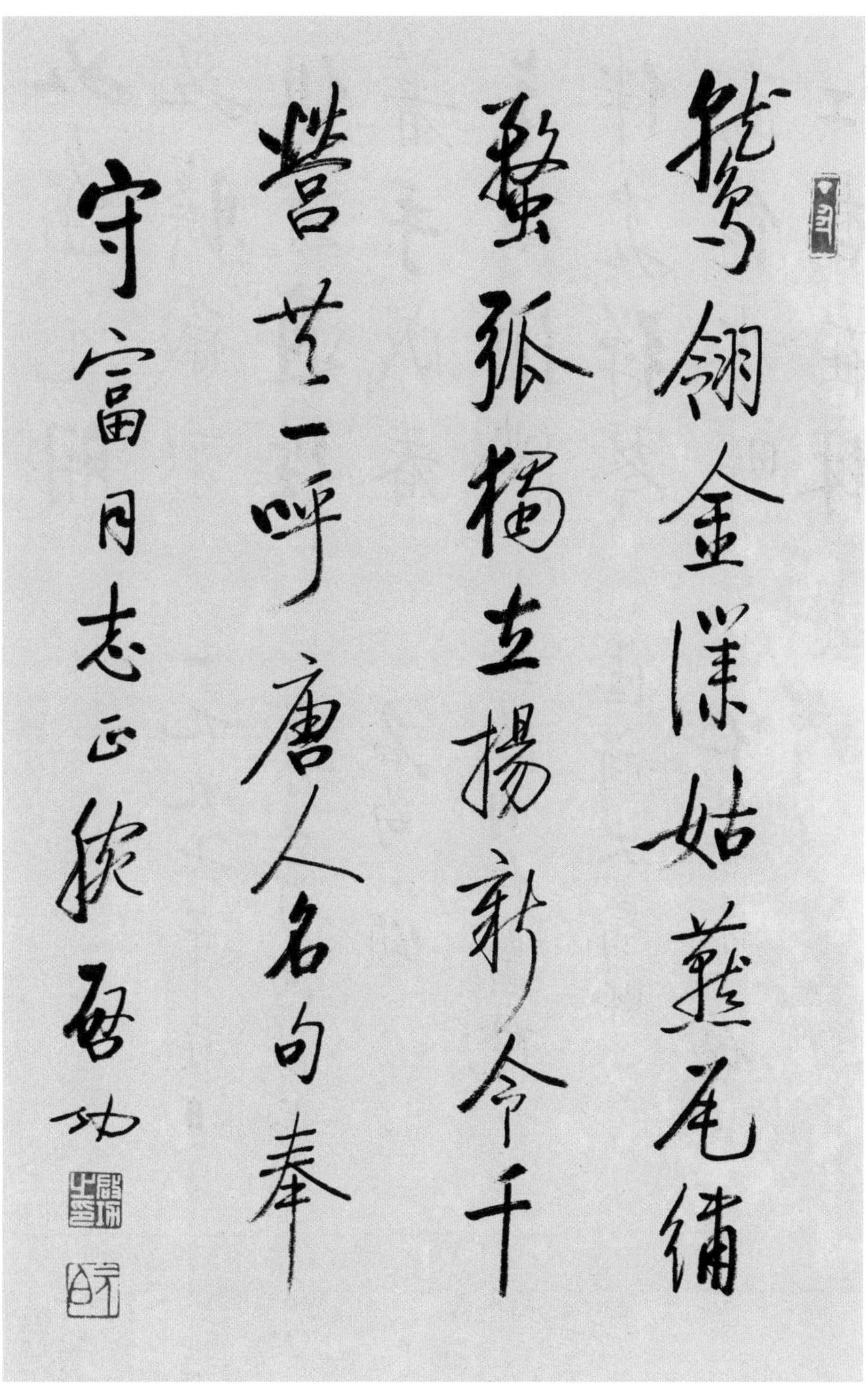

鹜翎金仆姑

一九九七年作　水墨纸本　68cm×48cm　个人收藏

赠友人

如逢花开
为瞬岁新
俱道适往
著手成春
尊樽酒满
伴客弹琴
雾馀水畔
红杏在林

一九九七年秋日
集公司古诗品
名句以颂

上海日仁医院
医新大医师

仁心仁术　启功

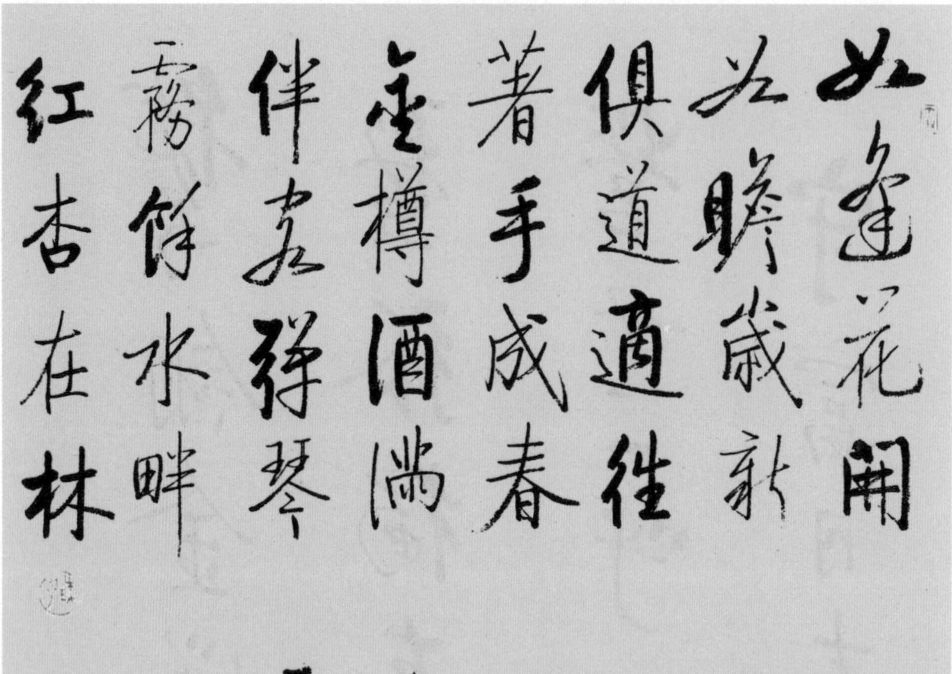

如逢花开

一九九七年作　水墨纸本　53cm×43cm　个人收藏

菖蒲翻叶柳交枝暗上莲丛鸟不知更爱花景

深窈玉楼宝殿影参差泉声遍野入芳洲拥徐

吹花上碧流二月行人渐无路巢蜂乳燕满高楼

侯林尹建日志仪鉴 一九九七年新春 启功艺於北京

菖蒲翻叶柳交枝（诗两首）

一九九七年作　水墨纸本　94cm×30cm　个人收藏

345

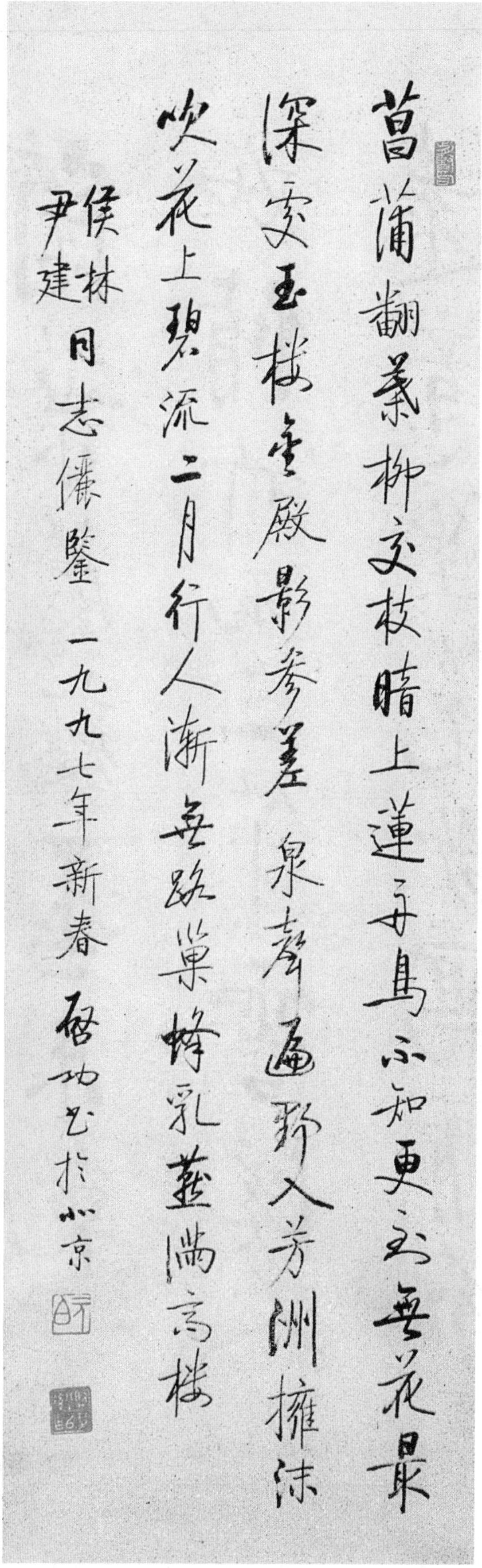

兰叶葳蕤墨未乾

宗煤先生雅正　丁丑中秋　启功补俊

兰叶葳蕤墨未乾　如修竹两三竿云溪人

远音尘绝欲写清芬　下笔难　启功

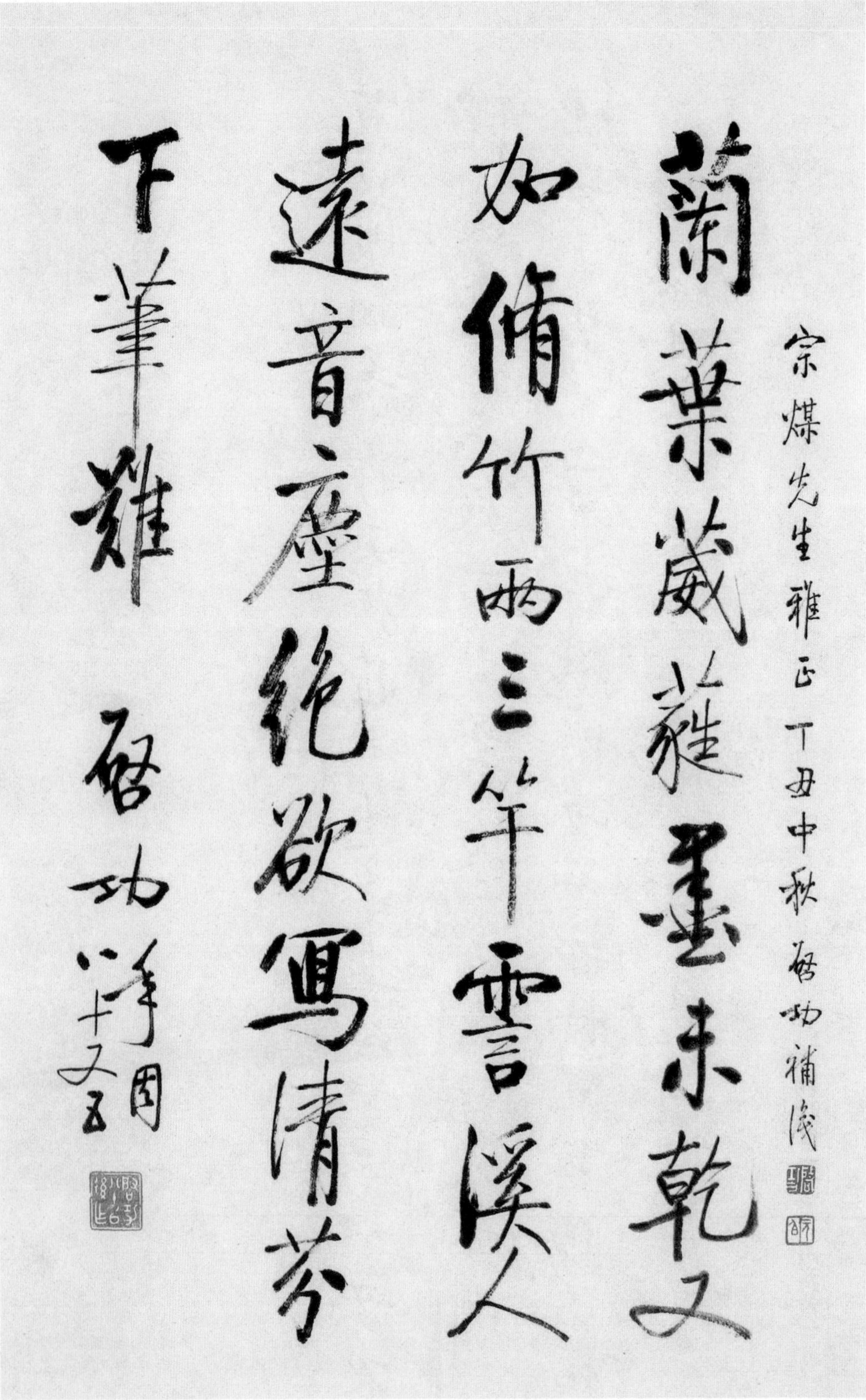

兰叶葳蕤墨未干

一九九七年作　水墨纸本　64cm×43cm　个人收藏

髫年读史最惊人占我封

疆二百春言外屡躯八十五居

然重见版图真 一九九七年秋

香港四归志喜之作艺奉

锡桂先生两正 启功

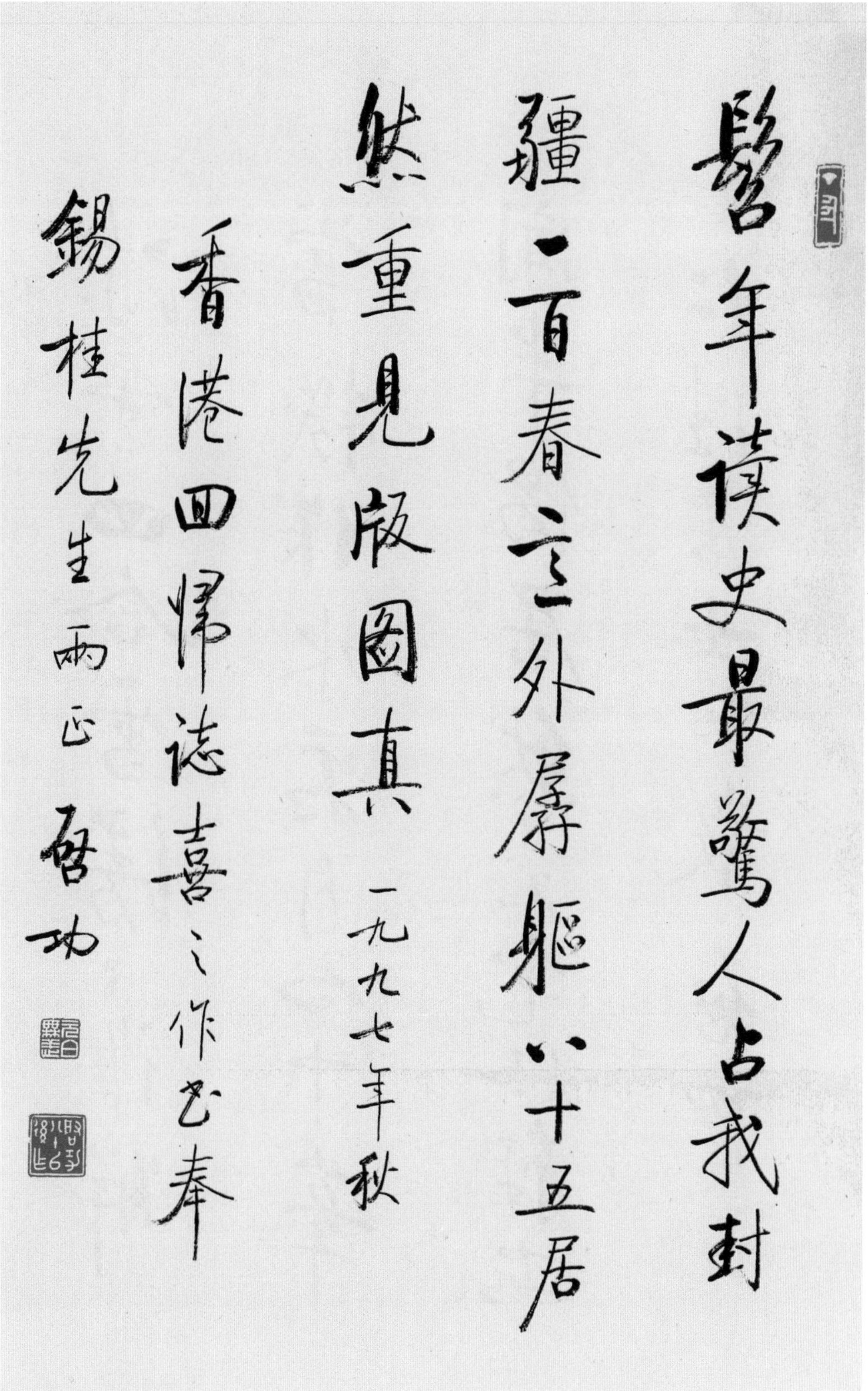

髫年读史最惊人

一九九七年作　水墨纸本　64cm×40cm　个人收藏

冻云四合雪漫漫谁解
当机作水不自中峯
闻半偈居然火宅泠轻安

仁珏居士两教 启功

冻云四合雪漫漫（赠仁珏）

一九九七年作　水墨纸本　76cm×51cm　个人收藏

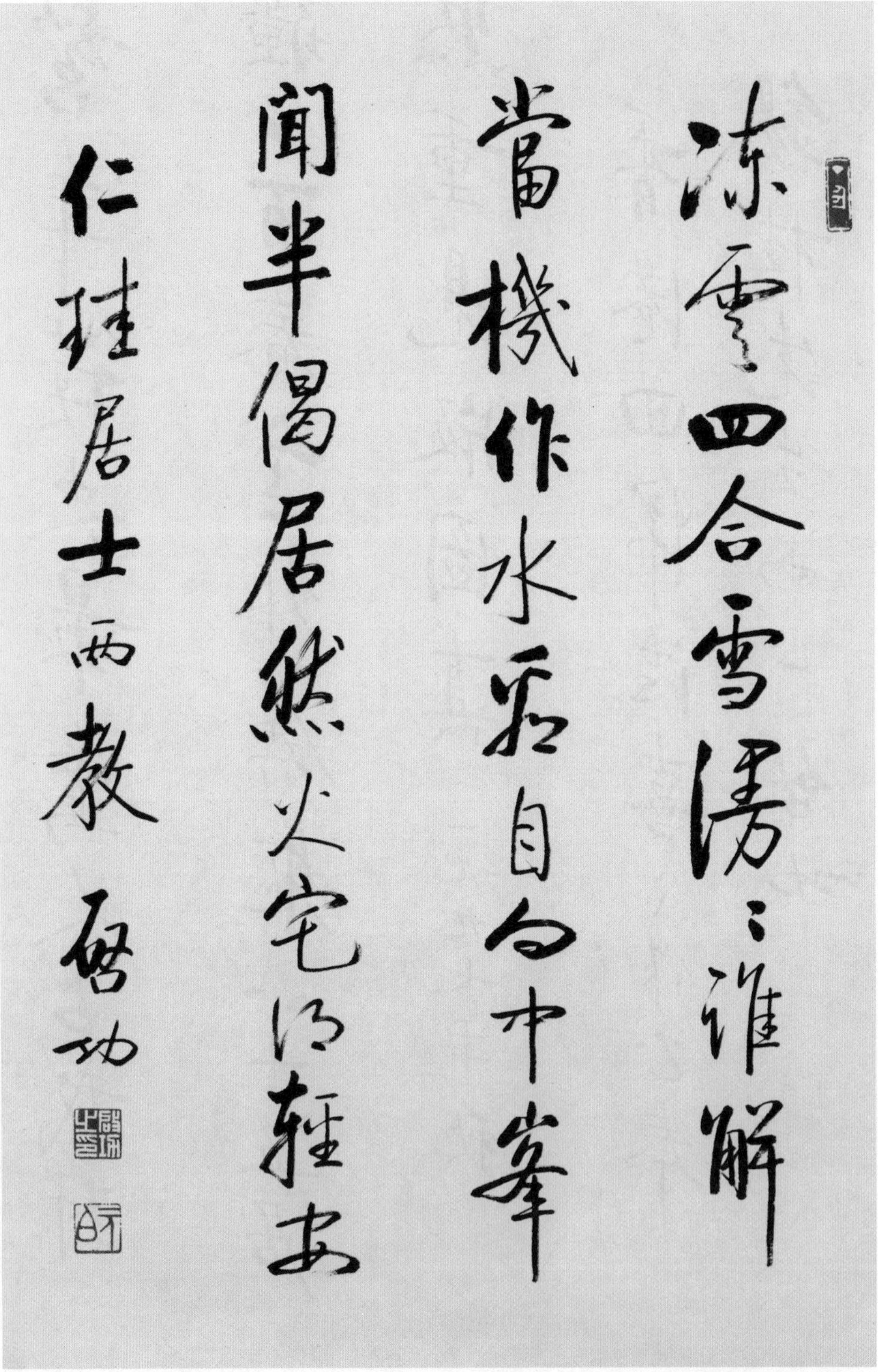

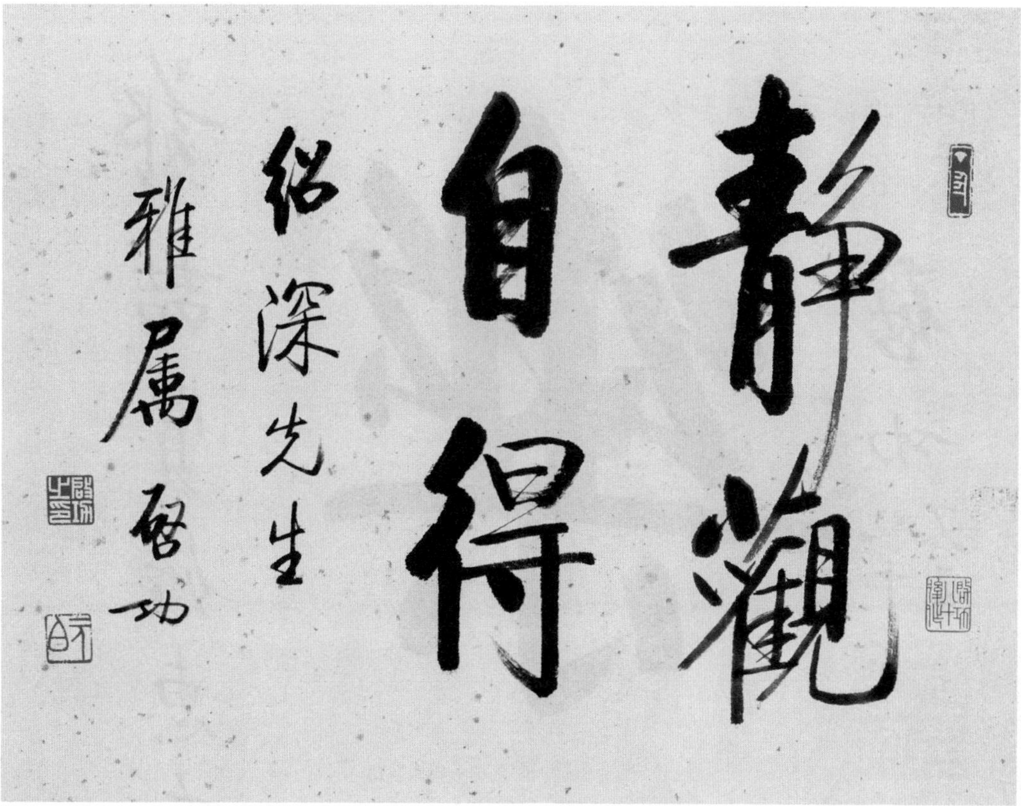

静观自得

一九九七年作　水墨纸本　42cm×62cm　个人收藏

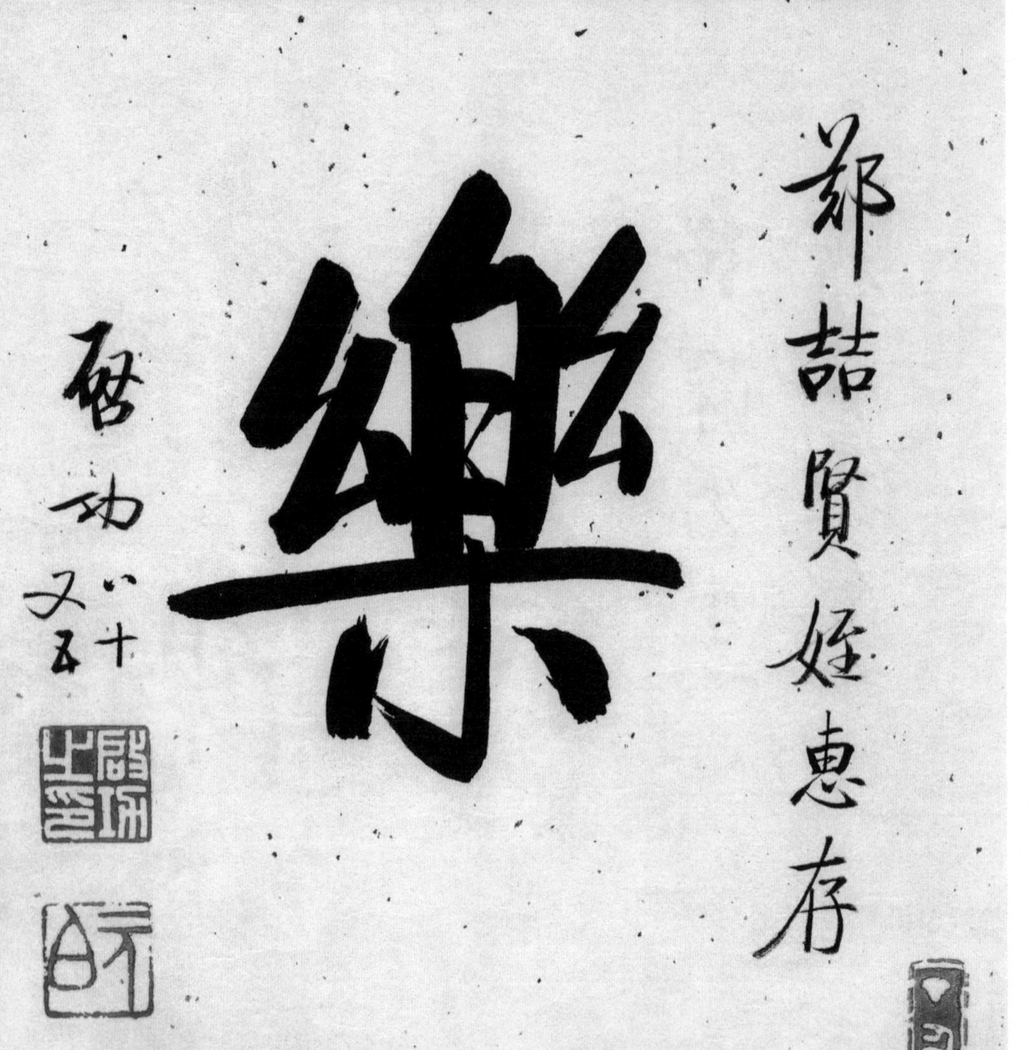

乐

一九九七年作　水墨纸本　24cm×27cm　个人收藏

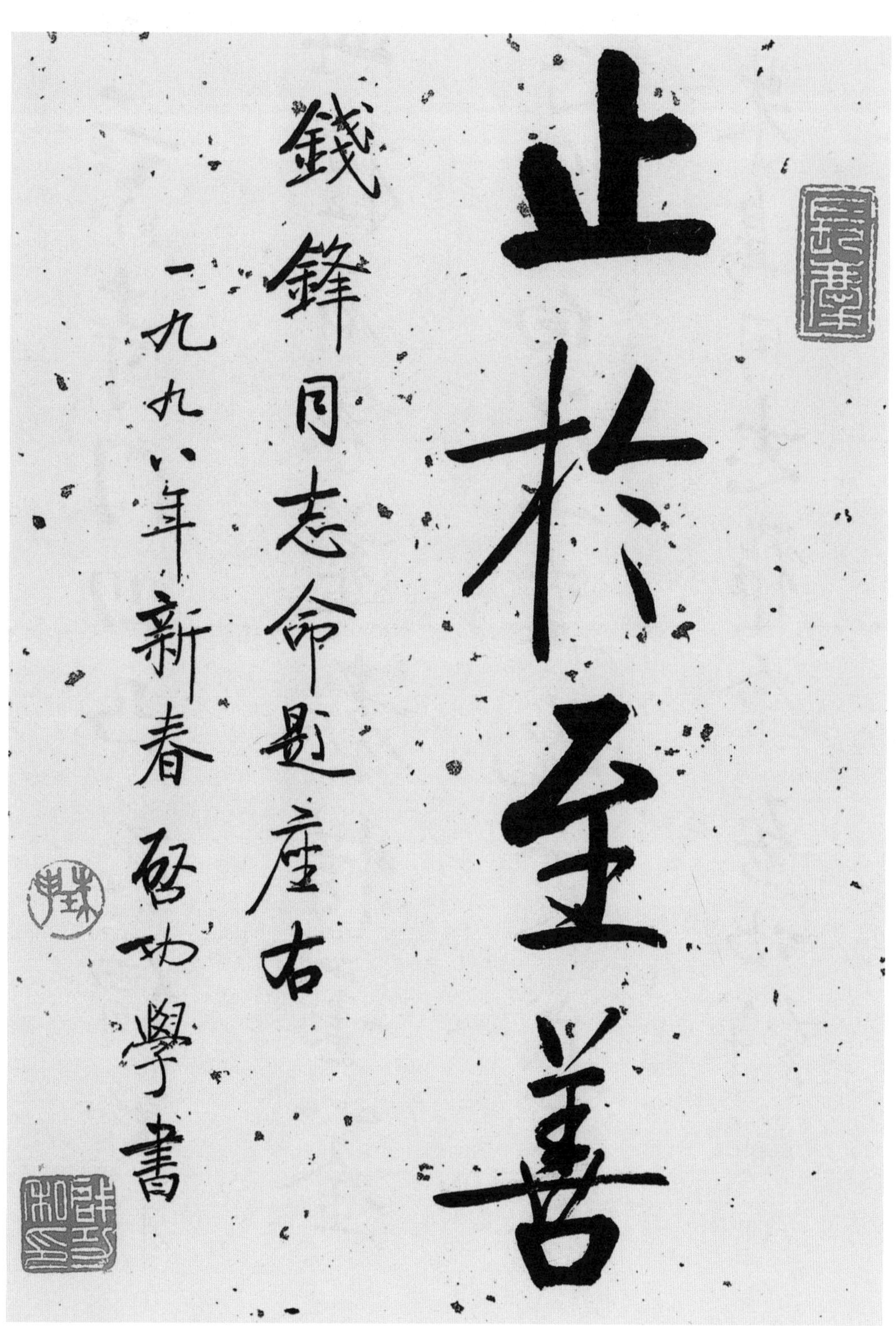

止於至善

錢鋒同志命題座右

一九九八年新春 啟功學書

止于至善

一九九八年作　水墨纸本　33cm×22cm　个人收藏

一乘寺门凹凸花僧繇於
此擅名家遂教惜墨如金
手解向江山画晚霞 戊寅春
朱鸣同志雅令 启功八十五

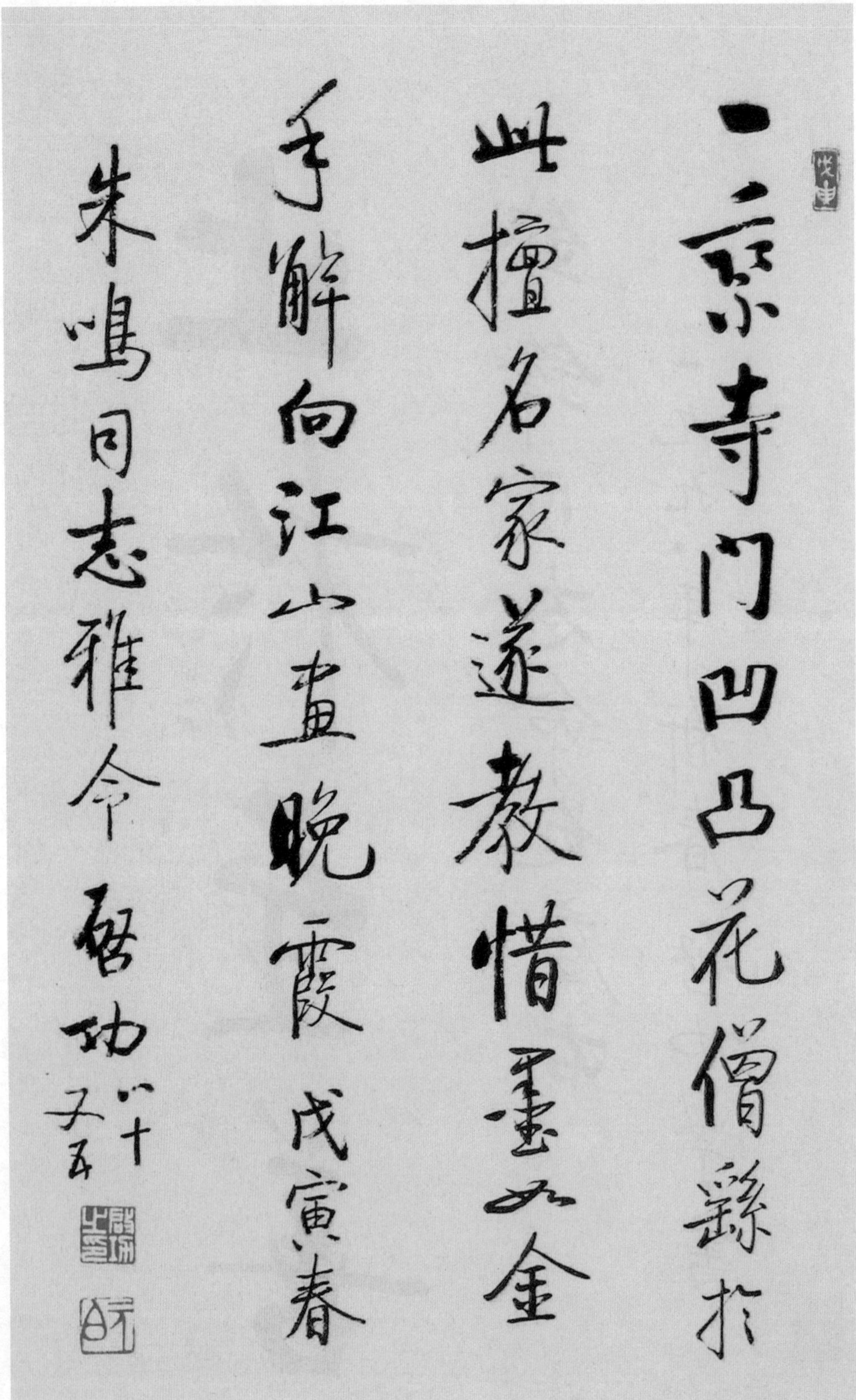

一乘寺门凹凸花

一九九八年作　水墨纸本　45cm×68cm　个人收藏

江干多是钓人居柳陌菱塘一带

陈好光日斜风定後半江红树卖

鲈鱼稚儒先生正似戊寅四月启功

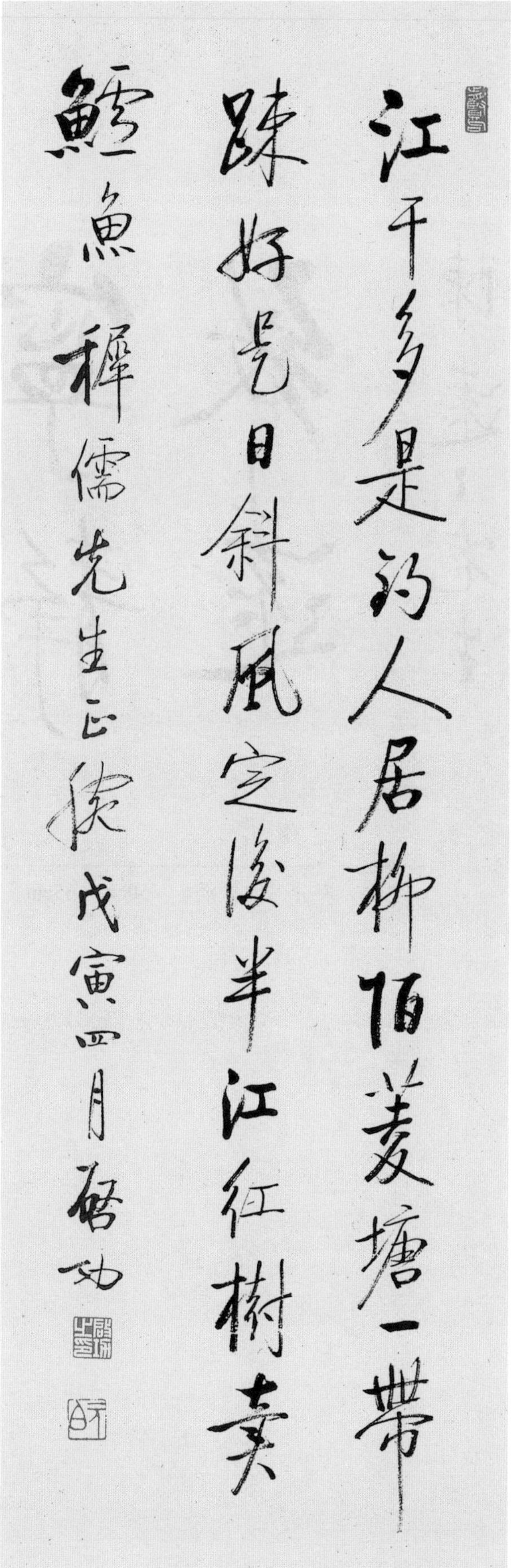

江干多是钓人居

一九九八年作　水墨纸本　98cm×32cm　个人收藏

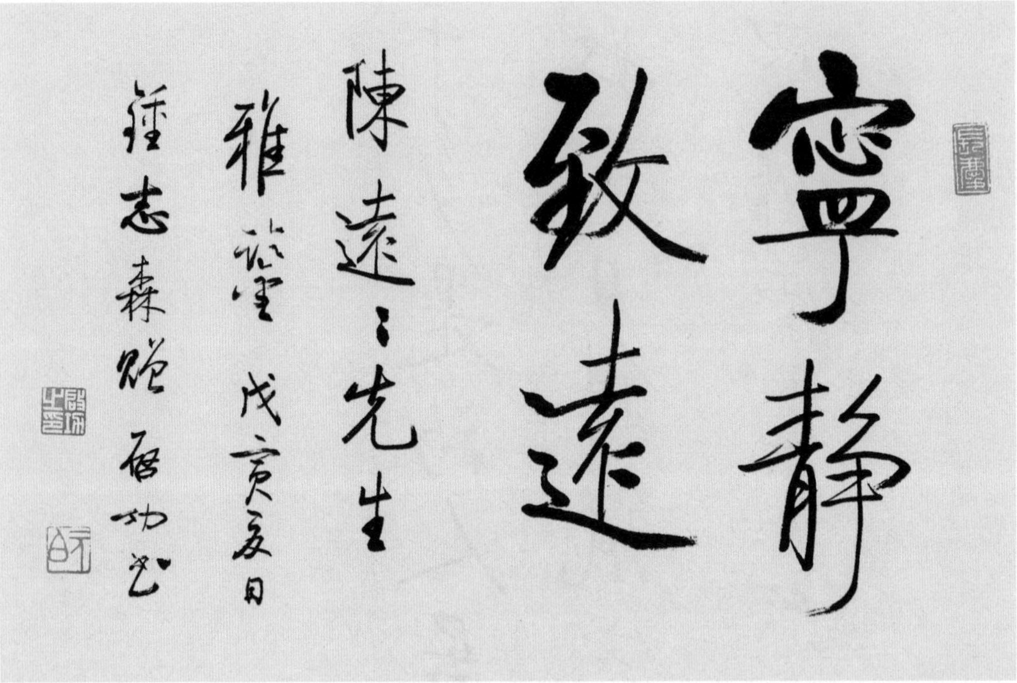

宁静致远

一九九八年作　水墨纸本　50cm×65cm　个人收藏

昔日氍毹上清歌聽斷魂我

來無白雪依篇求魂銷藥餌隨

游屐梅開伴苦吟孤高林處士

畢竟有牽心西湖雜詩書奉

張沛先生兩正戊寅夏日啓功

贈友人

昔日氍毹上

一九九八年作　水墨紙本　77cm×44cm　個人收藏

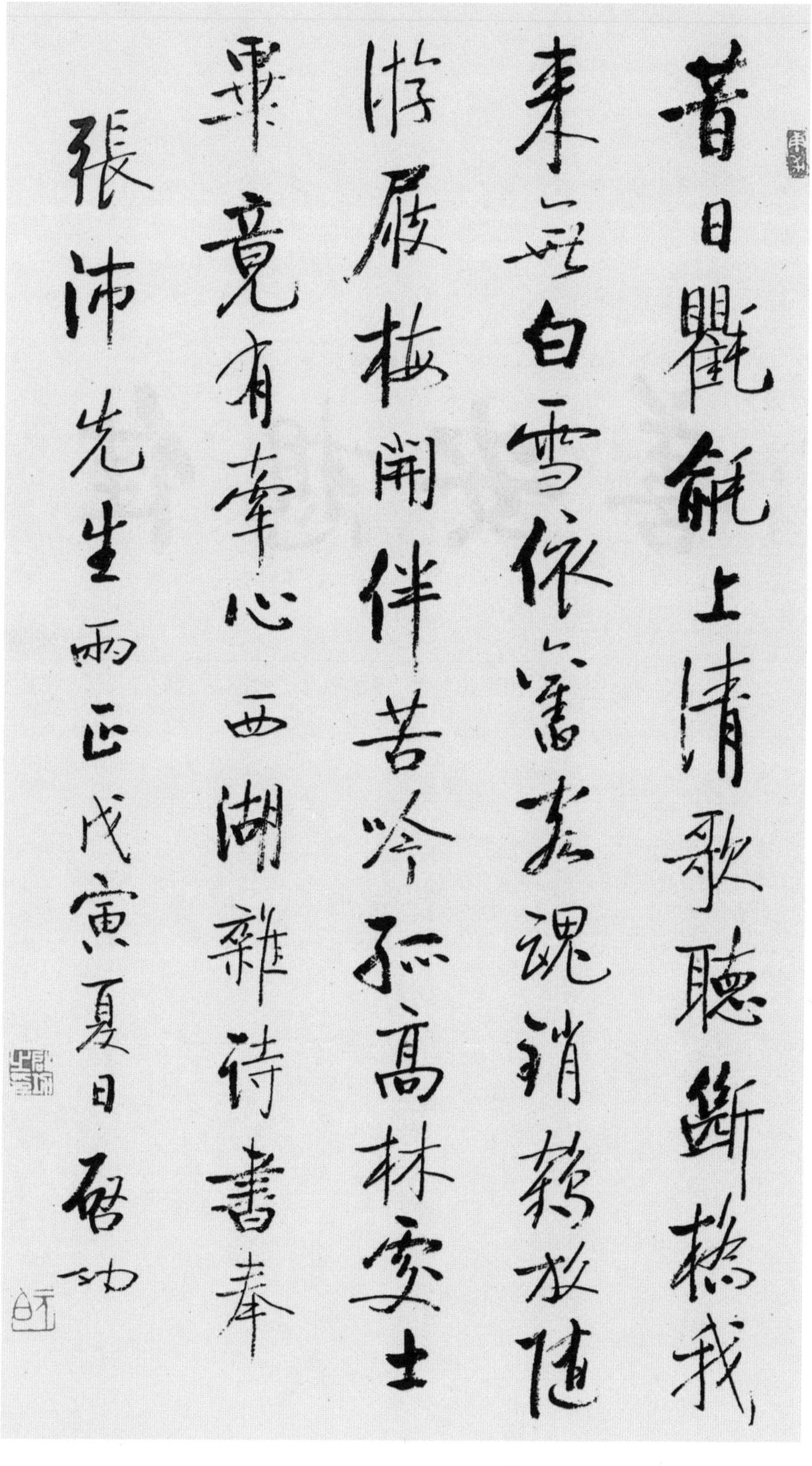

佳想安善

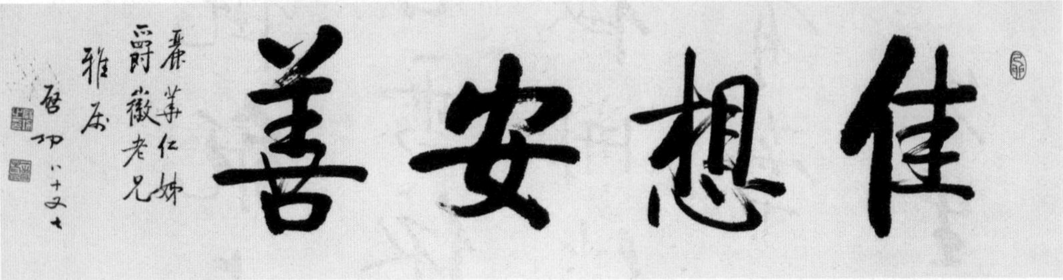

佳想安善

一九九九年作　水墨纸本　32cm×128cm　个人收藏

目中山色撲人來晚水層波多
照開多少好風帆勢飽前程小
泊是蓬萊苦游次蓬萊閬六化

羣玲女士雅正 啓功 時年八十又七

目中山色撲人來（二）
一九九九年作　水墨紙本　90cm×42cm　個人收藏

贈友人

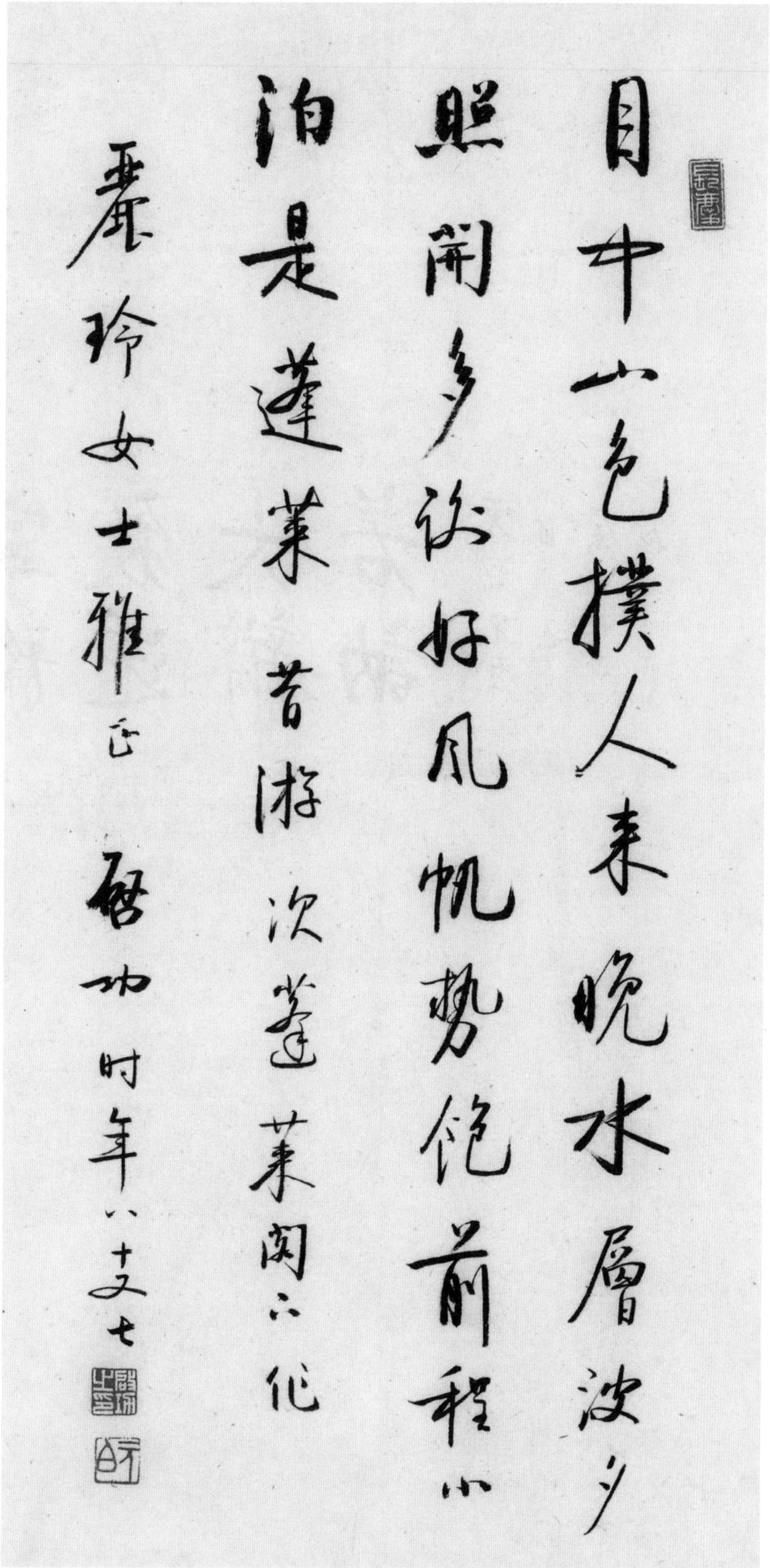

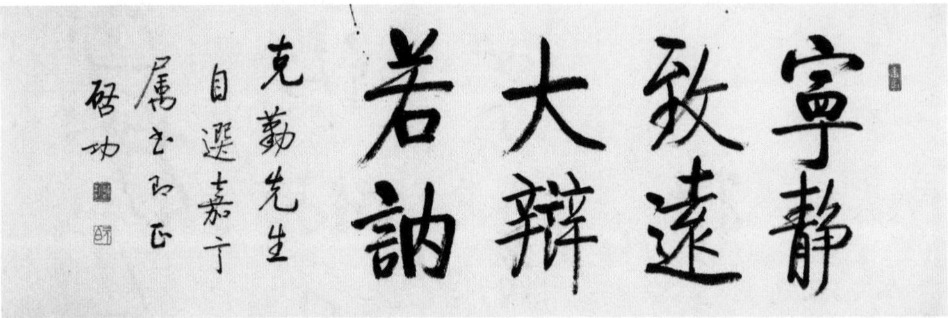

宁静致远　大辩若讷

二〇〇〇年作　水墨纸本　个人收藏

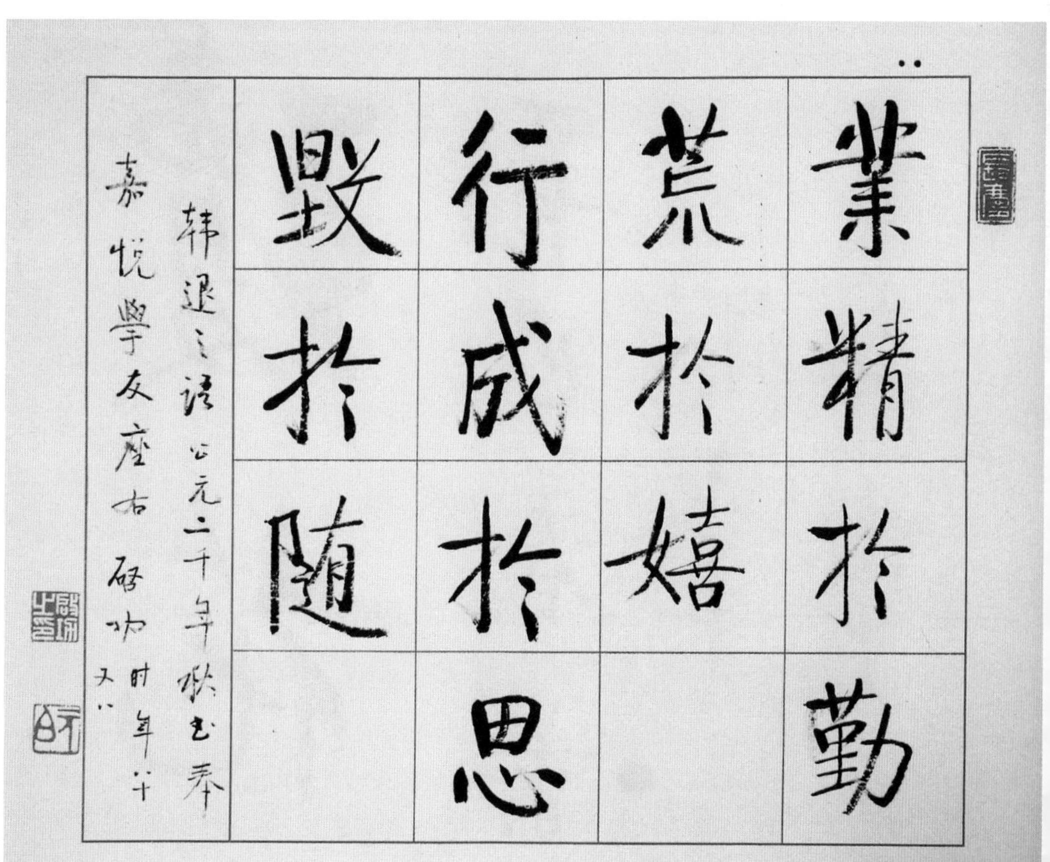

业精于勤荒于嬉

二〇〇〇年作　水墨纸本　94cm×75cm　个人收藏

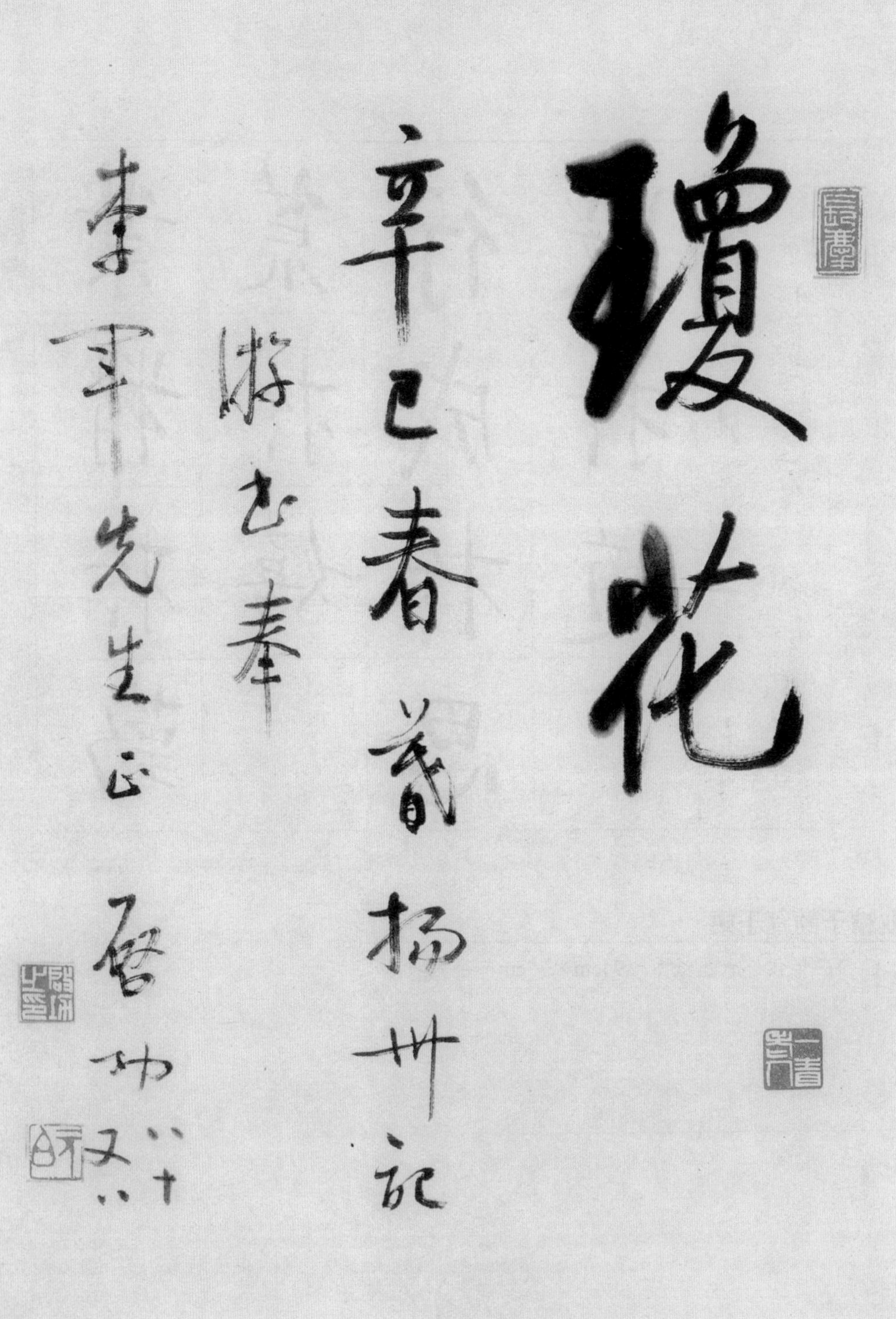

琼花

二〇〇一年作　水墨纸本　64cm×42cm　个人收藏

361

难得人生老更忙

二○○二年作　水墨纸本　33cm×80.5cm　个人收藏

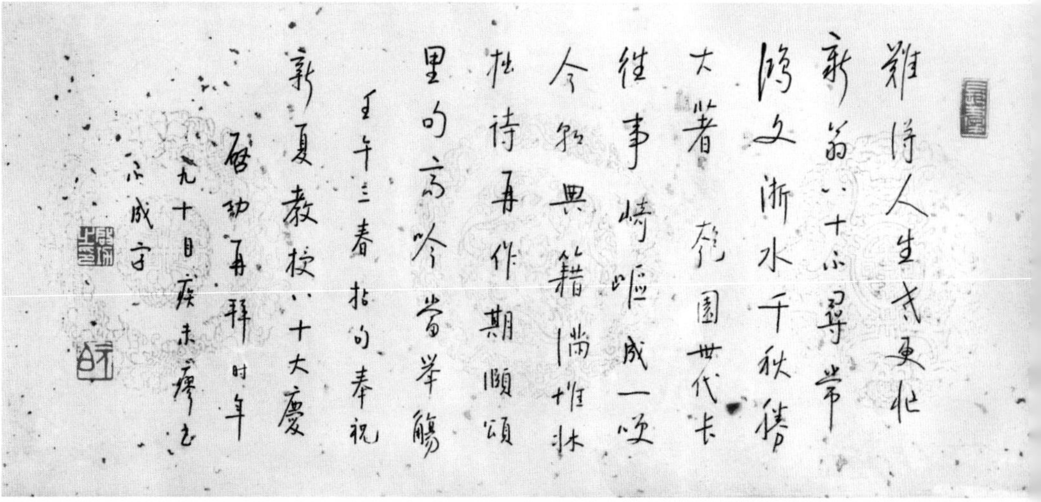